# THÉATRE
CHOISI
# DE MOLIÈRE

ÉDITION CLASSIQUE
PRÉCÉDÉE D'UNE NOTICE LITTÉRAIRE
Par M. L. Feugère
PROFESSEUR DU LYCÉE HENRI IV.

PARIS
IMPRIMERIE ET LIBRAIRIE CLASSIQUES
MAISON JULES DELALAIN ET FILS
**DELALAIN FRÈRES**, Successeurs
56, RUE DES ÉCOLES.

Y

Yf 10307

# THÉATRE
# DE MOLIÈRE.

## COLLECTION DES AUTEURS FRANÇAIS.

Éditions classiques sans annotations
précédées de notices littéraires par MM. L. et G. Feugère.

## Format in-18.

Boileau. Œuvres poétiques; 1 vol. in-18.

Bossuet. Discours sur l'Histoire universelle; 1 vol. in-18.

Bossuet. Oraisons funèbres; 1 vol. in-18.

Chateaubriand. Le Génie du Christianisme; 2 vol. in-18.

Corneille. Théâtre choisi; 1 vol. in-18.

Delille. L'Homme des Champs; les Géorgiques; les Jardins; 1 vol. in-18.

Fénelon. Aventures de Télémaque; 1 vol. in-18.

Fénelon. Dialogues des Morts; 1 vol. in-18.

Fénelon. Dialogues sur l'Éloquence; 1 vol. in-18.

Fénelon. Lettre à l'Académie; 1 vol. in-18.

La Bruyère. Les Caractères; 1 vol. in-18.

La Fontaine. Fables; 1 vol. in-18.

Massillon. Petit Carême; 1 vol. in-18.

Molière. Théâtre choisi; 1 vol. in-18.

Montesquieu. Considérations sur la grandeur et la décadence des Romains; 1 vol. in-18.

Racine. Théâtre choisi; 1 vol. in-18.

Rousseau (J. B.). Œuvres lyriques; 1 vol. in-18.

Théâtre classique; 1 vol. in-18.

Voltaire. Histoire de Charles XII; 1 vol. in-18.

Voltaire. Siècle de Louis XIV; 1 vol. in-18.

Voltaire. Théâtre choisi; 1 vol. in-18.

Paris. Imprimerie Delalain, rue de la Sorbonne, 1 et 3.

# THÉATRE
## CHOISI
# DE MOLIÈRE

### ÉDITION CLASSIQUE
PRÉCÉDÉE D'UNE NOTICE LITTÉRAIRE

Par M. L. FEUGÈRE.

## PARIS
IMPRIMERIE ET LIBRAIRIE CLASSIQUES

Maison Jules DELALAIN et Fils

**DELALAIN FRÈRES**, Successeurs

56, rue des Écoles.

*Toute contrefaçon de la notice sera poursuivie conformément aux lois; tous les exemplaires sont revêtus de notre griffe.*

*Delalauffère*

1880.

# NOTICE SUR MOLIÈRE.

La comédie fut plus prompte à se montrer parmi nous que la tragédie; et cependant elle parvint plus tard à sa perfection. Quand la France, sous la main puissante de Richelieu, se fut reposée et reconnue avec la pleine conscience de ses forces, le génie tragique, dans sa plus haute expression, éclata sur notre théâtre; mais la comédie, dont les siècles précédents avaient vu déjà de nombreux et d'heureux essais, dut encore attendre ses chefs-d'œuvre. Celui à qui il était destiné de nous les donner naquit seulement à Paris le 15 janvier 1622.

Ce fut rue Saint-Honoré, dans l'arrière-boutique d'un maître tapissier [1], qui fut peu après attaché à la maison du roi, que vint au monde le maître futur de notre scène comique. Le père s'appelait Jean Poquelin; la mère, Marie Cressé: mais le fils, d'après un usage alors assez répandu et conservé même depuis au théâtre, prit par la suite un nom distinct de son nom de famille, celui de Molière, qu'il illustra [2].

L'enfance du jeune Poquelin (désignons-le d'abord par ce nom qu'il devait naturellement porter longtemps) n'a pas laissé de traces certaines : on ne saurait s'étonner qu'elle ait été obscure comme sa famille. Tout ce que l'on connaît,

---

1. Elle était placée au coin de la rue des Vieilles-Étuves.
2. Quel motif détermina ce choix? c'est ce que l'on ne saurait dire avec précision. On voit seulement que ce nom sonnait bien à l'oreille et se retenait sans peine; c'était de plus celui de plusieurs villages et seigneuries de France; enfin il avait été porté tout récemment par un auteur de romans assez goûtés du public.

*Molière.*        *a*

c'est qu'il perdit à dix ans sa mère encore très-jeune et dont il avait été le premier-né. Quelques années après, comme le jeune homme annonçait du goût et des dispositions pour l'étude, son père, qui ne manquait pas d'aisance, le mit à même, en le plaçant au collége, de cultiver le germe de ses rares talents.

Il fit choix d'une maison d'éducation dirigée par les jésuites, depuis près d'un siècle, avec un éclatant succès : c'était le collége de Clermont, dont le nom, qui rappelait son fondateur [1], devait s'échanger bientôt contre celui de Louis-le-Grand, qu'il a conservé. Le jeune Poquelin y passa plusieurs années très-fructueuses et y fit quelques précieuses connaissances, celles de Gassendi, qui l'associa aux leçons que recevaient de lui quelques élèves particuliers, de Chapelle et de Hesnault, poëtes de mérite l'un et l'autre, mais d'un caractère fort différent, du voyageur Bernier, et surtout du prince Armand de Conti [2], beaucoup moins âgé que lui, qui néanmoins n'oublia pas leur confraternité scolaire.

Au sortir de ses classes, capable de toutes les fonctions et de tous les travaux par la distinction d'un esprit bien préparé, il fit son droit, à ce que l'on assure, et peut-être même prit le titre d'avocat; mais il ne tarda pas à tout quitter pour céder au goût dominant qui l'entraînait vers le théâtre. C'est à vingt-trois ans environ qu'avec quelques compagnons qui partageaient sa passion il se jeta dans cette vie aventureuse où l'attendaient mille déceptions, et, finalement, plus de gloire que de bonheur.

Nous voyons donc, en 1645, et sous l'unique empire du penchant le plus fougueux, le jeune Poquelin, que n'y contraignait aucune nécessité de fortune, car sa famille avait de l'aisance, aucune difficulté de situation, car toute carrière libérale lui était ouverte, prendre, avec le parti de se faire acteur, le nom de Molière, sous lequel nous le désignerons désormais. Ce changement avait sans doute son motif dans

---

1. Guillaume Duprat, évêque de Clermont.
2. Le frère du grand Condé.
    *a.*

un juste sentiment d'égards pour sa famille, qui désavouait son dessein. Réuni, nous l'avons indiqué, à plusieurs jeunes gens qui appartenaient à d'honnêtes maisons comme lui, il forma une troupe qui s'établit à Paris sous la dénomination de l'Illustre Théâtre. En dépit de ce titre qui promettait, l'association et le théâtre ne durèrent qu'un an. Néanmoins un goût très-vif des œuvres et des représentations dramatiques s'était, sous les auspices de Richelieu, emparé de la nation. Mais, avec le puissant ministre de Louis XIII, avaient cessé d'exister dans le pays cette unité de pouvoir et cette paix publique qui sont nécessaires aux plaisirs de l'intelligence. Les folies de la Fronde allaient bientôt donner aux esprits et aux yeux d'autres préoccupations et d'autres spectacles. On ne sera donc pas surpris qu'à Paris plus encore qu'ailleurs, vers ce moment, les entreprises théâtrales n'aient pas aisément prospéré ou même subsisté.

Une vocation moins décidée n'eût pas survécu à cet utile contre-temps. Il n'en fut pas ainsi de celle de Molière. Abandonnant la capitale, où ses talents paraissaient méconnus, il se mit à courir la province, suivi des personnes qui s'attachèrent à sa fortune, et cette existence errante devait se prolonger plus de dix ans. Dans cet intervalle, au milieu de ces querelles civiles qui s'abaissent le plus souvent aux proportions d'une comédie ensanglantée, tandis que les Turenne et les Condé y jouent les rôles les plus divers et les plus bizarres, que l'on proscrit avec fureur et que l'on redemande avec enthousiasme Mazarin, que la cour apparaît tour à tour ou fugitive ou triomphante, c'est à peine si l'on peut distinguer à travers la tempête quelques-unes des traces de Molière. De 1646 à 1653, on ne fait que surprendre son séjour momentané ou plutôt son passage à Bordeaux, à Vienne en Dauphiné, à Nantes. Mais ce qui est très-vraisemblable, c'est que partout où il trouvait un spectacle et des spectateurs, il faisait, suivant l'occasion et le temps, de plus longues ou de plus courtes stations. Enfin on le trouve s'établissant à Lyon lors de la dernière des dates citées.

Après une agitation stérile, le royaume aspirait au repos.

Ce repos renaissant, qui fut confirmé l'année suivante (1654) par le sacre de Louis XIV, offrait aux jeux du théâtre et à Molière la perspective d'un meilleur avenir. Aussi, non content d'être applaudi comme acteur dans la seconde ville du royaume, voulut-il encore s'y faire applaudir comme auteur, et il donna une comédie de son crû et en vers, l'*Étourdi*, la première de celles qui peuvent véritablement passer pour son ouvrage. Jusque-là il en avait improvisé plusieurs, mais en prose et à peine écrites : elles défrayaient son répertoire, et leurs noms sont parvenus jusqu'à nous : c'étaient les *Trois docteurs rivaux*, le *Maître d'école*, le *Médecin volant*[1], etc.

Quoique l'on ait rapporté que, dans la grande vogue de la tragédie, Molière aborda lui-même ce genre et en représenta une de sa composition sur le sujet des *Frères ennemis*[2], avec trop peu de succès pour être tenté d'y revenir, ses prétentions ne s'étaient guère élevées jusque-là au-dessus de la farce et de la parade, où il excellait. La situation précaire qu'il avait acceptée, les déplacements, les courses sans fin qui en étaient la conséquence, en lui rendant presque impossible le travail fécond de la réflexion, semblaient le renfermer dans ces humbles régions trop peu dignes de lui. Tout entier, d'ailleurs, au soin de faire vivre sa troupe, il se bornait d'habitude au rôle ingrat de charger sa mémoire de la prose et des vers de ses devanciers. Quelle ne fut donc pas la vigueur native du génie de Molière, pour réagir contre les obstacles de tout genre qui menaçaient de l'étouffer! Il est vrai que tout forme les hommes supérieurs, tout, jusqu'aux misères de l'existence, où se nourrit leur observation profonde, où se trempe leur énergie.

Nous touchons au moment où le génie de Molière cessera

1. Quelques-uns de ces canevas ont depuis servi à Molière pour la composition des pièces qu'il a laissées au théâtre, et deux de ces prétendus essais ont même été conservés; mais, si la conception appartient à Molière, il ne semble pas qu'il en soit ainsi du dialogue, qui est négligé et grossier.

2. On sait que Molière proposa ensuite au jeune Racine de s'exercer sur ce même sujet, alors fort goûté : il venait encore d'être traité par Rotrou.

de s'ignorer lui-même et d'être ignoré des autres. La comédie de l'*Étourdi* eût suffi pour en être la révélation, puisqu'on y devait reconnaître, suivant les paroles d'un critique[1], « non pas le début hâtif d'un jeune cerveau, mais l'essai réfléchi d'un talent qui avait hésité longtemps à se produire. » Remarquons en passant combien ces délais, témoignage ordinaire de la sécurité des vrais talents, tournent au profit du mérite, qui peut ainsi atteindre sa juste et parfaite maturité. Une carrière nouvelle va désormais s'ouvrir devant Molière, qui, à l'âge de trente et un ans, fait décidément éclater la vocation d'un auteur dramatique. En outre, l'acteur de campagne, par une transformation non moins considérable, va devenir un acteur de cour. Ce changement sera l'œuvre d'un petit nombre d'années, après lesquelles cette carrière, jusque-là si obscure, si difficile à suivre dans sa mobilité aventureuse, brillera en quelque sorte des splendeurs du règne de Louis XIV, auxquelles elle sera mêlée.

Le séjour de Molière à Lyon fut assez prolongé, puisqu'on l'y retrouve encore en 1655 : à cette époque, une circonstance très-heureuse pour lui le fit mander à Pézenas, où se tenaient les états de Languedoc. Cette assemblée était placée sous la présidence d'Armand de Conti, qui saisit cette occasion de se faire le patron de son ancien condisciple, et par intérêt pour sa personne et par goût pour le théâtre, dont il lui arriva dans la suite d'être un des plus violents adversaires. Sous l'influence de sa réputation croissante, Molière, après le départ du prince, fut appelé, à la fin de 1656, pour servir aux divertissements de Béziers, où il y avait une nouvelle réunion des états ; et dans cette ville parut sa seconde comédie, postérieure à la première de trois ans, le *Dépit amoureux*, également en vers et de la plus piquante gaieté.

Encouragé par ses deux succès, et sentant dès lors tout ce qu'il valait, le comédien auteur songea à se rapprocher de la capitale pour tirer parti, on peut le croire, des promesses de protection qu'il avait reçues. Il quitta le Languedoc dans

---

1. M. Bazin.

les premiers jours de 1658, passa le carnaval à Grenoble, alla faire quelque résidence à Rouen, et rentra ensuite à Paris, sans doute sous les auspices du prince de Conti, qui, en le recommandant, avait inspiré à la cour l'envie de le connaître. Presque après son arrivée, vers la fin d'octobre, il fut en effet admis à l'honneur de jouer en présence du roi, du duc d'Orléans et de leur compagnie.

Ce fut sur un théâtre qui avait été dressé pour cette occasion dans la salle des gardes du vieux Louvre, que s'accomplit cette importante soirée[1]. A la suite de la représentation du *Nicomède* de Corneille, Molière avait demandé la permission de récréer l'illustre assemblée par un de ces divertissements dont il régalait depuis longtemps la province. L'innovation eut un plein succès et valut à sa troupe le titre de « troupe de Monsieur, frère unique du roi. »

Parvenu à sa trente-septième année, Molière se trouvait ainsi en possession d'un théâtre (car il jouait trois fois par semaine dans la salle du Petit-Bourbon) et rendu au séjour de la capitale, qui promettait à son génie une meilleure culture et de plus fécondes inspirations. A la faveur d'une vie sédentaire, qui se prêtait davantage au travail et à l'étude des livres, non content de considérer les hommes et les choses avec cette attention profonde qui lui a valu le surnom de *contemplateur*, il put compléter l'instruction qu'avait reçue sa jeunesse. Dans le commerce des anciens, il apprit à les surpasser, en réunissant en lui seul toutes leurs qualités. D'Aristophane, il emprunta la netteté d'exposition, le mouvement et la verve; en lisant ce qui nous reste de Ménandre, si bien analysé de nos jours, on peut s'apercevoir qu'il n'était nullement étranger à ses beautés saines et délicates. Plaute et Térence, quoique imitateurs eux-mêmes, furent aussi l'objet de son examen. Enfin, si riche de son propre fonds, il n'omit aucune des ressources que lui ménageaient ses devanciers, leur empruntant tout ce qu'ils pouvaient lui procurer, et prenant son bien, il aimait à le dire, partout où il le trouvait,

---

1. 24 octobre 1658.

chez nous comme au dehors, en Italie notamment et en Espagne. Quant au théâtre de Shakspeare, il n'avait pas encore pénétré en France. Ajoutons qu'il feuilletait assidûment bien d'autres auteurs que les comiques : Platon, Horace, Lucien, Cervantes, et Pascal lui-même, lui suggérèrent, avec des mobiles d'intrigue et des ressorts, d'excellents détails pour son théâtre.

La société même où il vécut exerça sur le talent de Molière une influence décisive. Paris et la cour, on ne l'ignore pas, étaient cités alors comme des écoles de bon esprit et de bon langage : témoignage qui n'avait rien que de légitime [1]. C'était, d'ailleurs, un de ces rares moments où les grands écrivains doivent paraître, parce que tout dans le pays est préparé pour les accueillir, tout concourt à les former. Le caractère national avait quelque chose de net et de tranché qui appelait les pinceaux du peintre; le génie, en raison de ce qu'il avait encore d'inculte, était plus capable aussi d'atteindre à toute sa grandeur, sans être menacé de ce raffinement stérile qui est presque inséparable des époques trop cultivées. Quant à la langue, elle n'était pas faite assez complétement pour ne pas recevoir l'empreinte d'une puissante originalité, qui la transformât et l'enrichît.

A l'avantage de ces circonstances, dans le foyer intellectuel si actif où il était désormais placé, se joignit pour Molière celui d'être entouré de quelques amis capables de l'apprécier, et qui l'aiguillonnèrent par leurs conseils. Le principal d'entre eux fut Boileau, à qui il fut donné, par le privilége d'un goût infaillible, de voir et de juger d'avance comme la postérité. Dès l'abord, il comprit ce que l'on était en droit d'attendre de Molière, et il ne cessa de le lui demander.

Les applaudissements du public n'avaient pas tardé, du reste, à confirmer pour Molière, acteur et auteur, ceux qu'il

---

1. Les *Remarques* de Vaugelas sur notre langue constatent en effet que, liée à celle des femmes, l'influence de la cour a été des plus heureuses, au xvii$^e$ siècle, pour le génie et le style français. De là cette délicatesse et cette mesure qui n'excluent pas la vigueur, et dont cette époque privilégiée a possédé le secret.

avait reçus de la cour. Pour justifier ces doubles suffrages, non content de son ancien répertoire, à l'occasion des fêtes qui célébrèrent le retour du roi, après que la paix et le mariage du prince avec l'infante d'Espagne eurent été arrêtés, il fit paraître la comédie des *Précieuses ridicules :* ce fut le 18 novembre 1659. On y admira la verve puissante de naturel empreinte dans le dialogue; et, à la première représentation, un vieillard, se levant au milieu du parterre, s'écria, dit-on : « Courage, Molière, voilà la bonne comédie ! »

La bonne comédie, toutefois, s'était déjà produite sur notre théâtre, et c'était en 1642, avec le *Menteur* de Corneille : ainsi l'on dut à ce grand homme, outre les modèles les plus sublimes du genre tragique, la pièce qui devait conduire à la véritable comédie, celle de caractère. Bien que Molière n'eût que vingt ans lorsqu'elle fut jouée, on peut croire qu'elle frappa vivement son attention; et, depuis, ses regards ne s'en détachèrent point, puisqu'il n'hésitait pas à dire : « Sans l'exemple du *Menteur,* je n'eusse jamais fait que des comédies d'intrigue. » Il est certain que l'art ne pouvait plus dès lors reculer : et, guidé par cette trace lumineuse, Molière en allait bientôt atteindre les sommets les plus élevés.

L'auteur de l'*Étourdi*, bien visiblement, se rattache à l'école créée par le *Menteur;* mais, à partir des *Précieuses ridicules,* on le verra, le plus souvent, rejetant la complication des intrigues, s'inspirer du spectacle des mœurs et de la société de son temps pour les peindre, aussi bien que de la contemplation du cœur de l'homme. Néanmoins, avant les chefs-d'œuvre qui renouvelèrent notre scène, il donna encore quelques-unes de ces pièces de moindre importance où se faisaient pressentir ses plus rares qualités, et qu'il n'appartenait qu'à lui de dépasser, grâce aux nobles excitations des grands hommes qui l'entouraient. Dans une pièce bouffonne d'un acte, sous le titre de *Sganarelle,* écrite en vers excellents et qui obtint le plus grand succès, il offrit, l'année suivante, une esquisse de ce personnage qu'il se plut ensuite à reproduire sous plusieurs faces différentes, et avec lequel il s'identifiait volontiers. Peu après, pour inaugurer la salle du Palais-Royal, magnifiquement construite par Richelieu, et qui venait de lui être concédée, Molière voulut emprunter à l'Espagne une de ces comédies héroïques qu'elle avait mises à la mode. Mais *Don Garcie de Navarre*, en cinq actes et en vers, fut plus que froidement accueilli en février 1661, et la lecture de cette composition ne fit que confirmer l'arrêt porté par les spectateurs. Averti par cet échec, le seul qu'il ait subi au théâtre, Molière revint au type qui lui avait si bien réussi, et la même année il prit sa revanche dans l'*École des Maris*, où il imita de la manière la plus heureuse les *Adelphes* de Térence.

C'est tout à la fois une comédie de mœurs, de caractère et d'intrigue; ou, plus exactement, cette pièce marque le passage de la comédie d'intrigue à la comédie de caractère et de mœurs, c'est-à-dire « la substitution de caractères produisant des situations à des situations produites par une intrigue artificielle. » Ainsi, pour continuer avec un critique de nos jours[1], la vérité de la vie allait remplacer la vérité de convention; et sous la plume d'un puissant génie, observateur exact et fidèle interprète de la vie réelle, « les mœurs romanesques de la comédie d'intrigue faisaient place aux mœurs véritables de la nation et du temps, qui sont la couleur locale de la comédie : enfin, le langage, au lieu d'être un art, n'était plus que la nature elle-même parlant par la bouche des personnages, selon le sexe, le caractère, la passion, la condition. »

Cette année 1661 devait être l'une des mieux remplies et des plus importantes pour Molière; car elle vit encore paraître le modèle de ces comédies à scènes détachées, où un fil délié réunit, pour l'amusement du spectateur, une variété singulière d'incidents et de détails. Ce fut le fastueux Fouquet qui demanda les *Fâcheux* à Molière pour la fête où il étala si imprudemment devant Louis XIV et sa cour la magnificence de son habitation de Vaux; et il fut obéi vite et

---

1. M. D. Nisard

à point, en sa qualité de surintendant, puisque Molière atteste que sa pièce, en trois actes et en vers, « fut conçue, faite, apprise et représentée en quinze jours. » Elle n'en mérita pas moins d'être applaudie par cet auditoire d'élite, et La Fontaine, en racontant à son ami Maucroix cette nuit pleine d'enchantements[1] dont il avait été témoin, n'avait garde de passer sous silence Molière et son ouvrage ; il ajoutait à cette mention :

> Cet écrivain, par sa manière,
> Charme à présent toute la cour.
> De la façon que son nom court,
> Il doit être par-delà Rome :
> J'en suis ravi ; car *c'est mon homme.*

Ce même homme, selon La Fontaine, ramenait parmi nous *le bon goût et l'air de Térence :* aussi formait-il immédiatement avec lui une étroite société, que nous avons rappelée ailleurs et qui est bien digne d'un souvenir dans notre histoire littéraire. On regrettera seulement ici qu'un des hommes, qu'elle rapprochait d'une manière non moins charmante qu'utile, se soit dans la suite éloigné de Molière : ce fut Racine, qui eut plusieurs torts à son égard, et celui notamment d'oublier qu'il était son obligé, puisqu'il avait à la fois reçu ses conseils et ses services.

La représentation des *Fâcheux*, en étendant la réputation de Molière, eut surtout pour lui un avantage décisif, celui de lui ménager la faveur et la protection de Louis XIV, qui ne dédaigna pas même de se montrer son collaborateur, comme une autre fois il fut son commensal. Il lui suggéra, en effet, tout en le félicitant de sa comédie, l'idée d'y ajouter un caractère de fâcheux qu'il avait omis, celui du chasseur ; l'original était un seigneur fort connu de la cour, qui obtint plus tard le titre bien mérité de grand veneur. Ainsi la pièce s'augmenta d'une scène très-piquante, et qu'à raison de son origine l'auteur ne craignait pas de déclarer, d'accord avec le public, disait-il, « le plus beau morceau de l'ouvrage. »

---

1. Du 17 au 18 août 1661.

## XI

C'était peu de mois après que Louis XIV, par la mort de Mazarin, arrivée le 9 mars 1661, était devenu véritablement roi de France; et dès lors, comme on l'a observé, entre le jeune monarque âgé de vingt-trois ans et le comédien auteur mûri par l'âge et les succès, s'établit une sorte de convention tacite qui devait toujours être maintenue : à celui-ci il fut permis, sous la sauvegarde du prince, de combattre sans relâche et sans pitié toute espèce de ridicule, mais à la condition d'amuser le souverain et de ne dépouiller en aucun cas pour lui les sentiments d'un tendre respect. Certes, il ne fallait pas moins que cet appui à Molière pour assurer sa liberté d'action et sa sécurité dans la guerre qu'il entreprit dès ce moment plus que jamais contre les travers et les vices.

A ces circonstances si heureuses pour sa réputation et son influence se mêla un événement de grande importance dans la vie domestique de Molière. Parvenu à sa quarantième année, avec une santé déjà altérée par les fatigues et qui fut de plus en plus compromise, il épousa une jeune fille de dix-huit ans à peine, comédienne comme presque toute sa famille [1]. Ses travaux dramatiques n'en furent pas d'ailleurs ralentis, puisqu'au mois de décembre 1662 il donna l'*École des Femmes*, en cinq actes et en vers. Les applaudissements les plus vifs en accueillirent la représentation; et, ce qui ajouta à l'éclat populaire du succès, ce fut l'ardeur des critiques que suscita cette œuvre : car si les rieurs furent pour elle, ainsi que l'alléguait Molière sans avoir à craindre la contradiction, on en dit aussi beaucoup de mal. On parla de fautes commises par lui contre le goût, la bienséance et le bon langage. Mais tous ces reproches peu fondés, en redoublant par l'attrait de la curiosité et de la dispute le nombre des spectateurs, n'eurent pour effet que de provoquer, de sa part, une réfutation étincelante de verve et d'esprit : telle est la petite comédie de la *Critique de l'École des Femmes*, où les meilleures doctrines dramatiques et littéraires sont exposées dans une prose

---

1. Le 20 février 1662.

d'une facilité ingénieuse, image piquante et fidèle des conversations du monde élégant.

Fort du succès, et surtout de la faveur royale qui l'autorisait, Molière n'était plus seulement un acteur en renom et un auteur applaudi : c'était un personnage avec qui il fallait compter, et qui, par sa juridiction sur les ridicules, par son droit de parler au public, était en mesure de faire repentir quiconque osait l'attaquer. C'est ce qu'on vit encore, peu après la *Critique* et dans la même année 1663, par l'*Impromptu de Versailles*, où il ne craignait pas d'exercer contre ceux qui le provoquaient des représailles ouvertes, et cela en son nom, sans taire ou voiler celui de ses ennemis, avec une liberté voisine de la licence et qui rappelait la fougueuse âpreté d'Aristophane.

Vers ce même moment, Molière recevait de Louis XIV un témoignage d'estime qui, réagissant contre d'injustes dédains, l'élevait de beaucoup au-dessus de sa position sociale. Lorsque, avec cette initiative généreuse qui caractérisa si heureusement cette époque de son règne, le monarque, par une mesure vraiment digne du rang suprême, distribua des pensions aux hommes de lettres, aux savants ou aux artistes qui honoraient le pays, Molière fut compris pour la somme de mille francs dans ces libéralités du prince, ou plutôt de l'État. Sur cette liste glorieuse, il figurait sous le titre « d'excellent poëte comique ; » et ces distinctions publiques n'étaient pas les seules dont il était l'objet. Il s'y joignait des faveurs privées qui n'étaient pas moins flatteuses ni moins significatives. Un fils, qui vécut peu, lui étant né au commencement de 1664, Louis XIV fit à Molière l'honneur de tenir cet enfant sur les fonts baptismaux avec la duchesse d'Orléans, Madame Henriette.

On le remarquera à l'honneur du souverain : ses bienfaits eurent un caractère de persistance, très-propre à décourager les ennemis de Molière. Plusieurs officiers de la cour ayant affecté de ne pas s'asseoir à table près de lui, quand le titre de valet de chambre tapissier, que lui avait transmis son père, l'attachait au service du palais, le roi, pour donner une leçon à cette fierté sotte et malveillante, prit un jour le soin *de le faire manger lui-même* en public, convaincu qu'il ne dérogeait pas en déjeunant avec un grand écrivain. C'est là ce que son siècle, entre beaucoup d'autres choses, avait encore à apprendre de lui. Plus qu'aucun homme de cette époque, Louis XIV, il faut le reconnaître, eut le sentiment de toutes les grandeurs. Ce tact, qui créait la véritable égalité moderne, doit, en effaçant ses fautes aux yeux de la postérité et protégeant son souvenir, lui donner une consécration populaire.

En retour de cette bonté si constante et d'une affection, qu'on osera dire partagée, qui fournit à Molière son point d'appui, que lui demandait le souverain ? de continuer à charmer son siècle et à illustrer son règne par ses productions, où tant de gaieté s'alliait à tant de raison, on peut ajouter de courage ; car mettre la vérité sur la scène et la faire applaudir ne fut pas toujours sans péril pour Molière. Quoi qu'il en soit, dans cette cour amie du plaisir, mais sensée à l'exemple du prince, où l'on ne goûtait que les plaisirs distingués et délicats, il était devenu l'âme de toutes les fêtes royales. Ce fut pour les animer que Molière écrivit alors les comédies du *Mariage forcé* et de *la Princesse d'Élide* : la première, en prose et chargée d'incidents comiques, la seconde, plus grave, empruntée au théâtre espagnol et qu'il avait voulu mettre en vers ; mais, faute de temps, il ne put réaliser son intention que pour une très-petite partie de l'ouvrage, et l'on a dit spirituellement qu'en cette occasion « la comédie n'avait eu le loisir que de prendre un de ses brodequins, et qu'elle était venue donner des marques de son obéissance un pied chaussé et l'autre nu. » Avec cette déférence empressée et naturelle, puisqu'elle était récompensée si bien et de si haut, Molière n'épargnait pas son dévouement. Pour répondre aux désirs du maître, et en quelque sorte sous son inspiration immédiate, il composait à tout moment ces divertissements que l'on trouve çà et là mêlés à son théâtre, ces intermèdes et ces entrées de ballet adaptés à des actions comiques, où il n'était pas rare que le roi parût en personne sous divers déguisements. Telle fut aussi l'origine des pastorales de Molière, héroïques ou autres, en un mot de tous ces impromptus faits, appris et joués presque aussitôt, où s'associaient « les airs, les symphonies, les voix et les danses. » On le voit notamment à Versailles, en mai 1664, dans une seule semaine, dont tous les jours étaient consacrés aux plaisirs, représenter devant le monarque, entouré des seigneurs et des dames, le *Mariage forcé*, la *Princesse d'Élide*, les *Fâcheux* et *Tartufe*, au moins les trois premiers actes de cette comédie, que Molière essayait dès lors devant un auditoire d'élite, et qui ne fut achevée qu'ultérieurement et rendue publique que plusieurs années après.

Cette pièce et une autre, peu après donnée en février 1665, le *Festin de Pierre*, dont le sujet moins original nous venait des théâtres de l'Italie et de l'Espagne, en éveillant les scrupules respectables d'une piété sans doute peu éclairée, ne pouvaient qu'augmenter le nombre des ennemis qui ne manquent jamais aux poëtes satiriques et comiques. Aussi, attentif à ménager les protecteurs qu'il trouvait dans la famille royale, ne négligeait-il pas de les intéresser à ses ouvrages attaqués, en les plaçant sous leur patronage : de là ses dédicaces à la reine mère, au frère du roi, à la duchesse d'Orléans. Fort considéré des hommes influents, qui avaient bien vite pris pour lui les sentiments du maître, il savait, tout en se servant de leur crédit, disputer contre eux avec succès sa liberté et son temps : témoin des vers où, s'adressant à Colbert, il excusait et ses pareils et lui-même de réserver pour leurs travaux des loisirs qu'une assiduité onéreuse eût dévorés[1]. Il était donc loin de se prodiguer à ceux qui recherchaient sa compagnie : c'étaient les plus illustres du grand siècle. Le prince de Condé, si bon connaisseur, attirait volontiers Molière à Chantilly et se proclamait très-curieux de son commerce. Dans le nombre de ses admirateurs, M^me de Sévigné

---

1. Les grands hommes, Colbert, sont mauvais courtisans;
Peu faits à s'acquitter des devoirs complaisants,
A leurs réflexions tout entiers ils se donnent,
Et ce n'est que par là qu'ils se perfectionnent:
L'étude et la visite ont leurs talents à part.

nous montre le cardinal de Retz, revenu de la politique et tout au goût des choses de l'esprit, captivé par les lectures que Molière lui faisait de ses ouvrages.

Au mois d'août suivant, sa troupe, qui avait été jusque-là la *troupe de Monsieur,* devint la *troupe du roi* et reçut, outre ce titre, une pension de sept mille livres. Au comble de la faveur, il ne restait donc plus à Molière qu'à justifier par un chef-d'œuvre, avec tant de marques de la bienveillance royale jointe à la sympathie publique, l'attente généralement conçue de lui : et c'est ce qu'il fit par le *Misanthrope,* qui parut le 4 juin 1666.

Rarement, on le sait, un ouvrage supérieur, dramatique ou autre, est tout d'abord mis à sa place réelle par l'admiration contemporaine. Au temps seul il appartient de dispenser à quelques productions ces suffrages exceptionnels, qui sont l'apanage des modèles véritables. Le *Misanthrope,* malgré son mérite sérieux et peu abordable à la foule, ne laissa pas cependant d'être fort bien accueilli. Molière assurait, dit-on, en appréhendant l'épreuve de la représentation, « qu'il n'avait pu et ne pourrait faire mieux. » Mais il est certain que le public, en rendant justice à ses nobles efforts, montra qu'il était digne de tels travaux, dont l'appréciation juste témoignait d'un notable progrès. Les gazettes et les mémoires de l'époque attestent que le *Misanthrope* fut joué avec un succès très-satisfaisant à Paris, avant de faire son apparition à la cour, où de prétendues ressemblances, cherchées entre des personnages très-connus du monde et ceux de la pièce, lui donnèrent une nouvelle vogue.

Là, plus que jamais, sans recourir au jeu compliqué des incidents et des intrigues, Molière, par un effort de génie, chercha tout l'intérêt dans les passions et fit jaillir uniquement le comique du fond des caractères. Indulgent et aimable précepteur de l'humanité, il opposa au vice et même à l'excès de la vertu le frein de la bienséance; il réalisa enfin, dans le *Misanthrope,* le type idéal de la haute comédie.

L'Europe, en ce genre, ne connaît rien de supérieur au *Misanthrope,* comme l'a proclamé Voltaire. Par malheur, au moment où, dans la pleine maturité de ses talents, Molière atteignait une élévation auparavant inconnue et qui ne devait point être dépassée, ses forces physiques déclinaient d'une manière sensible, et tout semblait annoncer que sa carrière serait prématurément interrompue. Ce qui eût été à souhaiter, ce que lui demandaient avec instance ses nombreux amis, c'était qu'il abandonnât la direction de son théâtre et son métier d'acteur, incapable qu'il était de résister longtemps à tant de fatigues. Mais, d'une part, l'attrait des applaudissements publics le retenait, car il excellait par son jeu et par son débit comique non moins que comme écrivain; de l'autre, il se croyait enchaîné à la destinée de ses camarades, dont il savait bien qu'il ne pourrait se séparer sans un très-grave préjudice pour leurs intérêts.

C'est par cet honorable scrupule qu'il répondait à Boileau et à quelques autres dont l'attachement sérieux se livrait à de trop justes alarmes. En 1666 et 1667, il fut si gravement malade que l'on trembla pour les jours de « ce dieu du rire, » comme l'appelaient ses contemporains; mais ennemi des médecins, à l'art desquels il ne croyait point[1], il se bornait le plus souvent à chercher des secours dans un régime très-sévère, sans recourir au plus essentiel, le repos, que lui permettait la situation avantageuse de sa fortune. Augmentée de plus en plus par le produit de ses ouvrages, son aisance allait jusqu'à la richesse; dans sa résidence d'Auteuil, il pouvait offrir à ses amis une hospitalité très-libérale. Quant à lui, éloigné de tout genre d'excès, il vivait de laitage; mais le travail et surtout les veilles l'épuisaient: c'était une conséquence de sa situation à la cour. Toujours nécessaire à ses divertissements, il y donnait à la fin de l'année 1666 et au commencement de la suivante, malgré son état valétudinaire, une pastorale comique, la pièce encore inachevée de *Mélicerte*, enfin le *Sicilien* ou *l'Amour peintre*. Et dès les premiers temps de 1668, après avoir été précé-

---

1. Bien différents de ceux de nos jours, presque tous les médecins du temps de Molière étaient, il faut l'avouer, aussi ridicules par leur affectation de science que décrédités pour leur ignorance très-réelle.

demment fort occupé des interdictions portées contre son *Tartufe*, pour lesquelles il s'était adressé au roi pendant sa campagne victorieuse de Flandre, il faisait paraître *Amphitryon*, en trois actes et en vers libres, auquel *Georges Dandin* et l'*Avare* succédèrent à peu de mois de distance.

Dans cette dernière pièce, Molière, en évitant ce qu'on a pu lui reprocher parfois, trop de liberté dans le langage et l'intrigue, a opposé aux vices le correctif le plus puissant, le ridicule, et il a servi efficacement la morale, mise en action sur notre scène avec un succès des plus légitimes. Malgré ce que le sujet a de grave et même d'un peu triste, la piquante gaieté, la vérité et le mérite singulier des détails valurent en effet à la comédie de l'*Avare* de nombreux et durables applaudissements.

Ainsi la vogue ne cessait d'accompagner Molière, et c'était justice ; car à mesure que nous approchons du terme de cette carrière si remplie, loin que des traces de lassitude s'y fassent sentir, c'est le privilége de ce merveilleux esprit que le nombre de ses productions redouble sans que leur éclat s'affaiblisse. Rare et incomparable nature d'écrivain, qui ne connut pas le déclin, pas plus qu'il n'avait eu des commencements et des progrès distincts, ayant tout à coup éclaté par des chefs-d'œuvre, et arrêté non moins brusquement au milieu de la plénitude de sa fécondité et de ses forces. *M. de Pourceaugnac*, les *Amants magnifiques*, le *Bourgeois gentilhomme*, les *Fourberies de Scapin*, la tragi-comédie de *Psyché*, modèle de nos opéras, où Molière eut, il est vrai, pour collaborateurs Corneille et Quinault, les *Femmes savantes*, la *Comtesse d'Escarbagnas* et le *Malade imaginaire* : tels sont les travaux qui marquent ses quatre dernières années.

Rien de plus divertissant, parmi ces pièces, que le *Bourgeois gentilhomme* et le *Malade imaginaire* ; rien de plus élevé que les *Femmes savantes*, où, comme dans le *Misanthrope*, la perfection de l'art des vers égale le mérite achevé de la composition : et jamais poëte réformateur n'obtint un triomphe plus complet, puisque cette épidémie de science ambitieuse qui menaçait d'étouffer le naturel chez les femmes a été tout à coup arrêtée et sans retour [1]. Ce sont là les conceptions si diverses qui, d'un consentement unanime, ont assuré à Molière le premier rang sur la scène comique, non-seulement dans son siècle et chez nous, mais dans tous les pays et tous les temps.

Comment se défendre d'un sentiment de regret en songeant que des forces et une santé mieux ménagées, à la faveur d'une autre position sociale, eussent permis sans doute à Molière d'ajouter plus d'un ouvrage à ceux qui seront l'honneur immortel de notre théâtre? Mais, victime de son dévouement et de sa volonté trop opiniâtre, il ne survécut que quelques heures à sa dernière représentation. Huit jours s'étaient à peine écoulés depuis que sa comédie du *Malade imaginaire*, où il se vengeait, en se raillant, de la médecine impuissante à le guérir, avait inauguré les fêtes du carnaval, lorsqu'après la pièce, où il n'avait surmonté que par de grands efforts les fatigues de son rôle, il fut pris d'un vomissement de sang qui l'étouffa. C'était dans la soirée du 17 février 1673, et il venait seulement d'avoir cinquante et un ans. Il rendit le dernier soupir entre les bras de deux religieuses qui avaient reçu de lui l'hospitalité dans sa maison de la rue Richelieu, située en face du monument qui s'élève aujourd'hui en son honneur. Le matin même, on avait multiplié les instances auprès de lui pour l'engager à un court repos; mais il avait reculé devant la crainte de faire perdre *à de pauvres ouvriers* la journée de travail nécessaire pour les nourrir.

A la nouvelle, promptement répandue, de cette mort si pénible par le contraste même des réjouissances bouffonnes qui l'avaient précédée de peu d'instants, tous les amis et tous les admirateurs de Molière (entre lesquels Louis XIV témoigna qu'il n'était pas le moins touché) furent frappés de douleur. Enlevé tout à coup aux applaudissements, Molière dispa-

---

1. On rapporte que, peu après la représentation des *Femmes savantes*, Louis XIV demandant à Boileau quel était l'écrivain le plus extraordinaire du temps, celui-ci nomma Molière : « Je ne le croyais pas, répliqua le prince; mais vous vous y connaissez mieux que moi. »

raissait au milieu des splendeurs de ce règne dont, plus heureux à cet égard que bien d'autres, il ne vit que les jours de jeunesse, de triomphe et de gloire. La Fontaine consacra à son ami une épitaphe digne de l'un et de l'autre, et il est superflu de rappeler, comme présents à tous les esprits, les vers de Boileau sur sa mort, ces vers sur lesquels il semble à leur accent qu'une larme a dû tomber, une larme qui honore également la mémoire de ces grands hommes. Mais la vie de théâtre n'avait pas eu seulement pour triste effet de dévorer avant l'âge cette précieuse existence; le nom de comédien frustra encore Molière des hommages si justement acquis à l'auteur. C'est ce qui l'empêcha notamment d'appartenir à l'Académie française. Dans la suite, ce corps illustre voulut au moins posséder l'image de celui qu'il n'avait pu compter parmi ses membres et plaça dans son enceinte le buste de Molière, avec ce vers de Saurin pour inscription :

Rien ne manque à sa gloire ; il manquait à la nôtre.

Malheureux dans son intérieur, nous l'apprenons des contemporains, Molière avait vu mourir ses deux fils : le premier, celui que Louis XIV avait appelé de son nom; le second, qui naquit le 15 septembre 1672 et succomba presque aussitôt. Un seul enfant lui survécut, une fille, née en 1665, qui par son esprit, à ce que l'on assure, n'était pas indigne de son père, mais qui elle-même ne laissa pas de postérité. Ainsi ce nom qu'il avait adopté, et que si peu d'années avaient entouré de tant d'illustration, Molière n'eut pas d'héritier pour le recueillir.

Considéré comme homme, cet observateur si fin des travers et des folies de la société, ce railleur si malicieux sur la scène, était, dans le commerce ordinaire, inoffensif et facile à vivre. Il n'était dépourvu d'ailleurs ni de fermeté ni de hardiesse, et, en sa qualité de poëte, il avait dans l'humeur quelque chose d'impatient et d'irritable; mais, incapable de ressentiment, il était prompt à pardonner, avec une indulgence philosophique, les torts que l'on avait envers lui. Jamais on ne faisait vainement appel à la bonté de son cœur. Nous ne redirons pas les traits de bienfaisance que l'on a souvent cités de lui : observons seulement, avec l'un de ses panégyristes[1], qu'humain et compatissant, « il assignait aux pauvres un revenu annuel sur ses revenus. » Dans la vie périlleuse qu'il eut l'imprudence d'embrasser, si Molière eut des écarts de conduite et commit des fautes, au moins ne blessa-t-il jamais l'honneur : et sa probité, sa droiture, ne furent pas même contestées sérieusement de ses ennemis. S'il aimait assez la représentation, c'était sans en faire sentir le poids à ceux qui ne pouvaient l'imiter. Simple, au contraire, avec eux et généralement modeste, sa fortune et surtout la conscience de son génie ne le rendaient fier que lorsqu'il fallait tenir tête à la médiocrité vaniteuse ou à l'orgueil de la naissance. Du reste, éloigné de toute rivalité inquiète, il était heureux de mettre les talents en lumière, et il ne reculait pas devant des sacrifices pour en augmenter le nombre. Aussi ceux qui prisent les hommes, non d'après leur rang, mais d'après leur caractère, s'accordaient-ils à lui accorder leur estime.

A ces louables qualités Molière joignait, pour son malheur, une sensibilité très-vive, accompagnée de ce penchant à la mélancolie inséparable peut-être de l'étude profonde de l'humanité, et qui est l'attribut assez ordinaire des grands esprits forcés de se replier sur eux-mêmes. Chose triste et trop véritable : cet homme, dont la verve de gaieté a excité un rire si franc et si universel, le connut très-peu lui-même hors du théâtre ; les inquiétudes et les soucis le chassaient bien loin de lui. Rêveur et préoccupé, il aspirait en vain à ce bonheur qu'il eût trouvé dans une vie paisible et la jouissance sincère de quelques affections domestiques. Celles de la famille, dont son cœur avait besoin, lui manquèrent. Dans un cercle d'amis, il se déridait sans doute, et sa conversation avait alors autant d'agrément que de

---

1. Chamfort : son *Éloge de Molière* a été couronné par l'Académie française en 1769

justesse; mais, le plus souvent, il redevenait froid et silencieux. Malgré sa liaison avec l'épicurien Chapelle, sa frugalité, comme on l'a vu plus haut, était exemplaire; et, à la différence des hommes chez qui l'imagination domine, il portait jusqu'à la minutie l'exactitude et la régularité des habitudes.

Ces sentiments de dignité morale qu'il sut toujours conserver dans sa profession et qui recommandent sa mémoire, il les dut, rappelons-le, à l'éducation sérieuse et forte qu'il avait reçue dans un établissement alors modèle; et cette influence ne fut pas moins salutaire pour le développement de son génie, puisqu'il mêla, par une rare exception, les études d'un sage à sa passion pour jouer la comédie : ce qui tourna au profit de son talent pour l'écrire. Ainsi s'explique-t-on cette fécondité toujours croissante, qui lui permit de laisser tant d'œuvres immortelles, malgré une vie si courte et si disputée aux lettres. Dans l'espace de vingt années, au milieu de préoccupations et d'embarras si contraires au travail, Molière a composé trente et une pièces de théâtre, dont la moitié, a-t-on observé justement, offre des chefs-d'œuvre auxquels rien ne peut être comparé, et l'autre moitié renferme des scènes que n'ont pu égaler ses successeurs les plus célèbres; dont l'ensemble, en un mot, suffit pour former une poétique complète de la comédie. Ses bagatelles même eussent suffi à l'illustration de tout autre auteur; et l'on regrettera que, par le peu d'importance qu'y attachait l'auteur, la plupart aient péri pour nous. Le sévère Boileau n'avait garde de les dédaigner : car il y avait toujours, suivant lui, « quelque chose de saillant et d'instructif jusque dans les moindres conceptions de Molière. »

Déplorons, à cette occasion, que les papiers de cet homme illustre n'aient pas été, après lui, l'objet d'un assez grand soin : les curieux savent trop à quel point sont rares ses plus courts autographes. On ne doutera pas cependant qu'il n'ait laissé des ébauches et des fragments de pièces. Mais ce dépôt, tombé dans des mains négligentes, ne tarda pas à périr.

Malgré sa facilité évidente de conception et de travail,

Molière ne laissait pas de connaître ce qu'il faut, pour atteindre la perfection, de sérieux, de patients efforts. Rien, au fond, n'était plus sévère et plus difficile que son goût. Il le témoigna un jour qu'il entendait lire à son ami Boileau ce vers de sa seconde satire:

> Il plaît à tout le monde et ne saurait se plaire.

« Oui, s'écria-t-il, voilà la plus grande vérité que vous ayez jamais dite : quant à moi, je n'ai jamais rien fait dont je sois véritablement content. » Aussi, prompt à courir au-devant des conseils, ne se faisait-il pas faute d'en profiter, et même des plus humbles. Loin de fermer les yeux aux inconvénients d'une composition trop rapide, il exprimait son déplaisir de ne pas pouvoir toujours travailler ses ouvrages avec autant de lenteur qu'il l'eût voulu.

Bien que son imagination fût très-riche, on a vu qu'il n'avait garde de s'y tenir; et ce n'est pas sans raison que Boileau a donné à ses peintures l'épithète de *doctes*. Familier avec les auteurs de l'antiquité, il avait eu, dans sa première jeunesse, une prédilection toute particulière pour Lucrèce, l'interprète du système d'Épicure. On dit même qu'il l'avait entièrement traduit, en se bornant à la prose pour les matières philosophiques et en rendant les belles descriptions du poëte en vers : cette traduction, pour laquelle il avait, à ce qu'il paraît, invoqué les conseils du physicien Rohault, fut, à ce que l'on prétend, sacrifiée par Molière lui-même. Il n'en est demeuré qu'un très-court passage, qui a trouvé sa place dans le *Misanthrope*.

Mais, sans nous engager dans la recherche de ce qui a été perdu, qu'il nous suffise de jouir de ce qui nous est resté de Molière, qu'on a pu appeler à bon droit « un auteur unique. » Car non-seulement, à la différence des autres écrivains, le temps ne lui a rien ôté, mais il ajoute tous les jours à sa grande réputation. Cela tient à ce qu'on trouve chez lui moins un auteur qu'un homme, tant l'accent de la vérité est commun à tout ce qui sort de sa plume. Et peut-être le secret de cette parfaite vérité, source principale du succès de ses ouvrages, est-il qu'il s'est peint lui-même très-souvent, soit dans les situations, soit dans les caractères qu'il a produits sur la scène.

Jamais, d'ailleurs, moraliste n'a pénétré plus avant que Molière dans la connaissance, dans l'analyse du cœur humain. Jamais personne n'a mieux démêlé les ressorts qui font mouvoir les caractères. Avec lui, chose rare sur la scène comme dans la vie, il n'arrive point qu'ils se démentent. Mais, tout en reproduisant avec une singulière variété les individus et les mœurs passagères ou locales, il s'est principalement attaché à peindre l'homme de toutes les sociétés et de tous les temps : admirable plus que tout autre par cet équilibre parfait de l'imagination et de la raison, qui a créé la beauté des écrits et la grandeur des écrivains dans le dix-septième siècle.

Les critiques, toutefois, n'ont pas été épargnées à Molière. On l'a notamment accusé d'avoir, dans quelques-unes de ses comédies, poussé la liberté jusqu'à la licence; mais, si l'on met à part ces abus regrettables de parole, on n'hésitera pas à défendre Molière contre le reproche d'avoir, de propos délibéré, immolé la vertu sur la scène. Les leçons, dont il abonde, offrent d'ordinaire une moralité excellente; et ce qui le prouve, c'est que la société lui a dû le germe de très-sages réformes. Que de proverbes dont il a enrichi le domaine de la raison publique, et qui prouvent que cette maxime peut être la devise de son théâtre : *Castigat ridendo mores* [1].

D'autres critiques assez vives, autorisées de noms considérables, ont été, du vivant de Molière ou peu après lui, dirigées contre son style. Mais ces reproches n'ont pas trouvé leur écho dans la postérité : tout au contraire. Il lui a paru que La Bruyère avait trop raffiné quand il croyait voir *du jargon et du barbarisme* dans notre grand comique [2]. Elle

---

1. « En riant il corrige les mœurs. » Le mot est du P. Santeul.
2. C. I : *Des ouvrages de l'esprit.*

a redressé aussi ce jugement échappé à Fénelon [1] : c'est que la prose de Molière, sans être assez naturelle, était pourtant supérieure à ses vers. N'hésitons pas à écarter cette opinion comme quelques autres du même écrivain, lorsqu'il lui semble, par exemple, que le langage d'Auguste dans *Cinna* est emphatique, ou que, méconnaissant ce qu'il y a d'essentiel dans le caractère immuable des langues, il propose d'introduire l'inversion dans le français, avec autant de raison à peu près que si l'on eût demandé en latin, du temps d'Auguste, l'ordre naturel et logique des mots.

De nos jours, à plus juste titre, on a considéré les vers de Molière et sa prose tout à la fois, abstraction faite de quelques formes négligées ou tombées en désuétude, comme un modèle de ce langage simple, vif et clair, qui est le vrai français ; on a étudié spécialement ses locutions et son idiome ; on en a dressé des vocabulaires. En recommandant de lire les parties irréprochables de cet auteur et d'imiter son style, nous ne ferons donc que répéter le conseil des maîtres les plus accrédités de notre époque.

[1] *Lettre à l'Académie française.*

# LE MISANTHROPE

## COMÉDIE.

(1666.)

PERSONNAGES. — ALCESTE, amant de Célimène. — PHILINTE, ami d'Alceste. — ORONTE, amant de Célimène. — CÉLIMÈNE, amante d'Alceste. — ÉLIANTE, cousine de Célimène. — ARSINOÉ, amie de Célimène. — ACASTE, CLITANDRE, marquis. — BASQUE, valet de Célimène. — Un garde de la maréchaussée de France. — DUBOIS, valet d'Alceste.

*La scène est à Paris, dans la maison de Célimène.*

## ACTE PREMIER.

### SCÈNE I.

PHILINTE, ALCESTE.

PHILINTE.
Qu'est-ce donc? qu'avez-vous?
      ALCESTE, *assis.* Laissez-moi, je vous prie.
PHILINTE.
Mais encor, dites-moi, quelle bizarrerie...
      ALCESTE.
Laissez-moi là, vous dis-je, et courez vous cacher.
      PHILINTE.
Mais on entend les gens, au moins, sans se fâcher.
      ALCESTE.
Moi, je veux me fâcher, et ne veux point entendre.
      PHILINTE.                      [dre,
Dans vos brusques chagrins je ne puis vous compren-
Et quoique amis, enfin, je suis tout des premiers....

ALCESTE, *se levant brusquement.*
Moi, votre ami ? Rayez cela de vos papiers.
J'ai fait jusques ici profession de l'être ;
Mais, après ce qu'en vous je viens de voir paraître,
Je vous déclare net que je ne le suis plus, 11
Et ne veux nulle place en des cœurs corrompus.
PHILINTE.
Je suis donc bien coupable, Alceste, à votre compte ?
ALCESTE.
Allez, vous devriez mourir de pure honte ;
Une telle action ne saurait s'excuser,
Et tout homme d'honneur s'en doit scandaliser.
Je vous vois accabler un homme de caresses,
Et témoigner pour lui les dernières tendresses ;
De protestations, d'offres et de serments
Vous chargez la fureur de vos embrassements : 20
Et quand je vous demande après quel est cet homme,
A peine pouvez-vous dire comme il se nomme ;
Votre chaleur pour lui tombe en vous séparant,
Et vous me le traitez, à moi, d'indifférent.
Morbleu ! c'est une chose indigne, lâche, infâme,
De s'abaisser ainsi jusqu'à trahir son âme ;
Et si, par un malheur, j'en avais fait autant,
Je m'irais, de regret, pendre tout à l'instant.
PHILINTE.
Je ne vois pas, pour moi, que le cas soit pendable ;
Et je vous supplierai d'avoir pour agréable 30
Que je me fasse un peu grâce sur votre arrêt,
Et ne me pende pas pour cela, s'il vous plaît.
ALCESTE.
Que la plaisanterie est de mauvaise grâce !
PHILINTE.
Mais, sérieusement, que voulez-vous qu'on fasse ?
ALCESTE [neur
Je veux qu'on soit sincère, et qu'en homme d'hon-
On ne lâche aucun mot qui ne parte du cœur.

1.

PHILINTE.

Lorsqu'un homme vous vient embrasser avec joie,
Il faut bien le payer de la même monnoie,
Répondre comme on peut à ses empressements,
Et rendre offre pour offre et serments pour serments.

ALCESTE.

Non, je ne puis souffrir cette lâche méthode    41
Qu'affectent la plupart de vos gens à la mode;
Et je ne hais rien tant que les contorsions
De tous ces grands faiseurs de protestations;
Ces affables donneurs d'embrassades frivoles,
Ces obligeants diseurs d'inutiles paroles,
Qui de civilités avec tous font combat,
Et traitent du même air l'honnête homme et le fat.
Quel avantage a-t-on qu'un homme vous caresse,
Vous jure amitié, foi, zèle, estime, tendresse,    50
Et vous fasse de vous un éloge éclatant
Lorsqu'au premier faquin il court en faire autant?
Non, non, il n'est point d'âme un peu bien située
Qui veuille d'une estime ainsi prostituée;
Et la plus glorieuse a des régals peu chers,
Dès qu'on voit qu'on nous mêle avec tout l'univers :
Sur quelque préférence une estime se fonde,
Et c'est n'estimer rien qu'estimer tout le monde.
Puisque vous y donnez, dans ces vices du temps,
Morbleu! vous n'êtes pas pour être de mes gens;    60
Je refuse d'un cœur la vaste complaisance
Qui ne fait de mérite aucune différence;
Je veux qu'on me distingue; et, pour le trancher net,
L'ami du genre humain n'est point du tout mon fait.

PHILINTE.

Mais quand on est du monde, il faut bien que l'on [rende
Quelques dehors civils que l'usage demande.

ALCESTE.

Non, vous dis-je; on devrait châtier sans pitié
Ce commerce honteux de semblants d'amitié.

Je veux que l'on soit homme, et qu'en toute rencontre
Le fond de notre cœur dans nos discours se montre, 70
Que ce soit lui qui parle, et que nos sentiments
Ne se masquent jamais sous de vains compliments.
    PHILINTE.
Il est bien des endroits où la pleine franchise
Deviendrait ridicule, et serait peu permise;
Et parfois, n'en déplaise à votre austère honneur,
Il est bon de cacher ce qu'on a dans le cœur.
Serait-il à propos, et de la bienséance,
De dire à mille gens tout ce que d'eux on pense?
Et quand on a quelqu'un qu'on hait ou qui déplaît,
Lui doit-on déclarer la chose comme elle est?    80
    ALCESTE.
Oui.
  PHILINTE. Quoi! vous iriez dire à la vieille Émilie
Qu'à son âge il sied mal de faire la jolie,
Et que le blanc qu'elle a scandalise chacun?
    ALCESTE.
Sans doute.
    PHILINTE. A Dorilas, qu'il est trop importun;
Et qu'il n'est, à la cour, oreille qu'il ne lasse
A conter sa bravoure et l'éclat de sa race?
    ALCESTE.
Fort bien.
    PHILINTE. Vous vous moquez.
                ALCESTE. Je ne me moque point,
Et je vais n'épargner personne sur ce point.
Mes yeux sont trop blessés, et la cour et la ville
Ne m'offrent rien qu'objets à m'échauffer la bile; 90
J'entre en une humeur noire, en un chagrin profond,
Quand je vois vivre entre eux les hommes comme ils
Je ne trouve partout que lâche flatterie,     [font.
Qu'injustice, intérêt, trahison, fourberie;
Je n'y puis plus tenir, j'enrage; et mon dessein
Est de rompre en visière à tout le genre humain.

PHILINTE.
Ce chagrin philosophe est un peu trop sauvage.
Je ris des noirs accès où je vous envisage,
Et crois voir en nous deux, sous mêmes soins nourris,
Ces deux frères que peint l'*École des maris*, 100
Dont...
ALCESTE. Mon Dieu ! laissons là vos comparaisons
PHILINTE. [fades.
Non : tout de bon, quittez toutes ces incartades.
Le monde par vos soins ne se changera pas :
Et, puisque la franchise a pour vous tant d'appas,
Je vous dirai tout franc que cette maladie,
Partout où vous allez, donne la comédie,
Et qu'un si grand courroux contre les mœurs du temps
Vous tourne en ridicule auprès de bien des gens.
ALCESTE. [demande ;
Tant mieux, morbleu ! tant mieux, c'est ce que je
Ce m'est un fort bon signe, et ma joie en est grande.
Tous les hommes me sont à tel point odieux, 111
Que je serais fâché d'être sage à leurs yeux.
PHILINTE.
Vous voulez un grand mal à la nature humaine !
ALCESTE.
Oui, j'ai conçu pour elle une effroyable haine.
PHILINTE.
Tous les pauvres mortels, sans nulle exception,
Seront enveloppés dans cette aversion?
Encore en est-il bien, dans le siècle où nous som-
ALCESTE. [mes...
Non, elle est générale, et je hais tous les hommes :
Les uns, parce qu'ils sont méchants et malfaisants,
Et les autres, pour être aux méchants complaisants
Et n'avoir pas pour eux ces haines vigoureuses 121
Que doit donner le vice aux âmes vertueuses.
De cette complaisance on voit l'injuste excès
Pour le franc scélérat avec qui j'ai procès.

Au travers de son masque on voit à plein le traître :
Partout il est connu pour tout ce qu'il peut être ;
Et ses roulements d'yeux, et son ton radouci,
N'imposent qu'à des gens qui ne sont point d'ici.
On sait que ce pied-plat, digne qu'on le confonde,
Par de sales emplois s'est poussé dans le monde, 130
Et que par eux son sort, de splendeur revêtu,
Fait gronder le mérite et rougir la vertu.
Quelques titres honteux qu'en tous lieux on lui donne,
Son misérable honneur ne voit pour lui personne :
Nommez-le fourbe, infâme, et scélérat maudit,
Tout le monde en convient et nul n'y contredit.
Cependant sa grimace est partout bien venue ;
On l'accueille, on lui rit, partout il s'insinue ;
Et s'il est, par la brigue, un rang à disputer,
Sur le plus honnête homme on le voit l'emporter. 140
Têtebleu ! ce me sont de mortelles blessures,
De voir qu'avec le vice on garde des mesures ;
Et parfois il me prend des mouvements soudains
De fuir dans un désert l'approche des humains.

PHILINTE. [en peine,
Mon Dieu ! des mœurs du temps mettons-nous moins
Et faisons un peu grâce à la nature humaine ;
Ne l'examinons point dans la grande rigueur,
Et voyons ses défauts avec quelque douceur.
Il faut, parmi le monde, une vertu traitable :
A force de sagesse on peut être blâmable ; 150
La parfaite raison fuit toute extrémité,
Et veut que l'on soit sage avec sobriété.
Cette grande roideur des vertus des vieux âges
Heurte trop notre siècle et les communs usages ;
Elle veut aux mortels trop de perfection :
Il faut fléchir au temps sans obstination ;
Et c'est une folie à nulle autre seconde
De vouloir se mêler de corriger le monde.
J'observe, comme vous, cent choses tous les jours

Qui pourraient mieux aller, prenant un autre cours;
Mais, quoi qu'à chaque pas je puisse voir paraître, 161
En courroux, comme vous, on ne me voit point être;
Je prends tout doucement les hommes comme ils sont,
J'accoutume mon âme à souffrir ce qu'ils font;
Et je crois qu'à la cour, de même qu'à la ville,
Mon flegme est philosophe autant que votre bile.

  ALCESTE.

Mais ce flegme, monsieur, qui raisonnez si bien,
Ce flegme pourra-t-il ne s'échauffer de rien?
Et s'il faut, par hasard, qu'un ami vous trahisse,
Que pour avoir vos biens on dresse un artifice, 170
Ou qu'on tâche à semer de méchants bruits de vous,
Verrez-vous tout cela sans vous mettre en courroux?

  PHILINTE.

Oui, je vois ces défauts, dont votre âme murmure,
Comme vices unis à l'humaine nature;
Et mon esprit enfin n'est pas plus offensé
De voir un homme fourbe, injuste, intéressé,
Que de voir des vautours affamés de carnage,
Des singes malfaisants et des loups pleins de rage.

  ALCESTE.

Je me verrai trahir, mettre en pièces, voler,
Sans que je sois... Morbleu! je ne veux point parler, 180
Tant ce raisonnement est plein d'impertinence!

  PHILINTE.

Ma foi, vous ferez bien de garder le silence.
Contre votre partie éclatez un peu moins,
Et donnez au procès une part de vos soins.

  ALCESTE.

Je n'en donnerai point, c'est une chose dite.

  PHILINTE.

Mais qui voulez-vous donc qui pour vous sollicite?

  ALCESTE.

Qui je veux? La raison, mon bon droit, l'équité.

PHILINTE.
Aucun juge par vous ne sera visité?
ALCESTE.
Non! Est-ce que ma cause est injuste ou douteuse?
PHILINTE.
J'en demeure d'accord; mais la brigue est fâcheuse,
Et...
ALCESTE. Non. J'ai résolu de n'en pas faire un pas.
J'ai tort, ou j'ai raison.
PHILINTE. Ne vous y fiez pas.            192
ALCESTE.
Je ne remuerai point.
PHILINTE. Votre partie est forte,
Et peut, par sa cabale, entraîner...
ALCESTE. Il n'importe.
PHILINTE.
Vous vous tromperez.
ALCESTE. Soit. J'en veux voir le succès.
PHILINTE.
Mais...
ALCESTE. J'aurai le plaisir de perdre mon procès.
PHILINTE.
Mais enfin...
ALCESTE. Je verrai dans cette plaiderie
Si les hommes auront assez d'effronterie,
Seront assez méchants, scélérats et pervers,
Pour me faire injustice aux yeux de l'univers.    200
PHILINTE.
Quel homme!
ALCESTE. Je voudrais, m'en coûtât-il grand'chose,
Pour la beauté du fait, avoir perdu ma cause.
PHILINTE.
On se rirait de vous, Alceste, tout de bon,
Si l'on vous entendait parler de la façon.
ALCESTE.
Tant pis pour qui rirait.

PHILINTE. Mais cette rectitude
Que vous voulez en tout avec exactitude,
Cette pleine droiture où vous vous renfermez,
La trouvez-vous ici dans ce que vous aimez?
Je m'étonne, pour moi, qu'étant, comme il le semble,
Vous et le genre humain, si fort brouillés ensemble,
Malgré tout ce qui peut vous le rendre odieux,   215
Vous ayez pris chez lui ce qui charme vos yeux;
Et ce qui me surprend encore davantage,
C'est cet étrange choix où votre cœur s'engage.
La sincère Éliante a du penchant pour vous,
La prude Arsinoé vous voit d'un œil fort doux:
Cependant à leurs vœux votre âme se refuse,
Tandis qu'en ses liens Célimène l'amuse,
De qui l'humeur coquette et l'esprit médisant
Semblent si fort donner dans les mœurs d'à présent.  220
D'où vient que, leur portant une haine mortelle,
Vous pouvez bien souffrir ce qu'en tient cette belle?
Ne sont-ce plus défauts dans un objet si doux?
Ne les voyez-vous pas, ou les excusez-vous?
 ALCESTE.
Non. L'amour que je sens pour cette jeune veuve
Ne ferme point mes yeux aux défauts qu'on lui treuve;
Et je suis, quelque ardeur qu'elle m'ait pu donner,
Le premier à les voir, comme à les condamner.
Mais avec tout cela, quoi que je puisse faire,
Je confesse mon faible; elle a l'art de me plaire :  230
J'ai beau voir ses défauts, et j'ai beau l'en blâmer,
En dépit qu'on en ait, elle se fait aimer;
Sa grâce est la plus forte; et sans doute ma flamme
De ces vices du temps pourra purger son âme.
 PHILINTE.
Si vous faites cela, vous ne ferez pas peu.
Vous croyez être donc aimé d'elle?
   ALCESTE. Oui, parbleu!
Je ne l'aimerais pas, si je ne croyais l'être.

PHILINTE.
Mais si son amitié pour vous se fait paraître,
D'où vient que vos rivaux vous causent de l'ennui?
ALCESTE.
C'est qu'un cœur bien atteint veut qu'on soit tout à lui,
Et je ne viens ici qu'à dessein de lui dire     241
Tout ce que là-dessus ma passion m'inspire.
PHILINTE.
Pour moi, si je n'avais qu'à former des désirs,
Sa cousine Éliante aurait tous mes soupirs;
Son cœur, qui vous estime, est solide et sincère;
Et ce choix plus conforme était mieux votre affaire.
ALCESTE.
Il est vrai : ma raison me le dit chaque jour;
Mais la raison n'est pas ce qui règle l'amour.
PHILINTE.
Je crains fort pour vos feux, et l'espoir où vous êtes
Pourrait...

SCÈNE II.

ORONTE, ALCESTE, PHILINTE.

ORONTE, *à Alceste.*
J'ai su là-bas que, pour quelques emplettes,  250
Éliante est sortie, et Célimène aussi.
Mais comme l'on m'a dit que vous étiez ici,
J'ai monté pour vous dire, et d'un cœur véritable,
Que j'ai conçu pour vous une estime incroyable,
Et que, depuis longtemps, cette estime m'a mis
Dans un ardent désir d'être de vos amis.
Oui, mon cœur au mérite aime à rendre justice,
Et je brûle qu'un nœud d'amitié nous unisse.
Je crois qu'un ami chaud, et de ma qualité,
N'est pas assurément pour être rejeté.      260
(*Pendant le discours d'Oronte, Alceste est rêveur et
semble ne pas entendre que c'est à lui qu'on parle.
Il ne sort de sa rêverie que quand Oronte lui dit :*)

C'est à vous, s'il vous plaît, que ce discours s'adresse.
ALCESTE.
A moi, monsieur?

ORONTE. A vous. Trouvez-vous qu'il vous [blesse?
ALCESTE.
Non pas. Mais la surprise est fort grande pour moi,
Et je n'attendais pas l'honneur que je reçoi.
ORONTE.
L'estime où je vous tiens ne doit point vous surpren-
Et de tout l'univers vous la pouvez prétendre. [dre,
ALCESTE.
Monsieur...

ORONTE. L'État n'a rien qui ne soit au-dessous
Du mérite éclatant que l'on découvre en vous.
ALCESTE.
Monsieur...

ORONTE. Oui, de ma part, je vous tiens préférable
A tout ce que j'y vois de plus considérable.         270
ALCESTE.
Monsieur...

ORONTE. Sois-je du ciel écrasé, si je mens!
Et, pour vous confirmer ici mes sentiments,
Souffrez qu'à cœur ouvert, monsieur, je vous embras-
Et qu'en votre amitié je vous demande place. [se
Touchez là, s'il vous plaît. Vous me la promettez,
Votre amitié?

ALCESTE. Monsieur...

ORONTE. Quoi! vous y résistez?
ALCESTE.                                       [faire;
Monsieur, c'est trop d'honneur que vous me voulez
Mais l'amitié demande un peu plus de mystère;
Et c'est assurément en profaner le nom
Que de vouloir le mettre à toute occasion.           280
Avec lumière et choix cette union veut naître;
Avant que nous lier, il faut nous mieux connaître;
Et nous pourrions avoir telles complexions,

Que tous deux du marché nous nous repentirions.
####### ORONTE.
Parbleu! c'est là-dessus parler en homme sage,
Et je vous en estime encore davantage.
Souffrons donc que le temps forme des nœuds si doux;
Mais cependant je m'offre entièrement à vous.
S'il faut faire à la cour pour vous quelque ouverture,
On sait qu'auprès du roi je fais quelque figure ; 290
Il m'écoute, et dans tout il en use, ma foi,
Le plus honnêtement du monde avecque moi.
Enfin je suis à vous de toutes les manières;
Et comme votre esprit a de grandes lumières,
Je viens, pour commencer entre nous ce beau nœud,
Vous montrer un sonnet que j'ai fait depuis peu,
Et savoir s'il est bon qu'au public je l'expose.
####### ALCESTE.
Monsieur, je suis mal propre à décider la chose.
Veuillez m'en dispenser.
############ ORONTE. Pourquoi?
################## ALCESTE. J'ai le défaut
D'être un peu plus sincère en cela qu'il ne faut. 300
####### ORONTE.
C'est ce que je demande; et j'aurais lieu de plainte,
Si, m'exposant à vous pour me parler sans feinte,
Vous alliez me trahir et me déguiser rien.
####### ALCESTE.
Puisqu'il vous plaît ainsi, monsieur, je le veux bien.
####### ORONTE.
*Sonnet*. C'est un sonnet... *L'espoir*... C'est une dame
Qui de quelque espérance avait flatté ma flamme.
*L'espoir*... Ce ne sont point de ces grands vers pom-
[peux,
Mais de petits vers doux, tendres et langoureux.
####### ALCESTE.
Nous verrons bien.
############ ORONTE. *L'espoir*... Je ne sais si le style

Pourra vous en paraître assez net et facile, 310
Et si du choix des mots vous vous contenterez.
####### ALCESTE.
Nous allons voir, monsieur.
############### ORONTE. Au reste, vous saurez
Que je n'ai demeuré qu'un quart d'heure à le faire.
####### ALCESTE.
Voyons, monsieur; le temps ne fait rien à l'affaire.
####### ORONTE, *lit.*

> L'espoir, il est vrai, nous soulage,
> Et nous berce un temps notre ennui;
> Mais, Philis, le triste avantage,
> Lorsque rien ne marche après lui !

####### PHILINTE.
Je suis déjà charmé de ce petit morceau.
####### ALCESTE, *bas, à Philinte.*
Quoi! vous avez le front de trouver cela beau ? 320
####### ORONTE.

> Vous eûtes de la complaisance;
> Mais vous en deviez moins avoir,
> Et ne vous pas mettre en dépense
> Pour ne me donner que l'espoir.

####### PHILINTE.
Ah! qu'en termes galants ces choses-là sont mises!
####### ALCESTE, *bas, à Philinte.*
Morbleu! vil complaisant, vous louez des sottises !
####### ORONTE.

> S'il faut qu'une attente éternelle
> Pousse à bout l'ardeur de mon zèle,
> Le trépas sera mon recours.
>
> Vos soins ne m'en peuvent distraire : 330
> Belle Philis, on désespère
> Alors qu'on espère toujours.

####### PHILINTE.
La chute en est jolie, amoureuse, admirable.

ALCESTE, *bas, à part.*
La peste de ta chute, empoisonneur, au diable!
En eusses-tu fait une à te casser le nez!
PHILINTE.
Je n'ai jamais ouï de vers si bien tournés.
ALCESTE, *bas, à part.*
Morbleu!
ORONTE, *à Philinte.* Vous me flattez; et vous croyez
PHILINTE. [peut-être...
Non, je ne flatte point.
ALCESTE, *bas, à part.* Eh! que fais-tu donc, traître?
ORONTE, *à Alceste.*
Mais, pour vous, vous savez quel est notre traité.
Parlez-moi, je vous prie, avec sincérité. 340
ALCESTE.
Monsieur, cette matière est toujours délicate,
Et sur le bel esprit nous aimons qu'on nous flatte.
Mais un jour, à quelqu'un dont je tairai le nom,
Je disais, en voyant des vers de sa façon, [pire
Qu'il faut qu'un galant homme ait toujours grand em-
Sur les démangeaisons qui nous prennent d'écrire;
Qu'il doit tenir la bride aux grands empressements
Qu'on a de faire éclat de tels amusements,
Et que, par la chaleur de montrer ses ouvrages,
On s'expose à jouer de mauvais personnages. 350
ORONTE.
Est-ce que vous voulez me déclarer par là
Que j'ai tort de vouloir...
ALCESTE. Je ne dis pas cela.
Mais je lui disais, moi, qu'un froid écrit assomme;
Qu'il ne faut que ce faible à décrier un homme;
Et qu'eût-on d'autre part cent belles qualités,
On regarde les gens par leurs méchants côtés.
ORONTE.
Est-ce qu'à mon sonnet vous trouvez à redire?

ALCESTE.
Je ne dis pas cela. Mais, pour ne point écrire,
Je lui mettais aux yeux comme, dans notre temps,
Cette soif a gâté de fort honnêtes gens. 360
ORONTE.
Est-ce que j'écris mal? et leur ressemblerais-je?
ALCESTE.
Je ne dis pas cela. Mais enfin, lui disais-je,
Quel besoin si pressant avez-vous de rimer?
Et qui diantre vous pousse à vous faire imprimer?
Si l'on peut pardonner l'essor d'un mauvais livre,
Ce n'est qu'aux malheureux qui composent pour
Croyez-moi, résistez à vos tentations, [vivre.
Dérobez au public ces occupations,
Et n'allez point quitter, de quoi que l'on vous somme,
Le nom que dans la cour vous avez d'honnête homme,
Pour prendre, de la main d'un avide imprimeur, 371
Celui de ridicule et misérable auteur.
C'est ce que je tâchai de lui faire comprendre.
ORONTE.
Voilà qui va fort bien, et je crois vous entendre.
Mais ne puis-je savoir ce que dans mon sonnet...
ALCESTE.
Franchement, il est bon à mettre au cabinet.
Vous vous êtes réglé sur de méchants modèles,
Et vos expressions ne sont point naturelles.

 Qu'est-ce que : *Nous berce un temps notre ennui?*
 Et que, *Rien ne marche après lui?* 380
 Que, *Ne vous pas mettre en dépense,*
 *Pour ne me donner que l'espoir?*
 Et que, *Philis, on désespère,*
 *Alors qu'on espère toujours?*

Ce style figuré, dont on fait vanité,
Sort du bon caractère et de la vérité;
Ce n'est que jeu de mots, qu'affectation pure,

Et ce n'est point ainsi que parle la nature.
Le méchant goût du siècle en cela me fait peur;
Nos pères, tout grossiers, l'avaient beaucoup meil-
[leur; 390
Et je prise bien moins tout ce que l'on admire
Qu'une vieille chanson que je m'en vais vous dire.

  Si le roi m'avait donné
   Paris, sa grand'ville,
  Et qu'il me fallût quitter
   L'amour de ma mie,
  Je dirais au roi Henri :
  Reprenez votre Paris,
  J'aime mieux ma mie, ô gué!
   J'aime mieux ma mie.   400

La rime n'est pas riche, et le style en est vieux :
Mais ne voyez-vous pas que cela vaut bien mieux
Que ces colifichets dont le bon sens murmure,
Et que la passion parle là toute pure?

  Si le roi m'avait donné
   Paris, sa grand'ville,
  Et qu'il me fallût quitter
   L'amour de ma mie,
  Je dirais au roi Henri :
  Reprenez votre Paris,   410
  J'aime mieux ma mie, ô gué!
   J'aime mieux ma mie.

Voilà ce que peut dire un cœur vraiment épris.
  (*à Philinte qui rit.*)
Oui, monsieur le rieur, malgré vos beaux esprits,
J'estime plus cela que la pompe fleurie
De tous ces faux brillants où chacun se récrie.
  ORONTE.
Et moi, je vous soutiens que mes vers sont fort bons.
  ALCESTE.
Pour les trouver ainsi, vous avez vos raisons;
Mais vous trouverez bon que j'en puisse avoir d'autres
Qui se dispenseront de se soumettre aux vôtres. 420

ORONTE.
Il me suffit de voir que d'autres en font cas.
ALCESTE.
C'est qu'ils ont l'art de feindre ; et moi, je ne l'ai pas.
ORONTE.
Croyez-vous donc avoir tant d'esprit en partage?
ALCESTE.
Si je louais vos vers, j'en aurais davantage.
ORONTE.
Je me passerai bien que vous les approuviez.
ALCESTE.
Il faut bien, s'il vous plaît, que vous vous en passiez.
ORONTE.
Je voudrais bien, pour voir, que, de votre manière,
Vous en composassiez sur la même matière.
ALCESTE.
J'en pourrais, par malheur, faire d'aussi méchants ;
Mais je me garderais de les montrer aux gens.  430
ORONTE.
Vous me parlez bien ferme ; et cette suffisance...
ALCESTE.
Autre part que chez moi cherchez qui vous encense.
ORONTE.
Mais, mon petit monsieur, prenez-le un peu moins
ALCESTE. [haut.
Ma foi, mon grand monsieur, je le prends comme
PHILINTE, *se mettant entre deux*. [il faut.
Hé! messieurs, c'en est trop. Laissez cela, de grâce.
ORONTE.
Ah! j'ai tort, je l'avoue, et je quitte la place.
Je suis votre valet, monsieur, de tout mon cœur.
ALCESTE.
Et moi, je suis, monsieur, votre humble serviteur.

## SCÈNE III.

**PHILINTE, ALCESTE.**

**PHILINTE.**
Hé bien! vous le voyez. Pour être trop sincère,
Vous voilà sur les bras une fâcheuse affaire ; 440
Et j'ai bien vu qu'Oronte, afin d'être flatté...
 **ALCESTE.**
Ne me parlez pas.
  **PHILINTE.** Mais...
    **ALCESTE.** Plus de société.
 **PHILINTE.**
C'est trop....
  **ALCESTE.** Laissez-moi là.
    **PHILINTE.** Si je...
     **ALCESTE.** Point de lan-
 **PHILINTE.** [gage.
Mais quoi !...
 **ALCESTE.** Je n'entends rien.
    **PHILINTE.** Mais...
     **ALCESTE.** Encore ?
      **PHILINTE.** On
 **ALCESTE.** [outrage...
Ah! parbleu ! c'en est trop. Ne suivez point mes pas.
 **PHILINTE.**
Vous vous moquez de moi ; je ne vous quitte pas.

## ACTE DEUXIÈME.

### SCÈNE I.
#### ALCESTE, CÉLIMÈNE.

ALCESTE.
Madame, voulez-vous que je vous parle net?
De vos façons d'agir je suis mal satisfait.
Contre elles dans mon cœur trop de bile s'assemble,
Et je sens qu'il faudra que nous rompions ensemble;
Oui, je vous tromperais de parler autrement; 451
Tôt ou tard nous romprons indubitablement;
Et je vous promettrais mille fois le contraire,
Que je ne serais pas en pouvoir de le faire.

CÉLIMÈNE.
C'est pour me quereller donc, à ce que je voi,
Que vous avez voulu me ramener chez moi?

ALCESTE.
Je ne querelle point. Mais votre humeur, madame,
Ouvre au premier venu trop d'accès dans votre âme :
Vous avez trop d'amants qu'on voit vous obséder;
Et mon cœur de cela ne peut s'accommoder. 460

CÉLIMÈNE.
Des amants que je fais me rendez-vous coupable?
Puis-je empêcher les gens de me trouver aimable?
Et lorsque pour me voir ils font de doux efforts,
Dois-je prendre un bâton pour les mettre dehors?

ALCESTE.
Non, ce n'est pas, madame, un bâton qu'il faut prendre,
Mais un cœur à leurs vœux moins facile et moins tendre.
Je sais que vos appas vous suivent en tous lieux;
Mais votre accueil retient ceux qu'attirent vos yeux;
Et sa douceur, offerte à qui vous rend les armes,
Achève sur les cœurs l'ouvrage de vos charmes. 470

Le trop riant espoir que vous leur présentez
Attache autour de vous leurs assiduités;
Et votre complaisance, un peu moins étendue,
De tant de soupirants chasserait la cohue.
Mais au moins dites-moi, madame, par quel sort
Votre Clitandre a l'heur de vous plaire si fort?
Sur quel fonds de mérite et de vertu sublime
Appuyez-vous en lui l'honneur de votre estime?
Est-ce par l'ongle long qu'il porte au petit doigt
Qu'il s'est acquis chez vous l'estime où l'on le voit? 480
Vous êtes-vous rendue, avec tout le beau monde,
Au mérite éclatant de sa perruque blonde?
Sont-ce ses grands canons qui vous le font aimer?
L'amas de ses rubans a-t-il su vous charmer?
Est-ce par les appas de sa vaste rhingrave
Qu'il a gagné votre âme en faisant votre esclave?
Ou sa façon de rire, et son ton de fausset,
Ont-ils de vous toucher su trouver le secret?

   CÉLIMÈNE.

Qu'injustement de lui vous prenez de l'ombrage!
Ne savez-vous pas bien pourquoi je le ménage;  490
Et que dans mon procès, ainsi qu'il m'a promis,
Il peut intéresser tout ce qu'il a d'amis?

   ALCESTE.

Perdez votre procès, madame, avec constance,
Et ne ménagez point un rival qui m'offense.

   CÉLIMÈNE.

Mais de tout l'univers vous devenez jaloux!

   ALCESTE.

C'est que tout l'univers est bien reçu de vous.

   CÉLIMÈNE.

C'est ce qui doit rasseoir votre âme effarouchée,
Puisque ma complaisance est sur tous épanchée;
Et vous auriez plus lieu de vous en offenser,
Si vous me la voyiez sur un seul ramasser.  500

ALCESTE.
Mais moi, que vous blâmez de trop de jalousie,
Qu'ai-je de plus qu'eux tous, madame, je vous prie?
CÉLIMÈNE.
Le bonheur de savoir que vous êtes aimé.
ALCESTE.
Et quel lieu de le croire a mon cœur enflammé?
CÉLIMÈNE.
Je pense qu'ayant pris le soin de vous le dire,
Un aveu de la sorte a de quoi vous suffire.
ALCESTE.
Mais qui m'assurera que, dans le même instant,
Vous n'en disiez peut-être aux autres tout autant?
CÉLIMÈNE.
Certes, pour un amant, la fleurette est mignonne,
Et vous me traitez là de gentille personne. 510
Eh bien! pour vous ôter d'un semblable souci,
De tout ce que j'ai dit je me dédis ici;
Et rien ne saurait plus vous tromper que vous-même :
Soyez content.
ALCESTE. Morbleu! faut-il que je vous aime!
Ah! que si de vos mains je rattrape mon cœur,
Je bénirai le ciel de ce rare bonheur!
Je ne le cèle pas, je fais tout mon possible
A rompre de ce cœur l'attachement terrible;
Mais mes plus grands efforts n'ont rien fait jusqu'ici,
Et c'est pour mes péchés que je vous aime ainsi. 520
CÉLIMÈNE.
Il est vrai, votre ardeur est pour moi sans seconde.
ALCESTE.
Oui, je puis là-dessus défier tout le monde.
Mon amour ne se peut concevoir; et jamais
Personne n'a, madame, aimé comme je fais.
CÉLIMÈNE.
En effet, la méthode en est toute nouvelle,
Car vous aimez les gens pour leur faire querelle;

Ce n'est qu'en mots fâcheux qu'éclate votre ardeur,
Et l'on n'a vu jamais un amour si grondeur.
### ALCESTE.
Mais il ne tient qu'à vous que son chagrin ne passe.
A tous nos démêlés coupons chemin, de grâce ; 530
Parlons à cœur ouvert, et voyons d'arrêter...

## SCÈNE II.

### CÉLIMÈNE, ALCESTE, BASQUE.

### CÉLIMÈNE.
Qu'est-ce?
BASQUE. Acaste est là-bas.
CÉLIMÈNE. Eh bien! faites monter.

## SCÈNE III.

### CÉLIMÈNE, ALCESTE.

### ALCESTE.
Quoi! l'on ne peut jamais vous parler tête à tête?
A recevoir le monde on vous voit toujours prête;
Et vous ne pouvez pas, un seul moment de tous,
Vous résoudre à souffrir de n'être pas chez vous?
### CÉLIMÈNE.
Voulez-vous qu'avec lui je me fasse une affaire?
### ALCESTE.
Vous avez des égards qui ne sauraient me plaire.
### CÉLIMÈNE.
C'est un homme à jamais ne me le pardonner,
S'il savait que sa vue eût pu m'importuner. 540
### ALCESTE.
Et que vous fait cela pour vous gêner de sorte...
### CÉLIMÈNE.
Mon Dieu! de ses pareils la bienveillance importe;
Et ce sont de ces gens qui, je ne sais comment,

Ont gagné, dans la cour, de parler hautement.
Dans tous les entretiens on les voit s'introduire;
Ils ne sauraient servir, mais ils peuvent vous nuire;
Et jamais, quelque appui qu'on puisse avoir d'ailleurs,
On ne doit se brouiller avec ces grands brailleurs.

**ALCESTE.**
Enfin, quoi qu'il en soit, et sur quoi qu'on se fonde,
Vous trouvez des raisons pour souffrir tout le monde,
Et les précautions de votre jugement... 551

## SCÈNE IV.

**ALCESTE, CÉLIMÈNE, BASQUE.**

**BASQUE.**
Voici Clitandre encor, madame.
     ALCESTE. Justement.
    (*Il témoigne s'en vouloir aller.*)
**CÉLIMÈNE.**
Où courez-vous?
   ALCESTE. Je sors.
     CÉLIMÈNE. Demeurez.
       ALCESTE. Pourquoi faire?
**CÉLIMÈNE.**
Demeurez.
 ALCESTE. Je ne puis.
    CÉLIMÈNE. Je le veux.
       ALCESTE. Point d'affaire.
Ces conversations ne font que m'ennuyer,
Et c'est trop que vouloir me les faire essuyer.
**CÉLIMÈNE.**
Je le veux, je le veux.
    ALCESTE. Non, il m'est impossible.
**CÉLIMÈNE.**
Eh bien! allez, sortez, il vous est tout loisible.

## SCÈNE V.

ÉLIANTE, PHILINTE, ACASTE, CLITANDRE, ALCESTE, CÉLIMÈNE, BASQUE.

ÉLIANTE, *à Célimène.*
Voici les deux marquis qui montent avec nous.
Vous l'est-on venu dire?
   CÉLIMÈNE.  (*A Basque.*)
      Oui. Des sièges pour tous.
  (*Basque donne des sièges et sort.*)
 (*A Alceste.*)
Vous n'êtes pas sorti?
    ALCESTE. Non; mais je veux, madame,
Ou pour eux, ou pour moi, faire expliquer votre âme.
  CÉLIMÈNE.
Taisez-vous.
  ALCESTE. Aujourd'hui vous vous expliquerez.
  CÉLIMÈNE.
Vous perdez le sens.
    ALCESTE. Point. Vous vous déclarerez.
  CÉLIMÈNE.
Ah!
ALCESTE. Vous prendrez parti.
    CÉLIMÈNE. Vous vous moquez, je
  ALCESTE.       [pense.
Non. Mais vous choisirez. C'est trop de patience.
  CLITANDRE.
Parbleu! je viens du Louvre, où Cléonte, au levé,
Madame, a bien paru ridicule achevé.
N'a-t-il point quelque ami qui pût, sur ses manières,
D'un charitable avis lui prêter les lumières?
  CÉLIMÈNE.
Dans le monde, à vrai dire, il se barbouille fort;
Partout il porte un air qui saute aux yeux d'abord;

Et lorsqu'on le revoit après un peu d'absence,
On le retrouve encor plus plein d'extravagance.
ACASTE.
Parbleu ! s'il faut parler de gens extravagants,
Je viens d'en essuyer un des plus fatigants ;
Damon le raisonneur, qui m'a, ne vous déplaise,
Une heure, au grand soleil, tenu hors de ma chaise.
CÉLIMÈNE.
C'est un parleur étrange, et qui trouve toujours
L'art de ne vous rien dire avec de grands discours ; 580
Dans les propos qu'il tient on ne voit jamais goutte,
Et ce n'est que du bruit que tout ce qu'on écoute.
ÉLIANTE, *à Philinte.*
Ce début n'est pas mal ; et, contre le prochain,
La conversation prend un assez bon train.
CLITANDRE.
Timante encor, madame, est un bon caractère.
CÉLIMÈNE.
C'est de la tête aux pieds un homme tout mystère,
Qui vous jette, en passant, un coup d'œil égaré,
Et, sans aucune affaire, est toujours affairé.
Tout ce qu'il vous débite en grimaces abonde ;
A force de façons, il assomme le monde ; 590
Sans cesse il a tout bas, pour rompre l'entretien,
Un secret à vous dire, et ce secret n'est rien ;
De la moindre vétille il fait une merveille,
Et, jusques au bonjour, il dit tout à l'oreille.
ACASTE.
Et Géralde, madame?
CÉLIMÈNE. O l'ennuyeux conteur !
Jamais on ne le voit sortir du grand seigneur ;
Dans le brillant commerce il se mêle sans cesse,
Et ne cite jamais que duc, prince ou princesse.
La qualité l'entête, et tous ses entretiens
Ne sont que de chevaux, d'équipage et de chiens : 600
Il tutoie, en parlant, ceux du plus haut étage,

Et le nom de monsieur est chez lui hors d'usage.
####### CLITANDRE.
On dit qu'avec Bélise il est du dernier bien.
####### CÉLIMÈNE.
Le pauvre esprit de femme, et le sec entretien!
Lorsqu'elle vient me voir, je souffre le martyre:
Il faut suer sans cesse à chercher que lui dire,
Et la stérilité de son expression
Fait mourir à tous coups la conversation.
En vain, pour attaquer son stupide silence, 609
De tous les lieux communs vous prenez l'assistance.
Le beau temps et la pluie, et le froid et le chaud,
Sont des fonds qu'avec elle on épuise bientôt.
Cependant sa visite, assez insupportable,
Traîne en une longueur encore épouvantable;
Et l'on demande l'heure, et l'on bâille vingt fois,
Qu'elle grouille aussi peu qu'une pièce de bois.
####### ACASTE.
Que vous semble d'Adraste?
####### CÉLIMÈNE.
Ah! quel orgueil extrême!
C'est un homme gonflé de l'amour de soi-même.
Son mérite jamais n'est content de la cour;
Contre elle il fait métier de pester chaque jour; 620
Et l'on ne donne emploi, charge ni bénéfice,
Qu'à tout ce qu'il se croit on ne fasse injustice.
####### CLITANDRE.
Mais le jeune Cléon, chez qui vont aujourd'hui
Nos plus honnêtes gens, que dites-vous de lui?
####### CÉLIMÈNE.
Que de son cuisinier il s'est fait un mérite,
Et que c'est à sa table à qui l'on rend visite.
####### ÉLIANTE.
Il prend soin d'y servir des mets fort délicats.
####### CÉLIMÈNE.
Oui; mais je voudrais bien qu'il ne s'y servît pas:
C'est un fort méchant plat que sa sotte personne,

2.

Et qui gâte, à mon goût, tous les repas qu'il donne.
####### PHILINTE.
On fait assez de cas de son oncle Damis ; 631
Qu'en dites-vous, madame?
####### CÉLIMÈNE. Il est de mes amis.
####### PHILINTE.
Je le trouve honnête homme, et d'un air assez sage.
####### CÉLIMÈNE.
Oui ; mais il veut avoir trop d'esprit, dont j'enrage.
Il est guindé sans cesse ; et, dans tous ses propos,
On voit qu'il se travaille à dire de bons mots.
Depuis que dans la tête il s'est mis d'être habile,
Rien ne touche son goût, tant il est difficile.
Il veut voir des défauts à tout ce qu'on écrit
Et pense que louer n'est pas d'un bel esprit, 640
Que c'est être savant que trouver à redire,
Qu'il n'appartient qu'aux sots d'admirer et de rire,
Et qu'en n'approuvant rien des ouvrages du temps
Il se met au-dessus de tous les autres gens.
Aux conversations même il trouve à reprendre ;
Ce sont propos trop bas pour y daigner descendre ;
Et, les deux bras croisés, du haut de son esprit,
Il regarde en pitié tout ce que chacun dit.
####### ACASTE.
Dieu me damne ! voilà son portrait véritable.
####### CLITANDRE, *à Célimène.*
Pour bien peindre les gens vous êtes admirable. 650
####### ALCESTE.
Allons, ferme, poussez, mes bons amis de cour ;
Vous n'en épargnez point, et chacun a son tour :
Cependant aucun d'eux à vos yeux ne se montre,
Qu'on ne vous voie en hâte aller à sa rencontre,
Lui présenter la main, et d'un baiser flatteur
Appuyer les serments d'être son serviteur.
####### CLITANDRE.
[blesse,
Pourquoi s'en prendre à nous ? Si ce qu'on dit vous

Il faut que le reproche à madame s'adresse.
### ALCESTE.
Non, morbleu! c'est à vous; et vos ris complaisants
Tirent de son esprit tous ces traits médisants.         660
Son humeur satirique est sans cesse nourrie
Par le coupable encens de votre flatterie;
Et son cœur à railler trouverait moins d'appas,
S'il avait observé qu'on ne l'applaudît pas.
C'est ainsi qu'aux flatteurs on doit partout se prendre
Des vices où l'on voit les humains se répandre.
### PHILINTE.
Mais pourquoi pour ces gens un intérêt si grand,
Vous qui condamneriez ce qu'en eux on reprend?
### CÉLIMÈNE.
Et ne faut-il pas bien que monsieur contredise?
A la commune voix veut-on qu'il se réduise,         670
Et qu'il ne fasse pas éclater en tous lieux
L'esprit contrariant qu'il a reçu des cieux?
Le sentiment d'autrui n'est jamais pour lui plaire:
Il prend toujours en main l'opinion contraire,
Et penserait paraître un homme du commun
Si l'on voyait qu'il fût de l'avis de quelqu'un.
L'honneur de contredire a pour lui tant de charmes,
Qu'il prend contre lui-même assez souvent les armes;
Et ses vrais sentiments sont combattus par lui,
Aussitôt qu'il les voit dans la bouche d'autrui.         680
### ALCESTE.
Les rieurs sont pour vous, madame, c'est tout dire;
Et vous pouvez pousser contre moi la satire.
### PHILINTE.
Mais il est véritable aussi que votre esprit
Se gendarme toujours contre tout ce qu'on dit,
Et que, par un chagrin que lui-même il avoue,
Il ne saurait souffrir qu'on blâme ni qu'on loue.
### ALCESTE.
C'est que jamais, morbleu! les hommes n'ont raison,

Que le chagrin contre eux est toujours de saison,
Et que je vois qu'ils sont, sur toutes les affaires,
Loueurs impertinents ou censeurs téméraires. 690
CÉLIMÈNE.
Mais... [mourir,
ALCESTE. Non, madame, non, quand j'en devrais
Vous avez des plaisirs que je ne puis souffrir;
Et l'on a tort ici de nourrir dans votre âme
Ce grand attachement aux défauts qu'on y blâme.
CLITANDRE.
Pour moi, je ne sais pas; mais j'avouerai tout haut
Que j'ai cru jusqu'ici madame sans défaut.
ACASTE.
De grâces et d'attraits je vois qu'elle est pourvue;
Mais les défauts qu'elle a ne frappent point ma vue.
ALCESTE.
Ils frappent tous la mienne; et, loin de m'en cacher,
Elle sait que j'ai soin de les lui reprocher. 700
Plus on aime quelqu'un, moins il faut qu'on le flatte;
A ne rien pardonner le pur amour éclate :
Et je bannirais, moi, tous ces lâches amants
Que je verrais soumis à tous mes sentiments,
Et dont, à tout propos, les molles complaisances
Donneraient de l'encens à mes extravagances.
CÉLIMÈNE.
Enfin, s'il faut qu'à vous s'en rapportent les cœurs,
On doit, pour bien aimer, renoncer aux douceurs,
Et du parfait amour mettre l'honneur suprême
A bien injurier les personnes qu'on aime. 710
ÉLIANTE.
L'amour, pour l'ordinaire, est peu fait à ces lois,
Et l'on voit les amants vanter toujours leur choix.
Jamais leur passion n'y voit rien de blâmable,
Et dans l'objet aimé tout leur devient aimable;
Ils comptent les défauts pour des perfections,
Et savent y donner de favorables noms.

La pâle est au jasmin en blancheur comparable ;
La noire à faire peur, une brune adorable ;
La maigre a de la taille et de la liberté ;
La grasse est, dans son port, pleine de majesté ; 720
La malpropre sur soi, de peu d'attraits chargée,
Est mise sous le nom de beauté négligée ;
La géante paraît une déesse aux yeux ;
La naine, un abrégé des merveilles des cieux ;
L'orgueilleuse a le cœur digne d'une couronne ;
La fourbe a de l'esprit, la sotte est toute bonne ;
La trop grande parleuse est d'agréable humeur,
Et la muette garde une honnête pudeur.
C'est ainsi qu'un amant, dont l'ardeur est extrême,
Aime jusqu'aux défauts des personnes qu'il aime. 730

ALCESTE.

Et moi, je soutiens, moi...

CÉLIMÈNE. Brisons là ce discours,
Et dans la galerie allons faire deux tours.
Quoi! vous vous en allez, messieurs ?

CLITANDRE *et* ACASTE. Non pas, ma-
[dame.

ALCESTE.

La peur de leur départ occupe fort votre âme.
Sortez quand vous voudrez, messieurs ; mais j'avertis
Que je ne sors qu'après que vous serez sortis.

ACASTE.

A moins de voir madame en être importunée,
Rien ne m'appelle ailleurs de toute la journée.

CLITANDRE.

Moi, pourvu que je puisse être au petit couché,
Je n'ai point d'autre affaire où je sois attaché. 740

CÉLIMÈNE, *à Alceste.*

C'est pour rire, je crois.

ALCESTE. Non, en aucune sorte.
Nous verrons si c'est moi que vous voudrez qui sorte.

## SCÈNE VI.

ALCESTE, CÉLIMÈNE, ÉLIANTE, ACASTE, PHILINTE, CLITANDRE, BASQUE.

BASQUE, *à Alceste.*
Monsieur, un homme est là qui voudrait vous parler
Pour affaire, dit-il, qu'on ne peut reculer.
ALCESTE.
Dis-lui que je n'ai point d'affaires si pressées.
BASQUE.
Il porte une jaquette à grand'basques plissées,
Avec du dor dessus.
CÉLIMÈNE, *à Alceste.* Allez voir ce que c'est,
Ou bien faites-le entrer.

## SCÈNE VII.

ALCESTE, CÉLIMÈNE, ÉLIANTE, ACASTE, PHILINTE, CLITANDRE, *un garde de la maréchaussée.*

ALCESTE, *allant au-devant du garde.*
    Qu'est-ce donc qu'il vous plaît?
Venez, monsieur.
  LE GARDE. Monsieur, j'ai deux mots à vous
  ALCESTE. [dire.
Vous pouvez parler haut, monsieur, pour m'en in-
  LE GARDE. [struire. 750
Messieurs les maréchaux, dont j'ai commandement,
Vous mandent de venir les trouver promptement,
Monsieur.
  ALCESTE.
 Qui? moi, monsieur?
    LE GARDE. Vous-même.
      ALCESTE. Et pourquoi faire?
PHILINTE, *à Alceste.*
C'est d'Oronte et de vous la ridicule affaire.

CÉLIMÈNE, *à Philinte.*
Comment?
PHILINTE. Oronte et lui se sont tantôt bravés
Sur certains petits vers qu'il n'a pas approuvés;
Et l'on veut assoupir la chose en sa naissance.
ALCESTE.
Moi, je n'aurai jamais de lâche complaisance.
PHILINTE.
Mais il faut suivre l'ordre : allons, disposez-vous.
ALCESTE.
Quel accommodement veut-on faire entre nous? 760
La voix de ces messieurs me condamnera-t-elle
A trouver bons les vers qui font notre querelle?
Je ne me dédis point de ce que j'en ai dit,
Je les trouve méchants.
PHILINTE. Mais d'un plus doux esprit...
ALCESTE.
Je n'en démordrai point, les vers sont exécrables.
PHILINTE.
Vous devez faire voir des sentiments traitables.
Allons, venez.
ALCESTE. J'irai; mais rien n'aura pouvoir
De me faire dédire.
PHILINTE. Allons vous faire voir.
ALCESTE.
Hors qu'un commandement exprès du roi me vienne
De trouver bons les vers dont on se met en peine, 770
Je soutiendrai toujours, morbleu! qu'ils sont mauvais,
Et qu'un homme est pendable après les avoir faits.
(*A Clitandre et à Acaste, qui rient.*)
Par la sambleu! messieurs, je ne croyais pas être
Si plaisant que je suis.
CÉLIMÈNE. Allez vite paraître
Où vous devez.
ALCESTE. J'y vais, madame; et sur mes pas
Je reviens en ce lieu pour vider nos débats.

## ACTE TROISIÈME.

### SCÈNE I.

CLITANDRE, ACASTE.

CLITANDRE.
Cher marquis, je te vois l'âme bien satisfaite;
Toute chose t'égaie, et rien ne t'inquiète.
En bonne foi, crois-tu, sans t'éblouir les yeux,
Avoir de grands sujets de paraître joyeux ? 780
ACASTE.
Parbleu! je ne vois pas, lorsque je m'examine,
Où prendre aucun sujet d'avoir l'âme chagrine.
J'ai du bien, je suis jeune, et sors d'une maison
Qui se peut dire noble avec quelque raison;
Et je crois, par le rang que me donne ma race,
Qu'il est fort peu d'emplois dont je ne sois en passe.
Pour le cœur, dont surtout nous devons faire cas,
On sait, sans vanité, que je n'en manque pas;
Et l'on m'a vu pousser dans le monde une affaire
D'une assez vigoureuse et gaillarde manière. 790
Pour de l'esprit, j'en ai, sans doute; et du bon goût,
A juger sans étude et raisonner de tout;
A faire aux nouveautés, dont je suis idolâtre,
Figure de savant sur les bancs du théâtre,
Y décider en chef, et faire du fracas
A tous les beaux endroits qui méritent des ah!
Je suis assez adroit; j'ai bon air, bonne mine,
Les dents belles surtout, et la taille fort fine.
Quant à se mettre bien, je crois, sans me flatter,
Qu'on serait mal venu de me le disputer. 800
Je me vois dans l'estime autant qu'on y puisse être,
Fort aimé du beau sexe, et bien auprès du maître.
Je crois qu'avec cela, mon cher marquis, je croi
Qu'on peut, par tout pays, être content de soi.

2.

CLITANDRE.
Oui. Mais, trouvant ailleurs des conquêtes faciles,
Pourquoi pousser ici des soupirs inutiles?
ACASTE.
Moi? Parbleu! je ne suis de taille ni d'humeur
A pouvoir d'une belle essuyer la froideur.
C'est aux gens mal tournés, aux mérites vulgaires,
A brûler constamment pour des beautés sévères, 810
A languir à leurs pieds et souffrir leurs rigueurs,
A chercher le secours des soupirs et des pleurs,
Et tâcher, par les soins d'une très longue suite,
D'obtenir ce qu'on nie à leur peu de mérite.
Mais les gens de mon air, marquis, ne sont pas faits
Pour aimer à crédit et faire tous les frais.
Quelque rare que soit le mérite des belles,
Je pense, Dieu merci, qu'on vaut son prix comme elles;
Que, pour se faire honneur d'un cœur comme le mien,
Ce n'est pas la raison qu'il ne leur coûte rien; 820
Et qu'au moins, à tout mettre en de justes balances,
Il faut qu'à frais communs se fassent les avances.
CLITANDRE.
Tu penses donc, marquis, être fort bien ici?
ACASTE.
J'ai quelque lieu, marquis, de le penser ainsi.
CLITANDRE.
Crois-moi, détache-toi de cette erreur extrême :
Tu te flattes, mon cher, et t'aveugles toi-même.
ACASTE.
Il est vrai, je me flatte et m'aveugle en effet.
CLITANDRE.
Mais qui te fait juger ton bonheur si parfait?
ACASTE.
Je me flatte.
CLITANDRE. Sur quoi fonder tes conjectures?
ACASTE.
Je m'aveugle.

CLITANDRE. En as-tu des preuves qui soient sûres?
ACASTE.
Je m'abuse, te dis-je.
CLITANDRE. Est-ce que de ses vœux 831
Célimène t'a fait quelques secrets aveux?
ACASTE.
Non, je suis maltraité.
CLITANDRE. Réponds-moi, je te prie.
ACASTE.
Je n'ai que des rebuts.
CLITANDRE. Laissons la raillerie,
Et me dis quel espoir on peut t'avoir donné.
ACASTE.
Je suis le misérable, et toi le fortuné;
On a pour ma personne une aversion grande,
Et quelqu'un de ces jours il faut que je me pende.
CLITANDRE.
Oh! ça, veux-tu, marquis, pour ajuster nos vœux,
Que nous tombions d'accord d'une chose tous deux;
Que qui pourra montrer une marque certaine 841
D'avoir meilleure part au cœur de Célimène,
L'autre ici fera place au vainqueur prétendu
Et le délivrera d'un rival assidu?
ACASTE.
Ah! parbleu, tu me plais avec un tel langage,
Et, du bon de mon cœur, à cela je m'engage.
Mais chut.

## SCÈNE II.

CÉLIMÈNE, ACASTE, CLITANDRE.

CÉLIMÈNE. Encore ici?
CLITANDRE. L'amour retient nos pas.
CÉLIMÈNE.
Je viens d'ouïr entrer un carrosse là-bas.
Savez-vous qui c'est?
CLITANDRE. Non.

## SCÈNE III.

**CÉLIMÈNE, ACASTE, CLITANDRE, BASQUE.**

BASQUE. Arsinoé, madame,
Monte ici pour vous voir.
     CÉLIMÈNE. Que me veut cette femme ?
 BASQUE.
Éliante là-bas est à l'entretenir. 851
 CÉLIMÈNE.
De quoi s'avise-t-elle, et qui la fait venir ?
 ACASTE.
Pour prude consommée en tous lieux elle passe,
Et l'ardeur de son zèle...
     CÉLIMÈNE. Oui, oui, franche grimace.
Dans l'âme elle est du monde ; et ses soins tentent tout
Pour accrocher quelqu'un, sans en venir à bout.
Elle ne saurait voir qu'avec un œil d'envie
Les amants déclarés dont une autre est suivie ;
Et son triste mérite, abandonné de tous,
Contre le siècle aveugle est toujours en courroux. 860
Elle tâche à couvrir d'un faux voile de prude
Ce que chez elle on voit d'affreuse solitude ;
Et, pour sauver l'honneur de ses faibles appas,
Elle attache du crime au pouvoir qu'ils n'ont pas.
Cependant un amant plairait fort à la dame,
Et même pour Alceste elle a tendresse d'âme.
Ce qu'il me rend de soins outrage ses attraits ;
Elle veut que ce soit un vol que je lui fais ;
Et son jaloux dépit, qu'avec peine elle cache,
En tous endroits sous main contre moi se détache. 870
Enfin je n'ai rien vu de si sot à mon gré :
Elle est impertinente au suprême degré,
Et...

## SCÈNE IV.

### ARSINOÉ, CÉLIMÈNE, CLITANDRE, ACASTE.

CÉLIMÈNE. Ah! quel heureux sort en ce lieu vous amène?
Madame, sans mentir, j'étais de vous en peine.

ARSINOÉ.
Je viens pour quelque avis que j'ai cru vous devoir.

CÉLIMÈNE.
Ah! mon Dieu! que je suis contente de vous voir!

(*Clitandre et Acaste sortent en riant.*)

## SCÈNE V.

### ARSINOÉ, CÉLIMÈNE.

ARSINOÉ.
Leur départ ne pouvait plus à propos se faire.

CÉLIMÈNE.
Voulons-nous nous asseoir?

ARSINOÉ. Il n'est pas nécessaire.
Madame, l'amitié doit surtout éclater
Aux choses qui le plus nous peuvent importer ; 880
Et comme il n'en est point de plus grande importance
Que celles de l'honneur et de la bienséance,
Je viens, par un avis qui touche votre honneur,
Témoigner l'amitié que pour vous a mon cœur.
Hier j'étais chez des gens de vertu singulière,
Où sur vous du discours on tourna la matière ;
Et là, votre conduite, avec ses grands éclats,
Madame, eut le malheur qu'on ne la loua pas.
Cette foule de gens dont vous souffrez visite,
Votre galanterie, et les bruits qu'elle excite, 890
Trouvèrent des censeurs plus qu'il n'aurait fallu,
Et bien plus rigoureux que je n'eusse voulu.
Vous pouvez bien penser quel parti je sus prendre :
Je fis ce que je pus pour vous pouvoir défendre ;
Je vous excusai fort sur votre intention,
Et voulus de votre âme être la caution.

Mais vous savez qu'il est des choses dans la vie
Qu'on ne peut excuser, quoiqu'on en ait envie ;
Et je me vis contrainte à demeurer d'accord
Que l'air dont vous vivez vous faisait un peu tort ; 900
Qu'il prenait dans le monde une méchante face ;
Qu'il n'est conte fâcheux que partout on n'en fasse ;
Et que, si vous vouliez, tous vos déportements
Pourraient moins donner prise aux mauvais juge-
Non que j'y croie au fond l'honnêteté blessée ; [ments.
Me préserve le ciel d'en avoir la pensée !
Mais aux ombres du crime on prête aisément foi,
Et ce n'est pas assez de bien vivre pour soi.
Madame, je vous crois l'âme trop raisonnable
Pour ne pas prendre bien cet avis profitable, 910
Et pour l'attribuer qu'aux mouvements secrets
D'un zèle qui m'attache à tous vos intérêts.

   CÉLIMÈNE.

Madame j'ai beaucoup de grâces à vous rendre :
Un tel avis m'oblige ; et, loin de le mal prendre,
J'en prétends reconnaître à l'instant la faveur
Par un avis aussi qui touche votre honneur ;
Et comme je vous vois vous montrer mon amie,
En m'apprenant les bruits que de moi l'on publie,
Je veux suivre, à mon tour, un exemple si doux,
En vous avertissant de ce qu'on dit de vous. 920
En un lieu, l'autre jour, où je faisais visite,
Je trouvai quelques gens d'un très rare mérite,
Qui, parlant des vrais soins d'une âme qui vit bien,
Firent tomber sur vous, madame, l'entretien.
Là, votre pruderie et vos éclats de zèle
Ne furent pas cités comme un fort bon modèle ;
Cette affectation d'un grave extérieur,
Vos discours éternels de sagesse et d'honneur,
Vos mines et vos cris aux ombres d'indécence
Que d'un mot ambigu peut avoir l'innocence, 930
Cette hauteur d'estime où vous êtes de vous,

Et ces yeux de pitié que vous jetez sur tous,
Vos fréquentes leçons et vos aigres censures
Sur des choses qui sont innocentes et pures,
Tout cela, si je puis vous parler franchement,
Madame, fut blâmé d'un commun sentiment.
« A quoi bon, disaient-ils, cette mine modeste
« Et ce sage dehors que dément tout le reste?
« Elle est à bien prier exacte au dernier point;
« Mais elle bat ses gens, et ne les paye point.   940
« Dans tous les lieux dévots elle étale un grand zèle;
« Mais elle met du blanc, et veut paraître belle.
« Elle fait des tableaux couvrir les nudités;
« Mais elle a de l'amour pour les réalités. »
Pour moi, contre chacun je pris votre défense,
Et leur assurai fort que c'était médisance;
Mais tous les sentiments combattirent le mien,
Et leur conclusion fut que vous feriez bien
De prendre moins de soin des actions des autres
Et de vous mettre un peu plus en peine des vôtres;   950
Qu'on doit se regarder soi-même un fort long temps
Avant que de songer à condamner les gens;
Qu'il faut mettre le poids d'une vie exemplaire
Dans les corrections qu'aux autres on veut faire;
Et qu'encor vaut-il mieux s'en remettre, au besoin,
A ceux à qui le ciel en a commis le soin.
Madame, je vous crois aussi trop raisonnable
Pour ne pas prendre bien cet avis profitable,
Et pour l'attribuer qu'aux mouvements secrets
D'un zèle qui m'attache à tous vos intérêts.   960

ARSINOÉ.
A quoi qu'en reprenant on soit assujettie,
Je ne m'attendais pas à cette repartie,
Madame; et je vois bien, par ce qu'elle a d'aigreur,
Que mon sincère avis vous a blessée au cœur.

CÉLIMÈNE.
Au contraire, madame; et, si l'on était sage,

Ces avis mutuels seraient mis en usage.
On détruirait par là, traitant de bonne foi,
Ce grand aveuglement où chacun est pour soi.
Il ne tiendra qu'à vous qu'avec le même zèle
Nous ne continuions cet office fidèle, 970
Et ne prenions grand soin de nous dire entre nous
Ce que nous entendrons, vous de moi, moi de vous.

ARSINOÉ.

Ah! madame, de vous je ne puis rien entendre;
C'est en moi que l'on peut trouver fort à reprendre.

CÉLIMÈNE.

Madame, on peut, je crois, louer et blâmer tout;
Et chacun a raison, suivant l'âge ou le goût.
Il est une saison pour la galanterie,
Il en est une aussi propre à la pruderie.
On peut, par politique, en prendre le parti,
Quand de nos jeunes ans l'éclat est amorti; 980
Cela sert à couvrir de fâcheuses disgrâces.
Je ne dis pas qu'un jour je ne suive vos traces :
L'âge amènera tout; et ce n'est pas le temps,
Madame, comme on sait, d'être prude à vingt ans.

ARSINOÉ.

Certes, vous vous targuez d'un bien faible avantage,
Et vous faites sonner terriblement votre âge.
Ce que de plus que vous on en pourrait avoir
N'est pas un si grand cas pour s'en tant prévaloir;
Et je ne sais pourquoi votre âme ainsi s'emporte,
Madame, à me pousser de cette étrange sorte. 990

CÉLIMÈNE.

Et moi, je ne sais pas, madame, aussi pourquoi
On vous voit en tous lieux vous déchaîner sur moi.
Faut-il de vos chagrins sans cesse à moi vous prendre,
Et puis-je mais des soins qu'on ne va pas vous rendre?
Si ma personne aux gens inspire de l'amour,
Et si l'on continue à m'offrir chaque jour
Des vœux que votre cœur peut souhaiter qu'on m'ôte,

Je n'y saurais que faire, et ce n'est pas ma faute;
Vous avez le champ libre, et je n'empêche pas
Que, pour les attirer, vous n'ayez des appas. 1000
    ARSINOÉ.
Hélas! et croyez-vous que l'on se mette en peine
De ce nombre d'amants dont vous faites la vaine,
Et qu'il ne nous soit pas fort aisé de juger
A quel prix aujourd'hui l'on peut les engager?
Pensez-vous faire croire, à voir comme tout roule,
Que votre seul mérite attire cette foule?
Qu'ils ne brûlent pour vous que d'un honnête amour,
Et que pour vos vertus ils vous font tous la cour?
On ne s'aveugle point par de vaines défaites;
Le monde n'est point dupe; et j'en vois qui sont faites
A pouvoir inspirer de tendres sentiments, 1011
Qui chez elles pourtant ne fixent point d'amants;
Et de là nous pouvons tirer des conséquences
Qu'on n'acquiert point leurs cœurs sans de grandes
                                      [avances;
Qu'aucun, pour nos beaux yeux, n'est notre soupirant,
Et qu'il faut acheter tous les soins qu'on nous rend.
Ne vous enflez donc point d'une si grande gloire
Pour les petits brillants d'une faible victoire;
Et corrigez un peu l'orgueil de vos appas,
De traiter pour cela les gens de haut en bas. 1020
Si nos yeux enviaient les conquêtes des vôtres,
Je pense qu'on pourrait faire comme les autres,
Ne se point ménager, et vous faire bien voir
Que l'on a des amants quand on en veut avoir.
    CÉLIMÈNE.
Ayez-en donc, madame, et voyons cette affaire;
Par ce rare secret efforcez-vous de plaire,
Et sans...
   ARSINOÉ. Brisons, madame, un pareil entretien,
Il pousserait trop loin votre esprit et le mien;
Et j'aurais pris déjà le congé qu'il faut prendre,

Si mon carrosse encor ne m'obligeait d'attendre.
####### CÉLIMÈNE.
Autant qu'il vous plaira vous pouvez arrêter, 1031
Madame; et là-dessus rien ne doit vous hâter.
Mais, sans vous fatiguer de ma cérémonie,
Je m'en vais vous donner meilleure compagnie;
Et monsieur, qu'à propos le hasard fait venir,
Remplira mieux ma place à vous entretenir.

###### SCÈNE VI.

####### ALCESTE, CÉLIMÈNE, ARSINOÉ.

####### CÉLIMÈNE.
Alceste, il faut que j'aille écrire un mot de lettre
Que, sans me faire tort, je ne saurais remettre.
Soyez avec madame; elle aura la bonté
D'excuser aisément mon incivilité. 1040

###### SCÈNE VII.

####### ALCESTE, ARSINOÉ.

####### ARSINOÉ.
Vous voyez, elle veut que je vous entretienne,
Attendant un moment que mon carrosse vienne;
Et jamais tous ses soins ne pouvaient m'offrir rien
Qui me fût plus charmant qu'un pareil entretien.
En vérité, les gens d'un mérite sublime
Entraînent de chacun et l'amour et l'estime;
Et le vôtre, sans doute, a des charmes secrets
Qui font entrer mon cœur dans tous vos intérêts.
Je voudrais que la cour, par un regard propice,
A ce que vous valez rendît plus de justice. 1050
Vous avez à vous plaindre; et je suis en courroux
Quand je vois chaque jour qu'on ne fait rien pour vous.
####### ALCESTE. [tendre?
Moi, madame! Et sur quoi pourrais-je en rien pré-
Quel service à l'État est-ce qu'on m'a vu rendre?

Qu'ai-je fait, s'il vous plaît, de si brillant de soi,
Pour me plaindre à la cour qu'on ne fait rien pour [moi?
ARSINOÉ.
Tous ceux sur qui la cour jette des yeux propices
N'ont pas toujours rendu de ces fameux services ;
Il faut l'occasion ainsi que le pouvoir.
Et le mérite enfin que vous nous faites voir  1060
Devrait...

ALCESTE. Mon Dieu! laissons mon mérite, de grâce;
De quoi voulez-vous là que la cour s'embarrasse?
Elle aurait fort à faire, et ses soins seraient grands,
D'avoir à déterrer le mérite des gens.

ARSINOÉ.
Un mérite éclatant se déterre lui-même.
Du vôtre en bien des lieux on fait un cas extrême ;
Et vous saurez de moi qu'en deux fort bons endroits
Vous fûtes hier loué par des gens d'un grand poids.

ALCESTE.
Eh! madame, l'on loue aujourd'hui tout le monde,
Et le siècle par là n'a rien qu'on ne confonde.  1070
Tout est d'un grand mérite également doué,
Ce n'est plus un honneur que de se voir loué;
D'éloges on regorge, à la tête on les jette,
Et mon valet de chambre est mis dans la gazette.

ARSINOÉ. [mieux,
Pour moi, je voudrais bien que, pour vous montrer
Une charge à la cour vous pût frapper les yeux.
Pour peu que d'y songer vous nous fassiez les mines,
On peut, pour vous servir, remuer des machines ;
Et j'ai des gens en main que j'emploierai pour vous,
Qui vous feront à tout un chemin assez doux.  1080

ALCESTE.
Et que voudriez-vous, madame, que j'y fisse?
L'humeur dont je me sens veut que je m'en bannisse;
Le ciel ne m'a point fait, en me donnant le jour,
Une âme compatible avec l'air de la cour.

Je ne me trouve point les vertus nécessaires
Pour y bien réussir et faire mes affaires.
Être franc et sincère est mon plus grand talent :
Je ne sais point jouer les hommes en parlant ;
Et qui n'a pas le don de cacher ce qu'il pense
Doit faire en ce pays fort peu de résidence. 1090
Hors de la cour, sans doute, on n'a pas cet appui
Et ces titres d'honneur qu'elle donne aujourd'hui ;
Mais on n'a pas aussi, perdant ces avantages,
Le chagrin de jouer de fort sots personnages :
On n'a point à souffrir mille rebuts cruels,
On n'a point à louer les vers de messieurs tels,
A donner de l'encens à madame une telle,
Et de nos francs marquis essuyer la cervelle.

   ARSINOÉ.
Laissons, puisqu'il vous plaît, ce chapitre de cour :
Mais il faut que mon cœur vous plaigne en votre
           [amour ;
Et, pour vous découvrir là-dessus mes pensées,
Je souhaiterais fort vos ardeurs mieux placées. 1102
Vous méritez sans doute un sort beaucoup plus doux,
Et celle qui vous charme est indigne de vous.

   ALCESTE.
Mais en disant cela, songez-vous, je vous prie,
Que cette personne est, madame, votre amie ?

   ARSINOÉ.
Oui. Mais ma conscience est blessée en effet
De souffrir plus longtemps le tort que l'on vous fait.
L'état où je vous vois afflige trop mon âme, 1109
Et je vous donne avis qu'on trahit votre flamme.

   ALCESTE.
C'est me montrer, madame, un tendre mouvement,
Et de pareils avis obligent un amant.

   ARSINOÉ.
Oui, toute mon amie, elle est et je la nomme
Indigne d'asservir le cœur d'un galant homme ;

Et le sien n'a pour vous que de feintes douceurs.
ALCESTE.
Cela se peut, madame, on ne voit pas les cœurs;
Mais votre charité se serait bien passée
De jeter dans le mien une telle pensée.
ARSINOÉ.
Si vous ne voulez pas être désabusé,
Il faut ne vous rien dire; il est assez aisé. 1120
ALCESTE.
Non. Mais sur ce sujet, quoi que l'on nous expose,
Les doutes sont fâcheux plus que toute autre chose;
Et je voudrais, pour moi, qu'on ne me fît savoir
Que ce qu'avec clarté l'on peut me faire voir.
ARSINOÉ.
Eh bien! c'est assez dit; et, sur cette matière,
Vous allez recevoir une pleine lumière.
Oui, je veux que de tout vos yeux vous fassent foi.
Donnez-moi seulement la main jusque chez moi;
Là je vous ferai voir une preuve fidèle
De l'infidélité du cœur de votre belle; 1130
Et si pour d'autres yeux le vôtre peut brûler,
On pourra vous offrir de quoi vous consoler.

## ACTE QUATRIÈME.

### SCÈNE I.

ÉLIANTE, PHILINTE.

PHILINTE.
Non, l'on n'a point vu d'âme à manier si dure,
Ni d'accommodement plus pénible à conclure :
En vain de tous côtés on l'a voulu tourner,
Hors de son sentiment on n'a pu l'entraîner;
Et jamais différend si bizarre, je pense,

N'avait de ces messieurs occupé la prudence.
« Non, messieurs, disait-il, je ne me dédis point,
« Et tomberai d'accord de tout, hors de ce point.
« De quoi s'offense-t-il? et que veut-il me dire ? 1145
« Y va-t-il de sa gloire à ne pas bien écrire?
« Que lui fait mon avis, qu'il a pris de travers?
« On peut être honnête homme, et faire mal des vers :
« Ce n'est point à l'honneur que touchent ces matières.
« Je le tiens galant homme en toutes les manières,
« Homme de qualité, de mérite et de cœur,
« Tout ce qu'il vous plaira ; mais fort méchant auteur.
« Je louerai, si l'on veut, son train et sa dépense,
« Son adresse à cheval, aux armes, à la danse; 1150
« Mais, pour louer ses vers, je suis son serviteur;
« Et lorsque d'en mieux faire on n'a pas le bonheur,
« On ne doit de rimer avoir aucune envie,
« Qu'on n'y soit condamné sur peine de la vie. »
Enfin toute la grâce et l'accommodement
Où s'est avec effort plié son sentiment,
C'est de dire, croyant adoucir bien son style :
« Monsieur, je suis fâché d'être si difficile;
« Et, pour l'amour de vous, je voudrais, de bon cœur,
« Avoir trouvé tantôt votre sonnet meilleur. » 1160
Et dans une embrassade on leur a, pour conclure,
Fait vite envelopper toute la procédure.

      ÉLIANTE.

Dans ses façons d'agir il est fort singulier :
Mais, j'en fais, je l'avoue, un cas particulier;
Et la sincérité dont son âme se pique
A quelque chose en soi de noble et d'héroïque.
C'est une vertu rare au siècle d'aujourd'hui,
Et je la voudrais voir partout comme chez lui.

      PHILINTE.

Pour moi, plus je le vois, plus surtout je m'étonne
De cette passion où son cœur s'abandonne. 1170
De l'humeur dont le ciel a voulu le former,

Je ne sais pas comment il s'avise d'aimer;
Et je sais moins encor comment votre cousine
Peut être la personne où son penchant l'incline.
  ÉLIANTE.
Cela fait assez voir que l'amour, dans les cœurs,
N'est pas toujours produit par un rapport d'humeurs;
Et toutes ces raisons de douces sympathies
Dans cet exemple-ci se trouvent démenties.
  PHILINTE.         [voir?
Mais croyez-vous qu'on l'aime, aux choses qu'on peut
  ÉLIANTE.
C'est un point qu'il n'est pas fort aisé de savoir. 1180
Comment pouvoir juger s'il est vrai qu'elle l'aime?
Son cœur de ce qu'il sent n'est pas bien sûr lui-même;
Il aime quelquefois sans qu'il le sache bien,
Et croit aimer aussi, parfois, qu'il n'en est rien.
  PHILINTE.
Je crois que notre ami, près de cette cousine,
Trouvera des chagrins plus qu'il ne s'imagine;
Et, s'il avait mon cœur, à dire vérité,
Il tournerait ses vœux tout d'un autre côté :
Et, par un choix plus juste, on le verrait, madame,
Profiter des bontés que lui montre votre âme. 1190
  ÉLIANTE.
Pour moi, je n'en fais point de façons, et je croi
Qu'on doit, sur de tels points, être de bonne foi.
Je ne m'oppose point à toute sa tendresse;
Au contraire, mon cœur pour elle s'intéresse;
Et, si c'était qu'à moi la chose pût tenir,
Moi-même à ce qu'il aime on me verrait l'unir.
Mais si dans un tel choix, comme tout se peut faire,
Son amour éprouvait quelque destin contraire,
S'il fallait que d'un autre on couronnât les feux,
Je pourrais me résoudre à recevoir ses vœux : 1200
Et le refus souffert en pareille occurrence
Ne m'y ferait trouver aucune répugnance.

PHILINTE.
Et moi, de mon côté, je ne m'oppose pas,
Madame, à ces bontés qu'ont pour lui vos appas;
Et lui-même, s'il veut, il peut bien vous instruire
De ce que là-dessus j'ai pris soin de lui dire.
Mais si, par un hymen qui les joindrait eux deux,
Vous étiez hors d'état de recevoir ses vœux,
Tous les miens tenteraient la faveur éclatante
Qu'avec tant de bonté votre âme lui présente : 1210
Heureux si, quand son cœur s'y pourra dérober,
Elle pouvait sur moi, madame, retomber!
ÉLIANTE.
Vous vous divertissez, Philinte.
PHILINTE. Non, madame,
Et je vous parle ici du meilleur de mon âme.
J'attends l'occasion de m'offrir hautement,
Et de tous mes souhaits j'en presse le moment.

### SCÈNE II.

#### ALCESTE, ÉLIANTE, PHILINTE.

ALCESTE.
Ah! faites-moi raison, madame, d'une offense
Qui vient de triompher de toute ma constance.
ÉLIANTE.
Qu'est-ce donc? Qu'avez-vous qui vous puisse émou-
ALCESTE. [voir?
J'ai ce que, sans mourir, je ne puis concevoir; 1220
Et le déchaînement de toute la nature
Ne m'accablerait pas comme cette aventure.
C'en est fait... Mon amour... Je ne saurais parler.
ÉLIANTE.
Que votre esprit un peu tâche à se rappeler.
ALCESTE.
O juste ciel! faut-il qu'on joigne à tant de grâces

Les vices odieux des âmes les plus basses?
ÉLIANTE.
Mais encor, qui vous peut...
ALCESTE. Ah! tout est ruiné;
Je suis, je suis trahi, je suis assassiné.
Célimène... (eût-on pu croire cette nouvelle?)
Célimène me trompe, et n'est qu'une infidèle. 1230
ÉLIANTE.
Avez-vous, pour le croire, un juste fondement?
PHILINTE.
Peut-être est-ce un soupçon conçu légèrement;
Et votre esprit jaloux prend parfois des chimères...
ALCESTE.
Ah! morbleu, mêlez-vous, monsieur, de vos affaires.
(à Éliante.)
C'est de sa trahison n'être que trop certain,
Que l'avoir, dans ma poche, écrite de sa main.
Oui, madame, une lettre, écrite pour Oronte,
A produit à mes yeux ma disgrâce et sa honte;
Oronte, dont j'ai cru qu'elle fuyait les soins,
Et que de mes rivaux je redoutais le moins. 1240
PHILINTE.
Une lettre peut bien tromper par l'apparence,
Et n'est pas quelquefois si coupable qu'on pense.
ALCESTE.
Monsieur, encore un coup, laissez-moi, s'il vous plaît,
Et ne prenez souci que de votre intérêt.
ÉLIANTE.
Vous devez modérer vos transports; et l'outrage...
ALCESTE.
Madame, c'est à vous qu'appartient cet ouvrage;
C'est à vous que mon cœur a recours aujourd'hui
Pour pouvoir s'affranchir de son cuisant ennui.
Vengez-moi d'une ingrate et perfide parente
Qui trahit lâchement une ardeur si constante, 1250
Vengez-moi de ce trait qui doit vous faire horreur.

ÉLIANTE.
Moi, vous venger? Comment?
                    ALCESTE. En recevant mon cœur.
Acceptez-le, madame, au lieu de l'infidèle :
C'est par là que je puis prendre vengeance d'elle;
Et je la veux punir par les sincères vœux,
Par le profond amour, les soins respectueux,
Les devoirs empressés et l'assidu service
Dont ce cœur va vous faire un ardent sacrifice.
ÉLIANTE.
Je compatis, sans doute, à ce que vous souffrez,
Et ne méprise point le cœur que vous m'offrez; 1260
Mais peut-être le mal n'est pas si grand qu'on pense,
Et vous pourrez quitter ce désir de vengeance.
Lorsque l'injure part d'un objet plein d'appas,
On fait force desseins qu'on n'exécute pas;
On a beau voir, pour rompre, une raison puissante,
Une coupable aimée est bientôt innocente :
Tout le mal qu'on lui veut se dissipe aisément,
Et l'on sait ce que c'est qu'un courroux d'un amant.
ALCESTE.
Non, non, madame, non. L'offense est trop mortelle;
Il n'est point de retour, et je romps avec elle;  1270
Rien ne saurait changer le dessein que j'en fais,
Et je me punirais de l'estimer jamais.
La voici. Mon courroux redouble à cette approche,
Je vais de sa noirceur lui faire un vif reproche,
Pleinement la confondre, et vous porter après
Un cœur tout dégagé de ses trompeurs attraits.

## SCÈNE III.

CÉLIMÈNE, ALCESTE.

ALCESTE, *à part*.
O ciel! de mes transports puis-je être ici le maître?

CÉLIMÈNE, *à part.*
(*à Alceste.*)
Ouais! Quel est donc le trouble où je vous vois paraî- [tre?
Et que me veulent dire, et ces soupirs poussés, 1279
Et ces sombres regards que sur moi vous lancez?

ALCESTE.
Que toutes les horreurs dont une âme est capable
A vos déloyautés n'ont rien de comparable;
Que le sort, les démons, et le ciel en courroux,
N'ont jamais rien produit de si méchant que vous.

CÉLIMÈNE.
Voilà certainement des douceurs que j'admire.

ALCESTE.
Ah! ne plaisantez point, il n'est pas temps de rire :
Rougissez bien plutôt, vous en avez raison;
Et j'ai de sûrs témoins de votre trahison. 1288
Voilà ce que marquaient les troubles de mon âme :
Ce n'était pas en vain que s'alarmait ma flamme;
Par ces fréquents soupçons qu'on trouvait odieux,
Je cherchais le malheur qu'ont rencontré mes yeux;
Et, malgré tous vos soins et votre adresse à feindre,
Mon astre me disait ce que j'avais à craindre :
Mais ne présumez pas que, sans être vengé,
Je souffre le dépit de me voir outragé.
Je sais que sur les vœux on n'a point de puissance,
Que l'amour veut partout naître sans dépendance,
Que jamais par la force on n'entra dans un cœur,
Et que toute âme est libre à nommer son vainqueur.
Aussi ne trouverais-je aucun sujet de plainte 1301
Si pour moi votre bouche avait parlé sans feinte;
Et, rejetant mes vœux dès le premier abord,
Mon cœur n'aurait eu droit de s'en prendre qu'au sort :
Mais d'un aveu trompeur voir ma flamme applaudie,
C'est une trahison, c'est une perfidie
Qui ne saurait trouver de trop grands châtiments;
Et je puis tout permettre à mes ressentiments.

Oui, oui, redoutez tout après un tel outrage;
Je ne suis plus à moi, je suis tout à la rage.     1310
Percé du coup mortel dont vous m'assassinez,
Mes sens par la raison ne sont plus gouvernés;
Je cède aux mouvements d'une juste colère,
Et je ne réponds pas de ce que je puis faire.

CÉLIMÈNE.

D'où vient donc, je vous prie, un tel emportement?
Avez-vous, dites-moi, perdu le jugement?

ALCESTE.

Oui, oui, je l'ai perdu, lorsque dans votre vue
J'ai pris, pour mon malheur, le poison qui me tue,
Et que j'ai cru trouver quelque sincérité
Dans les traîtres appas dont je fus enchanté.     1320

CÉLIMÈNE.

De quelle trahison pouvez-vous donc vous plaindre?

ALCESTE.

Ah! que ce cœur est double, et sait bien l'art de feindre!
Mais, pour le mettre à bout, j'ai des moyens tout prêts.
Jetez ici les yeux, et connaissez vos traits:
Ce billet découvert suffit pour vous confondre,
Et contre ce témoin on n'a rien à répondre.

CÉLIMÈNE.

Voilà donc le sujet qui vous trouble l'esprit?

ALCESTE.

Vous ne rougissez pas en voyant cet écrit?

CÉLIMÈNE.

Et par quelle raison faut-il que j'en rougisse?

ALCESTE.

Quoi! vous joignez ici l'audace à l'artifice!     1330
Le désavouerez-vous, pour n'avoir point de seing?

CÉLIMÈNE.

Pourquoi désavouer un billet de ma main?

ALCESTE.

Et vous pouvez le voir sans demeurer confuse
Du crime dont vers moi son style vous accuse!

CÉLIMÈNE.
Vous êtes, sans mentir, un grand extravagant.
ALCESTE.
Quoi! vous bravez ainsi ce témoin convaincant!
Et ce qu'il m'a fait voir de douceur pour Oronte
N'a donc rien qui m'outrage et qui vous fasse honte?
CÉLIMÈNE.
Oronte! Qui vous dit que la lettre est pour lui? 1339
ALCESTE.
Les gens qui dans mes mains l'ont remise aujourd'hui.
Mais je veux consentir qu'elle soit pour un autre,
Mon cœur en a-t-il moins à se plaindre du vôtre?
En serez-vous vers moi moins coupable en effet?
CÉLIMÈNE.
Mais si c'est une femme à qui va ce billet,
En quoi vous blesse-t-il, et qu'a-t-il de coupable?
ALCESTE.
Ah! le détour est bon et l'excuse admirable.
Je ne m'attendais pas, je l'avoue, à ce trait:
Et me voilà par là convaincu tout à fait.
Osez-vous recourir à ces ruses grossières,
Et croyez-vous les gens si privés de lumières? 1350
Voyons, voyons un peu par quel biais, de quel air,
Vous voulez soutenir un mensonge si clair;
Et comment vous pourrez tourner pour une femme
Tous les mots d'un billet qui montre tant de flamme.
Ajustez, pour couvrir un manquement de foi,
Ce que je m'en vais lire...
CÉLIMÈNE. Il ne me plaît pas, moi.
Je vous trouve plaisant d'user d'un tel empire,
Et de me dire au nez ce que vous m'osez dire.
ALCESTE.
Non, non, sans s'emporter, prenez un peu souci
De me justifier les termes que voici. 1360
CÉLIMÈNE. [rence,
Non, je n'en veux rien faire, et, dans cette occur-

Tout ce que vous croirez m'est de peu d'importance.
###### ALCESTE.
De grâce, montrez-moi, je serai satisfait,
Qu'on peut pour une femme expliquer ce billet.
###### CÉLIMÈNE.
Non, il est pour Oronte; et je veux qu'on le croie.
Je reçois tous ses soins avec beaucoup de joie;
J'admire ce qu'il dit, j'estime ce qu'il est,
Et je tombe d'accord de tout ce qu'il vous plaît.
Faites, prenez parti, que rien ne vous arrête,
Et ne me rompez pas davantage la tête. 1370
###### ALCESTE, *à part.*
Ciel! rien de plus cruel peut-il être inventé,
Et jamais cœur fut-il de la sorte traité?
Quoi! d'un juste courroux je suis ému contre elle,
C'est moi qui me viens plaindre, et c'est moi qu'on
[querelle!
On pousse ma douleur et mes soupçons à bout,
On me laisse tout croire, on fait gloire de tout;
Et cependant mon cœur est encore assez lâche
Pour ne pouvoir briser la chaîne qui l'attache,
Et pour ne pas s'armer d'un généreux mépris
Contre l'ingrat objet dont il est trop épris! 1380
###### (*à Célimène.*)
Ah! que vous savez bien ici contre moi-même,
Perfide, vous servir de ma faiblesse extrême,
Et ménager pour vous l'excès prodigieux
De ce fatal amour né de vos traîtres yeux!
Défendez-vous au moins d'un crime qui m'accable,
Et cessez d'affecter d'être envers moi coupable.
Rendez-moi, s'il se peut, ce billet innocent;
A vous prêter les mains ma tendresse consent;
Efforcez-vous ici de paraître fidèle,
Et je m'efforcerai, moi, de vous croire telle. 1390
###### CÉLIMÈNE.
Allez, vous êtes fou dans vos transports jaloux,

Et ne méritez pas l'amour qu'on a pour vous.
Je voudrais bien savoir qui pourrait me contraindre
A descendre pour vous aux bassesses de feindre;
Et pourquoi, si mon cœur penchait d'autre côté,
Je ne le dirais pas avec sincérité.
Quoi! de mes sentiments l'obligeante assurance
Contre tous vos soupçons ne prend pas ma défense?
Auprès d'un tel garant sont-ils de quelque poids?
N'est-ce pas m'outrager que d'écouter leur voix?
Et puisque notre cœur fait un effort extrême  1401
Lorsqu'il peut se résoudre à confesser qu'il aime;
Puisque l'honneur du sexe, ennemi de nos feux,
S'oppose fortement à de pareils aveux,
L'amant qui voit pour lui franchir un tel obstacle
Doit-il impunément douter de cet oracle?
Et n'est-il pas coupable, en ne s'assurant pas
A ce qu'on ne dit point qu'après de grands combats?
Allez, de tels soupçons méritent ma colère,
Et vous ne valez pas que l'on vous considère.  1410
Je suis sotte, et veux mal à ma simplicité
De conserver encor pour vous quelque bonté;
Je devrais autre part attacher mon estime,
Et vous faire un sujet de plainte légitime.

    ALCESTE.

Ah! traîtresse! mon faible est étrange pour vous;
Vous me trompez, sans doute, avec des mots si doux;
Mais il n'importe, il faut suivre ma destinée :
A votre foi mon âme est tout abandonnée;
Je veux voir jusqu'au bout quel sera votre cœur,
Et si de me trahir il aura la noirceur.  1420

    CÉLIMÈNE.

Non, vous ne m'aimez point comme il faut que l'on
    ALCESTE.                     [aime.
Ah! rien n'est comparable à mon amour extrême;
Et, dans l'ardeur qu'il a de se montrer à tous,
Il va jusqu'à former des souhaits contre vous.

Oui, je voudrais qu'aucun ne vous trouvât aimable,
Que vous fussiez réduite en un sort misérable;
Que le ciel, en naissant, ne vous eût donné rien;
Que vous n'eussiez ni rang, ni naissance, ni bien,
Afin que de mon cœur l'éclatant sacrifice
Vous pût d'un pareil sort réparer l'injustice; 1430
Et que j'eusse la joie et la gloire en ce jour
De vous voir tenir tout des mains de mon amour.

CÉLIMÈNE.

C'est me vouloir du bien d'une étrange manière!
Me préserve le ciel que vous ayez matière...
Voici monsieur Dubois plaisamment figuré.

## SCÈNE IV.

### CÉLIMÈNE, ALCESTE, DUBOIS.

ALCESTE.

Que veut cet équipage et cet air effaré?
Qu'as-tu?

DUBOIS. Monsieur...

ALCESTE. Eh bien?

DUBOIS. Voici bien des mys-
[tères.

ALCESTE.

Qu'est-ce?

DUBOIS. Nous sommes mal, monsieur, dans nos
ALCESTE. [affaires.

Quoi?

DUBOIS. Parlerai-je haut?

ALCESTE. Oui, parle, et promptement.

DUBOIS.

N'est-il point là quelqu'un?

ALCESTE. Ah! que d'amusement!

Veux-tu parler?

DUBOIS. Monsieur, il faut faire retraite. 1441

ALCESTE.
Comment?

DUBOIS. Il faut d'ici déloger sans trompette.

ALCESTE.
Et pourquoi?

DUBOIS. Je vous dis qu'il faut quitter ce lieu.

ALCESTE.
La cause?

DUBOIS. Il faut partir, monsieur, sans dire adieu.

ALCESTE.
Mais par quelle raison me tiens-tu ce langage?

DUBOIS.
Par la raison, monsieur, qu'il faut plier bagage.

ALCESTE.
Ah! je te casserai la tête assurément,
Si tu ne veux, maraud, t'expliquer autrement.

DUBOIS.
Monsieur, un homme noir et d'habit et de mine
Est venu nous laisser, jusque dans la cuisine, 1450
Un papier griffonné d'une telle façon,
Qu'il faudrait, pour le lire, être pis qu'un démon.
C'est de votre procès, je n'en fais aucun doute;
Mais le diable d'enfer, je crois, n'y verrait goutte.

ALCESTE.
Eh bien! quoi? Ce papier, qu'a-t-il à démêler,
Traître, avec le départ dont tu viens me parler?

DUBOIS. [suite
C'est pour vous dire ici, monsieur, qu'une heure en-
Un homme qui souvent vous vient rendre visite
Est venu vous chercher avec empressement, 1459
Et, ne vous trouvant pas, m'a chargé doucement,
Sachant que je vous sers avec beaucoup de zèle,
De vous dire... Attendez, comme est-ce qu'il s'appelle?

ALCESTE.
Laisse là son nom, traître, et dis ce qu'il t'a dit.

3.

DUBOIS.
C'est un de vos amis ; enfin, cela suffit.
Il m'a dit que d'ici votre péril vous chasse,
Et que d'être arrêté le sort vous y menace.
ALCESTE.
Mais quoi ! n'a-t-il voulu te rien spécifier ?
DUBOIS.
Non. Il m'a demandé de l'encre et du papier,
Et vous a fait un mot où vous pourrez, je pense,
Du fond de ce mystère avoir la connaissance. 1470
ALCESTE.
Donne-le donc.
CÉLIMÈNE. Que peut envelopper ceci ?
ALCESTE.
Je ne sais ; mais j'aspire à m'en voir éclairci.
Auras-tu bientôt fait, impertinent au diable ?
DUBOIS, *après avoir longtemps cherché le billet.*
Ma foi, je l'ai, monsieur, laissé sur votre table.
ALCESTE.
Je ne sais qui me tient...
CÉLIMÈNE. Ne vous emportez pas,
Et courez démêler un pareil embarras.
ALCESTE.
Il semble que le sort, quelque soin que je prenne,
Ait juré d'empêcher que je vous entretienne ;
Mais, pour en triompher, souffrez à mon amour
De vous revoir, madame, avant la fin du jour. 1480

## ACTE CINQUIÈME.

### SCÈNE I.

#### ALCESTE, PHILINTE.

ALCESTE.
La résolution en est prise, vous dis-je.
PHILINTE.
Mais, quel que soit ce coup, faut-il qu'il vous oblige...
ALCESTE.
Non, vous avez beau faire et beau me raisonner,
Rien de ce que je dis ne peut me détourner ;
Trop de perversité règne au siècle où nous sommes,
Et je veux me tirer du commerce des hommes.
Quoi ! contre ma partie on voit tout à la fois
L'honneur, la probité, la pudeur et les lois ;
On publie en tous lieux l'équité de ma cause ;
Sur la foi de mon droit mon âme se repose :            1490
Cependant je me vois trompé par le succès,
J'ai pour moi la justice, et je perds mon procès !
Un traître, dont on sait la scandaleuse histoire,
Est sorti triomphant d'une fausseté noire !
Toute la bonne foi cède à sa trahison !
Il trouve, en m'égorgeant, moyen d'avoir raison !
Le poids de sa grimace, où brille l'artifice,
Renverse le bon droit et tourne la justice !
Il fait par un arrêt couronner son forfait !            1499
Et, non content encor du tort que l'on me fait,
Il court parmi le monde un livre abominable,
Et de qui la lecture est même condamnable ;
Un livre à mériter la dernière rigueur,
Dont le fourbe a le front de me faire l'auteur !
Et là-dessus on voit Oronte qui murmure
Et tâche méchamment d'appuyer l'imposture !

Lui qui d'un honnête homme à la cour tient le rang,
A qui je n'ai fait rien qu'être sincère et franc,
Qui me vient malgré moi, d'une ardeur empressée,
Sur des vers qu'il a faits demander ma pensée ; 1510
Et parce que j'en use avec honnêteté,
Et ne le veux trahir, lui, ni la vérité,
Il aide à m'accabler d'un crime imaginaire !
Le voilà devenu mon plus grand adversaire !
Et jamais de son cœur je n'aurai de pardon,
Pour n'avoir pas trouvé que son sonnet fût bon !
Et les hommes, morbleu ! sont faits de cette sorte !
C'est à ces actions que la gloire les porte !
Voilà la bonne foi, le zèle vertueux, 1519
La justice et l'honneur que l'on trouve chez eux !
Allons, c'est trop souffrir les chagrins qu'on nous
Tirons-nous de ce bois et de ce coupe-gorge. [forge,
Puisque entre humains ainsi vous vivez en vrais loups,
Traîtres, vous ne m'aurez de ma vie avec vous.

PHILINTE.

Je trouve un peu bien prompt le dessein où vous êtes ;
Et tout le mal n'est pas si grand que vous le faites.
Ce que votre partie ose vous imputer
N'a point eu le crédit de vous faire arrêter ;
On voit son faux rapport lui-même se détruire,
Et c'est une action qui pourrait bien lui nuire. 1530

ALCESTE.

Lui ? de semblables tours il ne craint point l'éclat :
Il a permission d'être franc scélérat ;
Et, loin qu'à son crédit nuise cette aventure,
On l'en verra demain en meilleure posture.

PHILINTE.

Enfin, il est constant qu'on n'a point trop donné
Au bruit que contre vous sa malice a tourné ;
De ce côté déjà vous n'avez rien à craindre :
Et pour votre procès, dont vous pouvez vous plaindre,
Il vous est en justice aisé d'y revenir,

Et contre cet arrêt...
   ALCESTE. Non, je veux m'y tenir. 1540
Quelque sensible tort qu'un tel arrêt me fasse,
Je me garderai bien de vouloir qu'on le casse ;
On y voit trop à plein le bon droit maltraité,
Et je veux qu'il demeure à la postérité
Comme une marque insigne, un fameux témoignage
De la méchanceté des hommes de notre âge.
Ce sont vingt mille francs qu'il m'en pourra coûter ;
Mais pour vingt mille francs j'aurai droit de pester
Contre l'iniquité de la nature humaine
Et de nourrir pour elle une immortelle haine. 1550
 PHILINTE.
Mais enfin...
  ALCESTE. Mais enfin vos soins sont superflus.
Que pouvez-vous, monsieur, me dire là-dessus ?
Aurez-vous bien le front de me vouloir, en face,
Excuser les horreurs de tout ce qui se passe ?
 PHILINTE.
Non, je tombe d'accord de tout ce qu'il vous plaît.
Tout marche par cabale et par pur intérêt ;
Ce n'est plus que la ruse aujourd'hui qui l'emporte,
Et les hommes devraient être faits d'autre sorte :
Mais est-ce une raison que leur peu d'équité,
Pour vouloir se tirer de leur société ? 1560
Tous ces défauts humains nous donnent, dans la vie,
Des moyens d'exercer notre philosophie :
C'est le plus bel emploi que trouve la vertu ;
Et si de probité tout était revêtu,
Si tous les cœurs étaient francs, justes et dociles,
La plupart des vertus nous seraient inutiles,
Puisqu'on en met l'usage à pouvoir, sans ennui,
Supporter dans nos droits l'injustice d'autrui ; 1568
Et, de même qu'un cœur d'une vertu profonde...
 ALCESTE.
Je sais que vous parlez, monsieur, le mieux du monde ;

En beaux raisonnements vous abondez toujours ;
Mais vous perdez le temps et tous vos beaux discours.
La raison, pour mon bien, veut que je me retire :
Je n'ai point sur ma langue un assez grand empire ;
De ce que je dirais je ne répondrais pas,
Et je me jetterais cent choses sur les bras.
Laissez-moi, sans dispute, attendre Célimène.
Il faut qu'elle consente au dessein qui m'amène :
Je vais voir si son cœur a de l'amour pour moi ;
Et c'est ce moment-ci qui doit m'en faire foi. 1580
    PHILINTE.
Montons chez Éliante, attendant sa venue.
    ALCESTE.
Non, de trop de souci je me sens l'âme émue.
Allez-vous-en la voir, et me laissez enfin
Dans ce petit coin sombre avec mon noir chagrin.
    PHILINTE.
C'est une compagnie étrange pour attendre ;
Et je vais obliger Éliante à descendre.

### SCÈNE II.

#### CÉLIMÈNE, ORONTE, ALCESTE.

    ORONTE.
Oui, c'est à vous de voir si par des nœuds si doux,
Madame, vous voulez m'attacher tout à vous.
Il me faut de votre âme une pleine assurance :
Un amant là-dessus n'aime point qu'on balance.
Si l'ardeur de mes feux a pu vous émouvoir, 1591
Vous ne devez point feindre à me le faire voir ;
Et la preuve, après tout, que je vous en demande,
C'est de ne plus souffrir qu'Alceste vous prétende,
De le sacrifier, madame, à mon amour,
Et de chez vous enfin le bannir dès ce jour.
    CÉLIMÈNE.
Mais quel sujet si grand contre lui vous irrite,

Vous à qui j'ai tant vu parler de son mérite ?
ORONTE.
Madame, il ne faut point ces éclaircissements ;
Il s'agit de savoir quels sont vos sentiments. 1600
Choisissez, s'il vous plaît, de garder l'un ou l'autre :
Ma résolution n'attend rien que la vôtre.
ALCESTE, *sortant du coin où il était.*
Oui, monsieur a raison ; madame, il faut choisir ;
Et sa demande ici s'accorde à mon désir.
Pareille ardeur me presse, et même soin m'amène ;
Mon amour veut du vôtre une marque certaine :
Les choses ne sont plus pour traîner en longueur,
Et voici le moment d'expliquer votre cœur.
ORONTE.
Je ne veux point, monsieur, d'une flamme importune
Troubler aucunement votre bonne fortune. 1610
ALCESTE.
Je ne veux point, monsieur, jaloux ou non jaloux,
Partager de son cœur rien du tout avec vous.
ORONTE.
Si votre amour au mien lui semble préférable...
ALCESTE.
Si du moindre penchant elle est pour vous capable...
ORONTE.
Je jure de n'y rien prétendre désormais.
ALCESTE.
Je jure hautement de ne la voir jamais.
ORONTE.
Madame, c'est à vous de parler sans contrainte.
ALCESTE.
Madame, vous pouvez vous expliquer sans crainte.
ORONTE.
Vous n'avez qu'à nous dire où s'attachent vos vœux.
ALCESTE.
Vous n'avez qu'à trancher, et choisir de nous deux.

ORONTE.
Quoi! sur un pareil choix vous semblez être en peine!
ALCESTE.
Quoi! votre âme balance et paraît incertaine! 1622
CÉLIMÈNE.
Mon Dieu! que cette instance est là hors de saison!
Et que vous témoignez tous deux peu de raison!
Je sais prendre parti sur cette préférence,
Et ce n'est pas mon cœur maintenant qui balance :
Il n'est point suspendu sans doute entre vous deux;
Et rien n'est sitôt fait que le choix de nos vœux.
Mais je souffre, à vrai dire, une gêne trop forte
A prononcer en face un aveu de la sorte : 1630
Je trouve que ces mots, qui sont désobligeants,
Ne se doivent point dire en présence des gens;
Qu'un cœur de son penchant donne assez de lumière,
Sans qu'on nous fasse aller jusqu'à rompre en visière;
Et qu'il suffit enfin que de plus doux témoins
Instruisent un amant du malheur de ses soins.
ORONTE.
Non, non, un franc aveu n'a rien que j'appréhende;
J'y consens pour ma part.
ALCESTE. Et moi, je le demande;
C'est son éclat surtout qu'ici j'ose exiger, 1639
Et je ne prétends point vous voir rien ménager.
Conserver tout le monde est votre grande étude :
Mais plus d'amusement, et plus d'incertitude;
Il faut vous expliquer nettement là-dessus,
Ou bien pour un arrêt je prends votre refus;
Je saurai, de ma part, expliquer ce silence,
Et me tiendrai pour dit tout le mal que j'en pense.
ORONTE.
Je vous sais fort bon gré, monsieur, de ce courroux,
Et je lui dis ici même chose que vous.
CÉLIMÈNE.
Que vous me fatiguez avec un tel caprice!

Act. V.]

Ce que vous demandez a-t-il de la justice?  1650
Et ne vous dis-je pas quel motif me retient?
J'en vais prendre pour juge Éliante qui vient.

## SCÈNE III.

ÉLIANTE, PHILINTE, CÉLIMÈNE, ORONTE, ALCESTE.

CÉLIMÈNE.
Je me vois, ma cousine, ici persécutée
Par des gens dont l'humeur y paraît concertée.
Ils veulent l'un et l'autre, avec même chaleur,
Que je prononce entre eux le choix que fait mon cœur,
Et que, par un arrêt qu'en face il me faut rendre,
Je défende à l'un d'eux tous les soins qu'il peut pren-
Dites-moi si jamais cela se fait ainsi.                [dre.
ÉLIANTE.
N'allez point là-dessus me consulter ici;  1660
Peut-être y pourriez-vous être mal adressée,
Et je suis pour les gens qui disent leur pensée.
ORONTE.
Madame, c'est en vain que vous vous défendez.
ALCESTE.
Tous vos détours ici seront mal secondés.
ORONTE.
Il faut, il faut parler, et lâcher la balance.
ALCESTE.
Il ne faut que poursuivre à garder le silence.
ORONTE.
Je ne veux qu'un seul mot pour finir nos débats.
ALCESTE.
Et moi, je vous entends, si vous ne parlez pas.

## SCÈNE IV.

ARSINOÉ, CÉLIMÈNE, ÉLIANTE, ALCESTE, PHILINTE,
ACASTE, CLITANDRE, ORONTE.

ACASTE, *à Célimène.*
Madame, nous venons tous deux, sans vous déplaire,
Éclaircir avec vous une petite affaire. 1670
    CLITANDRE, *à Oronte et à Alceste.*
Fort à propos, messieurs, vous vous trouvez ici;
Et vous êtes mêlés dans cette affaire aussi.
    ARSINOÉ, *à Célimène.*
Madame, vous serez surprise de ma vue;
Mais ce sont ces messieurs qui causent ma venue :
Tous deux ils m'ont trouvée, et se sont plaints à moi
D'un trait à qui mon cœur ne saurait prêter foi.
J'ai du fond de votre âme une trop haute estime
Pour vous croire jamais capable d'un tel crime;
Mes yeux ont démenti leurs témoins les plus forts,
Et, l'amitié passant sur de petits discords, 1680
J'ai bien voulu chez vous leur faire compagnie,
Pour vous voir vous laver de cette calomnie.
    ACASTE.
Oui, madame, voyons d'un esprit adouci
Comment vous vous prendrez à soutenir ceci.
Cette lettre, par vous, est écrite à Clitandre.
    CLITANDRE.
Vous avez pour Acaste écrit ce billet tendre.
    ACASTE, *à Oronte et à Alceste.*
Messieurs, ces traits pour vous n'ont point d'obscurité,
Et je ne doute pas que sa civilité
A connaître sa main n'ait trop su vous instruire.
Mais ceci vaut assez la peine de le lire : 1690

« Vous êtes un étrange homme, Clitandre, de condamner
« mon enjouement, et de me reprocher que je n'ai jamais

« tant de joie que lorsque je ne suis pas avec vous. Il n'y a rien
« de plus injuste; et si vous ne venez bien vite me demander
« pardon de cette offense, je ne vous la pardonnerai de ma
« vie. Notre grand flandrin de vicomte...

Il devrait être ici.

« Notre grand flandrin de vicomte, par qui vous commencez
« vos plaintes, est un homme qui ne saurait me revenir; et
« depuis que je l'ai vu, trois quarts d'heure durant, cracher
« dans un puits pour faire des ronds, je n'ai pu jamais prendre
« bonne opinion de lui. Pour le petit marquis....

C'est moi-même, messieurs, sans nulle vanité.

« Pour le petit marquis, qui me tint hier longtemps la main,
« je trouve qu'il n'y a rien de si mince que toute sa per-
« sonne, et ce sont de ces mérites qui n'ont que la cape et
« l'épée. Pour l'homme aux rubans verts...

(*A Alceste.*)

A vous le dé, monsieur.

« Pour l'homme aux rubans verts, il me divertit quelquefois
« avec ses brusqueries et son chagrin bourru ; mais il est
« cent moments où je le trouve le plus fâcheux du monde.
« Et pour l'homme au sonnet...

(*A Oronte.*)

Voici votre paquet.

« Et pour l'homme au sonnet, qui s'est jeté dans le bel es-
« prit, et veut être auteur malgré tout le monde, je ne puis
« me donner la peine d'écouter ce qu'il dit ; et sa prose me
« fatigue autant que ses vers. Mettez-vous donc en tête que
« je ne me divertis pas toujours si bien que vous pensez; que
« je trouve à dire plus que je ne voudrais dans toutes les par-
« ties où l'on m'entraîne; et que c'est un merveilleux assai-
« sonnement aux plaisirs qu'on goûte, que la présence des
« gens qu'on aime.

### CLITANDRE.

Me voici maintenant, moi.

« Votre Clitandre, dont vous me parlez, et qui fait tant le
« doucereux, est le dernier des hommes pour qui j'aurais
« de l'amitié. Il est extravagant de se persuader qu'on l'aime ;
« et vous l'êtes de croire qu'on ne vous aime pas. Changez,
« pour être raisonnable, vos sentiments contre les siens ; et
« voyez-moi le plus que vous pourrez, pour m'aider à porter
« le chagrin d'en être obsédée. »

D'un fort beau caractère on voit là le modèle,
Madame ; et vous savez comment cela s'appelle.
Il suffit. Nous allons, l'un et l'autre, en tous lieux
Montrer de votre cœur le portrait glorieux.

### ACASTE.

J'aurais de quoi vous dire, et belle est la matière ;
Mais je ne vous tiens pas digne de ma colère ;
Et je vous ferai voir que les petits marquis
Ont, pour se consoler, des cœurs du plus haut prix.

## SCÈNE V.

#### CÉLIMÈNE, ÉLIANTE, ARSINOÉ, ALCESTE, ORONTE, PHILINTE.

### ORONTE.

Quoi ! de cette façon je vois qu'on me déchire,
Après tout ce qu'à moi je vous ai vu m'écrire ! 1700
Et votre cœur, paré de beaux semblants d'amour,
A tout le genre humain se promet tour à tour !
Allez, j'étais trop dupe, et je vais ne plus l'être ;
Vous me faites un bien, me faisant vous connaître :
J'y profite d'un cœur qu'ainsi vous me rendez,
Et trouve ma vengeance en ce que vous perdez.

(*A Alceste.*)
Monsieur, je ne fais plus d'obstacle à votre flamme,
Et vous pouvez conclure affaire avec madame.

## SCÈNE VI.

### CÉLIMÈNE, ÉLIANTE, ARSINOÉ, ALCESTE, PHILINTE.

ARSINOÉ, *à Célimène.*
Certes, voilà le trait du monde le plus noir;
Je ne m'en saurais taire, et me sens émouvoir. 1710
Voit-on des procédés qui soient pareils aux vôtres?
Je ne prends point de part aux intérêts des autres;
    (*montrant Alceste.*)
Mais monsieur, que chez vous fixait votre bonheur,
Un homme, comme lui, de mérite et d'honneur,
Et qui vous chérissait avec idolâtrie,
Devait-il...
    ALCESTE. Laissez-moi, madame, je vous prie,
Vider mes intérêts moi-même là-dessus;
Et ne vous chargez point de ces soins superflus.
Mon cœur a beau vous voir prendre ici sa querelle,
Il n'est point en état de payer ce grand zèle; 1720
Et ce n'est pas à vous que je pourrai songer,
Si par un autre choix je cherche à me venger.
    ARSINOÉ.
Eh! croyez-vous, monsieur, qu'on ait cette pensée,
Et que de vous avoir on soit tant empressée?
Je vous trouve un esprit bien plein de vanité,
Si de cette créance il peut s'être flatté.
Le rebut de madame est une marchandise
Dont on aurait grand tort d'être si fort éprise.
Détrompez-vous, de grâce, et portez-le moins haut:
Ce ne sont pas des gens comme moi qu'il vous faut.
Vous ferez bien encor de soupirer pour elle, 1731
Et je brûle de voir une union si belle.

## SCÈNE VII.

### CÉLIMÈNE, ÉLIANTE, ALCESTE, PHILINTE.

ALCESTE, *à Célimène.*
Eh bien! je me suis tu, malgré ce que je vois,
Et j'ai laissé parler tout le monde avant moi.
Ai-je pris sur moi-même un assez long empire?
Et puis-je maintenant...
    CÉLIMÈNE. Oui, vous pouvez tout dire;
Vous en êtes en droit, lorsque vous vous plaindrez,
Et de me reprocher tout ce que vous voudrez.
J'ai tort, je le confesse; et mon âme confuse
Ne cherche à vous payer d'aucune vaine excuse.
J'ai des autres ici méprisé le courroux; 1741
Mais je tombe d'accord de mon crime envers vous.
Votre ressentiment, sans doute, est raisonnable;
Je sais combien je dois vous paraître coupable,
Que toute chose dit que j'ai pu vous trahir,
Et qu'enfin vous avez sujet de me haïr.
Faites-le, j'y consens.
    ALCESTE. Eh! le puis-je, traîtresse?
Puis-je ainsi triompher de toute ma tendresse?
Et, quoique avec ardeur je veuille vous haïr, 1749
Trouvé-je un cœur en moi tout prêt à m'obéir?
 (*à Éliante et à Philinte.*)
Vous voyez ce que peut une indigne tendresse,
Et je vous fais tous deux témoins de ma faiblesse.
Mais, à vous dire vrai, ce n'est pas encor tout,
Et vous allez me voir la pousser jusqu'au bout,
Montrer que c'est à tort que sages on nous nomme,
Et que dans tous les cœurs il est toujours de l'homme.
 (*à Célimène.*)
Oui, je veux bien, perfide, oublier vos forfaits;
J'en saurai, dans mon âme, excuser tous les traits,

Et me les couvrirai du nom d'une faiblesse
Où le vice du temps porte votre jeunesse, 1760
Pourvu que votre cœur veuille donner les mains
Au dessein que j'ai fait de fuir tous les humains,
Et que dans mon désert, où j'ai fait vœu de vivre,
Vous soyez, sans tarder, résolue à me suivre.
C'est par là seulement que, dans tous les esprits,
Vous pouvez réparer le mal de vos écrits,
Et qu'après cet éclat qu'un noble cœur abhorre,
Il peut m'être permis de vous aimer encore.
  CÉLIMÈNE.
Moi, renoncer au monde avant que de vieillir,
Et dans votre désert aller m'ensevelir! 1770
  ALCESTE.
Et s'il faut qu'à mes feux votre flamme réponde,
Que vous doit importer tout le reste du monde?
Vos désirs avec moi ne sont-ils pas contents?
  CÉLIMÈNE.
La solitude effraye une âme de vingt ans.
Je ne sens point la mienne assez grande, assez forte,
Pour me résoudre à prendre un dessein de la sorte.
Si le don de ma main peut contenter vos vœux,
Je pourrai me résoudre à serrer de tels nœuds ;
Et l'hymen...
  ALCESTE. Non. Mon cœur à présent vous déteste,
Et ce refus lui seul fait plus que tout le reste. 1780
Puisque vous n'êtes point, en des liens si doux,
Pour trouver tout en moi, comme moi tout en vous,
Allez, je vous refuse ; et ce sensible outrage
De vos indignes fers pour jamais me dégage.

## SCÈNE VIII.

#### ÉLIANTE, ALCESTE, PHILINTE.

ALCESTE, *à Éliante.*
Madame, cent vertus ornent votre beauté,
Et je n'ai vu qu'en vous de la sincérité ;
De vous depuis longtemps je fais un cas extrême,
Mais laissez-moi toujours vous estimer de même,
Et souffrez que mon cœur, dans ses troubles divers,
Ne se présente point à l'honneur de vos fers :  1790
Je m'en sens trop indigne, et commence à connaître
Que le ciel pour ce nœud ne m'avait point fait naître ;
Que ce serait pour vous un hommage trop bas
Que le rebut d'un cœur qui ne vous valait pas ;
Et qu'enfin...
    ÉLIANTE. Vous pouvez suivre cette pensée :
Ma main de se donner n'est pas embarrassée ;
Et voilà votre ami, sans trop m'inquiéter,
Qui, si je l'en priais, la pourrait accepter.
    PHILINTE.
Ah! cet honneur, madame, est toute mon envie,
Et j'y sacrifierais et mon sang et ma vie.  1800
    ALCESTE.
Puissiez-vous, pour goûter de vrais contentements,
L'un pour l'autre à jamais garder ces sentiments !
Trahi de toutes parts, accablé d'injustices,
Je vais sortir d'un gouffre où triomphent les vices,
Et chercher sur la terre un endroit écarté
Où d'être homme d'honneur on ait la liberté.
    PHILINTE.
Allons, madame, allons employer toute chose
Pour rompre le dessein que son cœur se propose.

**FIN DU MISANTHROPE.**

# L'AVARE

## COMEDIE.

### (1667.)

PERSONNAGES. — HARPAGON, père de Cléante et d'Élise, et amoureux de Mariane. — CLÉANTE, fils d'Harpagon, amant de Mariane. — ÉLISE, fille d'Harpagon, amante de Valère. — VALÈRE, fils d'Anselme et amant d'Élise. — MARIANE, amante de Cléante, et aimée d'Harpagon. — ANSELME, père de Valère et de Mariane. — FROSINE, femme d'intrigue. — Maître SIMON, courtier. — Maître JACQUES, cuisinier et cocher d'Harpagon. — LA FLÈCHE, valet de Cléante. — Dame CLAUDE, servante d'Harpagon. — BRINDAVOINE, LA MERLUCHE, laquais d'Harpagon. — Un commissaire et son clerc.

*La scène est à Paris, dans la maison d'Harpagon.*

## ACTE PREMIER.

### SCÈNE I.

VALÈRE, ÉLISE.

#### VALÈRE.

Hé quoi! charmante Élise, vous devenez mélancolique, après les obligeantes assurances que vous avez eu la bonté de me donner de votre foi! Je vous vois soupirer, hélas! au milieu de ma joie! Est-ce du regret, dites-moi, de m'avoir fait heureux? et vous repentez-vous de cet engagement où mes feux ont pu vous contraindre?

#### ÉLISE.

Non, Valère, je ne puis pas me repentir de tout ce que je fais pour vous; je m'y sens entraîner par une trop douce puissance, et je n'ai pas même la force de souhaiter que les choses ne fussent pas. Mais, à vous dire vrai, le succès me donne de l'inquiétude; et je crains fort de vous aimer un peu plus que je ne devrais.

### VALÈRE.

Eh! que pouvez-vous craindre, Élise, dans les bontés que vous avez pour moi?

### ÉLISE.

Hélas! cent choses à la fois : l'emportement d'un père, les reproches d'une famille, les censures du monde; mais plus que tout, Valère, le changement de votre cœur, et cette froideur criminelle dont ceux de votre sexe payent le plus souvent les témoignages trop ardents d'un innocent amour.

### VALÈRE.

Ah! ne me faites pas ce tort, de juger de moi par les autres : soupçonnez-moi de tout, Élise, plutôt que de manquer à ce que je vous dois. Je vous aime trop pour cela; et mon amour pour vous durera autant que ma vie.

### ÉLISE.

Ah! Valère, chacun tient les mêmes discours. Tous les hommes sont semblables par les paroles; et ce n'est que les actions qui les découvrent différents.

### VALÈRE.

Puisque les seules actions font connaître ce que nous sommes, attendez donc, au moins, à juger de mon cœur par elles, et ne me cherchez point de crimes dans les injustes craintes d'une fâcheuse prévoyance. Ne m'assassinez point, je vous prie, par les sensibles coups d'un soupçon outrageux; et donnez-moi le temps de vous convaincre, par mille et mille preuves, de l'honnêteté de mes feux.

###### ÉLISE.

Hélas! qu'avec facilité on se laisse persuader par les personnes que l'on aime! Oui, Valère, je tiens votre cœur incapable de m'abuser. Je crois que vous m'aimez d'un véritable amour, et que vous me serez fidèle; je n'en veux point du tout douter, et je retranche mon chagrin aux appréhensions du blâme qu'on pourra me donner.

###### VALÈRE.

Mais pourquoi cette inquiétude?

###### ÉLISE.

Je n'aurais rien à craindre si tout le monde vous voyait des yeux dont je vous vois; et je trouve en votre personne de quoi avoir raison aux choses que je fais pour vous. Mon cœur, pour sa défense, a tout votre mérite, appuyé du secours d'une reconnaissance où le ciel m'engage envers vous. Je me représente, à toute heure, ce péril étonnant qui commença de nous offrir aux regards l'un de l'autre; cette générosité surprenante qui vous fit risquer votre vie pour dérober la mienne à la fureur des ondes; ces soins pleins de tendresse que vous me fîtes éclater après m'avoir tirée de l'eau, et les hommages assidus de cet ardent amour que ni le temps ni les difficultés n'ont rebuté, et qui, vous faisant négliger et parents et patrie, arrête vos pas en ces lieux, y tient en ma faveur votre fortune déguisée, et vous a réduit, pour me voir, à vous revêtir de l'emploi de domestique de mon père. Tout cela fait chez moi, sans doute, un merveilleux effet, et c'en est assez, à mes yeux, pour me justifier l'engagement où j'ai pu consentir; mais ce n'est pas assez peut-être pour le justifier aux autres, et je ne suis pas sûre qu'on entre dans mes sentiments.

### VALÈRE.

De tout ce que vous avez dit, ce n'est que par mon seul amour que je prétends auprès de vous mériter quelque chose : et, quant aux scrupules que vous avez, votre père lui-même ne prend que trop soin de vous justifier à tout le monde; et l'excès de son avarice, et la manière austère dont il vit avec ses enfants, pourraient autoriser des choses plus étranges. Pardonnez-moi, charmante Élise, si j'en parle ainsi devant vous. Vous savez que, sur ce chapitre, on n'en peut pas dire de bien. Mais enfin, si je puis, comme je l'espère, retrouver mes parents, nous n'aurons pas beaucoup de peine à nous le rendre favorable. J'en attends des nouvelles avec impatience, et j'en irai chercher moi-même si elles tardent à venir.

### ÉLISE.

Ah! Valère, ne bougez d'ici, je vous prie, et songez seulement à vous bien mettre dans l'esprit de mon père.

### VALÈRE.

Vous voyez comme je m'y prends, et les adroites complaisances qu'il m'a fallu mettre en usage pour m'introduire à son service; sous quel masque de sympathie et de rapports de sentiments je me déguise pour lui plaire, et quel personnage je joue tous les jours avec lui, afin d'acquérir sa tendresse. J'y fais des progrès admirables; et j'éprouve que, pour gagner les hommes, il n'est point de meilleure voie que de se parer à leurs yeux de leurs inclinations, que de donner dans leurs maximes, encenser leurs défauts, et applaudir à ce qu'ils font. On n'a que faire d'avoir peur de trop charger la complaisance; et la manière dont on les joue a beau être visible, les plus fins toujours sont de grandes dupes du côté de la flatterie; et il n'y a rien de si impertinent et de si ridicule qu'on ne fasse avaler, lorsqu'on l'assaisonne en louanges. La sincérité souffre un peu au métier que je fais; mais, quand on a besoin des hommes, il faut bien s'ajuster à eux; et puisqu'on ne saurait les gagner que par là, ce n'est pas la faute de ceux qui flattent, mais de ceux qui veulent être flattés.

#### ÉLISE.

Mais que ne tâchez-vous aussi à gagner l'appui de mon frère, en cas que la servante s'avisât de révéler notre secret?

#### VALÈRE.

On ne peut pas ménager l'un et l'autre; et l'esprit du père et celui du fils sont des choses si opposées, qu'il est difficile d'accommoder ces deux confidences ensemble. Mais vous, de votre part, agissez auprès de votre frère, et servez-vous de l'amitié qui est entre vous deux pour le jeter dans nos intérêts. Il vient. Je me retire. Prenez ce temps pour lui parler, et ne lui découvrez de notre affaire que ce que vous jugerez à propos.

#### ÉLISE.

Je ne sais si j'aurai la force de lui faire cette confidence.

## SCÈNE II.

#### CLÉANTE, ÉLISE.

#### CLÉANTE.

Je suis bien aise de vous trouver seule, ma sœur; et je brûlais de vous parler, pour m'ouvrir à vous d'un secret.

ÉLISE.

Me voilà prête à vous ouïr, mon frère. Qu'avez-vous à me dire?

CLÉANTE.

Bien des choses, ma sœur, enveloppées dans un mot. J'aime.

ÉLISE.

Vous aimez?

CLÉANTE.

Oui, j'aime. Mais, avant que d'aller plus loin, je sais que je dépends d'un père, et que le nom de fils me soumet à ses volontés; que nous ne devons point engager notre foi sans le consentement de ceux dont nous tenons le jour; que le ciel les a faits les maîtres de nos vœux, et qu'il nous est enjoint de n'en disposer que par leur conduite; que, n'étant prévenus d'aucune folle ardeur, ils sont en état de se tromper bien moins que nous et de voir beaucoup mieux ce qui nous est propre; qu'il en faut plutôt croire les lumières de leur prudence que l'aveuglement de notre passion; et que l'emportement de la jeunesse nous entraîne le plus souvent dans des précipices fâcheux. Je vous dis tout cela, ma sœur, afin que vous ne vous donniez pas la peine de me le dire; car enfin mon amour ne veut rien écouter, et je vous prie de ne me point faire de remontrances.

ÉLISE.

Vous êtes-vous engagé, mon frère, avec celle que vous aimez?

CLÉANTE.

Non; mais j'y suis résolu, et je vous conjure, encore une fois, de ne me point apporter des raisons pour m'en dissuader.

###### ÉLISE.
Suis-je, mon frère, une si étrange personne?
###### CLÉANTE.
Non, ma sœur : mais vous n'aimez pas; vous ignorez la douce violence qu'un tendre amour fait sur nos cœurs; et j'appréhende votre sagesse.
###### ÉLISE.
Hélas! mon frère, ne parlons point de ma sagesse : il n'est personne qui n'en manque, du moins une fois en sa vie; et, si je vous ouvre mon cœur, peut-être serai-je à vos yeux bien moins sage que vous.
###### CLÉANTE.
Ah! plût au ciel que votre âme, comme la mienne...
###### ÉLISE.
Finissons auparavant votre affaire, et me dites qui est celle que vous aimez.
###### CLÉANTE.
Une jeune personne qui loge depuis peu en ces quartiers, et qui semble être faite pour donner de l'amour à tous ceux qui la voient. La nature, ma sœur, n'a rien formé de plus aimable; et je me sentis transporté dès le moment que je la vis. Elle se nomme Mariane, et vit sous la conduite d'une bonne femme de mère qui est presque toujours malade, et pour qui cette aimable fille a des sentiments d'amitié qui ne sont pas imaginables. Elle la sert, la plaint et la console, avec une tendresse qui vous toucherait l'âme. Elle se prend d'un air le plus charmant du monde aux choses qu'elle fait; et l'on voit briller mille grâces en toutes ses actions, une douceur pleine d'attraits, une bonté tout engageante, une honnêteté adorable, une... Ah! ma sœur, je voudrais que vous l'eussiez vue!

##### ÉLISE.

J'en vois beaucoup, mon frère, dans les choses que vous me dites ; et, pour comprendre ce qu'elle est, il me suffit que vous l'aimez.

##### CLÉANTE.

J'ai découvert sous main qu'elles ne sont pas fort accommodées, et que leur discrète conduite a de la peine à étendre à tous leurs besoins le bien qu'elles peuvent avoir. Figurez-vous, ma sœur, quelle joie ce peut être que de relever la fortune d'une personne que l'on aime; que de donner adroitement quelques petits secours aux modestes nécessités d'une vertueuse famille; et concevez quel déplaisir ce m'est de voir que, par l'avarice d'un père, je sois dans l'impuissance de goûter cette joie, et de faire éclater à cette belle aucun témoignage de mon amour.

##### ÉLISE.

Oui, je conçois assez, mon frère, quel doit être votre chagrin.

##### CLÉANTE.

Ah! ma sœur, il est plus grand qu'on ne peut croire. Car, enfin, peut-on rien voir de plus cruel que cette rigoureuse épargne qu'on exerce sur nous, que cette sécheresse étrange où l'on nous fait languir? Hé! que nous servira d'avoir du bien, s'il ne nous vient que dans le temps que nous ne serons plus dans le bel âge d'en jouir, et si, pour m'entretenir même, il faut que maintenant je m'engage de tous côtés; si je suis réduit avec vous à chercher tous les jours les secours des marchands, pour avoir moyen de porter des habits raisonnables? Enfin, j'ai voulu vous parler pour m'aider à sonder mon père sur les sentiments où je suis; et, si je l'y trouve contraire, j'ai résolu d'aller en d'autres lieux, avec cette aimable personne, jouir de la fortune que le ciel voudra nous offrir. Je fais chercher partout, pour ce dessein, de l'argent à emprunter; et si vos affaires, ma sœur, sont semblables aux miennes, et qu'il faille que notre père s'oppose à nos désirs, nous le quitterons là tous deux, et nous affranchirons de cette tyrannie où nous tient depuis si longtemps son avarice insupportable.

ÉLISE.

Il est bien vrai que tous les jours il nous donne de plus en plus sujet de regretter la mort de notre mère, et que...

CLÉANTE.

J'entends sa voix. Éloignons-nous un peu pour achever notre confidence; et nous joindrons après nos forces pour venir attaquer la dureté de son humeur.

SCÈNE III.

HARPAGON, LA FLÈCHE.

HARPAGON.

Hors d'ici tout à l'heure, et qu'on ne réplique pas. Allons, que l'on détale de chez moi, maître juré filou, vrai gibier de potence!

LA FLÈCHE, *à part.*

Je n'ai jamais rien vu de si méchant que ce maudit vieillard, et je pense, sauf correction, qu'il a le diable au corps.

HARPAGON.

Tu murmures entre tes dents?

LA FLÈCHE.

Pourquoi me chassez-vous?

HARPAGON.

C'est bien à toi, pendard, à me demander des raisons! Sors vite, que je ne t'assomme.

LA FLÈCHE.

Qu'est-ce que je vous ai fait?

HARPAGON.

Tu m'as fait que je veux que tu sortes.

LA FLÈCHE.

Mon maître, votre fils, m'a donné ordre de l'attendre.

HARPAGON.

Va-t'en l'attendre dans la rue, et ne sois point dans ma maison, planté tout droit comme un piquet, à observer ce qui se passe et faire ton profit de tout. Je ne veux point avoir sans cesse devant moi un espion de mes affaires, un traître dont les yeux maudits assiègent toutes mes actions, dévorent ce que je possède, et furètent de tous côtés pour voir s'il n'y a rien à voler.

LA FLÈCHE.

Comment diantre voulez-vous qu'on fasse pour vous voler? Êtes-vous un homme volable, quand vous renfermez toutes choses et faites sentinelle jour et nuit?

HARPAGON.

Je veux renfermer ce que bon me semble et faire sentinelle comme il me plaît. Ne voilà pas de mes mouchards qui prennent garde à ce qu'on fait! (*Bas, à part.*) Je tremble qu'il n'ait soupçonné quelque chose de mon argent. (*Haut.*) Ne serais-tu point homme à faire courir le bruit que j'ai chez moi de l'argent caché ?

LA FLÈCHE.

Vous avez de l'argent caché ?

HARPAGON.

Non, coquin, je ne dis pas cela. (*Bas.*) J'enrage. (*Haut.*) Je demande si, malicieusement, tu n'irais point faire courir le bruit que j'en ai.

LA FLÈCHE.

Hé! que nous importe que vous en ayez ou que vous n'en ayez pas, si c'est pour nous la même chose?

HARPAGON, *levant la main pour donner un soufflet à La Flèche.*

Tu fais le raisonneur! je te baillerai de ce raisonnement-ci par les oreilles. Sors d'ici, encore une fois.

LA FLÈCHE.

Eh bien! je sors.

HARPAGON.

Attends : ne m'emportes-tu rien?

LA FLÈCHE.

Que vous emporterais-je?

HARPAGON.

Viens, viens çà, que je voie. Montre-moi tes mains.

LA FLÈCHE.

Les voilà.

HARPAGON.

Les autres.

LA FLÈCHE.

Les autres?

HARPAGON.

Oui.

LA FLÈCHE.

Les voilà.

HARPAGON, *montrant les hauts-de-chausses de La Flèche.*

N'as-tu rien mis ici dedans?

LA FLÈCHE.

Voyez vous-même.

HARPAGON, *tâtant le bas des chausses de La Flèche.*

Ces grands hauts-de-chausses sont propres à devenir les recéleurs des choses qu'on dérobe; et je voudrais qu'on en eût fait pendre quelqu'un.

LA FLÈCHE, *à part.*

Ah! qu'un homme comme cela mériterait bien ce qu'il craint! et que j'aurais de joie à le voler!

HARPAGON.

Euh?

LA FLÈCHE.

Quoi?

HARPAGON.

Qu'est-ce que tu parles de voler?

LA FLÈCHE.

Je vous dis que vous fouillez bien partout pour voir si je vous ai volé.

HARPAGON.

C'est ce que je veux faire.

(*Harpagon fouille dans les poches de La Flèche.*)

LA FLÈCHE, *à part.*

La peste soit de l'avarice et des avaricieux!

HARPAGON.

Comment? que dis-tu?

LA FLÈCHE.

Ce que je dis?

#### HARPAGON.

Oui; qu'est-ce que tu dis d'avarice et d'avaricieux?

#### LA FLÈCHE.

Je dis que la peste soit de l'avarice et des avaricieux.

#### HARPAGON.

De qui veux-tu parler?

#### LA FLÈCHE.

Des avaricieux.

#### HARPAGON.

Et qui sont-ils, ces avaricieux?

#### LA FLÈCHE.

Des vilains et des ladres.

#### HARPAGON.

Mais qui est-ce que tu entends par là?

#### LA FLÈCHE.

De quoi vous mettez-vous en peine?

#### HARPAGON.

Je me mets en peine de ce qu'il faut.

#### LA FLÈCHE.

Est-ce que vous croyez que je veux parler de vous?

#### HARPAGON.

Je crois ce que je crois; mais je veux que tu me dises à qui tu parles quand tu dis cela.

#### LA FLÈCHE.

Je parle... je parle à mon bonnet.

#### HARPAGON.

Et moi, je pourrais bien parler à ta barrette.

#### LA FLÈCHE.

M'empêcherez-vous de maudire les avaricieux?

HARPAGON.

Non : mais je t'empêcherai de jaser et d'être insolent. Tais-toi.

LA FLÈCHE.

Je ne nomme personne.

HARPAGON.

Je te rosserai si tu parles.

LA FLÈCHE.

Qui se sent morveux, qu'il se mouche.

HARPAGON.

Te tairas-tu ?

LA FLÈCHE.

Oui, malgré moi.

HARPAGON.

Ah ! ah !

LA FLÈCHE, *montrant à Harpagon une poche de son justaucorps.*

Tenez, voilà encore une poche : êtes-vous satisfait ?

HARPAGON.

Allons, rends-le-moi sans te fouiller.

LA FLÈCHE.

Quoi ?

HARPAGON.

Ce que tu m'as pris.

LA FLÈCHE.

Je ne vous ai rien pris du tout.

HARPAGON.

Assurément ?

LA FLÈCHE.

Assurément.

HARPAGON.

Adieu. Va-t'en à tous les diables !

LA FLÈCHE, *à part.*

Me voilà fort bien congédié.

HARPAGON.

Je te le mets sur ta conscience, au moins.

### SCÈNE IV.

HARPAGON.

Voilà un pendard de valet qui m'incommode fort; et je ne me plais point à voir ce chien de boiteux-là. Certes, ce n'est pas une petite peine que de garder chez soi une grande somme d'argent; et bienheureux qui a tout son fait bien placé, et ne conserve seulement que ce qu'il faut pour sa dépense! On n'est pas peu embarrassé à inventer, dans toute une maison, une cache fidèle; car, pour moi, les coffres-forts me sont suspects, et je ne veux jamais m'y fier. Je les tiens justement une franche amorce à voleurs; et c'est toujours la première chose que l'on va attaquer.

### SCÈNE V.

HARPAGON; ÉLISE *et* CLÉANTE *parlant ensemble, et restant dans le fond du théâtre.*

HARPAGON, *se croyant seul.*

Cependant, je ne sais si j'aurai bien fait d'avoir enterré dans mon jardin dix mille écus qu'on me rendit hier. Dix mille écus en or, chez soi, est une somme assez... (*A part, apercevant Élise et Cléante.*) O ciel! je me serai trahi moi-même! la chaleur m'aura emporté, et je crois que j'ai parlé haut, en raisonnant tout seul. (*A Cléante et à Élise.*) Qu'est-ce?

CLÉANTE.

Rien, mon père.

HARPAGON.

Y a-t-il longtemps que vous êtes là ?

ÉLISE.

Nous ne venons que d'arriver.

HARPAGON.

Vous avez entendu...

CLÉANTE.

Quoi, mon père ?

HARPAGON.

Là...

ÉLISE.

Quoi ?

HARPAGON.

Ce que je viens de dire.

CLÉANTE.

Non.

HARPAGON.

Si fait, si fait.

ÉLISE.

Pardonnez-moi.

HARPAGON.

Je vois bien que vous en avez ouï quelques mots. C'est que je m'entretenais en moi-même de la peine qu'il y a aujourd'hui à trouver de l'argent, et je disais qu'il est bienheureux qui peut avoir dix mille écus chez soi.

CLÉANTE.

Nous feignions à vous aborder, de peur de vous interrompre.

HARPAGON.

Je suis bien aise de vous dire cela, afin que vous n'alliez pas prendre les choses de travers, et vous imaginer que je dise que c'est moi qui ai dix mille écus.

CLÉANTE.

Nous n'entrons point dans vos affaires.

HARPAGON.

Plût à Dieu que je les eusse, les dix mille écus !

CLÉANTE.

Je ne crois pas...

HARPAGON.

Ce serait une bonne affaire pour moi.

ÉLISE.

Ce sont des choses...

HARPAGON.

J'en aurais bon besoin.

CLÉANTE.

Je pense que...

HARPAGON.

Cela m'accommoderait fort.

ÉLISE.

Vous êtes...

HARPAGON.

Et je ne me plaindrais pas, comme je fais, que le temps est misérable.

CLÉANTE.

Mon Dieu ! mon père, vous n'avez pas lieu de vous plaindre, et l'on sait que vous avez assez de bien.

HARPAGON.

Comment, j'ai assez de bien ! Ceux qui le disent en ont menti. Il n'y a rien de plus faux ; et ce sont des coquins qui font courir tous ces bruits-là.

ÉLISE.

Ne vous mettez point en colère.

HARPAGON.

Cela est étrange, que mes propres enfants me trahissent et deviennent mes ennemis.

CLÉANTE.

Est-ce être votre ennemi que de dire que vous avez du bien?

HARPAGON.

Oui. De pareils discours, et les dépenses que vous faites, seront cause qu'un de ces jours on me viendra chez moi couper la gorge, dans la pensée que je suis tout cousu de pistoles.

CLÉANTE.

Quelle grande dépense est-ce que je fais?

HARPAGON.

Quelle? Est-il rien de plus scandaleux que ce somptueux équipage que vous promenez par la ville? Je querellais hier votre sœur; mais c'est encore pis. Voilà qui crie vengeance au ciel; et, à vous prendre depuis les pieds jusqu'à la tête, il y aurait là de quoi faire une bonne constitution. Je vous l'ai dit vingt fois, mon fils, toutes vos manières me déplaisent fort; vous donnez furieusement dans le marquis; et, pour aller ainsi vêtu, il faut bien que vous me dérobiez.

CLÉANTE.

Hé! comment vous dérober?

HARPAGON.

Que sais-je, moi? Où pouvez-vous donc prendre de quoi entretenir l'état que vous portez?

CLÉANTE.

Moi, mon père? c'est que je joue; et, comme je suis fort heureux, je mets sur moi tout l'argent que je gagne.

#### HARPAGON.

C'est fort mal fait. Si vous êtes heureux au jeu, vous en devriez profiter, et mettre à honnête intérêt l'argent que vous gagnez, afin de le trouver un jour. Je voudrais bien savoir, sans parler du reste, à quoi servent tous ces rubans dont vous voilà lardé depuis les pieds jusqu'à la tête, et si une demi-douzaine d'aiguillettes ne suffit pas pour attacher un haut-de-chausses. Il est bien nécessaire d'employer de l'argent à des perruques, lorsque l'on peut porter des cheveux de son crû, qui ne coûtent rien! Je vais gager qu'en perruques et rubans il y a du moins vingt pistoles; et vingt pistoles rapportent par année dix-huit livres six sous huit deniers, à ne les placer qu'au denier douze.

#### CLÉANTE.

Vous avez raison.

#### HARPAGON.

Laissons cela, et parlons d'autre affaire (*Apercevant Cléante et Élise qui se font des signes.*) Hé! (*Bas, à part.*) Je crois qu'ils se font signe l'un à l'autre de me voler ma bourse. (*Haut.*) Que veulent dire ces gestes-là?

#### ÉLISE.

Nous marchandons, mon frère et moi, à qui parlera le premier, et nous avons tous deux quelque chose à vous dire.

#### HARPAGON.

Et moi j'ai quelque chose aussi à vous dire à tous deux.

#### CLÉANTE.

C'est de mariage, mon père, que nous désirons vous parler.

#### HARPAGON.

Et c'est de mariage aussi que je veux vous entretenir.

#### ÉLISE.

Ah! mon père!

#### HARPAGON.

Pourquoi ce cri? Est-ce le mot, ma fille, ou la chose qui vous fait peur?

#### CLÉANTE.

Le mariage peut nous faire peur à tous deux, de la façon que vous pouvez l'entendre; et nous craignons que nos sentiments ne soient pas d'accord avec votre choix.

#### HARPAGON.

Un peu de patience; ne vous alarmez point. Je sais ce qu'il faut à tous deux, et vous n'aurez, ni l'un ni l'autre, aucun lieu de vous plaindre de tout ce que je prétends faire; et, pour commencer par un bout (*à Cléante*), avez-vous vu, dites-moi, une jeune personne appelée Mariane, qui ne loge pas loin d'ici?

#### CLÉANTE.

Oui, mon père.

#### HARPAGON.

Et vous?

#### ÉLISE.

J'en ai ouï parler.

#### HARPAGON.

Comment, mon fils, trouvez-vous cette fille?

#### CLÉANTE.

Une fort charmante personne.

#### HARPAGON.

Sa physionomie?

###### CLÉANTE.
Tout honnête et pleine d'esprit.
###### HARPAGON.
Son air et sa manière?
###### CLÉANTE.
Admirables, sans doute.
###### HARPAGON.
Ne croyez-vous pas qu'une fille comme cela mériterait assez que l'on songeât à elle?
###### CLÉANTE.
Oui, mon père.
###### HARPAGON.
Que ce serait un parti souhaitable?
###### CLÉANTE.
Très souhaitable.
###### HARPAGON.
Qu'elle a toute la mine de faire un bon ménage?
###### CLÉANTE.
Sans doute.
###### HARPAGON.
Et qu'un mari aurait satisfaction avec elle?
###### CLÉANTE.
Assurément.
###### HARPAGON.
Il y a une petite difficulté : c'est que j'ai peur qu'il n'y ait pas avec elle tout le bien qu'on pourrait prétendre.
###### CLÉANTE.
Ah! mon père, le bien n'est pas considérable, lorsqu'il est question d'épouser une honnête personne.

HARPAGON.

Pardonnez-moi, pardonnez-moi. Mais ce qu'il y a à dire, c'est que, si l'on n'y trouve pas tout le bien qu'on souhaite, on peut tâcher de regagner cela sur autre chose.

CLÉANTE.

Cela s'entend.

HARPAGON.

Enfin, je suis bien aise de vous voir dans mes sentiments; car son maintien honnête et sa douceur m'ont gagné l'âme, et je suis résolu de l'épouser, pourvu que j'y trouve quelque bien.

CLÉANTE.

Euh?

HARPAGON.

Comment?

CLÉANTE.

Vous êtes résolu, dites-vous...

HARPAGON.

D'épouser Mariane.

CLÉANTE.

Qui? Vous, vous?

HARPAGON.

Oui, moi, moi, moi. Que veut dire cela?

CLÉANTE.

Il m'a pris tout à coup un éblouissement, et je me retire d'ici.

HARPAGON.

Cela ne sera rien. Allez vite boire dans la cuisine un grand verre d'eau claire.

## SCÈNE VI.

#### HARPAGON, ÉLISE.

#### HARPAGON.

Voilà de mes damoiseaux fluets, qui n'ont non plus de vigueur que des poules. C'est là, ma fille, ce que j'ai résolu pour moi. Quant à ton frère, je lui destine une certaine veuve dont, ce matin, on m'est venu parler; et, pour toi, je te donne au seigneur Anselme.

#### ÉLISE.

Au seigneur Anselme?

#### HARPAGON.

Oui; un homme mûr, prudent et sage, qui n'a pas plus de cinquante ans, et dont on vante les grands biens.

#### ÉLISE, *faisant la révérence.*

Je ne veux point me marier, mon père, s'il vous plaît.

#### HARPAGON, *contrefaisant Élise.*

Et moi, ma petite fille, ma mie, je veux que vous vous mariiez, s'il vous plaît.

#### ÉLISE, *faisant encore la révérence.*

Je vous demande pardon, mon père.

#### HARPAGON, *contrefaisant Élise.*

Je vous demande pardon, ma fille.

#### ÉLISE.

Je suis très humble servante au seigneur Anselme; mais (*faisant encore la révérence*), avec votre permission, je ne l'épouserai point.

####### HARPAGON.

Je suis votre très humble valet; mais (*contrefaisant Élise*), avec votre permission, vous l'épouserez dès ce soir.

####### ÉLISE.

Dès ce soir?

####### HARPAGON.

Dès ce soir.

####### ÉLISE, *faisant encore la révérence.*

Cela ne sera pas, mon père.

####### HARPAGON, *contrefaisant encore Élise.*

Cela sera, ma fille.

####### ÉLISE.

Non.

####### HARPAGON.

Si.

####### ÉLISE.

Non, vous dis-je.

####### HARPAGON.

Si, vous dis-je.

####### ÉLISE.

C'est une chose où vous ne me réduirez point.

####### HARPAGON.

C'est une chose où je te réduirai.

####### ÉLISE.

Je me tuerai plutôt que d'épouser un tel mari.

####### HARPAGON.

Tu ne te tueras point, et tu l'épouseras. Mais voyez quelle audace! A-t-on jamais vu une fille parler de la sorte à son père?

ÉLISE.

Mais a-t-on jamais vu un père marier sa fille de la sorte?

HARPAGON.

C'est un parti où il n'y a rien à dire; et je gage que tout le monde approuvera mon choix.

ÉLISE.

Et moi, je gage qu'il ne saurait être approuvé d'aucune personne raisonnable.

HARPAGON, *apercevant Valère de loin.*

Voilà Valère. Veux-tu qu'entre nous deux nous le fassions juge de cette affaire?

ÉLISE.

J'y consens.

HARPAGON.

Te rendras-tu à son jugement?

ÉLISE.

Oui; j'en passerai par ce qu'il dira.

HARPAGON.

Voilà qui est fait.

## SCÈNE VII.

VALÈRE, HARPAGON, ÉLISE.

HARPAGON.

Ici, Valère. Nous t'avons élu pour nous dire qui a raison de ma fille ou de moi.

VALÈRE.

C'est vous, monsieur, sans contredit.

HARPAGON.

Sais-tu bien de quoi nous parlons?

VALÈRE.

Non. Mais vous ne sauriez avoir tort, et vous êtes toute raison.

HARPAGON.

Je veux, ce soir, lui donner pour époux un homme aussi riche que sage; et la coquine me dit au nez qu'elle se moque de le prendre. Que dis-tu de cela?

VALÈRE.

Ce que j'en dis?

HARPAGON.

Oui.

VALÈRE.

Hé! hé!

HARPAGON.

Quoi?

VALÈRE.

Je dis que, dans le fond, je suis de votre sentiment; et vous ne pouvez pas que vous n'ayez raison. Mais aussi n'a-t-elle pas tort tout à fait, et...

HARPAGON.

Comment! le seigneur Anselme est un parti considérable; c'est un gentilhomme qui est noble, doux, posé, sage et fort accommodé, et auquel il ne reste aucun enfant de son premier mariage. Saurait-elle mieux rencontrer?

VALÈRE.

Cela est vrai. Mais elle pourrait vous dire que c'est un peu précipiter les choses, et qu'il faudrait au moins quelque temps pour voir si son inclination pourrait s'accommoder avec...

HARPAGON.

C'est une occasion qu'il faut prendre vite aux cheveux. Je trouve ici un avantage qu'ailleurs je ne trouverais pas; et il s'engage à la prendre sans dot.

#### VALÈRE.

Sans dot?

#### HARPAGON.

Oui.

#### VALÈRE.

Ah! je ne dis plus rien. Voyez-vous : voilà une raison tout à fait convaincante; il se faut rendre à cela.

#### HARPAGON.

C'est pour moi une épargne considérable.

#### VALÈRE.

Assurément; cela ne reçoit point de contradiction. Il est vrai que votre fille vous peut représenter que le mariage est une plus grande affaire qu'on ne peut croire; qu'il y va d'être heureux ou malheureux toute sa vie; et qu'un engagement qui doit durer jusqu'à la mort ne se doit jamais faire qu'avec de grandes précautions.

#### HARPAGON.

Sans dot!

#### VALÈRE.

Vous avez raison : voilà qui décide tout; cela s'entend. Il y a des gens qui pourraient vous dire qu'en de telles occasions l'inclination d'une fille est une chose, sans doute, où l'on doit avoir de l'égard; et que cette grande inégalité d'âge, d'humeur et de sentiments rend un mariage sujet à des accidents très fâcheux.

#### HARPAGON.

Sans dot!

#### VALÈRE.

Ah! il n'y a pas de réplique à cela; on le sait bien. Qui diantre peut aller là-contre? Ce n'est pas qu'il n'y ait quantité de pères qui aimeraient mieux ménager la satisfaction de leurs filles que l'argent qu'ils pourraient donner; qui ne les voudraient point sacrifier à l'intérêt, et chercheraient, plus que toute autre chose, à mettre dans un mariage cette douce conformité qui sans cesse y maintient l'honneur, la tranquillité et la joie; et que...

###### HARPAGON.

Sans dot!

###### VALÈRE.

Il est vrai; cela ferme la bouche à tout. Sans dot! Le moyen de résister à une raison comme celle-là?

HARPAGON *à part, regardant du côté du jardin.*

Ouais! Il me semble que j'entends un chien qui aboie. N'est-ce point qu'on en voudrait à mon argent? (*A Valère.*) Ne bougez; je reviens tout à l'heure.

#### SCÈNE VIII.

##### ÉLISE, VALÈRE.

###### ÉLISE.

Vous moquez-vous, Valère, de lui parler comme vous faites?

###### VALÈRE.

C'est pour ne point l'aigrir, et pour en venir mieux à bout. Heurter de front ses sentiments est le moyen de tout gâter: et il y a de certains esprits qu'il ne faut prendre qu'en biaisant; des tempéraments ennemis de toute résistance, des naturels rétifs, que la vérité fait cabrer, qui toujours se raidissent contre le droit chemin de la raison, et qu'on ne mène qu'en tournant où l'on veut les conduire. Faites semblant de consentir à ce qu'il veut, vous en viendrez mieux à vos fins; et...

ÉLISE.

Mais ce mariage, Valère !

VALÈRE.

On cherchera des biais pour le rompre.

ÉLISE.

Mais quelle invention trouver, s'il se doit conclure ce soir ?

VALÈRE.

Il faut demander un délai, et feindre quelque maladie.

ÉLISE.

Mais on découvrira la feinte, si l'on appelle des médecins.

VALÈRE.

Vous moquez-vous ? Y connaissent-ils quelque chose ? Allez, allez, vous pourrez avec eux avoir quel mal il vous plaira : ils vous trouveront des raisons pour vous dire d'où cela vient.

## SCÈNE IX.

HARPAGON, ÉLISE, VALÈRE.

HARPAGON *à part, dans le fond du théâtre.*

Ce n'est rien, Dieu merci.

VALÈRE, *sans voir Harpagon.*

Enfin, notre dernier recours, c'est que la fuite nous peut mettre à couvert de tout ; et si votre amour, belle Élise, est capable d'une fermeté... *(Apercevant Harpagon.)* Oui, il faut qu'une fille obéisse à son père. Il ne faut point qu'elle regarde comme un mari est fait; et lorsque la grande raison de *sans dot* s'y rencontre, elle doit être prête à prendre tout ce qu'on lui donne.

HARPAGON.

Bon : voilà bien parlé, cela !

VALÈRE.

Monsieur, je vous demande pardon si je m'emporte un peu, et prends la hardiesse de lui parler comme je fais.

HARPAGON.

Comment! j'en suis ravi, et je veux que tu prennes sur elle un pouvoir absolu. (*A Élise.*) Oui, tu as beau fuir, je lui donne l'autorité que le ciel me donne sur toi, et j'entends que tu fasses tout ce qu'il te dira.

VALÈRE, *à Élise.*

Après cela, résistez à mes remontrances.

## SCÈNE X.

HARPAGON, VALÈRE.

VALÈRE.

Monsieur, je vais la suivre, pour lui continuer les leçons que je lui faisais.

HARPAGON.

Oui; tu m'obligeras. Certes...

VALÈRE.

Il est bon de lui tenir un peu la bride haute.

HARPAGON.

Cela est vrai. Il faut...

##### VALÈRE.

Ne vous mettez pas en peine, je crois que j'en viendrai à bout.

##### HARPAGON.

Fais, fais. Je m'en vais faire un petit tour en ville, et je reviens tout à l'heure.

##### VALÈRE, *adressant la parole à Élise, et s'en allant du côté par où elle est sortie.*

Oui, l'argent est plus précieux que toutes les choses du monde, et vous devez rendre grâces au ciel de l'honnête homme de père qu'il vous a donné. Il sait ce que c'est que de vivre. Lorsqu'on s'offre de prendre une fille sans dot, on ne doit point regarder plus avant. Tout est renfermé là-dedans; et *sans dot* tient lieu de beauté, de jeunesse, de naissance, d'honneur, de sagesse et de probité.

##### HARPAGON.

Ah! le brave garçon! Voilà parlé comme un oracle. Heureux qui peut avoir un domestique de la sorte!

## ACTE DEUXIÈME.

### SCÈNE I.

CLÉANTE, LA FLÈCHE.

##### CLÉANTE.

Ah! traître que tu es! où t'es-tu donc allé fourrer? Ne t'avais-je pas donné ordre...

### LA FLÈCHE.

Oui, monsieur, et je m'étais rendu ici pour vous attendre de pied ferme; mais monsieur votre père, le plus malgracieux des hommes, m'a chassé dehors malgré moi, et j'ai couru risque d'être battu.

### CLÉANTE.

Comment va notre affaire? Les choses pressent plus que jamais; et, depuis que je t'ai vu, j'ai découvert que mon père est mon rival.

### LA FLÈCHE.

Votre père amoureux?

### CLÉANTE.

Oui; et j'ai eu toutes les peines du monde à lui cacher le trouble où cette nouvelle m'a mis.

### LA FLÈCHE.

Lui, se mêler d'aimer! De quoi diable s'avise-t-il? Se moque-t-il du monde? Et l'amour a-t-il été fait pour des gens bâtis comme lui?

### CLÉANTE.

Il a fallu, pour mes péchés, que cette passion lui soit venue en tête.

### LA FLÈCHE.

Mais par quelle raison lui faire un mystère de votre amour?

### CLÉANTE.

Pour lui donner moins de soupçon, et me conserver, au besoin, des ouvertures plus aisées pour détourner ce mariage. Quelle réponse t'a-t-on faite?

### LA FLÈCHE.

Ma foi, monsieur, ceux qui empruntent sont bien malheureux; et il faut essuyer d'étranges choses, lorsqu'on en est réduit à passer, comme vous, par les mains des fesse-mathieux.

CLÉANTE.

L'affaire ne se fera point?

LA FLÈCHE.

Pardonnez-moi. Notre maître Simon, le courtier qu'on nous a donné, homme agissant et plein de zèle, dit qu'il a fait rage pour vous, et il assure que votre seule physionomie lui a gagné le cœur.

CLÉANTE.

J'aurai les quinze mille francs que je demande?

LA FLÈCHE.

Oui; mais à quelques petites conditions qu'il faudra que vous acceptiez, si vous avez dessein que les choses se fassent.

CLÉANTE.

T'a-t-il fait parler à celui qui doit prêter l'argent?

LA FLÈCHE.

Ah! vraiment, cela ne va pas de la sorte. Il apporte encore plus de soin à se cacher que vous; et ce sont des mystères bien plus grands que vous ne pensez. On ne veut point du tout dire son nom; et l'on doit aujourd'hui l'aboucher avec vous dans une maison empruntée, pour être instruit par votre bouche de votre bien et de votre famille; et je ne doute point que le seul nom de votre père ne rende les choses faciles.

CLÉANTE.

Et principalement notre mère étant morte, dont on ne peut m'ôter le bien.

LA FLÈCHE.

Voici quelques articles qu'il a dictés lui-même à notre entremetteur, pour vous être montrés avant que de rien faire :

5.

« Supposé que le prêteur voie toutes ses sûretés,
« et que l'emprunteur soit majeur, et d'une famille
« où le bien soit ample, solide, assuré, clair, et net
« de tout embarras, on fera une bonne et exacte
« obligation par-devant un notaire, le plus honnête
« homme qu'il se pourra, et qui, pour cet effet,
« sera choisi par le prêteur, auquel il importe le plus
« que l'acte soit dûment dressé. »

CLÉANTE.

Il n'y a rien à dire à cela.

LA FLÈCHE.

« Le prêteur, pour ne charger sa conscience d'au-
« cun scrupule, prétend ne donner son argent qu'au
« denier dix-huit. »

CLÉANTE.

Au denier dix-huit? Parbleu! voilà qui est honnête. Il n'y a pas lieu de se plaindre.

LA FLÈCHE.

Cela est vrai.

« Mais comme ledit prêteur n'a pas chez lui la
« somme dont il est question, et que, pour faire
« plaisir à l'emprunteur, il est contraint lui-même
« de l'emprunter d'un autre sur le pied du denier
« cinq, il conviendra que ledit premier emprunteur
« paye cet intérêt, sans préjudice du reste, attendu
« que ce n'est que pour l'obliger que ledit prêteur
« s'engage à cet emprunt. »

CLÉANTE.

Comment diable! quel Juif, quel Arabe est-ce là?
C'est plus qu'au denier quatre.

LA FLÈCHE.

Il est vrai; c'est ce que j'ai dit. Vous avez à voir là-dessus.

CLÉANTE.

Que veux-tu que je voie? J'ai besoin d'argent, et il faut bien que je consente à tout.

LA FLÈCHE.

C'est la réponse que j'ai faite.

CLÉANTE.

Il y a encore quelque chose?

LA FLÈCHE.

Ce n'est plus qu'un petit article.

« Des quinze mille francs qu'on demande, le prê« teur ne pourra compter en argent que douze mille
« livres; et, pour les mille écus restants, il faudra
« que l'emprunteur prenne les hardes, nippes, bi« joux, dont s'ensuit le mémoire, et que ledit prê« teur a mis, de bonne foi, au plus modique prix
« qu'il lui a été possible. »

CLÉANTE.

Que veut dire cela?

LA FLÈCHE.

Écoutez le mémoire :

« Premièrement, un lit de quatre pieds à bandes
« de point de Hongrie, appliquées fort proprement
« sur un drap de couleur d'olive, avec six chaises
« et la courte-pointe de même : le tout bien condi« tionné, et doublé d'un petit taffetas changeant
« rouge et bleu.

« Plus, un pavillon à queue, d'une bonne serge
« d'Aumale rose sèche, avec le mollet et les franges
« de soie. »

CLÉANTE.

Que veut-il que je fasse de cela?

LA FLÈCHE.

Attendez.

« Plus, une tenture de tapisserie des amours de
« Gombaud et de Macée.
« Plus, une grande table de bois de noyer, à
« douze colonnes ou piliers tournés, qui se tire
« par les deux bouts, et garnie par le dessous de
« ses six escabelles. »

CLÉANTE.

Qu'ai-je à faire, morbleu...

LA FLÈCHE

Donnez-vous patience.

« Plus, trois gros mousquets tout garnis de nacre
« de perle, avec les fourchettes assortissantes.
« Plus, un fourneau de brique, avec deux cor-
« nues et trois récipients, fort utiles à ceux qui sont
« curieux de distiller. »

CLÉANTE.

J'enrage.

LA FLÈCHE.

Doucement.

« Plus, un luth de Bologne, garni de toutes ses
« cordes, ou peu s'en faut.
« Plus, un trou-madame et un damier, avec un
« jeu de l'oie, renouvelé des Grecs, fort propres à
« passer le temps lorsque l'on n'a que faire.
« Plus, une peau de lézard de trois pieds et demi,
« remplie de foin : curiosité agréable pour pendre
« au plancher d'une chambre.
« Le tout ci-dessus mentionné valant loyalement
« plus de quatre mille cinq cents livres, et rabaissé

« à la valeur de mille écus, par la discrétion du
« prêteur. »

### CLÉANTE.

Que la peste l'étouffe avec sa discrétion, le traître, le bourreau qu'il est! A-t-on jamais parlé d'une usure semblable? et n'est-il pas content du furieux intérêt qu'il exige, sans vouloir encore m'obliger à prendre pour trois mille livres les vieux rogatons qu'il ramasse? Je n'aurai pas deux cents écus de tout cela; et cependant il faut bien me résoudre à consentir à ce qu'il veut : car il est en état de me faire tout accepter, et il me tient, le scélérat, le poignard sur la gorge.

### LA FLÈCHE.

Je vous vois, monsieur, ne vous en déplaise, dans le grand chemin justement que tenait Panurge pour se ruiner, prenant argent d'avance, achetant cher, vendant à bon marché, et mangeant son blé en herbe.

### CLÉANTE.

Que veux-tu que j'y fasse? Voilà où les jeunes gens sont réduits par la maudite avarice des pères; et on s'étonne, après cela, que les fils souhaitent qu'ils meurent!

### LA FLÈCHE.

Il faut avouer que le vôtre animerait contre sa vilenie le plus posé homme du monde. Je n'ai pas, Dieu merci, les inclinations fort patibulaires; et, parmi mes confrères que je vois se mêler de beaucoup de petits commerces, je sais tirer adroitement mon épingle du jeu et me démêler prudemment de toutes les galanteries qui sentent tant soit peu l'échelle : mais, à vous dire vrai, il me donnerait, par ses procédés, des tentations de le voler; et je croirais, en le volant, faire une action méritoire.

#### CLÉANTE.

Donne-moi un peu ce mémoire, que je le voie encore.

## SCÈNE II.

**HARPAGON, MAÎTRE SIMON, CLÉANTE ET LA FLÈCHE** *dans le fond du théâtre.*

#### MAÎTRE SIMON.

Oui, monsieur, c'est un jeune homme qui a besoin d'argent; ses affaires le pressent d'en trouver, et il en passera par tout ce que vous en prescrirez.

#### HARPAGON.

Mais croyez-vous, maître Simon, qu'il n'y ait rien à péricliter? et savez-vous le nom, les biens et la famille de celui pour qui vous parlez?

#### MAÎTRE SIMON.

Non. Je ne puis pas bien vous en instruire à fond, et ce n'est que par aventure que l'on m'a adressé à lui; mais vous serez de toutes choses éclairci par lui-même, et son homme m'a assuré que vous serez content quand vous le connaîtrez. Tout ce que je saurais vous dire, c'est que sa famille est fort riche, qu'il n'a plus de mère déjà, et qu'il s'obligera, si vous voulez, que son père mourra avant qu'il soit huit mois.

#### HARPAGON.

C'est quelque chose que cela. La charité, maître Simon, nous oblige à faire plaisir aux personnes, lorsque nous le pouvons.

#### MAÎTRE SIMON.

Cela s'entend.

LA FLÈCHE, *bas à Cléante, reconnaissant maître Simon.*

Que veut dire ceci? Notre maître Simon qui parle à votre père!

CLÉANTE, *bas à La Flèche.*

Lui aurait-on appris qui je suis? et serais-tu pour me trahir?

MAÎTRE SIMON, *à Cléante et à La Flèche.*

Ah! ah! vous êtes bien pressés! Qui vous a dit que c'était céans? (*A Harpagon.*) Ce n'est pas moi, monsieur, au moins, qui leur ai découvert votre nom et votre logis; mais, à mon avis, il n'y a pas grand mal à cela : ce sont des personnes discrètes, et vous pouvez ici vous expliquer ensemble.

HARPAGON.

Comment?

MAÎTRE SIMON, *montrant Cléante.*

Monsieur est la personne qui veut vous emprunter les quinze mille livres dont je vous ai parlé.

HARPAGON.

Comment, pendard! c'est toi qui t'abandonnes à ces coupables extrémités!

CLÉANTE.

Comment, mon père, c'est vous qui vous portez à ces honteuses actions!

(*Maître Simon s'enfuit, et La Flèche va se cacher.*)

SCÈNE III.

HARPAGON, CLÉANTE.

HARPAGON.

C'est toi qui te veux ruiner par des emprunts si condamnables!

#### CLÉANTE.

C'est vous qui cherchez à vous enrichir par des usures si criminelles!

#### HARPAGON.

Oses-tu bien, après cela, paraître devant moi?

#### CLÉANTE.

Osez-vous bien, après cela, vous présenter aux yeux du monde?

#### HARPAGON.

N'as-tu point de honte, dis-moi, d'en venir à ces débauches-là, de te précipiter dans des dépenses effroyables, et de faire une honteuse dissipation du bien que tes parents t'ont amassé avec tant de sueurs?

#### CLÉANTE.

Ne rougissez-vous point de déshonorer votre condition par les commerces que vous faites; de sacrifier gloire et réputation au désir insatiable d'entasser écu sur écu, et de renchérir, en fait d'intérêt, sur les plus infâmes subtilités qu'aient jamais inventées les plus célèbres usuriers?

#### HARPAGON.

Ote-toi de mes yeux, coquin! ôte-toi de mes yeux!

#### CLÉANTE.

Qui est plus criminel, à votre avis, ou celui qui achète un argent dont il a besoin, ou bien celui qui vole un argent dont il n'a que faire?

#### HARPAGON.

Retire-toi, te dis-je, et ne m'échauffe pas les oreilles. (*Seul.*) Je ne suis pas fâché de cette aventure; et ce m'est un avis de tenir l'œil plus que jamais sur toutes ses actions.

## SCÈNE IV.

#### FROSINE, HARPAGON.

##### FROSINE.
Monsieur...

##### HARPAGON.
Attendez un moment : je vais revenir vous parler. (*A part.*) Il est à propos que je fasse un petit tour à mon argent.

## SCÈNE V.

#### LA FLÈCHE, FROSINE.

##### LA FLÈCHE, *sans voir Frosine.*
L'aventure est tout à fait drôle! Il faut bien qu'il ait quelque part un ample magasin de hardes ; car nous n'avons rien reconnu au mémoire que nous avons.

##### FROSINE.
Hé! c'est toi, mon pauvre La Flèche! D'où vient cette rencontre?

##### LA FLÈCHE.
Ah! ah! c'est toi, Frosine! Que viens-tu faire ici?

##### FROSINE.
Ce que je fais partout ailleurs : m'entremettre d'affaires, me rendre serviable aux gens, et profiter, du mieux qu'il m'est possible, des petits talents que je puis avoir. Tu sais que, dans ce monde, il faut vivre d'adresse, et qu'aux personnes comme moi le ciel n'a donné d'autres rentes que l'intrigue et que l'industrie.

LA FLÈCHE.

As-tu quelque négoce avec le patron du logis?

FROSINE.

Oui. Je traite pour lui quelque petite affaire, dont j'espère une récompense.

LA FLÈCHE.

De lui? Ah! ma foi, tu seras bien fine, si tu en tires quelque chose; et je te donne avis que l'argent céans est fort cher.

FROSINE.

Il y a de certains services qui touchent merveilleusement.

LA FLÈCHE.

Je suis votre valet, et tu ne connais pas encore le seigneur Harpagon. Le seigneur Harpagon est de tous les humains l'humain le moins humain, le mortel de tous les mortels le plus dur et le plus serré. Il n'est point de service qui pousse sa reconnaissance jusqu'à lui faire ouvrir les mains. De la louange, de l'estime, de la bienveillance en paroles, et de l'amitié, tant qu'il vous plaira ; mais de l'argent, point d'affaires. Il n'est rien de plus sec et de plus aride que ses bonnes grâces et ses caresses ; et *donner* est un mot pour qui il a tant d'aversion, qu'il ne dit jamais : *Je vous donne,* mais *Je vous prête le bonjour.*

FROSINE.

Mon Dieu! je sais l'art de traire les hommes! j'ai le secret de m'ouvrir leur tendresse, de chatouiller leurs cœurs, de trouver les endroits par où ils sont sensibles.

LA FLÈCHE.

Bagatelles ici. Je te défie d'attendrir du côté de l'argent l'homme dont il est question. Il est Turc là-dessus, mais d'une turquerie à désespérer tout le monde; et l'on pourrait crever qu'il n'en branlerait pas. En un mot, il aime l'argent plus que réputation, qu'honneur et que vertu; et la vue d'un demandeur lui donne des convulsions : c'est le frapper par son endroit mortel, c'est lui percer le cœur, c'est lui arracher les entrailles; et si... Mais il revient : je me retire.

### SCÈNE VI.

#### HARPAGON, FROSINE.

HARPAGON, *bas.*

Tout va comme il faut. (*Haut.*) Eh bien! qu'est-ce, Frosine?

FROSINE.

Ah! mon Dieu, que vous vous portez bien, et que vous avez là un vrai visage de santé!

HARPAGON.

Qui? moi?

FROSINE.

Jamais je ne vous vis un teint si frais et si gaillard.

HARPAGON.

Tout de bon?

FROSINE.

Comment! vous n'avez de votre vie été si jeune que vous êtes; et je vois des gens de vingt-cinq ans qui sont plus vieux que vous.

HARPAGON.

Cependant, Frosine, j'en ai soixante bien comptés.

#### FROSINE.

Eh bien! qu'est-ce que cela, soixante ans? voilà bien de quoi! C'est la fleur de l'âge, cela; et vous entrez maintenant dans la belle saison de l'homme.

#### HARPAGON.

Il est vrai; mais vingt années de moins, pourtant, ne me feraient point de mal, que je crois.

#### FROSINE.

Vous moquez-vous? Vous n'avez pas besoin de cela, et vous êtes d'une pâte à vivre jusques à cent ans.

#### HARPAGON.

Tu le crois?

#### FROSINE.

Assurément. Vous en avez toutes les marques. Tenez-vous un peu. Oh! que voilà bien, entre vos deux yeux, un signe de longue vie!

#### HARPAGON.

Tu te connais à cela?

#### FROSINE.

Sans doute. Montrez-moi votre main. Ah! mon Dieu, quelle ligne de vie!

#### HARPAGON.

Comment?

#### FROSINE.

Ne voyez-vous pas jusqu'où va cette ligne-là?

#### HARPAGON.

Eh bien! qu'est-ce que cela veut dire?

#### FROSINE.

Par ma foi, je disais cent ans; mais vous passerez les six-vingts.

#### HARPAGON.

Est-il possible?

#### FROSINE.

Il faudra vous assommer, vous dis-je; et vous mettrez en terre et vos enfants, et les enfants de vos enfants.

#### HARPAGON.

Tant mieux. Comment va notre affaire?

#### FROSINE.

Faut-il le demander? et me voit-on mêler de rien dont je ne vienne à bout? J'ai, surtout pour les mariages, un talent merveilleux. Il n'est point de partis au monde que je ne trouve en peu de temps le moyen d'accoupler; et je crois, si je me l'étais mis en tête, que je marierais le Grand Turc avec la république de Venise. Il n'y avait pas, sans doute, de si grandes difficultés à cette affaire-ci. Comme j'ai commerce chez elles, je les ai à fond l'une et l'autre entretenues de vous; et j'ai dit à la mère le dessein que vous aviez conçu pour Mariane, à la voir passer dans la rue et prendre l'air à sa fenêtre.

#### HARPAGON.

Qui a fait réponse...

#### FROSINE.

Elle a reçu la proposition avec joie; et quand je lui ai témoigné que vous souhaitiez fort que sa fille assistât ce soir au contrat de mariage qui se doit faire de la vôtre, elle y a consenti sans peine, et me l'a confiée pour cela.

#### HARPAGON.

C'est que je suis obligé, Frosine, de donner à souper au seigneur Anselme; et je serai bien aise qu'elle soit du régal.

**FROSINE.**

Vous avez raison. Elle doit, après dîner, rendre visite à votre fille, d'où elle fait son compte d'aller faire un tour à la foire pour venir ensuite au souper.

**HARPAGON.**

Eh bien! elles iront ensemble dans mon carrosse, que je leur prêterai.

**FROSINE.**

Voilà justement son affaire.

**HARPAGON.**

Mais, Frosine, as-tu entretenu la mère touchant le bien qu'elle peut donner à sa fille? Lui as-tu dit qu'il fallait qu'elle s'aidât un peu, qu'elle fît quelque effort, qu'elle se saignât pour une occasion comme celle-ci? Car encore n'épouse-t-on point une fille sans qu'elle apporte quelque chose.

**FROSINE.**

Comment! c'est une fille qui vous apporte douze mille livres de rente.

**HARPAGON.**

Douze mille livres de rente!

**FROSINE.**

Oui. Premièrement, elle est nourrie et élevée dans une grande épargne de bouche. C'est une fille accoutumée à vivre de salade, de lait, de fromage et de pommes, et à laquelle, par conséquent, il ne faudra ni table bien servie, ni consommés exquis, ni orges mondés perpétuels, ni les autres délicatesses qu'il faudrait pour une autre femme; et cela ne va pas à si peu de chose, qu'il ne monte bien, tous les ans, à trois mille francs pour le moins. Outre cela, elle n'est curieuse que d'une propreté fort simple, et n'aime point les superbes habits, ni les riches bijoux, ni les meubles somptueux, où donnent ses pareilles avec tant de chaleur; et cet article-là vaut plus de quatre mille livres par an. De plus, elle a une aversion horrible pour le jeu, ce qui n'est pas commun aux femmes d'aujourd'hui; et j'en sais une de nos quartiers qui a perdu, à trente-et-quarante, vingt mille francs cette année. Mais n'en prenons rien que le quart. Cinq mille francs au jeu par an, et quatre mille francs en habits et bijoux, cela fait neuf mille livres; et mille écus que nous mettons pour la nourriture : ne voilà-t-il pas par année vos douze mille francs bien comptés?

### HARPAGON.

Oui : cela n'est pas mal; mais ce compte-là n'est rien de réel.

### FROSINE.

Pardonnez-moi. N'est-ce pas quelque chose de réel que de vous apporter en mariage une grande sobriété, l'héritage d'un grand amour de simplicité de parure, et l'acquisition d'un grand fonds de haine pour le jeu?

### HARPAGON.

C'est une raillerie que de vouloir me constituer sa dot de toutes les dépenses qu'elle ne fera point. Je n'irai point donner quittance de ce que je ne reçois pas; et il faut bien que je touche quelque chose.

### FROSINE.

Mon Dieu! vous toucherez assez; et elles m'ont parlé d'un certain pays où elles ont du bien, dont vous serez le maître.

### HARPAGON.

Il faudra voir cela. Mais, Frosine, il y a encore une

chose qui m'inquiète. La fille est jeune, comme tu vois; les jeunes gens, d'ordinaire, n'aiment que leurs semblables, ne cherchent que leur compagnie : j'ai peur qu'un homme de mon âge ne soit pas de son goût, et que cela ne vienne à produire chez moi certains petits désordres qui ne m'accommoderaient pas.

FROSINE.

Ah! que vous la connaissez mal! C'est encore une particularité que j'avais à vous dire. Elle a une aversion épouvantable pour tous les jeunes gens, et n'a de l'amour que pour les vieillards.

HARPAGON.

Elle?

FROSINE.

Oui, elle. Je voudrais que vous l'eussiez entendue parler là-dessus. Elle ne peut souffrir du tout la vue d'un jeune homme; mais elle n'est point plus ravie, dit-elle, que lorsqu'elle peut voir un beau vieillard avec une barbe majestueuse. Les plus vieux sont pour elle les plus charmants; et je vous avertis de n'aller pas vous faire plus jeune que vous êtes. Elle veut tout au moins qu'on soit sexagénaire; et il n'y a pas quatre mois encore qu'étant prête d'être mariée, elle rompit tout net le mariage, sur ce que son amant fit voir qu'il n'avait que cinquante-six ans, et qu'il ne prit point de lunettes pour signer le contrat.

HARPAGON.

Sur cela seulement?

FROSINE.

Oui. Elle dit que ce n'est pas contentement pour elle que cinquante-six ans; et surtout elle est pour les nez qui portent des lunettes.

HARPAGON.

Certes, tu me dis là une chose toute nouvelle.

#### FROSINE.

Cela va plus loin qu'on ne vous peut dire. On lui voit dans sa chambre quelques tableaux et quelques estampes; mais que pensez-vous que ce soit? Des Adonis, des Céphales, des Pâris, et des Apollons? Non: de beaux portraits de Saturne, du roi Priam, du vieux Nestor, et du bon père Anchise sur les épaules de son fils.

#### HARPAGON.

Cela est admirable. Voilà ce que je n'aurais jamais pensé; et je suis bien aise d'apprendre qu'elle est de cette humeur. En effet, si j'avais été femme, je n'aurais point aimé les jeunes hommes.

#### FROSINE.

Je le crois bien. Voilà de belles drogues que des jeunes gens, pour les aimer! ce sont de beaux morveux, de beaux godelureaux, pour donner envie de leur peau! et je voudrais bien savoir quel ragoût il y a à eux?

#### HARPAGON.

Pour moi, je n'y en comprends point, et je ne sais pas comment il y a des femmes qui les aiment tant.

#### FROSINE.

Il faut être folle fieffée. Trouver la jeunesse aimable, est-ce avoir le sens commun? Sont-ce des hommes que de jeunes blondins, et peut-on s'attacher à ces animaux-là?

#### HARPAGON.

C'est ce que je dis tous les jours: avec leur ton de poule laitée, leurs trois petits brins de barbe relevés en barbe de chat, leurs perruques d'étoupes, leurs hauts-de-chausses tout tombants, et leurs estomacs débraillés!

#### FROSINE.

Hé! cela est bien bâti, auprès d'une personne comme vous! Voilà un homme, cela : il y a là de quoi satisfaire à la vue; et c'est ainsi qu'il faut être fait et vêtu, pour donner de l'amour.

#### HARPAGON.

Tu me trouves bien?

#### FROSINE.

Comment! vous êtes à ravir, et votre figure est à peindre. Tournez-vous un peu, s'il vous plaît. Il ne se peut pas mieux. Que je vous voie marcher. Voilà un corps taillé, libre, et dégagé comme il faut, et qui ne marque aucune incommodité.

#### HARPAGON.

Je n'en ai pas de grandes, Dieu merci. Il n'y a que ma fluxion qui me prend de temps en temps.

#### FROSINE.

Cela n'est rien. Votre fluxion ne vous sied point mal, et vous avez grâce à tousser.

#### HARPAGON.

Dis-moi un peu : Mariane ne m'a-t-elle point encore vu? n'a-t-elle point pris garde à moi en passant?

#### FROSINE.

Non; mais nous nous sommes fort entretenues de vous. Je lui ai fait un portrait de votre personne, et je n'ai pas manqué de lui vanter votre mérite, et l'avantage que ce lui serait d'avoir un mari comme vous.

#### HARPAGON.

Tu as bien fait, et je t'en remercie.

#### FROSINE.

J'aurais, monsieur, une petite prière à vous faire.

J'ai un procès que je suis sur le point de perdre, faute d'un peu d'argent (*Harpagon prend un air sérieux*); et vous pourriez facilement me procurer le gain de ce procès, si vous aviez quelque bonté pour moi. Vous ne sauriez croire le plaisir qu'elle aura de vous voir. (*Harpagon reprend un air gai.*) Ah! que vous lui plairez, et que votre fraise à l'antique fera sur son esprit un effet admirable! Mais surtout elle sera charmée de votre haut-de-chausses attaché au pourpoint avec des aiguillettes. C'est pour la rendre folle de vous; et un amant aiguilleté sera pour elle un ragoût merveilleux.

### HARPAGON.

Certes, tu me ravis de me dire cela.

### FROSINE.

En vérité, monsieur, ce procès m'est d'une conséquence tout à fait grande. (*Harpagon reprend son air sérieux.*) Je suis ruinée, si je le perds; et quelque petite assistance me rétablirait mes affaires…. Je voudrais que vous eussiez vu le ravissement où elle était à m'entendre parler de vous. (*Harpagon reprend son air gai.*) La joie éclatait dans ses yeux au récit de vos qualités; et je l'ai mise enfin dans une impatience extrême de voir ce mariage entièrement conclu.

### HARPAGON.

Tu m'as fait grand plaisir, Frosine; et je t'en ai, je te l'avoue, toutes les obligations du monde.

### FROSINE.

Je vous prie, monsieur, de me donner le petit secours que je vous demande. (*Harpagon reprend encore un air sérieux.*) Cela me remettra sur pied, et je vous en serai éternellement obligée.

###### HARPAGON.
Adieu. Je vais achever mes dépêches.

###### FROSINE.
Je vous assure, monsieur, que vous ne sauriez jamais me soulager dans un plus grand besoin.

###### HARPAGON.
Je mettrai ordre que mon carrosse soit tout prêt pour vous mener à la foire.

###### FROSINE.
Je ne vous importunerais pas si je ne m'y voyais forcée par la nécessité.

###### HARPAGON.
Et j'aurai soin qu'on soupe de bonne heure, pour ne vous point faire malades.

###### FROSINE.
Ne me refusez pas la grâce dont je vous sollicite. Vous ne sauriez croire, monsieur, le plaisir que....

###### HARPAGON.
Je m'en vais. Voilà qu'on m'appelle. Jusqu'à tantôt.

###### FROSINE, *seule.*
Que la fièvre te serre, chien de vilain, à tous les diables! Le ladre a été ferme à toutes mes attaques: mais il ne me faut point pourtant quitter la négociation; et j'ai l'autre côté, en tout cas, d'où je suis assurée de tirer bonne récompense.

## ACTE TROISIÈME.

### SCÈNE I.

HARPAGON, CLÉANTE, ÉLISE, VALÈRE, DAME CLAUDE, *tenant un balai*, MAITRE JACQUES, LA MERLUCHE, BRINDAVOINE.

HARPAGON.

Allons, venez çà tous; que je vous distribue mes ordres pour tantôt, et règle à chacun son emploi. Approchez, dame Claude; commençons par vous. Bon, vous voilà les armes à la main. Je vous commets au soin de nettoyer partout; et surtout prenez garde de ne point frotter les meubles trop fort, de peur de les user. Outre cela, je vous constitue, pendant le souper, au gouvernement des bouteilles; et s'il s'en écarte quelqu'une, et qu'il se casse quelque chose, je m'en prendrai à vous, et le rabattrai sur vos gages.

MAÎTRE JACQUES, *à part*.

Châtiment politique.

HARPAGON, *à dame Claude*.

Allez.

### SCÈNE II.

HARPAGON, CLÉANTE, ÉLISE, VALÈRE, MAITRE JACQUES, BRINDAVOINE, LA MERLUCHE.

HARPAGON.

Vous, Brindavoine, et vous, La Merluche, je vous établis dans la charge de rincer les verres et de donner à boire, mais seulement lorsque l'on aura soif, et non pas selon la coutume de certains impertinents de laquais qui viennent provoquer les gens et les faire aviser de boire lorsqu'on n'y songe pas. Attendez qu'on vous en demande plus d'une fois, et vous ressouvenez de porter toujours beaucoup d'eau.

MAÎTRE JACQUES, *à part.*

Oui. Le vin pur monte à la tête.

LA MERLUCHE.

Quitterons-nous nos souquenilles, monsieur?

HARPAGON.

Oui, quand vous verrez venir les personnes; et gardez bien de gâter vos habits.

BRINDAVOINE.

Vous savez bien, monsieur, qu'un des devants de mon pourpoint est couvert d'une grande tache de l'huile de la lampe.

LA MERLUCHE.

Et moi, monsieur, que j'ai mon haut-de-chausses tout troué par derrière, et qu'on me voit, révérence parler....

HARPAGON, *à La Merluche.*

Paix! Rangez cela adroitement du côté de la muraille, et présentez toujours le devant au monde. (*A Brindavoine, en lui montrant comment il doit mettre son chapeau au-devant de son pourpoint, pour cacher la tache d'huile.*) Et vous, tenez toujours votre chapeau ainsi, lorsque vous servirez.

## SCÈNE III.

HARPAGON, CLÉANTE, ÉLISE, VALÈRE, MAITRE JACQUES.

HARPAGON.

Pour vous, ma fille, vous aurez l'œil sur ce que l'on desservira, et prendrez garde qu'il ne s'en fasse aucun dégât : cela sied bien aux filles. Mais cependant préparez-vous à bien recevoir ma maîtresse, qui vous doit venir visiter et vous mener avec elle à la foire. Entendez-vous ce que je vous dis?

ÉLISE.

Oui, mon père.

## SCÈNE IV.

HARPAGON, CLÉANTE, VALÈRE, MAITRE JACQUES.

HARPAGON.

Et vous, mon fils le damoiseau, à qui j'ai la bonté de pardonner l'histoire de tantôt, ne vous allez pas aviser non plus de lui faire mauvais visage.

CLÉANTE.

Moi, mon père? mauvais visage! Et par quelle raison?

HARPAGON.

Mon Dieu! nous savons le train des enfants dont les pères se remarient, et de quel œil ils ont coutume de regarder ce qu'on appelle belle-mère. Mais si vous souhaitez que je perde le souvenir de votre dernière fredaine, je vous recommande surtout de régaler d'un bon visage cette personne-là, et de lui faire enfin tout le meilleur accueil qu'il vous sera possible.

CLÉANTE.

A vous dire le vrai, mon père, je ne puis pas vous promettre d'être bien aise qu'elle devienne ma belle-mère : je mentirais si je vous le disais. Mais, pour ce qui est de la bien recevoir et de lui faire bon visage, je vous promets de vous obéir ponctuellement sur ce chapitre.

HARPAGON.

Prenez-y garde au moins.

CLÉANTE.

Vous verrez que vous n'aurez pas sujet de vous en plaindre.

HARPAGON.

Vous ferez sagement.

SCÈNE V.

HARPAGON, VALÈRE, MAITRE JACQUES.

HARPAGON.

Valère, aide-moi à ceci. Or çà, maître Jacques, approchez-vous : je vous ai gardé pour le dernier.

MAÎTRE JACQUES.

Est-ce à votre cocher, monsieur, ou bien à votre cuisinier, que vous voulez parler? car je suis l'un et l'autre.

HARPAGON.

C'est à tous les deux.

MAÎTRE JACQUES.

Mais à qui des deux le premier?

#### HARPAGON.

Au cuisinier.

#### MAÎTRE JACQUES.

Attendez donc, s'il vous plaît.

(*Maître Jacques ôte sa casaque de cocher, et paraît vêtu en cuisinier.*)

#### HARPAGON.

Quelle diantre de cérémonie est-ce là?

#### MAÎTRE JACQUES.

Vous n'avez qu'à parler.

#### HARPAGON.

Je me suis engagé, maître Jacques, à donner ce soir à souper.

#### MAÎTRE JACQUES, *à part*.

Grande merveille!

#### HARPAGON.

Dis-moi un peu : nous feras-tu bonne chère?

#### MAÎTRE JACQUES.

Oui, si vous me donnez bien de l'argent.

#### HARPAGON.

Que diable! toujours de l'argent! Il semble qu'ils n'aient autre chose à dire : de l'argent, de l'argent, de l'argent! Ah! ils n'ont que ce mot à la bouche, de l'argent! toujours parler d'argent! Voilà leur épée de chevet, de l'argent!

#### VALÈRE.

Je n'ai jamais vu de réponse plus impertinente que celle-là. Voilà une belle merveille que de faire bonne chère avec bien de l'argent! C'est une chose la plus aisée du monde, et il n'y a si pauvre esprit qui n'en fît bien autant; mais, pour agir en habile homme, il faut parler de faire bonne chère avec peu d'argent.

**MAÎTRE JACQUES.**

Bonne chère avec peu d'argent !

**VALÈRE.**

Oui.

**MAÎTRE JACQUES,** *à Valère.*

Par ma foi, monsieur l'intendant, vous nous obligerez de nous faire voir ce secret et de prendre mon office de cuisinier ; aussi bien vous mêlez-vous céans d'être le factotum.

**HARPAGON.**

Taisez-vous. Qu'est-ce qu'il nous faudra ?

**MAÎTRE JACQUES.**

Voilà monsieur votre intendant, qui vous fera bonne chère pour peu d'argent.

**HARPAGON.**

Ah ! je veux que tu me répondes.

**MAÎTRE JACQUES.**

Combien serez-vous de gens à table ?

**HARPAGON.**

Nous serons huit ou dix ; mais il ne faut prendre que huit : quand il y a à manger pour huit, il y en a bien pour dix.

**VALÈRE.**

Cela s'entend.

**MAÎTRE JACQUES.**

Eh bien ! il faudra quatre grands potages et cinq assiettes... Potages... Entrées.

**HARPAGON.**

Que diable ! voilà pour traiter toute une ville entière.

**MAÎTRE JACQUES.**

Rôt...

HARPAGON, *mettant la main sur la bouche de maître Jacques.*

Ah! traître, tu manges tout mon bien.

MAÎTRE JACQUES.

Entremets...

HARPAGON, *mettant encore la main sur la bouche de maître Jacques.*

Encore?

VALÈRE, *à maître Jacques.*

Est-ce que vous avez envie de faire crever tout le monde? et monsieur a-t-il invité des gens pour les assassiner à force de mangeaille? Allez-vous-en lire un peu les préceptes de la santé, et demander aux médecins s'il y a rien de plus préjudiciable à l'homme que de manger avec excès.

HARPAGON.

Il a raison.

VALÈRE.

Apprenez, maître Jacques, vous et vos pareils, que c'est un coupe-gorge qu'une table remplie de trop de viandes; que, pour se bien montrer ami de ceux que l'on invite, il faut que la frugalité règne dans les repas qu'on donne; et que, suivant le dire d'un ancien, *il faut manger pour vivre, et non pas vivre pour manger.*

HARPAGON.

Ah! que cela est bien dit! Approche, que je t'embrasse pour ce mot. Voilà la plus belle sentence que j'aie entendue de ma vie : *Il faut vivre pour manger, et non pas manger pour vi...* Non, ce n'est pas cela. Comment est-ce que tu dis?

VALÈRE.

*Qu'il faut manger pour vivre, et non pas vivre pour manger.*

HARPAGON, *à maître Jacques.*

Oui. Entends-tu? (*A Valère.*) Qui est le grand homme qui a dit cela?

VALÈRE.

Je ne me souviens pas maintenant de son nom.

HARPAGON.

Souviens-toi de m'écrire ces mots : je les veux faire graver en lettres d'or sur la cheminée de ma salle.

VALÈRE.

Je n'y manquerai pas. Et pour votre souper, vous n'avez qu'à me laisser faire; je réglerai tout cela comme il faut.

HARPAGON.

Fais donc.

MAÎTRE JACQUES.

Tant mieux! j'en aurai moins de peine.

HARPAGON, *à Valère.*

Il faudra de ces choses dont on ne mange guère, et qui rassasient d'abord : quelque bon haricot bien gras, avec quelque pâté en pot bien garni de marrons.

VALÈRE.

Reposez-vous sur moi.

HARPAGON.

Maintenant, maître Jacques, il faut nettoyer mon carrosse.

MAÎTRE JACQUES.

Attendez : ceci s'adresse au cocher. (*Maître Jacques remet sa casaque.*) Vous dites...

HARPAGON.

Qu'il faut nettoyer mon carrosse, et tenir mes chevaux tout prêts pour conduire à la foire...

##### MAÎTRE JACQUES.

Vos chevaux, monsieur? Ma foi! ils ne sont point du tout en état de marcher. Je ne vous dirai point qu'ils sont sur la litière : les pauvres bêtes n'en ont point, et ce serait mal parler; mais vous leur faites observer des jeûnes si austères, que ce ne sont plus rien que des idées ou des fantômes, des façons de chevaux.

##### HARPAGON.

Les voilà bien malades! Ils ne font rien.

##### MAÎTRE JACQUES.

Et pour ne faire rien, monsieur, est-ce qu'il ne faut rien manger? Il leur vaudrait bien mieux, les pauvres animaux, de travailler beaucoup, de manger de même. Cela me fend le cœur de les voir ainsi exténués; car, enfin, j'ai une tendresse pour mes chevaux, qu'il me semble que c'est moi-même, quand je les vois pâtir. Je m'ôte tous les jours pour eux les choses de la bouche; et c'est être, monsieur, d'un naturel trop dur, que de n'avoir nulle pitié de son prochain.

##### HARPAGON.

Le travail ne sera pas grand, d'aller jusqu'à la foire.

##### MAÎTRE JACQUES.

Non, Monsieur, je n'ai pas le courage de les mener; et je ferais conscience de leur donner des coups de fouet, en l'état où ils sont. Comment voudriez-vous qu'ils traînassent un carrosse? Ils ne peuvent pas se traîner eux-mêmes.

##### VALÈRE.

Monsieur, j'obligerai le voisin Picard à se charger de les conduire : aussi bien nous fera-t-il ici besoin pour apprêter le souper.

MAÎTRE JACQUES.

Soit. J'aime mieux encore qu'ils meurent sous la main d'un autre que sous la mienne.

VALÈRE.

Maître Jacques fait bien le raisonnable!

MAÎTRE JACQUES.

Monsieur l'intendant fait bien le nécessaire!

HARPAGON.

Paix!

MAÎTRE JACQUES.

Monsieur, je ne saurais souffrir les flatteurs; et je vois que ce qu'il en fait, que ses contrôles perpétuels sur le pain et le vin, le bois, le sel et la chandelle, ne sont rien que pour vous gratter et vous faire sa cour. J'enrage de cela, et je suis fâché tous les jours d'entendre ce qu'on dit de vous: car, enfin, je me sens pour vous de la tendresse, en dépit que j'en aie; et, après mes chevaux, vous êtes la personne que j'aime le plus.

HARPAGON.

Pourrais-je savoir de vous, maître Jacques, ce que l'on dit de moi?

MAÎTRE JACQUES.

Oui, monsieur, si j'étais assuré que cela ne vous fâchât point.

HARPAGON.

Non, en aucune façon.

MAÎTRE JACQUES.

Pardonnez-moi; je sais fort bien que je vous mettrais en colère.

HARPAGON.

Point du tout; au contraire, c'est me faire plaisir,

et je suis bien aise d'apprendre comme on parle de moi.

MAÎTRE JACQUES.

Monsieur, puisque vous le voulez, je vous dirai franchement qu'on se moque partout de vous, qu'on nous jette de tous côtés cent brocards à votre sujet, et que l'on n'est point plus ravi que de vous tenir au cul et aux chausses, et de faire sans cesse des contes de votre lésine. L'un dit que vous faites imprimer des almanachs particuliers, où vous faites doubler les quatre-temps et les vigiles, afin de profiter des jeûnes où vous obligez votre monde; l'autre, que vous avez toujours une querelle toute prête à faire à vos valets dans le temps des étrennes ou de leur sortie d'avec vous, pour vous trouver une raison de ne leur donner rien. Celui-là conte qu'une fois vous fîtes assigner le chat d'un de vos voisins, pour vous avoir mangé un reste d'un gigot de mouton; celui-ci, que l'on vous surprit, une nuit, en venant dérober vous-même l'avoine de vos chevaux, et que votre cocher, qui était celui d'avant moi, vous donna, dans l'obscurité, je ne sais combien de coups de bâton, dont vous ne voulûtes rien dire. Enfin, voulez-vous que je vous dise? on ne saurait aller nulle part où l'on ne vous entende accommoder de toutes pièces. Vous êtes la fable et la risée de tout le monde; et jamais on ne parle de vous que sous les noms d'avare, de ladre, de vilain et de fesse-mathieu.

HARPAGON, *en battant maître Jacques.*

Vous êtes un sot, un maraud, un coquin et un impudent.

MAÎTRE JACQUES.

Eh bien! ne l'avais-je pas deviné? Vous ne m'avez pas voulu croire. Je vous avais bien dit que je vous fâcherais de vous dire la vérité.

HARPAGON.

Apprenez à parler.

### SCÈNE VI.

#### VALÈRE, MAÎTRE JACQUES.

VALÈRE, *riant*.

A ce que je puis voir, maître Jacques, on paye mal votre franchise.

MAÎTRE JACQUES.

Morbleu! monsieur le nouveau venu, qui faites l'homme d'importance, ce n'est pas votre affaire. Riez de vos coups de bâton quand on vous en donnera, et ne venez point rire des miens.

VALÈRE.

Ah! monsieur maître Jacques, ne vous fâchez pas, je vous prie.

MAÎTRE JACQUES, *à part*.

Il file doux. Je veux faire le brave, et, s'il est assez sot pour me craindre, le frotter quelque peu. (*Haut.*) Savez-vous bien, monsieur le rieur, que je ne ris pas, moi, et que si vous m'échauffez la tête, je vous ferai rire d'une autre sorte?

(*Maître Jacques pousse Valère jusqu'au fond du théâtre en le menaçant.*)

VALÈRE.

Hé! doucement.

MAÎTRE JACQUES.

Comment, doucement? Il ne me plaît pas, moi.

VALÈRE.

De grâce!

MAÎTRE JACQUES.

Vous êtes un impertinent.

VALÈRE.

Monsieur maître Jacques !

MAÎTRE JACQUES.

Il n'y a point de monsieur maître Jacques, pour un double. Si je prends un bâton, je vous rosserai d'importance.

VALÈRE.

Comment ! un bâton ? (*Valère fait reculer maître Jacques à son tour.*)

MAÎTRE JACQUES.

Hé ! je ne parle pas de cela.

VALÈRE.

Savez-vous bien, monsieur le fat, que je suis homme à vous rosser vous-même ?

MAÎTRE JACQUES.

Je n'en doute pas.

VALÈRE.

Que vous n'êtes, pour tout potage, qu'un faquin de cuisinier ?

MAÎTRE JACQUES.

Je le sais bien.

VALÈRE.

Et que vous ne me connaissez pas encore ?

MAÎTRE JACQUES.

Pardonnez-moi.

VALÈRE.

Vous me rosserez, dites-vous ?

MAÎTRE JACQUES.

Je le disais en raillant.

### VALÈRE.

Et moi je ne prends point de goût à votre raillerie. (*Donnant des coups de bâton à maître Jacques.*) Apprenez que vous êtes un mauvais railleur.

### MAÎTRE JACQUES, *seul*.

Peste soit de la sincérité! c'est un mauvais métier : désormais j'y renonce, et je ne veux plus dire vrai. Passe encore pour mon maître, il a quelque droit de me battre; mais, pour ce monsieur l'intendant, je m'en vengerai si je puis.

## SCÈNE VII.

### MARIANE, FROSINE, MAÎTRE JACQUES.

#### FROSINE.

Savez-vous, maître Jacques, si votre maître est au logis?

#### MAÎTRE JACQUES.

Oui vraiment, il y est; je ne le sais que trop.

#### FROSINE.

Dites-lui, je vous prie, que nous sommes ici.

## SCÈNE VIII.

### MARIANE, FROSINE.

#### MARIANE.

Ah! que je suis, Frosine, dans un étrange état! et, s'il faut dire ce que je sens, que j'appréhende cette vue!

#### FROSINE.

Mais pourquoi, et quelle est votre inquiétude?

#### MARIANE.

Hélas ! me le demandez-vous ? et ne vous figurez-vous point les alarmes d'une personne toute prête à voir le supplice où l'on veut l'attacher ?

#### FROSINE.

Je vois bien que, pour mourir agréablement, Harpagon n'est pas le supplice que vous voudriez embrasser; et je connais, à votre mine, que le jeune blondin dont vous m'avez parlé vous revient un peu dans l'esprit.

#### MARIANE.

Oui. C'est une chose, Frosine, dont je ne veux pas me défendre; et les visites respectueuses qu'il a rendues chez nous ont fait, je vous l'avoue, quelque effet dans mon âme.

#### FROSINE.

Mais avez-vous su quel il est?

#### MARIANE.

Non, je ne sais point quel il est. Mais je sais qu'il est fait d'un air à se faire aimer; que si l'on pouvait mettre les choses à mon choix, je le prendrais plutôt qu'un autre, et qu'il ne contribue pas peu à me faire trouver un tourment effroyable dans l'époux qu'on veut me donner.

#### FROSINE.

Mon Dieu! tous ces blondins sont agréables, et débitent fort bien leur fait; mais la plupart sont gueux comme des rats : il vaut mieux, pour vous, de prendre un vieux mari qui vous donne beaucoup de bien. Je vous avoue que les sens ne trouvent pas si bien leur compte du côté que je dis, et qu'il y a quelques petits dégoûts à essuyer avec un tel époux ; mais cela n'est pas pour durer; et sa mort, croyez-moi, vous mettra bientôt en état d'en prendre un plus aimable, qui réparera toutes choses.

### MARIANE.

Mon Dieu! Frosine, c'est une étrange affaire, lorsque, pour être heureuse, il faut souhaiter ou attendre le trépas de quelqu'un; et la mort ne suit pas tous les projets que nous faisons.

### FROSINE.

Vous moquez-vous? Vous ne l'épousez qu'aux conditions de vous laisser veuve bientôt; et ce doit être là un des articles du contrat. Il serait bien impertinent de ne pas mourir dans trois mois! Le voici en propre personne.

### MARIANE.

Ah! Frosine, quelle figure!

## SCÈNE IX.

#### HARPAGON, MARIANE, FROSINE.

### HARPAGON, *à Mariane.*

Ne vous offensez pas, ma belle, si je viens à vous avec des lunettes. Je sais que vos appas frappent assez les yeux, sont assez visibles d'eux-mêmes, et qu'il n'est pas besoin de lunettes pour les apercevoir : mais enfin, c'est avec des lunettes qu'on observe les astres; et je maintiens et garantis que vous êtes un astre, mais un astre, le plus bel astre qui soit dans le pays des astres. (*A Frosine.*) Frosine, elle ne répond mot, et ne témoigne, ce me semble, aucune joie de me voir.

### FROSINE.

C'est qu'elle est encore toute surprise; et puis, les filles ont toujours honte à témoigner d'abord ce qu'elles ont dans l'âme.

HARPAGON, *à Frosine.*

Tu as raison. (*A Mariane.*) Voilà, belle mignonne, ma fille qui vient vous saluer.

## SCÈNE X.

HARPAGON, ÉLISE, MARIANE, FROSINE.

MARIANE.

Je m'acquitte bien tard, madame, d'une telle visite.

ÉLISE.

Vous avez fait, madame, ce que je devais faire; et c'était à moi de vous prévenir.

HARPAGON.

Vous voyez qu'elle est grande; mais mauvaise herbe croît toujours.

MARIANE, *bas à Frosine.*

Oh! l'homme déplaisant!

HARPAGON, *bas à Frosine.*

Que dit la belle?

FROSINE.

Qu'elle vous trouve admirable.

HARPAGON.

C'est trop d'honneur que vous me faites, adorable mignonne.

MARIANE, *à part.*

Quel animal!

HARPAGON.

Je vous suis trop obligé de ces sentiments.

MARIANE, *à part.*

Je n'y puis plus tenir.

## SCÈNE XI.

**HARPAGON, MARIANE, ÉLISE, CLÉANTE, VALÈRE, FROSINE, BRINDAVOINE.**

### HARPAGON.

Voici mon fils aussi, qui vous vient faire la révérence.

### MARIANE, *bas à Frosine.*

Ah! Frosine, quelle rencontre! C'est justement celui dont je t'ai parlé.

### FROSINE, *à Mariane.*

L'aventure est merveilleuse.

### HARPAGON.

Je vois que vous vous étonnez de me voir de si grands enfants; mais je serai bientôt défait et de l'un et de l'autre.

### CLÉANTE, *à Mariane.*

Madame, à vous dire le vrai, c'est ici une aventure où, sans doute, je ne m'attendais pas; et mon père ne m'a pas peu surpris lorsqu'il m'a dit tantôt le dessein qu'il avait formé.

### MARIANE.

Je puis dire la même chose. C'est une rencontre imprévue, qui m'a surprise autant que vous; et je n'étais point préparée à une telle aventure.

### CLÉANTE.

Il est vrai que mon père, madame, ne peut pas faire un plus beau choix, et que ce m'est une sensible joie que l'honneur de vous voir; mais, avec tout cela, je ne vous assurerai pas que je me réjouis du dessein où vous pourriez être de devenir ma belle-mère. Le compliment, je l'avoue, est trop difficile pour moi; et c'est un titre, s'il vous plaît, que je ne vous souhaite point. Ce discours paraîtra brutal aux yeux de quelques-uns : mais je suis assuré que vous serez personne à le prendre comme il faudra; que c'est un mariage, madame, où vous vous imaginez bien que je dois avoir de la répugnance; que vous n'ignorez pas, sachant ce que je suis, comme il choque mes intérêts; et que vous voulez bien enfin que je vous dise, avec la permission de mon père, que, si les choses dépendaient de moi, cet hymen ne se ferait point.

###### HARPAGON.

Voilà un compliment bien impertinent! Quelle belle confession à lui faire!

###### MARIANE.

Et moi, pour vous répondre, j'ai à vous dire que les choses sont fort égales, et que, si vous auriez de la répugnance à me voir votre belle-mère, je n'en aurais pas moins, sans doute, à vous voir mon beau-fils. Ne croyez pas, je vous prie, que ce soit moi qui cherche à vous donner cette inquiétude. Je serais fort fâchée de vous causer du déplaisir; et si je ne m'y vois forcée par une puissance absolue, je vous donne ma parole que je ne consentirai point au mariage qui vous chagrine.

###### HARPAGON.

Elle a raison. A sot compliment, il faut une réponse de même. Je vous demande pardon, ma belle, de l'impertinence de mon fils : c'est un jeune sot qui ne sait pas encore la conséquence des paroles qu'il dit.

###### MARIANE.

Je vous promets que ce qu'il m'a dit ne m'a point

du tout offensée : au contraire, il m'a fait plaisir de m'expliquer ainsi ses véritables sentiments. J'aime de lui un aveu de la sorte; et s'il avait parlé d'autre façon, je l'en estimerais bien moins.

### HARPAGON.

C'est beaucoup de bonté à vous de vouloir ainsi excuser ses fautes. Le temps le rendra plus sage, et vous verrez qu'il changera de sentiments.

### CLÉANTE.

Non, mon père, je ne suis point capable d'en changer, et je prie instamment madame de le croire.

### HARPAGON.

Mais voyez quelle extravagance! il continue encore plus fort.

### CLÉANTE.

Voulez-vous que je trahisse mon cœur?

### HARPAGON.

Encore! Avez-vous envie de changer de discours?

### CLÉANTE.

Eh bien! puisque vous voulez que je parle d'autre façon, souffrez, madame, que je me mette ici à la place de mon père, et que je vous avoue que je n'ai rien vu dans le monde de si charmant que vous; que je ne conçois rien d'égal au bonheur de vous plaire, et que le titre de votre époux est une gloire, une félicité que je préférerais aux destinées des plus grands princes de la terre. Oui, madame, le bonheur de vous posséder est, à mes regards, la plus belle de toutes les fortunes : c'est où j'attache toute mon ambition. Il n'y a rien que je ne sois capable de faire pour une conquête si précieuse; et les obstacles les plus puissants...

###### HARPAGON.
Doucement, mon fils, s'il vous plaît.
###### CLÉANTE.
C'est un compliment que je fais pour vous à madame.
###### HARPAGON.
Mon Dieu! j'ai une langue pour m'expliquer moi-même, et je n'ai pas besoin d'un procureur comme vous. Allons, donnez des sièges.
###### FROSINE.
Non; il vaut mieux que, de ce pas, nous allions à la foire, afin d'en revenir plus tôt, et d'avoir tout le temps ensuite de nous entretenir.
###### HARPAGON, *à Brindavoine.*
Qu'on mette donc les chevaux au carrosse.

## SCÈNE XII.

#### HARPAGON, MARIANE, ÉLISE, CLÉANTE, VALÈRE, FROSINE.

###### HARPAGON, *à Mariane.*
Je vous prie de m'excuser, ma belle, si je n'ai pas songé à vous donner un peu de collation avant que de partir.
###### CLÉANTE.
J'y ai pourvu, mon père, et j'ai fait apporter ici quelques bassins d'oranges de la Chine, de citrons doux et de confitures, que j'ai envoyé querir de votre part.
###### HARPAGON, *bas à Valère.*
Valère!

VALÈRE, *à Harpagon.*

Il a perdu le sens.

CLÉANTE.

Est-ce que vous trouvez, mon père, que ce ne soit pas assez ? Madame aura la bonté d'excuser cela, s'il lui plaît.

MARIANE.

C'est une chose qui n'était pas nécessaire.

CLÉANTE.

Avez-vous jamais vu, madame, un diamant plus vif que celui que vous voyez que mon père a au doigt ?

MARIANE.

Il est vrai qu'il brille beaucoup.

CLÉANTE, *ôtant du doigt de son père le diamant et le donnant à Mariane.*

Il faut que vous le voyiez de près.

MARIANE.

Il est fort beau sans doute, et jette quantité de feux.

CLÉANTE, *se mettant au-devant de Mariane qui veut rendre le diamant.*

Non, madame, il est en de trop belles mains. C'est un présent que mon père vous fait.

HARPAGON.

Moi ?

CLÉANTE.

N'est-il pas vrai, mon père, que vous voulez que madame le garde pour l'amour de vous ?

HARPAGON, *bas à son fils.*

Comment ?

7.

CLÉANTE, *à Mariane.*

Belle demande! il me fait signe de vous le faire accepter.

MARIANE.

Je ne veux point...

CLÉANTE, *à Mariane.*

Vous moquez-vous? Il n'a garde de le reprendre.

HARPAGON, *à part.*

J'enrage!

MARIANE.

Ce serait...

CLÉANTE, *empêchant toujours Mariane de rendre le diamant.*

Non, vous dis-je, c'est l'offenser.

MARIANE.

De grâce...

CLÉANTE.

Point du tout.

HARPAGON, *à part.*

Peste soit...

CLÉANTE.

Le voilà qui se scandalise de votre refus.

HARPAGON, *bas à son fils.*

Ah! traître!

CLÉANTE, *à Mariane.*

Vous voyez qu'il se désespère.

HARPAGON, *bas à son fils, en le menaçant.*

Bourreau que tu es!

CLÉANTE.

Mon père, ce n'est pas ma faute. Je fais ce que je puis pour l'obliger à le garder; mais elle est obstinée.

HARPAGON, *bas à son fils, en le menaçant.*

Pendard !

CLÉANTE.

Vous êtes cause, madame, que mon père me querelle.

HARPAGON, *bas à son fils, avec les mêmes gestes.*

Le coquin !

CLÉANTE, *à Mariane.*

Vous le ferez tomber malade. De grâce, madame, ne résistez point davantage.

FROSINE, *à Mariane.*

Mon Dieu ! que de façons ! Gardez la bague, puisque monsieur le veut.

MARIANE, *à Harpagon.*

Pour ne vous point mettre en colère, je la garde maintenant, et je prendrai un autre temps pour vous la rendre.

## SCÈNE XIII.

HARPAGON, MARIANE, ÉLISE, CLÉANTE, VALÈRE, FROSINE, BRINDAVOINE.

BRINDAVOINE.

Monsieur, il y a là un homme qui veut vous parler.

HARPAGON.

Dis-lui que je suis empêché, et qu'il revienne une autre fois.

BRINDAVOINE.

Il dit qu'il vous apporte de l'argent.

HARPAGON, *à Mariane.*

Je vous demande pardon ; je reviens tout à l'heure.

## SCÈNE XIV.

HARPAGON, MARIANE, ÉLISE, CLÉANTE, VALÈRE, FROSINE, LA MERLUCHE.

LA MERLUCHE, *courant et faisant tomber Harpagon.*
Monsieur...

HARPAGON.
Ah! je suis mort.

CLÉANTE.
Qu'est-ce, mon père? vous êtes-vous fait mal?

HARPAGON.
Le traître assurément a reçu de l'argent de mes débiteurs pour me faire rompre le cou.

VALÈRE, *à Harpagon.*
Cela ne sera rien.

LA MERLUCHE, *à Harpagon.*
Monsieur, je vous demande pardon; je croyais bien faire d'accourir vite.

HARPAGON.
Que viens-tu faire ici, bourreau?

LA MERLUCHE.
Vous dire que vos deux chevaux sont déferrés.

HARPAGON.
Qu'on les mène promptement chez le maréchal.

CLÉANTE.
En attendant qu'ils soient ferrés, je vais faire pour vous, mon père, les honneurs de votre logis, et conduire madame dans le jardin, où je ferai porter la collation.

## SCÈNE XV.

#### HARPAGON, VALÈRE.

#### HARPAGON.

Valère, aie un peu l'œil à tout cela, et prends soin, je te prie, de m'en sauver le plus que tu pourras, pour le renvoyer au marchand.

#### VALÈRE.

C'est assez.

#### HARPAGON, *seul*.

O fils impertinent! as-tu envie de me ruiner?

# ACTE QUATRIÈME.

## SCÈNE I.

#### CLÉANTE, MARIANE, ÉLISE, FROSINE.

#### CLÉANTE.

Rentrons ici; nous serons beaucoup mieux. Il n'y a plus autour de nous personne de suspect, et nous pouvons parler librement.

#### ÉLISE.

Oui, madame, mon frère m'a fait confidence de la passion qu'il a pour vous. Je sais les chagrins et les déplaisirs que sont capables de causer de pareilles traverses; et c'est, je vous assure, avec une tendresse extrême que je m'intéresse à votre aventure.

###### MARIANE.

C'est une douce consolation que de voir dans ses intérêts une personne comme vous; et je vous conjure, madame, de me garder toujours cette généreuse amitié, si capable de m'adoucir les cruautés de la fortune.

###### FROSINE.

Vous êtes, par ma foi, de malheureuses gens l'un et l'autre, de ne m'avoir point, avant tout ceci, avertie de votre affaire. Je vous aurais, sans doute, détourné cette inquiétude, et n'aurais point amené les choses où l'on voit qu'elles sont.

###### CLÉANTE.

Que veux-tu? c'est ma mauvaise destinée qui l'a voulu ainsi. Mais, belle Mariane, quelles résolutions sont les vôtres?

###### MARIANE.

Hélas! suis-je en pouvoir de faire des résolutions? Et, dans la dépendance où je me vois, puis-je former que des souhaits?

###### CLÉANTE.

Point d'autre appui pour moi dans votre cœur que de simples souhaits? Point de pitié officieuse? Point de secourable bonté? Point d'affection agissante?

###### MARIANE.

Que saurais-je vous dire? Mettez-vous en ma place, et voyez ce que je puis faire. Avisez, ordonnez vous-même : je m'en remets à vous, et je vous crois trop raisonnable pour ne vouloir exiger de moi que ce qui peut m'être permis par l'honneur et la bienséance.

#### CLÉANTE.

Hélas! où me réduisez-vous, que de me renvoyer à ce que voudront me permettre les fâcheux sentiments d'un rigoureux honneur et d'une scrupuleuse bienséance?

#### MARIANE.

Mais que voulez-vous que je fasse? Quand je pourrais passer sur quantité d'égards où notre sexe est obligé, j'ai de la considération pour ma mère. Elle m'a toujours élevée avec une tendresse extrême, et je ne saurais me résoudre à lui donner du déplaisir. Faites, agissez auprès d'elle; employez tous vos soins à gagner son esprit. Vous pouvez faire et dire tout ce que vous voudrez : je vous en donne la licence ; et s'il ne tient qu'à me déclarer en votre faveur, je veux bien consentir à lui faire un aveu, moi-même, de tout ce que je sens pour vous.

#### CLÉANTE.

Frosine, ma pauvre Frosine, voudrais-tu nous servir?

#### FROSINE.

Par ma foi, faut-il le demander? je le voudrais de tout mon cœur. Vous savez que, de mon naturel, je suis assez humaine. Le ciel ne m'a point fait l'âme de bronze, et je n'ai que trop de tendresse à rendre de petits services, quand je vois des gens qui s'entr'aiment en tout bien et en tout honneur. Que pourrions-nous faire à ceci?

#### CLÉANTE.

Songe un peu, je te prie.

#### MARIANE.

Ouvre-nous des lumières.

ÉLISE.

Trouve quelque invention pour rompre ce que tu as fait.

FROSINE.

Ceci est assez difficile. (*A Mariane.*) Pour votre mère, elle n'est pas tout à fait déraisonnable, et peut-être pourrait-on la gagner et la résoudre à transporter au fils le don qu'elle veut faire au père. (*A Cléante.*) Mais le mal que j'y trouve, c'est que votre père est votre père.

CLÉANTE.

Cela s'entend

FROSINE.

Je veux dire qu'il conservera du dépit si l'on montre qu'on le refuse, et qu'il ne sera point d'humeur ensuite à donner son consentement à votre mariage. Il faudrait, pour bien faire, que le refus vînt de lui-même, et tâcher, par quelque moyen, de le dégoûter de votre personne.

CLÉANTE.

Tu as raison.

FROSINE.

Oui, j'ai raison; je le sais bien. C'est là ce qu'il faudrait; mais le diantre est d'en pouvoir trouver les moyens. Attendez : si nous avions quelque femme un peu sur l'âge qui fût de mon talent, et jouât assez bien pour contrefaire une dame de qualité, par le moyen d'un train fait à la hâte et d'un bizarre nom de marquise ou de vicomtesse, que nous supposerions de la Basse-Bretagne, j'aurais assez d'adresse pour faire accroire à votre père que ce serait une personne riche, outre ses maisons, de cent mille écus en argent comptant; qu'elle serait éperdument amoureuse de lui, et souhaiterait de se voir sa femme,

7.

jusqu'à lui donner tout son bien par contrat de mariage ; et je ne doute point qu'il ne prêtât l'oreille à la proposition. Car enfin il vous aime fort, je le sais, mais il aime un peu plus l'argent ; et quand, ébloui de ce leurre, il aurait une fois consenti à ce qui vous touche, il importerait peu ensuite qu'il se désabusât, en venant à vouloir voir clair aux affaires de notre marquise.

###### CLÉANTE.

Tout cela est fort bien pensé.

###### FROSINE.

Laissez-moi faire. Je viens de me ressouvenir d'une de mes amies qui sera notre fait.

###### CLÉANTE.

Sois assurée, Frosine, de ma reconnaissance, si tu viens à bout de la chose. Mais, charmante Mariane, commençons, je vous prie, par gagner votre mère ; c'est toujours beaucoup faire que de rompre ce mariage. Faites-y de votre part, je vous en conjure, tous les efforts qu'il vous sera possible. Servez-vous de tout le pouvoir que vous donne sur elle cette amitié qu'elle a pour vous. Déployez sans réserve les grâces éloquentes, les charmes tout-puissants que le ciel a placés dans vos yeux et dans votre bouche ; et n'oubliez rien, s'il vous plaît, de ces tendres paroles, de ces douces prières, et de ces caresses touchantes, à qui je suis persuadé qu'on ne saurait rien refuser.

###### MARIANE.

J'y ferai tout ce que je puis, et n'oublierai aucune chose.

## SCÈNE II.

HARPAGON, CLÉANTE, MARIANE, ÉLISE, FROSINE.

HARPAGON, *à part, sans être aperçu.*

Ouais! mon fils baise la main de sa prétendue belle-mère; et sa prétendue belle-mère ne s'en défend pas fort! Y aurait-il quelque mystère là-dessous?

ÉLISE.

Voilà mon père.

HARPAGON.

Le carrosse est tout prêt; vous pouvez partir quand il vous plaira.

CLÉANTE.

Puisque vous n'y allez pas, mon père, je m'en vais les conduire.

HARPAGON.

Non : demeurez. Elles iront bien toutes seules, et j'ai besoin de vous.

## SCÈNE III.

HARPAGON, CLÉANTE.

HARPAGON.

Or çà, intérêt de belle-mère à part, que te semble, à toi, de cette personne?

CLÉANTE.

Ce qui m'en semble?

HARPAGON.

Oui, de son air, de sa taille, de sa beauté, de son esprit.

CLÉANTE.

Là, là.

HARPAGON.

Mais encore?

CLÉANTE.

A vous en parler franchement, je ne l'ai pas trouvée ici ce que je l'avais crue. Son air est de franche coquette, sa taille est assez gauche, sa beauté très médiocre, et son esprit des plus communs. Ne croyez pas que ce soit, mon père, pour vous en dégoûter; car, belle-mère pour belle-mère, j'aime autant celle-là qu'une autre.

HARPAGON.

Tu lui disais tantôt pourtant...

CLÉANTE.

Je lui ai dit quelques douceurs en votre nom, mais c'était pour vous plaire.

HARPAGON.

Si bien donc que tu n'aurais point d'inclination pour elle?

CLÉANTE.

Moi? point du tout.

HARPAGON.

J'en suis fâché, car cela rompt une pensée qui m'était venue dans l'esprit. J'ai fait, en la voyant ici, réflexion sur mon âge; et j'ai songé qu'on pourra trouver à redire de me voir marier à une si jeune personne. Cette considération m'en faisait quitter le dessein; et comme je l'ai fait demander, et que je suis pour elle engagé de parole, je te l'aurais donnée, sans l'aversion que tu témoignes.

CLÉANTE.

A moi?

HARPAGON.

A toi.

CLÉANTE.

En mariage?

HARPAGON.

En mariage.

CLÉANTE.

Écoutez. Il est vrai qu'elle n'est pas fort à mon goût; mais, pour vous faire plaisir, mon père, je me résoudrai à l'épouser, si vous voulez.

HARPAGON.

Moi, je suis plus raisonnable que tu ne penses. Je ne veux point forcer ton inclination.

CLÉANTE.

Pardonnez-moi; je me ferai cet effort pour l'amour de vous.

HARPAGON.

Non, non. Un mariage ne saurait être heureux, où l'inclination n'est pas.

CLÉANTE.

C'est une chose, mon père, qui peut-être viendra ensuite; et l'on dit que l'amour est souvent un fruit du mariage.

HARPAGON.

Non. Du côté de l'homme, on ne doit point risquer l'affaire; et ce sont des suites fâcheuses, où je n'ai garde de me commettre. Si tu avais senti quelque inclination pour elle, à la bonne heure; je te l'aurais fait épouser au lieu de moi; mais cela n'étant pas, je suivrai mon premier dessein, et je l'épouserai moi-même.

CLÉANTE.

Eh bien! mon père, puisque les choses sont ainsi,

il faut vous découvrir mon cœur; il faut vous révéler notre secret. La vérité est que je l'aime depuis un jour que je la vis dans une promenade; que mon dessein était tantôt de vous la demander pour femme; et que rien ne m'a retenu que la déclaration de vos sentiments, et la crainte de vous déplaire.

HARPAGON.

Lui avez-vous rendu visite?

CLÉANTE.

Oui, mon père.

HARPAGON.

Beaucoup de fois?

CLÉANTE.

Assez, pour le temps qu'il y a.

HARPAGON.

Vous a-t-on bien reçu?

CLÉANTE.

Fort bien, mais sans savoir qui j'étais; et c'est ce qui a fait tantôt la surprise de Mariane.

HARPAGON.

Lui avez-vous déclaré votre passion, et le dessein où vous étiez de l'épouser?

CLÉANTE.

Sans doute, et même j'en avais fait à sa mère quelque peu d'ouverture.

HARPAGON.

A-t-elle écouté, pour sa fille, votre proposition?

CLÉANTE.

Oui, fort civilement.

HARPAGON.

Et la fille correspond-elle fort à votre amour?

####### CLÉANTE.

Si j'en dois croire les apparences, je me persuade, mon père, qu'elle a quelque bonté pour moi.

####### HARPAGON, *bas, à part.*

Je suis bien aise d'avoir appris un tel secret; et voilà justement ce que je demandais. (*Haut.*) Or sus, mon fils, savez-vous ce qu'il y a? C'est qu'il faut songer, s'il vous plaît, à vous défaire de votre amour, à cesser toutes vos poursuites auprès d'une personne que je prétends pour moi, et à vous marier dans peu avec celle qu'on vous destine.

####### CLÉANTE.

Oui, mon père; c'est ainsi que vous me jouez! Eh bien! puisque les choses en sont venues là, je vous déclare, moi, que je ne quitterai point la passion que j'ai prise pour Mariane; qu'il n'y a point d'extrémité où je ne m'abandonne pour vous disputer sa conquête; et que si vous avez pour vous le consentement d'une mère, j'aurai d'autres secours, peut-être, qui combattront pour moi.

####### HARPAGON.

Comment, pendard! tu as l'audace d'aller sur mes brisées!

####### CLÉANTE.

C'est vous qui allez sur les miennes, et je suis le premier en date.

####### HARPAGON.

Ne suis-je pas ton père, et ne me dois-tu pas respect?

####### CLÉANTE.

Ce ne sont point ici des choses où les enfants soient obligés de déférer aux pères, et l'amour ne connaît personne.

#### HARPAGON.

Je te ferai bien me connaître avec de bons coups de bâton.

#### CLÉANTE.

Toutes vos menaces ne feront rien.

#### HARPAGON.

Tu renonceras à Mariane.

#### CLÉANTE.

Point du tout.

#### HARPAGON.

Donnez-moi un bâton tout à l'heure.

## SCÈNE IV.

HARPAGON, CLÉANTE, MAÎTRE JACQUES.

#### MAÎTRE JACQUES.

Hé! hé! hé! messieurs, qu'est-ce-ci? à quoi songez-vous?

#### CLÉANTE.

Je me moque de cela.

#### MAÎTRE JACQUES, *à Cléante.*

Ah! monsieur, doucement.

#### HARPAGON.

Me parler avec cette impudence!

#### MAÎTRE JACQUES, *à Harpagon.*

Ah! monsieur, de grâce!

#### CLÉANTE.

Je n'en démordrai point.

MAÎTRE JACQUES, *à Cléante.*

Hé quoi! à votre père?

HARPAGON.

Laisse-moi faire.

MAÎTRE JACQUES, *à Harpagon.*

Hé quoi! à votre fils? Encore passe pour moi.

HARPAGON.

Je te veux faire toi-même, maître Jacques, juge de cette affaire, pour montrer comme j'ai raison.

MAÎTRE JACQUES.

J'y consens. (*A Cléante.*) Éloignez-vous un peu.

HARPAGON.

J'aime une fille que je veux épouser; et le pendard a l'insolence de l'aimer avec moi, et d'y prétendre malgré mes ordres.

MAÎTRE JACQUES.

Ah! il a tort.

HARPAGON.

N'est-ce pas une chose épouvantable, qu'un fils qui veut entrer en concurrence avec son père? et ne doit-il pas, par respect, s'abstenir de toucher à mes inclinations?

MAÎTRE JACQUES.

Vous avez raison. Laissez-moi lui parler, et demeurez là.

CLÉANTE, *à maître Jacques, qui s'approche de lui.*

Eh bien! oui, puisqu'il veut te choisir pour juge, je n'y recule point : il ne m'importe qui ce soit; et je veux bien aussi me rapporter à toi, maître Jacques, de notre différend.

##### MAÎTRE JACQUES.
C'est beaucoup d'honneur que vous me faites.

##### CLÉANTE.
Je suis épris d'une jeune personne qui répond à mes vœux et reçoit tendrement les offres de ma foi; et mon père s'avise de venir troubler notre amour par la demande qu'il en fait faire.

##### MAÎTRE JACQUES.
Il a tort assurément.

##### CLÉANTE.
N'a-t-il point de honte, à son âge, de songer à se marier? Lui sied-il bien d'être encore amoureux? et ne devrait-il pas laisser cette occupation aux jeunes gens?

##### MAÎTRE JACQUES.
Vous avez raison; il se moque. Laissez-moi lui dire deux mots. (*A Harpagon.*) Eh bien! votre fils n'est pas si étrange que vous le dites, et il se met à la raison. Il dit qu'il sait le respect qu'il vous doit; qu'il ne s'est emporté que dans la première chaleur; et qu'il ne fera point refus de se soumettre à ce qu'il vous plaira, pourvu que vous vouliez le traiter mieux que vous ne faites, et lui donner quelque personne en mariage dont il ait lieu d'être content.

##### HARPAGON.
Ah! dis-lui, maître Jacques, que, moyennant cela, il pourra espérer toutes choses de moi, et que, hors Mariane, je lui laisserai la liberté de choisir celle qu'il voudra.

##### MAÎTRE JACQUES.
Laissez-moi faire. (*A Cléante.*) Eh bien! votre père n'est pas si déraisonnable que vous le faites; et il m'a témoigné que ce sont vos emportements qui

l'ont mis en colère; qu'il n'en veut seulement qu'à votre manière d'agir; et qu'il sera fort disposé à vous accorder ce que vous souhaitez, pourvu que vous vouliez vous y prendre par la douceur et lui rendre les déférences, les respects et les soumissions qu'un fils doit à son père.

CLÉANTE.

Ah! maître Jacques, tu lui peux assurer que, s'il m'accorde Mariane, il me verra toujours le plus soumis de tous les hommes, et que jamais je ne ferai aucune chose que par ses volontés.

MAÎTRE JACQUES, *à Harpagon.*

Cela est fait; il consent à ce que vous dites.

HARPAGON.

Voilà qui va le mieux du monde.

MAÎTRE JACQUES, *à Cléante.*

Tout est conclu; il est content de vos promesses.

CLÉANTE.

Le ciel en soit loué!

MAÎTRE JACQUES.

Messieurs, vous n'avez qu'à parler ensemble: vous voilà d'accord maintenant; et vous alliez vous quereller, faute de vous entendre.

CLÉANTE.

Mon pauvre maître Jacques, je te serai obligé toute ma vie.

MAÎTRE JACQUES.

Il n'y a pas de quoi, monsieur.

HARPAGON.

Tu m'as fait plaisir, maître Jacques; et cela mérite une récompense. (*Harpagon fouille dans sa poche ; maître Jacques tend la main ; mais Harpagon ne tire que son mouchoir, en disant :*) Va, je m'en souviendrai, je t'assure.

MAÎTRE JACQUES.

Je vous baise les mains.

## SCÈNE V.

HARPAGON, CLÉANTE.

CLÉANTE.

Je vous demande pardon, mon père, de l'emportement que j'ai fait paraître.

HARPAGON.

Cela n'est rien.

CLÉANTE.

Je vous assure que j'en ai tous les regrets du monde.

HARPAGON.

Et moi j'ai toutes les joies du monde de te voir raisonnable.

CLÉANTE.

Quelle bonté à vous d'oublier si vite ma faute!

HARPAGON.

On oublie aisément les fautes des enfants lorsqu'ils rentrent dans leur devoir.

CLÉANTE.

Quoi! ne garder aucun ressentiment de toutes mes extravagances?

HARPAGON.

C'est une chose où tu m'obliges, par la soumission et le respect où tu te ranges.

CLÉANTE.

Je vous promets, mon père, que, jusques au tombeau, je conserverai dans mon cœur le souvenir de vos bontés.

HARPAGON.

Et moi, je te promets qu'il n'y aura aucune chose que tu n'obtiennes de moi.

CLÉANTE.

Ah! mon père, je ne vous demande plus rien; et c'est m'avoir assez donné que de me donner Mariane.

HARPAGON.

Comment?

CLÉANTE.

Je dis, mon père, que je suis trop content de vous, et que je trouve toutes choses dans la bonté que vous avez de m'accorder Mariane.

HARPAGON.

Qui est-ce qui te parle de t'accorder Mariane?

CLÉANTE.

Vous, mon père.

HARPAGON.

Moi?

CLÉANTE.

Sans doute.

HARPAGON.

Comment! c'est toi qui as promis d'y renoncer.

CLÉANTE.

Moi, y renoncer?

HARPAGON.

Oui.

CLÉANTE.

Point du tout.

HARPAGON.

Tu ne t'es pas départi d'y prétendre?

CLÉANTE.

Au contraire, j'y suis porté plus que jamais.

HARPAGON.

Quoi, pendard, derechef?

CLÉANTE.

Rien ne me peut changer.

HARPAGON.

Laisse-moi faire, traître.

CLÉANTE.

Faites tout ce qu'il vous plaira.

HARPAGON.

Je te défends de me jamais voir.

CLÉANTE.

A la bonne heure.

HARPAGON.

Je t'abandonne.

CLÉANTE.

Abandonnez.

HARPAGON.

Je te renonce pour mon fils.

CLÉANTE.

Soit.

HARPAGON.

Je te déshérite.

CLÉANTE.

Tout ce que vous voudrez.

HARPAGON.

Et je te donne ma malédiction.

CLÉANTE.

Je n'ai que faire de vos dons.

## SCÈNE VI.

### CLÉANTE, LA FLÈCHE.

LA FLÈCHE, *sortant du jardin, avec une cassette.*

Ah! monsieur, que je vous trouve à propos! suivez-moi vite.

CLÉANTE.

Qu'y a-t-il?

LA FLÈCHE.

Suivez-moi, vous dis-je; nous sommes bien.

CLÉANTE.

Comment?

LA FLÈCHE.

Voici votre affaire.

CLÉANTE.

Quoi?

LA FLÈCHE.

J'ai guigné ceci tout le jour.

CLÉANTE.

Qu'est-ce que c'est?

LA FLÈCHE.

Le trésor de votre père, que j'ai attrapé.

CLÉANTE.

Comment as-tu fait?

LA FLÈCHE.

Vous saurez tout. Sauvons-nous; je l'entends crier.

## SCÈNE VII.

HARPAGON, *criant au voleur dès le jardin.*

Au voleur! au voleur! à l'assassin! au meurtrier! Justice, juste ciel! Je suis perdu, je suis assassiné; on m'a coupé la gorge : on m'a dérobé mon argent. Qui peut-ce être? Qu'est-il devenu? Où est-il? Où se cache-t-il? Que ferai-je pour le trouver? Où courir? Où ne pas courir? N'est-il point là? N'est-il point ici? Qui est-ce? Arrête. (*A lui-même, se prenant par le bras.*) Rends-moi mon argent, coquin... Ah! c'est moi! Mon esprit est troublé, et j'ignore où je suis, qui je suis et ce que je fais. Hélas! mon pauvre argent! mon pauvre argent! mon cher ami! on m'a privé de toi; et puisque tu m'es enlevé, j'ai perdu mon support, ma consolation, ma joie : tout est fini pour moi, et je n'ai plus que faire au monde. Sans toi, il m'est impossible de vivre. C'en est fait; je n'en puis plus; je me meurs; je suis mort; je suis enterré. N'y a-t-il personne qui veuille me ressusciter, en me rendant mon cher argent, ou en m'apprenant qui l'a pris. Euh? que dites-vous? Ce n'est personne. Il faut, qui que ce soit qui ait fait le coup, qu'avec beaucoup de soin on ait épié l'heure; et l'on a choisi justement le temps que je parlais à mon traître de fils. Sortons. Je veux aller querir la justice, et faire donner la question à toute ma maison; à servantes, à valets, à fils, à fille, et à moi aussi. Que de gens assemblés! Je ne jette mes regards sur personne qui ne me donne des soupçons, et tout me semble mon voleur. Hé! de quoi est-ce qu'on parle là? de celui qui m'a dérobé? Quel bruit fait-on là-haut? Est-ce mon voleur qui y est? De grâce, si l'on sait des nouvelles de mon voleur, je supplie que l'on m'en dise. N'est-il point caché là parmi vous? Ils me regardent tous, et se mettent à rire. Vous verrez qu'ils ont part, sans doute, au vol que l'on m'a fait. Allons vite, des commissaires, des archers, des prévôts, des juges, des gênes, des potences et des bourreaux. Je veux faire pendre tout le monde; et, si je ne retrouve mon argent, je me pendrai moi-même après.

## ACTE CINQUIÈME.

### SCÈNE I.

HARPAGON, UN COMMISSAIRE.

LE COMMISSAIRE.

Laissez-moi faire; je sais mon métier, Dieu merci Ce n'est pas d'aujourd'hui que je me mêle de découvrir des vols; et je voudrais avoir autant de sacs de mille francs que j'ai fait pendre de personnes.

HARPAGON.

Tous les magistrats sont intéressés à prendre cette affaire en main; et, si l'on ne me fait retrouver mon argent, je demanderai justice de la justice.

LE COMMISSAIRE.

Il faut faire toutes les poursuites requises. Vous dites qu'il y avait dans cette cassette...

HARPAGON.

Dix mille écus bien comptés.

LE COMMISSAIRE.

Dix mille écus!

HARPAGON, *en pleurant.*

Dix mille écus.

LE COMMISSAIRE.

Le vol est considérable.

HARPAGON.

Il n'y a point de supplice assez grand pour l'énormité de ce crime; et, s'il demeure impuni, les choses les plus sacrées ne sont plus en sûreté.

LE COMMISSAIRE.

En quelles espèces était cette somme?

HARPAGON.

En bons louis d'or et pistoles bien trébuchantes.

LE COMMISSAIRE.

Qui soupçonnez-vous de ce vol?

HARPAGON.

Tout le monde; et je veux que vous arrêtiez prisonniers la ville et les faubourgs.

LE COMMISSAIRE.

Il faut, si vous m'en croyez, n'effaroucher personne, et tâcher doucement d'attraper quelques preuves afin de procéder après, par la rigueur, au recouvrement des deniers qui vous ont été pris.

SCÈNE II.

HARPAGON, UN COMMISSAIRE, MAÎTRE JACQUES.

MAÎTRE JACQUES, *dans le fond du théâtre, en se retournant du côté par lequel il est entré.*

Je m'en vais revenir. Qu'on me l'égorge tout à l'heure; qu'on me lui fasse griller les pieds; qu'on me le mette dans l'eau bouillante, et qu'on me le pende au plancher.

HARPAGON, *à maître Jacques.*

Qui? celui qui m'a dérobé?

MAÎTRE JACQUES.

Je parle d'un cochon de lait que votre intendant me vient d'envoyer, et je veux vous l'accommoder à ma fantaisie.

HARPAGON.

Il n'est pas question de cela; et voilà monsieur à qui il faut parler d'autre chose.

LE COMMISSAIRE, *à maître Jacques.*

Ne vous épouvantez point. Je suis un homme à ne vous point scandaliser, et les choses iront dans la douceur.

MAÎTRE JACQUES.

Monsieur est de votre souper?

LE COMMISSAIRE.

Il faut ici, mon cher ami, ne rien cacher à votre maître.

MAÎTRE JACQUES.

Ma foi, monsieur, je montrerai tout ce que je sais faire, et je vous traiterai du mieux qu'il me sera possible.

HARPAGON.

Ce n'est pas là l'affaire.

MAÎTRE JACQUES.

Si je ne vous fais pas aussi bonne chère que je voudrais, c'est la faute de monsieur votre intendant, qui m'a rogné les ailes avec les ciseaux de son économie.

##### HARPAGON.

Traître! il s'agit d'autre chose que de souper; et je veux que tu me dises des nouvelles de l'argent qu'on m'a pris.

##### MAÎTRE JACQUES.

On vous a pris de l'argent?

##### HARPAGON.

Oui, coquin; et je m'en vais te faire pendre, si tu ne me le rends.

##### LE COMMISSAIRE, *à Harpagon.*

Mon Dieu! ne le maltraitez point. Je vois à sa mine qu'il est honnête homme, et que, sans se faire mettre en prison, il vous découvrira ce que vous voulez savoir. Oui, mon ami, si vous nous confessez la chose, il ne vous sera fait aucun mal, et vous serez récompensé comme il faut par votre maître. On lui a pris aujourd'hui son argent, et il n'est pas que vous ne sachiez quelques nouvelles de cette affaire.

##### MAÎTRE JACQUES, *bas, à part.*

Voici justement ce qu'il me faut pour me venger de notre intendant. Depuis qu'il est entré céans, il est le favori; on n'écoute que ses conseils; et j'ai aussi sur le cœur les coups de bâton de tantôt.

##### HARPAGON.

Qu'as-tu à ruminer?

##### LE COMMISSAIRE, *à Harpagon.*

Laissez-le faire. Il se prépare à vous contenter; et je vous ai bien dit qu'il était honnête homme.

##### MAÎTRE JACQUES.

Monsieur, si vous voulez que je vous dise les choses, je crois que c'est monsieur votre cher intendant qui a fait le coup.

HARPAGON.

Valère !

MAÎTRE JACQUES.

Oui.

HARPAGON.

Lui ! qui me paraît si fidèle ?

MAÎTRE JACQUES.

Lui-même. Je crois que c'est lui qui vous a dérobé.

HARPAGON.

Et sur quoi le crois-tu ?

MAÎTRE JACQUES.

Sur quoi ?

HARPAGON.

Oui.

MAÎTRE JACQUES.

Je le crois... sur ce que je le crois.

LE COMMISSAIRE.

Mais il est nécessaire de dire les indices que vous avez.

HARPAGON.

L'as-tu vu rôder autour du lieu où j'avais mis mon argent ?

MAÎTRE JACQUES.

Oui vraiment. Où était-il votre argent ?

HARPAGON.

Dans le jardin.

MAÎTRE JACQUES.

Justement ; je l'ai vu rôder dans le jardin. Et dans quoi est-ce que cet argent était ?

HARPAGON.

Dans une cassette.

MAÎTRE JACQUES.

Voilà l'affaire. Je lui ai vu une cassette.

HARPAGON.

Et cette cassette, comment était-elle faite? Je verrai bien si c'est la mienne.

MAÎTRE JACQUES.

Comment elle est faite?

HARPAGON.

Oui.

MAÎTRE JACQUES.

Elle est faite... elle est faite comme une cassette.

LE COMMISSAIRE.

Cela s'entend. Mais dépeignez-la un peu, pour voir.

MAÎTRE JACQUES.

C'est une grande cassette.

HARPAGON.

Celle qu'on m'a volée est petite.

MAÎTRE JACQUES.

Hé! oui, elle est petite, si on le veut prendre par là; mais je l'appelle grande pour ce qu'elle contient.

LE COMMISSAIRE.

Et de quelle couleur est-elle?

MAÎTRE JACQUES.

De quelle couleur?

LE COMMISSAIRE.

Oui.

MAÎTRE JACQUES.

Elle est de couleur... là, d'une certaine couleur.. Ne sauriez-vous m'aider à dire?

HARPAGON.

Euh?

MAÎTRE JACQUES.

N'est-elle pas rouge?

HARPAGON.

Non, grise.

MAÎTRE JACQUES.

Hé! oui, gris-rouge; c'est ce que je voulais dire.

HARPAGON.

Il n'y a point de doute; c'est elle assurément. Écrivez, monsieur, écrivez sa déposition. Ciel! à qui désormais se fier! Il ne faut plus jurer de rien; et je crois, après cela, que je suis homme à me voler moi-même.

MAÎTRE JACQUES, à *Harpagon*.

Monsieur, le voici qui revient. Ne lui allez pas dire, au moins, que c'est moi qui vous ai découvert cela.

SCÈNE III.

HARPAGON, LE COMMISSAIRE, VALÈRE, MAÎTRE JACQUES.

HARPAGON.

Approche, viens confesser l'action la plus noire, l'attentat le plus horrible qui jamais ait été commis.

VALÈRE.

Que voulez-vous, monsieur?

HARPAGON.

Comment, traître, tu ne rougis pas de ton crime?

VALÈRE.

De quel crime voulez-vous donc parler?

#### HARPAGON.

De quel crime je veux parler, infâme? comme si tu ne savais pas ce que je veux dire! C'est en vain que tu prétendrais de le déguiser; l'affaire est découverte, et l'on vient de m'apprendre tout. Comment abuser ainsi de ma bonté, et s'introduire exprès chez moi pour me trahir, pour me jouer un tour de cette nature?

#### VALÈRE.

Monsieur, puisqu'on vous a découvert tout, je ne veux point chercher de détours et vous nier la chose.

#### MAÎTRE JACQUES, *à part*.

Oh! oh! aurais-je deviné sans y penser?

#### VALÈRE.

C'était mon dessein de vous en parler, et je voulais attendre, pour cela, des conjonctures favorables; mais, puisqu'il est ainsi, je vous conjure de ne vous point fâcher et de vouloir entendre mes raisons.

#### HARPAGON.

Et quelles belles raisons peux-tu me donner, voleur infâme?

#### VALÈRE.

Ah! monsieur, je n'ai pas mérité ces noms. Il est vrai que j'ai commis une offense envers vous; mais, après tout, ma faute est pardonnable.

#### HARPAGON.

Comment! pardonnable? Un guet-apens, un assassinat de la sorte?

#### VALÈRE.

De grâce, ne vous mettez point en colère. Quand vous m'aurez ouï, vous verrez que le mal n'est pas si grand que vous le faites.

HARPAGON.

Le mal n'est pas si grand que je le fais! Quoi! mon sang, mes entrailles, pendard!

VALÈRE.

Votre sang, monsieur, n'est pas tombé dans de mauvaises mains. Je suis d'une condition à ne lui point faire de tort; et il n'y a rien, en tout ceci, que je ne puisse bien réparer.

HARPAGON.

C'est bien mon intention, et que tu me restitues ce que tu m'as ravi.

VALÈRE.

Votre honneur, monsieur, sera pleinement satisfait.

HARPAGON.

Il n'est pas question d'honneur là-dedans. Mais, dis-moi, qui t'a porté à cette action?

VALÈRE.

Hélas! me le demandez-vous?

HARPAGON.

Oui vraiment, je te le demande.

VALÈRE.

Un dieu qui porte les excuses de tout ce qu'il fait faire, l'Amour.

HARPAGON.

L'Amour?

VALÈRE.

Oui.

HARPAGON.

Bel amour, bel amour, ma foi! l'amour de mes louis d'or!

##### VALÈRE.

Non, monsieur, ce ne sont point vos richesses qui m'ont tenté, ce n'est pas cela qui m'a ébloui; et je proteste de ne prétendre rien à tous vos biens, pourvu que vous me laissiez celui que j'ai.

##### HARPAGON.

Non ferai, de par tous les diables; je ne te le laisserai pas. Mais voyez quelle insolence, de vouloir retenir le vol qu'il m'a fait!

##### VALÈRE.

Appelez-vous cela un vol?

##### HARPAGON.

Si je l'appelle un vol? un trésor comme celui-là!

##### VALÈRE.

C'est un trésor, il est vrai, et le plus précieux que vous ayez, sans doute; mais ce ne sera pas le perdre que de me le laisser. Je vous le demande à genoux, ce trésor plein de charmes; et, pour bien faire, il faut que vous me l'accordiez.

##### HARPAGON.

Je n'en ferai rien. Qu'est-ce à dire cela?

##### VALÈRE.

Nous nous sommes promis une foi mutuelle, et avons fait serment de ne nous point abandonner.

##### HARPAGON.

Le serment est admirable et la promesse plaisante.

##### VALÈRE.

Oui, nous nous sommes engagés d'être l'un à l'autre à jamais.

##### HARPAGON.

Je vous en empêcherai bien, je vous assure.

##### VALÈRE.
Rien que la mort ne nous peut séparer

##### HARPAGON.
C'est être bien endiablé après mon argent!

##### VALÈRE.
Je vous ai déjà dit, monsieur, que ce n'était point l'intérêt qui m'avait poussé à faire ce que j'ai fait. Mon cœur n'a point agi par les ressorts que vous pensez, et un motif plus noble m'a inspiré cette résolution.

##### HARPAGON.
Vous verrez que c'est par charité chrétienne qu'il veut avoir mon bien! Mais j'y donnerai bon ordre; et la justice, pendard effronté, me va faire raison de tout.

##### VALÈRE.
Vous en userez comme vous voudrez, et me voilà prêt à souffrir toutes les violences qu'il vous plaira; mais je vous prie de croire, au moins, que, s'il y a du mal, ce n'est que moi qu'il en faut accuser, et que votre fille, en tout ceci, n'est aucunement coupable.

##### HARPAGON.
Je le crois bien, vraiment! il serait fort étrange que ma fille eût trempé dans ce crime. Mais je veux ravoir mon affaire, et que tu me confesses en quel endroit tu me l'as enlevée.

##### VALÈRE.
Moi? je ne l'ai point enlevée; et elle est encore chez vous.

##### HARPAGON, *à part*.
O ma chère cassette! (*Haut.*) Elle n'est point sortie de ma maison?

VALÈRE.

Non, monsieur.

HARPAGON.

Hé! dis-moi un peu; tu n'y as point touché?

VALÈRE.

Moi y toucher? Ah! vous lui faites tort, aussi bien qu'à moi; et c'est d'une ardeur toute pure et respectueuse que j'ai brûlé pour elle.

HARPAGON, *à part*.

Brûlé pour ma cassette!

VALÈRE.

J'aimerais mieux mourir que de lui avoir fait paraître aucune pensée offensante : elle est trop sage et trop honnête pour cela.

HARPAGON, *à part*.

Ma cassette trop honnête!

VALÈRE.

Tous mes désirs se sont bornés à jouir de sa vue; et rien de criminel n'a profané la passion que ses beaux yeux m'ont inspirée.

HARPAGON, *à part*.

Les beaux yeux de ma cassette! il parle d'elle comme un amant d'une maîtresse.

VALÈRE.

Dame Claude, monsieur, sait la vérité de cette aventure; et elle peut vous rendre témoignage...

HARPAGON.

Quoi! ma servante est complice de l'affaire?

VALÈRE.

Oui, monsieur : elle a été témoin de notre engagement; et c'est après avoir connu l'honnêteté de ma flamme, qu'elle m'a aidé à persuader votre fille de me donner sa foi et recevoir la mienne.

#### HARPAGON, *à part.*

Hé! est-ce que la peur de la justice le fait extravaguer? (*A Valère.*) Que nous brouilles-tu ici de ma fille?

#### VALÈRE.

Je dis, monsieur, que j'ai eu toutes les peines du monde à faire consentir sa pudeur à ce que voulait mon amour.

#### HARPAGON.

La pudeur de qui?

#### VALÈRE.

De votre fille; et c'est seulement depuis hier qu'elle a pu se résoudre à nous signer mutuellement une promesse de mariage.

#### HARPAGON.

Ma fille t'a signé une promesse de mariage?

#### VALÈRE.

Oui, monsieur; comme, de ma part, je lui en ai signé une.

#### HARPAGON.

O ciel! autre disgrâce!

#### MAÎTRE JACQUES, *au commissaire.*

Écrivez, monsieur, écrivez.

#### HARPAGON.

Rengrégement de mal! surcroît de désespoir! (*Au commissaire.*) Allons, monsieur, faites le dû de votre charge; et dressez-lui-moi son procès comme larron et comme suborneur.

#### MAÎTRE JACQUES.

Comme larron et comme suborneur.

###### VALÈRE.

Ce sont des noms qui ne me sont point dus ; et quand on saura qui je suis...

## SCÈNE IV.

#### HARPAGON, ÉLISE, MARIANE, VALÈRE, FROSINE, MAÎTRE JACQUES, UN COMMISSAIRE.

###### HARPAGON.

Ah! fille scélérate! fille indigne d'un père comme moi! c'est ainsi que tu pratiques les leçons que je t'ai données? Tu te laisses prendre d'amour pour un voleur infâme, et tu lui engages ta foi sans mon consentement! Mais vous serez trompés l'un et l'autre. (*A Élise.*) Quatre bonnes murailles me répondront de ta conduite; (*à Valère*), et une bonne potence, pendard effronté, me fera raison de ton audace.

###### VALÈRE.

Ce ne sera point votre passion qui jugera l'affaire, et l'on m'écoutera, au moins, avant que de me condamner.

###### HARPAGON.

Je me suis abusé de dire une potence; et tu seras roué tout vif.

###### ÉLISE, *aux genoux d'Harpagon.*

Ah! mon père, prenez des sentiments un peu plus humains, je vous prie, et n'allez point pousser les choses dans les dernières violences du pouvoir paternel. Ne vous laissez point entraîner aux premiers mouvements de votre passion, et donnez-vous le temps de considérer ce que vous voulez faire. Prenez la peine de mieux voir celui dont vous vous offensez. Il est tout autre que vos yeux ne le jugent; et vous trouverez moins étrange que je me sois donnée à lui, lorsque vous saurez que sans lui vous ne m'auriez plus il y a longtemps. Oui, mon père, c'est celui qui me sauva de ce grand péril que vous savez que je courus dans l'eau, et à qui vous devez la vie de cette même fille dont...

### HARPAGON.

Tout cela n'est rien; et il valait bien mieux pour moi qu'il te laissât noyer que de faire ce qu'il a fait.

### ÉLISE.

Mon père, je vous conjure, par l'amour paternel, de me...

### HARPAGON.

Non, non; je ne veux rien entendre, et il faut que la justice fasse son devoir.

### MAÎTRE JACQUES, *à part.*

Tu me payeras mes coups de bâton!

### FROSINE, *à part.*

Voici un étrange embarras!

## SCÈNE V.

ANSELME, HARPAGON, ÉLISE, MARIANE, FROSINE, VALÈRE, UN COMMISSAIRE, MAÎTRE JACQUES.

### ANSELME.

Qu'est-ce, seigneur Harpagon? Je vous vois tout ému.

### HARPAGON.

Ah! seigneur Anselme, vous me voyez le plus infortuné de tous les hommes ; et voici bien du trouble et du désordre au contrat que vous venez faire? On m'assassine dans le bien, on m'assassine dans l'honneur ; et voilà un traître, un scélérat, qui a violé tous les droits les plus saints, qui s'est coulé chez moi sous le titre de domestique pour me dérober mon argent et pour me suborner ma fille.

### VALÈRE.

Qui songe à votre argent, dont vous me faites un galimatias?

### HARPAGON.

Oui, ils se sont donné l'un à l'autre une promesse de mariage. Cet affront vous regarde, seigneur Anselme, et c'est vous qui devez vous rendre partie contre lui, et faire toutes les poursuites de la justice à vos dépens, pour vous venger de son insolence.

### ANSELME.

Ce n'est pas mon dessein de me faire épouser par force, et de rien prétendre à un cœur qui se serait donné ; mais pour vos intérêts, je suis prêt à les embrasser, ainsi que les miens propres.

### HARPAGON.

Voilà monsieur qui est un honnête commissaire, qui n'oubliera rien, à ce qu'il m'a dit, de la fonction de son office. (*Au commissaire, montrant Valère.*) Chargez-le comme il faut, monsieur, et rendez les choses bien criminelles.

### VALÈRE.

Je ne vois pas quel crime on me peut faire de la passion que j'ai pour votre fille, et le supplice où vous croyez que je puisse être condamné pour notre engagement, lorsqu'on saura ce que je suis.

##### HARPAGON.

Je me moque de tous ces contes; et le monde aujourd'hui n'est plein que de ces larrons de noblesse, que de ces imposteurs qui tirent avantage de leur obscurité, et s'habillent insolemment du premier nom illustre qu'ils s'avisent de prendre.

##### VALÈRE.

Sachez que j'ai le cœur trop bon pour me parer de quelque chose qui ne soit point à moi, et que tout Naples peut rendre témoignage de ma naissance.

##### ANSELME.

Tout beau! prenez garde à ce que vous allez dire. Vous risquez ici plus que vous ne pensez; et vous parlez devant un homme à qui tout Naples est connu, et qui peut aisément voir clair dans l'histoire que vous ferez.

##### VALÈRE, *en mettant fièrement son chapeau.*

Je ne suis point homme à rien craindre; et si Naples vous est connu, vous savez qui était don Thomas d'Alburci.

##### ANSELME.

Sans doute, je le sais; et peu de gens l'ont connu mieux que moi.

##### HARPAGON.

Je ne me soucie ni de don Thomas ni de don Martin. (*Harpagon voyant deux chandelles allumées, en souffle une.*)

##### ANSELME.

De grâce, laissez-le parler; nous verrons ce qu'il en veut dire.

##### VALÈRE.

Je veux dire que c'est lui qui m'a donné le jour.

ANSELME.

Lui?

VALÈRE.

Oui.

ANSELME.

Allez; vous vous moquez. Cherchez quelque autre histoire qui vous puisse mieux réussir, et ne prétendez pas vous sauver sous cette imposture.

VALÈRE.

Songez à mieux parler. Ce n'est point une imposture, et je n'avance rien qu'il ne me soit aisé de justifier.

ANSELME.

Quoi! vous osez vous dire fils de don Thomas d'Alburci?

VALÈRE.

Oui, je l'ose; et je suis prêt à soutenir cette vérité contre qui que ce soit.

ANSELME.

L'audace est merveilleuse! Apprenez, pour vous confondre, qu'il y a seize ans, pour le moins, que l'homme dont vous nous parlez périt sur mer avec ses enfants et sa femme, en voulant dérober leur vie aux cruelles persécutions qui ont accompagné les désordres de Naples, et qui en firent exiler plusieurs nobles familles.

VALÈRE.

Oui; mais apprenez, pour vous confondre, vous, que son fils, âgé de sept ans, avec un domestique, fut sauvé de ce naufrage par un vaisseau espagnol, et que ce fils sauvé est celui qui vous parle. Apprenez que le capitaine de ce vaisseau, touché de ma fortune, prit amitié pour moi; qu'il me fit élever comme son propre fils, et que les armes furent mon emploi, dès que je m'en trouvai capable; que j'ai su depuis peu que mon père n'était point mort, comme je l'avais toujours cru; que, passant ici pour l'aller chercher, une aventure, par le ciel concertée, me fit voir la charmante Élise; que cette vue me rendit esclave de ses beautés, et que la violence de mon amour et les sévérités de son père me firent prendre la résolution de m'introduire dans son logis et d'envoyer un autre à la quête de mes parents.

#### ANSELME.

Mais quels témoignages encore, autres que vos paroles, nous peuvent assurer que ce ne soit point une fable que vous ayez bâtie sur une vérité?

#### VALÈRE.

Le capitaine espagnol; un cachet de rubis qui était à mon père; un bracelet d'agate que ma mère m'avait mis au bras; le vieux Pédro, ce domestique qui se sauva avec moi du naufrage.

#### MARIANE.

Hélas! à vos paroles je puis ici répondre, moi, que vous n'imposez point; et tout ce que vous dites me fait connaître clairement que vous êtes mon frère.

#### VALÈRE.

Vous, ma sœur?

#### MARIANE.

Oui. Mon cœur s'est ému dès le moment que vous avez ouvert la bouche; et notre mère, que vous allez ravir, m'a mille fois entretenue des disgrâces de notre famille. Le ciel ne nous fit point aussi périr dans ce triste naufrage: mais il ne nous sauva la vie que par la perte de notre liberté; et ce furent des corsaires qui nous recueillirent, ma mère et moi, sur un débris de notre vaisseau. Après dix ans d'esclavage, une heureuse fortune nous rendit notre liberté ; et nous retournâmes dans Naples, où nous trouvâmes tout notre bien vendu, sans y pouvoir trouver des nouvelles de notre père. Nous passâmes à Gênes, où ma mère alla ramasser quelques malheureux restes d'une succession qu'on avait déchirée ; et de là, fuyant la barbare injustice de ses parents, elle vint en ces lieux, où elle n'a presque vécu que d'une vie languissante.

ANSELME.

O ciel ! quels sont les traits de ta puissance ! et que tu fais bien voir qu'il n'appartient qu'à toi de faire des miracles ! Embrassez-moi, mes enfants, et mêlez tous deux vos transports à ceux de votre père.

VALÈRE.

Vous êtes notre père ?

MARIANE.

C'est vous que ma mère a tant pleuré ?

ANSELME.

Oui, ma fille ; oui, mon fils ; je suis don Thomas d'Alburci, que le ciel garantit des ondes avec tout l'argent qu'il portait, et qui, vous ayant tous crus morts durant plus de seize ans, se préparait, après de longs voyages, à chercher dans l'hymen d'une douce et sage personne la consolation de quelque nouvelle famille. Le peu de sûreté que j'ai vu pour ma vie à retourner à Naples m'a fait y renoncer pour toujours ; et, ayant su trouver moyen d'y faire vendre ce que j'avais, je me suis habitué ici, où, sous le nom d'Anselme, j'ai voulu m'éloigner les chagrins de cet autre nom qui m'a causé tant de traverses.

HARPAGON, *à Anselme.*

C'est là votre fils ?

##### ANSELME.

Oui.

##### HARPAGON.

Je vous prends à partie pour me payer dix mille écus qu'il m'a volés.

##### ANSELME.

Lui! vous avoir volé?

##### HARPAGON.

Lui-même.

##### VALÈRE.

Qui vous dit cela?

##### HARPAGON.

Maître Jacques.

##### VALÈRE, *à maître Jacques.*

C'est toi qui le dis?

##### MAÎTRE JACQUES.

Vous voyez que je ne dis rien.

##### HARPAGON.

Oui. Voilà monsieur le commissaire qui a reçu sa déposition.

##### VALÈRE.

Pouvez-vous me croire capable d'une action si lâche?

##### HARPAGON.

Capable ou non capable, je veux ravoir mon argent.

## SCÈNE VI.

**HARPAGON, ANSELME, ÉLISE, MARIANE, CLÉANTE, VALÈRE, FROSINE, UN COMMISSAIRE, MAÎTRE JACQUES, LA FLÈCHE.**

### CLÉANTE.

Ne vous tourmentez point, mon père, et n'accusez personne. J'ai découvert des nouvelles de votre affaire; et je viens ici pour vous dire que, si vous voulez vous résoudre à me laisser épouser Mariane, votre argent vous sera rendu.

### HARPAGON.

Où est-il?

### CLÉANTE.

Ne vous en mettez point en peine. Il est en lieu dont je réponds; et tout ne dépend que de moi. C'est à vous de me dire à quoi vous vous déterminez; et vous pouvez choisir, ou de me donner Mariane, ou de perdre votre cassette.

### HARPAGON.

N'en a-t-on rien ôté?

### CLÉANTE.

Rien du tout. Voyez si c'est votre dessein de souscrire à ce mariage, et de joindre votre consentement à celui de sa mère, qui lui laisse la liberté de faire un choix entre nous deux.

### MARIANE, *à Cléante.*

Mais vous ne savez pas que ce n'est pas assez que ce consentement, et que le ciel (*montrant Valère*), avec un frère que vous voyez, vient de me rendre un père (*montrant Anselme*) dont vous avez à m'obtenir.

### ANSELME.

Le ciel, mes enfants, ne me redonne point à vous pour être contraire à vos vœux. Seigneur Harpagon, vous jugez bien que le choix d'une jeune personne tombera sur le fils plutôt que sur le père : allons, ne vous faites point dire ce qu'il n'est pas nécessaire d'entendre; et consentez, ainsi que moi, à ce double hyménée.

### HARPAGON.

Il faut, pour me donner conseil, que je voie ma cassette.

### CLÉANTE.

Vous la verrez saine et entière.

### HARPAGON.

Je n'ai point d'argent à donner en mariage à mes enfants.

### ANSELME.

Eh bien! j'en ai pour eux; que cela ne vous inquiète point.

### HARPAGON.

Vous obligerez-vous à faire tous les frais de ces deux mariages?

### ANSELME.

Oui, je m'y oblige. Êtes-vous satisfait?

### HARPAGON.

Oui, pourvu que, pour les noces, vous me fassiez faire un habit.

### ANSELME.

D'accord. Allons jouir de l'allégresse que cet heureux jour nous présente.

LE COMMISSAIRE.

Holà! messieurs, holà! Tout doucement, s'il vous plaît. Qui me payera mes écritures?

HARPAGON.

Nous n'avons que faire de vos écritures.

LE COMMISSAIRE.

Oui! mais je ne prétends pas, moi, les avoir faites pour rien.

HARPAGON, *montrant maître Jacques*.

Pour votre payement, voilà un homme que je vous donne à pendre.

MAÎTRE JACQUES.

Hélas! comment faut-il donc faire? On me donne des coups de bâton pour dire vrai; et on me veut pendre pour mentir!

ANSELME.

Seigneur Harpagon, il faut lui pardonner cette imposture.

HARPAGON.

Vous payerez donc le commissaire?

ANSELME.

Soit. Allons vite faire part de notre joie à votre mère.

HARPAGON.

Et moi, voir ma chère cassette.

FIN DE L'AVARE.

# LE BOURGEOIS GENTILHOMME

## COMÉDIE.

(1670.)

PERSONNAGES. — M. JOURDAIN, bourgeois. — Madame JOURDAIN, sa femme. — LUCILE, fille de M. Jourdain. — CLÉONTE, amoureux de Lucile. — DORIMÈNE, marquise. — DORANTE, comte, amant de Dorimène. — NICOLE, servante de M. Jourdain. — COVIELLE, valet de Cléonte.—Un maître de musique. — Un élève du maître de musique. — Un maître à danser.—Un maître d'armes.—Un maître de philosophie. — Un maître tailleur. — Un garçon tailleur. — Des musiciens. — Une musicienne. — Des danseurs. — Deux laquais.

## ACTE PREMIER.

L'ouverture se fait par un grand assemblage d'instruments; et dans le milieu du théâtre on voit un élève du maître de musique qui compose, sur une table, un air que le bourgeois a demandé pour une sérénade.

### SCÈNE I.

UN MAÎTRE DE MUSIQUE, UN ÉLÈVE *du maître de musique*; DES MUSICIENS, UN MAÎTRE A DANSER, DES DANSEURS.

LE MAÎTRE DE MUSIQUE, *aux musiciens.*

Venez, entrez dans cette salle, et vous reposez là, en attendant qu'il vienne.

LE MAÎTRE A DANSER, *aux danseurs.*

Et vous aussi, de ce côté.

LE MAÎTRE DE MUSIQUE, *à son élève.*

Est-ce fait?

L'ÉLÈVE.

Oui.

LE MAÎTRE DE MUSIQUE.

Voyons... Voilà qui est bien.

LE MAÎTRE A DANSER.

Est-ce quelque chose de nouveau?

LE MAÎTRE DE MUSIQUE.

Oui, c'est un air pour une sérénade, que je lui ai fait composer ici, en attendant que notre homme fût éveillé.

LE MAÎTRE A DANSER.

Peut-on voir ce que c'est?

LE MAÎTRE DE MUSIQUE.

Vous l'allez entendre avec le dialogue, quand il viendra; il ne tardera guère.

LE MAÎTRE A DANSER.

Nos occupations, à vous et à moi, ne sont pas petites maintenant.

LE MAÎTRE DE MUSIQUE.

Il est vrai : nous avons trouvé ici un homme comme il nous le faut à tous deux. Ce nous est une douce rente que ce monsieur Jourdain, avec les visions de noblesse et de galanterie qu'il est allé se mettre en tête; et votre danse et ma musique auraient à souhaiter que tout le monde lui ressemblât.

LE MAÎTRE A DANSER.

Non pas entièrement; et je voudrais, pour lui, qu'il se connût mieux qu'il ne fait aux choses que nous lui donnons.

LE MAÎTRE DE MUSIQUE.

Il est vrai qu'il les connaît mal, mais il les paye

9.

bien ; et c'est de quoi maintenant nos arts ont plus besoin que de toute autre chose.

#### LE MAÎTRE A DANSER.

Pour moi, je vous l'avoue, je me repais un peu de gloire. Les applaudissements me touchent, et je tiens que, dans tous les beaux-arts, c'est un supplice assez fâcheux que de se produire à des sots, que d'essuyer, sur des compositions, la barbarie d'un stupide. Il y a plaisir, ne m'en parlez point, à travailler pour des personnes qui soient capables de sentir les délicatesses d'un art, qui sachent faire un doux accueil aux beautés d'un ouvrage, et par de chatouillantes approbations vous régaler de votre travail. Oui, la récompense la plus agréable qu'on puisse recevoir des choses que l'on fait, c'est de les voir connues, de les voir caressées d'un applaudissement qui vous honore. Il n'y a rien, à mon avis, qui nous paye mieux que cela de toutes nos fatigues ; et ce sont des douceurs exquises que des louanges éclairées.

#### LE MAÎTRE DE MUSIQUE.

J'en demeure d'accord, et je les goûte comme vous. Il n'y a rien assurément qui chatouille davantage que les applaudissements que vous dites ; mais cet encens ne fait pas vivre. Des louanges toutes pures ne mettent point un homme à son aise : il y faut mêler du solide ; et la meilleure façon de louer, c'est de louer avec les mains. C'est un homme, à la vérité, dont les lumières sont petites, qui parle à tort et à travers de toutes choses, et n'applaudit qu'à contre-sens ; mais son argent redresse les jugements de son esprit, il a du discernement dans sa bourse, ses louanges sont monnayées : et ce bourgeois ignorant nous vaut mieux, comme vous voyez, que le grand seigneur éclairé qui nous a introduits ici.

###### LE MAÎTRE A DANSER.

Il y a quelque chose de vrai dans ce que vous dites; mais je trouve que vous appuyez un peu trop sur l'argent; et l'intérêt est quelque chose de si bas, qu'il ne faut jamais qu'un honnête homme montre pour lui de l'attachement.

###### LE MAÎTRE DE MUSIQUE.

Vous recevez fort bien pourtant l'argent que notre homme vous donne.

###### LE MAÎTRE A DANSER.

Assurément; mais je n'en fais pas tout mon bonheur; et je voudrais qu'avec son bien il eût encore quelque bon goût des choses.

###### LE MAÎTRE DE MUSIQUE.

Je le voudrais aussi; et c'est à quoi nous travaillons tous deux autant que nous pouvons. Mais, en tout cas, il nous donne moyen de nous faire connaître dans le monde; et il payera pour les autres ce que les autres loueront pour lui.

###### LE MAÎTRE A DANSER.

Le voilà qui vient.

## SCÈNE II.

M. JOURDAIN, *en robe de chambre et en bonnet de nuit;* LE MAÎTRE DE MUSIQUE, LE MAÎTRE A DANSER, L'ÉLÈVE *du maître de musique,* UNE MUSICIENNE, DES MUSICIENS, DES DANSEURS, DEUX LAQUAIS.

###### M. JOURDAIN.

Eh bien, messieurs! Qu'est-ce? Me ferez-vous voir votre petite drôlerie?

LE MAÎTRE A DANSER.

Comment! quelle petite drôlerie?

M. JOURDAIN.

Hé! la... Comment appelez-vous cela? Votre prologue ou dialogue de chansons et de danse.

LE MAÎTRE A DANSER.

Ah! ah!

LE MAÎTRE DE MUSIQUE.

Vous nous y voyez préparés.

M. JOURDAIN.

Je vous ai fait un peu attendre; mais c'est que je me fais habiller aujourd'hui comme les gens de qualité; et mon tailleur m'a envoyé des bas de soie que j'ai pensé ne mettre jamais.

LE MAÎTRE DE MUSIQUE.

Nous ne sommes ici que pour attendre votre loisir.

M. JOURDAIN.

Je vous prie tous deux de ne vous point en aller qu'on ne m'ait apporté mon habit, afin que vous me puissiez voir.

LE MAÎTRE A DANSER.

Tout ce qu'il vous plaira.

M. JOURDAIN.

Vous me verrez équipé comme il faut, depuis les pieds jusqu'à la tête.

LE MAÎTRE DE MUSIQUE.

Nous n'en doutons point.

M. JOURDAIN.

Je me suis fait faire cette indienne-ci.

LE MAÎTRE A DANSER.

Elle est fort belle.

M. JOURDAIN.

Mon tailleur m'a dit que les gens de qualité étaient comme cela le matin.

LE MAÎTRE DE MUSIQUE.

Cela vous sied à merveille.

M. JOURDAIN.

Laquais! holà, mes deux laquais!

PREMIER LAQUAIS.

Que voulez-vous, monsieur?

M. JOURDAIN.

Rien. C'est pour voir si vous m'entendez bien. (*Au maître de musique et au maître à danser.*) Que dites-vous de mes livrées?

LE MAÎTRE A DANSER.

Elles sont magnifiques.

M. JOURDAIN *entr'ouvrant sa robe et faisant voir son haut-de-chausses étroit, de velours rouge, et sa camisole de velours vert.*

Voici encore un petit déshabillé pour faire le matin mes exercices.

LE MAÎTRE DE MUSIQUE.

Il est galant.

M. JOURDAIN.

Laquais!

PREMIER LAQUAIS.

Monsieur?

M. JOURDAIN.

L'autre laquais!

SECOND LAQUAIS.

Monsieur!

M. JOURDAIN, *ôtant sa robe de chambre.*

Tenez ma robe. (*Au maître de musique et au maître à danser.*) Me trouvez-vous bien comme cela?

###### LE MAÎTRE A DANSER.
Fort bien; on ne peut pas mieux.

###### M. JOURDAIN.
Voyons un peu votre affaire.

###### LE MAÎTRE DE MUSIQUE.
Je voudrais bien auparavant vous faire entendre un air (*montrant son élève*) qu'il vient de composer pour la sérénade que vous m'avez demandée. C'est un de mes écoliers, qui a pour ces sortes de choses un talent admirable.

###### M. JOURDAIN.
Oui, mais il ne fallait pas faire faire cela par un écolier; et vous n'étiez pas trop bon vous-même pour cette besogne-là.

###### LE MAÎTRE DE MUSIQUE.
Il ne faut pas, monsieur, que le nom d'écolier vous abuse. Ces sortes d'écoliers en savent autant que les plus grands maîtres; et l'air est aussi beau qu'il s'en puisse faire. Écoutez seulement.

###### M. JOURDAIN, *à ses laquais.*
Donnez-moi ma robe pour mieux entendre... Attendez, je crois que je serai mieux sans robe. Non, redonnez-la-moi; cela ira mieux.

###### LA MUSICIENNE.
Je languis nuit et jour, et mon mal est extrême,
Depuis qu'à vos rigueurs vos beaux yeux m'ont soumis.
Si vous traitez ainsi, belle Iris, qui vous aime,
Hélas! que pourriez-vous faire à vos ennemis?

###### M. JOURDAIN.
Cette chanson me semble un peu lugubre; elle endort, et je voudrais que vous la pussiez un peu ragaillardir par-ci par-là.

LE MAÎTRE DE MUSIQUE.

Il faut, monsieur, que l'air soit accommodé aux paroles.

M. JOURDAIN.

On m'en apprit un tout à fait joli, il y a quelque temps. Attendez... la... Comment est-ce qu'il dit?

LE MAÎTRE A DANSER.

Par ma foi, je ne sais.

M. JOURDAIN.

Il y a du mouton dedans.

LE MAÎTRE A DANSER.

Du mouton?

M. JOURDAIN.

Oui. Ah! (*Il chante.*)

>Je croyais Jeanneton
>Aussi douce que belle;
>Je croyais Jeanneton
>Plus douce qu'un mouton.
>Hélas! hélas! elle est cent fois,
>Mille fois plus cruelle
>Que n'est le tigre aux bois.

N'est-il pas joli?

LE MAÎTRE DE MUSIQUE.

Le plus joli du monde.

LE MAÎTRE A DANSER.

Et vous le chantez bien.

M. JOURDAIN.

C'est sans avoir appris la musique.

LE MAÎTRE DE MUSIQUE.

Vous devriez l'apprendre, monsieur, comme vous faites la danse. Ce sont deux arts qui ont une étroite liaison ensemble.

LE MAÎTRE A DANSER.

Et qui ouvrent l'esprit d'un homme aux belles choses.

M. JOURDAIN.

Est-ce que les gens de qualité apprennent aussi la musique?

LE MAÎTRE DE MUSIQUE.

Oui, monsieur.

M. JOURDAIN.

Je l'apprendrai donc. Mais je ne sais quel temps je pourrai prendre ; car, outre le maître d'armes qui me montre, j'ai arrêté encore un maître de philosophie qui doit commencer ce matin.

LE MAÎTRE DE MUSIQUE.

La philosophie est quelque chose ; mais la musique, monsieur, la musique...

LE MAÎTRE A DANSER.

La musique et la danse... La musique et la danse, c'est là tout ce qu'il faut.

LE MAÎTRE DE MUSIQUE.

Il n'y a rien qui soit si utile dans un État que la musique.

LE MAÎTRE A DANSER.

Il n'y a rien qui soit si nécessaire aux hommes que la danse.

LE MAÎTRE DE MUSIQUE.

Sans la musique, un État ne peut subsister.

LE MAÎTRE A DANSER.

Sans la danse, un homme ne saurait rien faire.

LE MAÎTRE DE MUSIQUE.

Tous les désordres, toutes les guerres qu'on voit

dans le monde, n'arrivent que pour n'apprendre pas la musique.

### LE MAÎTRE A DANSER.

Tous les malheurs des hommes, tous les revers funestes dont les histoires sont remplies, les bévues des politiques, et les manquements des grands capitaines, tout cela n'est venu que faute de savoir danser.

### M. JOURDAIN.

Comment cela?

### LE MAÎTRE DE MUSIQUE.

La guerre ne vient-elle pas d'un manque d'union entre les hommes?

### M. JOURDAIN.

Cela est vrai.

### LE MAÎTRE DE MUSIQUE.

Et si tous les hommes apprenaient la musique, ne serait-ce pas le moyen de s'accorder ensemble, et de voir dans le monde la paix universelle?

### M. JOURDAIN.

Vous avez raison.

### LE MAÎTRE A DANSER.

Lorsqu'un homme a commis un manquement dans sa conduite, soit aux affaires de sa famille, ou au gouvernement d'un État, ou au commandement d'une armée, ne dit-on pas toujours : Un tel a fait un mauvais pas dans telle affaire?

### M. JOURDAIN.

Oui, on dit cela.

### LE MAÎTRE A DANSER.

Et faire un mauvais pas peut-il procéder d'autre chose que de ne savoir pas danser?

**M. JOURDAIN.**

Cela est vrai, et vous avez raison tous deux.

**LE MAÎTRE A DANSER.**

C'est pour vous faire voir l'excellence et l'utilité de la danse et de la musique.

**M. JOURDAIN.**

Je comprends cela à cette heure.

**LE MAÎTRE DE MUSIQUE.**

Voulez-vous voir nos deux affaires?

**M. JOURDAIN.**

Oui.

**LE MAÎTRE DE MUSIQUE.**

Je vous l'ai déjà dit, c'est un petit essai que j'ai fait autrefois des diverses passions que peut exprimer la musique.

**M. JOURDAIN.**

Fort bien.

**LE MAÎTRE DE MUSIQUE**, *aux musiciens.*

Allons, avancez. (*A M. Jourdain.*) Il faut vous figurer qu'ils sont habillés en bergers.

**M. JOURDAIN.**

Pourquoi toujours des bergers? on ne voit que cela partout.

**LE MAÎTRE A DANSER.**

Lorsqu'on a des personnes à faire parler en musique, il faut bien que, pour la vraisemblance, on donne dans la bergerie. Le chant a été de tout temps affecté aux bergers; et il n'est guère naturel, en dialogue, que des princes ou des bourgeois chantent leurs passions.

**M. JOURDAIN.**

Passe, passe. Voyons. (*Les musiciens chantent.*)

M. JOURDAIN, *après avoir écouté quelque temps.*
Est-ce tout ?

LE MAÎTRE DE MUSIQUE.
Oui.

M. JOURDAIN.
Je trouve cela bien troussé, et il y a là-dedans de petits dictons assez jolis.

LE MAÎTRE A DANSER.
Voici, pour mon affaire, un petit essai des plus beaux mouvements et des plus belles attitudes dont une danse puisse être variée.

M. JOURDAIN.
Sont-ce encore des bergers ?

LE MAÎTRE A DANSER.
C'est ce qu'il vous plaira. (*Aux danseurs.*) Allons.

Quatre danseurs exécutent tous les mouvements différents et toutes les sortes de pas que le maître à danser leur commande.

## ACTE DEUXIÈME.

### SCÈNE I.

M. JOURDAIN, LE MAÎTRE DE MUSIQUE, LE MAÎTRE A DANSER.

M. JOURDAIN.
Voilà qui n'est point sot; et ces gens-là se trémoussent bien.

#### LE MAÎTRE DE MUSIQUE.

Lorsque la danse sera mêlée avec la musique, cela fera plus d'effet encore; et vous verrez quelque chose de galant dans le petit ballet que nous avons ajusté pour vous.

#### M. JOURDAIN.

C'est pour tantôt, au moins; et la personne pour qui j'ai fait faire tout cela me doit faire l'honneur de venir dîner céans.

#### LE MAÎTRE A DANSER.

Tout est prêt.

#### LE MAÎTRE DE MUSIQUE.

Au reste, monsieur, ce n'est pas assez : il faut qu'une personne comme vous, qui êtes magnifique, et qui avez de l'inclination pour les belles choses, ait un concert de musique chez soi tous les mercredis ou tous les jeudis.

#### M. JOURDAIN.

Est-ce que les gens de qualité en ont?

#### LE MAÎTRE DE MUSIQUE.

Oui, monsieur.

#### M. JOURDAIN.

J'en aurai donc. Cela sera-t-il beau?

#### LE MAÎTRE DE MUSIQUE.

Sans doute. Il vous faudra trois voix, un dessus, une haute-contre et une basse, qui seront accompagnées d'une basse de viole, d'un téorbe et d'un clavecin pour les basses continues, avec deux dessus de violon pour jouer les ritournelles.

#### M. JOURDAIN.

Il y faudra mettre aussi une trompette marine. La trompette marine est un instrument qui me plaît, et qui est harmonieux.

LE MAÎTRE DE MUSIQUE.
Laissez-nous gouverner les choses.

M. JOURDAIN.
Au moins, n'oubliez pas tantôt de m'envoyer des musiciens pour chanter à table.

LE MAÎTRE DE MUSIQUE.
Vous aurez tout ce qu'il vous faut.

M. JOURDAIN.
Mais, surtout, que le ballet soit beau.

LE MAÎTRE DE MUSIQUE.
Vous en serez content, et, entre autres choses, de certains menuets que vous y verrez.

M. JOURDAIN.
Ah! les menuets sont ma danse, et je veux que vous me les voyiez danser. Allons, mon maître.

LE MAÎTRE A DANSER.
Un chapeau, monsieur, s'il vous plaît. (*M. Jourdain va prendre le chapeau de son laquais et le met par-dessus son bonnet de nuit. Son maître lui prend les mains, et le fait danser sur un air de menuet qu'il chante.*) La, la, la, la, la, la; la, la, la, la, la, la, la; la, la, la, la, la, la; la, la, la, la, la, la; la, la, la, la, la. En cadence, s'il vous plaît. La, la, la, la, la. La jambe droite, la, la, la. Ne remuez point tant les épaules. La, la, la, la, la, la, la, la, la, la. Vos deux bras sont estropiés. La, la, la, la, la. Haussez la tête. Tournez la pointe du pied en dehors. La, la, la. Dressez votre corps.

M. JOURDAIN.
Hé!

LE MAÎTRE DE MUSIQUE.
Voilà qui est le mieux du monde.

**M. JOURDAIN.**

A propos, apprenez-moi comme il faut faire une révérence pour saluer une marquise; j'en aurai besoin tantôt.

**LE MAÎTRE A DANSER.**

Une révérence pour saluer une marquise?

**M. JOURDAIN.**

Oui, une marquise qui s'appelle Dorimène.

**LE MAÎTRE A DANSER.**

Donnez-moi la main.

**M. JOURDAIN.**

Non. Vous n'avez qu'à faire; je le retiendrai bien.

**LE MAÎTRE A DANSER.**

Si vous voulez la saluer avec beaucoup de respect, il faut faire d'abord une révérence en arrière, puis marcher vers elle avec trois révérences en avant, et à la dernière vous baisser jusqu'à ses genoux.

**M. JOURDAIN.**

Faites un peu. (*Après que le maître à danser a fait trois révérences.*) Bon.

### SCÈNE II.

**M. JOURDAIN, LE MAÎTRE DE MUSIQUE, LE MAÎTRE A DANSER, UN LAQUAIS.**

**LE LAQUAIS.**

Monsieur, voilà votre maître d'armes qui est là.

**M. JOURDAIN.**

Dis-lui qu'il entre ici pour me donner leçon. (*Au*

*maître de musique et au maître à danser.*) Je veux que vous me voyiez faire.

## SCÈNE III.

**M. JOURDAIN, UN MAÎTRE D'ARMES, LE MAÎTRE DE MUSIQUE, LE MAÎTRE A DANSER, UN LAQUAIS** *tenant deux fleurets.*

**LE MAÎTRE D'ARMES**, *après avoir pris les deux fleurets de la main du laquais et en avoir présenté un à M. Jourdain.*

Allons, monsieur, la révérence. Votre corps droit. Un peu penché sur la cuisse gauche. Les jambes point tant écartées. Vos pieds sur une même ligne. Votre poignet à l'opposite de votre hanche. La pointe de votre épée vis-à-vis de votre épaule. Le bras pas tout à fait si tendu. La main gauche à la hauteur de l'œil. L'épaule gauche plus carrée. La tête droite. Le regard assuré. Avancez. Le corps ferme. Touchez-moi l'épée de quarte, et achevez de même. Une, deux. Remettez-vous. Redoublez de pied ferme. Un saut en arrière. Quand vous portez la botte, monsieur, il faut que l'épée parte la première et que le corps soit bien effacé. Une, deux. Allons, touchez-moi l'épée de tierce, et achevez de même. Avancez. Le corps ferme. Avancez. Partez de là. Une, deux. Remettez-vous. Redoublez. Une, deux. Un saut en arrière. En garde, monsieur, en garde. (*Le maître d'armes lui pousse deux ou trois bottes, en lui disant : En garde.*)

M. JOURDAIN.

Hé !

LE MAÎTRE DE MUSIQUE.

Vous faites des merveilles.

LE MAÎTRE D'ARMES.

Je vous l'ai déjà dit, tout le secret des armes ne consiste qu'en deux choses, à donner et à ne point recevoir; et, comme je vous fis voir l'autre jour par raison démonstrative, il est impossible que vous receviez si vous savez détourner l'épée de votre ennemi de la ligne de votre corps; ce qui ne dépend seulement que d'un petit mouvement du poignet, ou en dedans, ou en dehors.

M. JOURDAIN.

De cette façon donc, un homme, sans avoir du cœur, est sûr de tuer son homme, et de n'être point tué?

LE MAÎTRE D'ARMES.

Sans doute; n'en vîtes-vous pas la démonstration?

M. JOURDAIN.

Oui.

LE MAÎTRE D'ARMES.

Et c'est en quoi l'on voit de quelle considération, nous autres, nous devons être dans un État; et combien la science des armes l'emporte hautement sur toutes les autres sciences inutiles, comme la danse, la musique, la...

LE MAÎTRE A DANSER.

Tout beau, monsieur le tireur d'armes! ne parlez de la danse qu'avec respect.

LE MAÎTRE DE MUSIQUE.

Apprenez, je vous prie, à mieux traiter l'excellence de la musique.

### LE MAÎTRE D'ARMES.

Vous êtes de plaisantes gens, de vouloir comparer vos sciences à la mienne!

### LE MAÎTRE DE MUSIQUE.

Voyez un peu l'homme d'importance!

### LE MAÎTRE A DANSER.

Voilà un plaisant animal, avec son plastron!

### LE MAÎTRE D'ARMES.

Mon petit maître à danser, je vous ferais danser comme il faut. Et vous, mon petit musicien, je vous ferais chanter de la belle manière.

### LE MAÎTRE A DANSER.

Monsieur le batteur de fer, je vous apprendrai votre métier.

### M. JOURDAIN, *au maître à danser.*

Êtes-vous fou de l'aller quereller, lui qui entend la tierce et la quarte, et qui sait tuer un homme par raison démonstrative?

### LE MAÎTRE A DANSER.

Je me moque de sa raison démonstrative, et de sa tierce, et de sa quarte.

### M. JOURDAIN, *au maître à danser.*

Tout doux, vous dis-je!

### LE MAÎTRE D'ARMES, *au maître à danser.*

Comment! petit impertinent!

### M. JOURDAIN.

Hé! mon maître d'armes!

### LE MAÎTRE A DANSER, *au maître d'armes.*

Comment! grand cheval de carrosse!

### M. JOURDAIN.

Hé! mon maître à danser!

LE MAÎTRE D'ARMES.

Si je me jette sur vous...

M. JOURDAIN, *au maître d'armes.*

Doucement!

LE MAÎTRE A DANSER.

Si je mets sur vous la main...

M. JOURDAIN, *au maître à danser.*

Tout beau!

LE MAÎTRE D'ARMES.

Je vous étrillerai d'un air...

M. JOURDAIN, *au maître d'armes.*

De grâce!

LE MAÎTRE A DANSER.

Je vous rosserai d'une manière...

M. JOURDAIN, *au maître à danser.*

Je vous prie...

LE MAÎTRE DE MUSIQUE.

Laissez-nous un peu lui apprendre à parler.

M. JOURDAIN, *au maître de musique.*

Mon Dieu, arrêtez-vous!

SCÈNE IV.

UN MAÎTRE DE PHILOSOPHIE, M. JOURDAIN, LE MAÎTRE DE MUSIQUE, LE MAÎTRE A DANSER, LE MAÎTRE D'ARMES, UN LAQUAIS.

M. JOURDAIN.

Holà! monsieur le philosophe, vous arrivez tout à propos avec votre philosophie. Venez un peu mettre la paix entre ces personnes-ci.

##### LE MAÎTRE DE PHILOSOPHIE.

Qu'est-ce donc? qu'y a-t-il, messieurs?

##### M. JOURDAIN.

Ils se sont mis en colère pour la préférence de leurs professions, jusqu'à se dire des injures et en vouloir venir aux mains.

##### LE MAÎTRE DE PHILOSOPHIE.

Eh quoi! messieurs, faut-il s'emporter de la sorte? et n'avez-vous point lu le docte traité que Sénèque a composé de la colère? Y a-t-il rien de plus bas et de plus honteux que cette passion, qui fait d'un homme une bête féroce? et la raison ne doit-elle pas être maîtresse de tous nos mouvements?

##### LE MAÎTRE A DANSER.

Comment, monsieur! il vient nous dire des injures à tous deux, en méprisant la danse que j'exerce et la musique dont il fait profession!

##### LE MAÎTRE DE PHILOSOPHIE.

Un homme sage est au-dessus de toutes les injures qu'on lui peut dire; et la grande réponse qu'on doit faire aux outrages, c'est la modération et la patience.

##### LE MAÎTRE D'ARMES.

Ils ont tous deux l'audace de vouloir comparer leurs professions à la mienne!

##### LE MAÎTRE DE PHILOSOPHIE.

Faut-il que cela vous émeuve! Ce n'est pas de vaine gloire et de condition que les hommes doivent disputer entre eux; et ce qui nous distingue parfaitement les uns des autres, c'est la sagesse et la vertu.

LE MAÎTRE A DANSER.

Je lui soutiens que la danse est une science à laquelle on ne peut faire assez d'honneur.

LE MAÎTRE DE MUSIQUE.

Et moi, que la musique en est une que tous les siècles ont révérée.

LE MAÎTRE D'ARMES.

Et moi, je leur soutiens à tous deux que la science de tirer des armes est la plus belle et la plus nécessaire de toutes les sciences.

LE MAÎTRE DE PHILOSOPHIE.

Et que sera donc la philosophie? Je vous trouve tous trois bien impertinents de parler devant moi avec cette arrogance, et de donner impudemment le nom de science à des choses que l'on ne doit pas même honorer du nom d'art, et qui ne peuvent être comprises que sous le nom de métier misérable de gladiateur, de chanteur et de baladin!

LE MAÎTRE D'ARMES.

Allez, philosophe de chien.

LE MAÎTRE DE MUSIQUE.

Allez, bélître de pédant.

LE MAÎTRE A DANSER.

Allez, cuistre fieffé.

LE MAÎTRE DE PHILOSOPHIE.

Comment! marauds que vous êtes... (*Le philosophe se jette sur eux, et tous trois le chargent de coups.*)

M. JOURDAIN.

Monsieur le philosophe!

### LE MAÎTRE DE PHILOSOPHIE.
Infâmes, coquins, insolents!

### M. JOURDAIN.
Monsieur le philosophe!

### LE MAÎTRE D'ARMES.
La peste de l'animal!

### M. JOURDAIN.
Messieurs!

### LE MAÎTRE DE PHILOSOPHIE.
Impudents!

### M. JOURDAIN.
Monsieur le philosophe!

### LE MAÎTRE A DANSER.
Diantre soit de l'âne bâté!

### M. JOURDAIN.
Messieurs!

### LE MAÎTRE DE PHILOSOPHIE.
Scélérats!

### M. JOURDAIN.
Monsieur le philosophe!

### LE MAÎTRE DE MUSIQUE.
Au diable l'impertinent!

### M. JOURDAIN.
Messieurs!

### LE MAÎTRE DE PHILOSOPHIE.
Fripons, gueux, traîtres, imposteurs!

### M. JOURDAIN.
Monsieur le philosophe! Messieurs! Monsieur le philosophe! Messieurs! Monsieur le philosophe! (*Ils sortent en se battant.*)

## SCÈNE V.

**M. JOURDAIN, UN LAQUAIS.**

### M. JOURDAIN.

Oh! battez-vous tant qu'il vous plaira : je n'y saurais que faire, et je n'irai pas gâter ma robe pour vous séparer. Je serais bien fou de m'aller fourrer parmi eux, pour recevoir quelque coup qui me ferait mal.

## SCÈNE VI.

**LE MAÎTRE DE PHILOSOPHIE, M. JOURDAIN, UN LAQUAIS.**

LE MAÎTRE DE PHILOSOPHIE, *raccommodant son collet.*
Venons à notre leçon.

### M. JOURDAIN.

Ah! monsieur, je suis fâché des coups qu'ils vous ont donnés.

### LE MAÎTRE DE PHILOSOPHIE.

Cela n'est rien. Un philosophe sait recevoir comme il faut les choses; et je vais composer contre eux une satire du style de Juvénal, qui les déchirera de la belle façon. Laissons cela. Que voulez-vous apprendre?

### M. JOURDAIN.

Tout ce que je pourrai, car j'ai toutes les envies du monde d'être savant; et j'enrage que mon père et ma mère ne m'aient pas fait bien étudier dans toutes les sciences, quand j'étais jeune.

### LE MAÎTRE DE PHILOSOPHIE.

Ce sentiment est raisonnable; *nam, sine doctrina,*

*vita est quasi mortis imago.* Vous entendez cela, et vous savez le latin, sans doute?

###### M. JOURDAIN.

Oui; mais faites comme si je ne le savais pas. Expliquez-moi ce que cela veut dire.

###### LE MAÎTRE DE PHILOSOPHIE.

Cela veut dire que, *sans la science, la vie est presque une image de la mort.*

###### M. JOURDAIN.

Ce latin-là a raison.

###### LE MAÎTRE DE PHILOSOPHIE.

N'avez-vous point quelques principes, quelques commencements des sciences?

###### M. JOURDAIN.

Oh! oui, je sais lire et écrire.

###### LE MAÎTRE DE PHILOSOPHIE.

Par où vous plaît-il que nous commencions? Voulez-vous que je vous apprenne la logique?

###### M. JOURDAIN.

Qu'est-ce que c'est que cette logique?

###### LE MAÎTRE DE PHILOSOPHIE.

C'est elle qui enseigne les trois opérations de l'esprit.

###### M. JOURDAIN.

Qui sont-elles, ces trois opérations de l'esprit?

###### LE MAÎTRE DE PHILOSOPHIE.

La première, la seconde et la troisième. La première est de bien concevoir, par le moyen des universaux; la seconde, de bien juger, par le moyen des catégories; et la troisième, de bien tirer une conséquence, par le moyen des figures : *Barbara, Celarent, Darii, Ferio, Baralipton*[1], *etc.*

#### M. JOURDAIN.

Voilà des mots qui sont trop rébarbatifs. Cette logique-là ne me revient point. Apprenons autre chose qui soit plus joli.

#### LE MAÎTRE DE PHILOSOPHIE.

Voulez-vous apprendre la morale?

#### M. JOURDAIN.

La morale?

#### LE MAÎTRE DE PHILOSOPHIE.

Oui.

#### M. JOURDAIN.

Qu'est-ce qu'elle dit, cette morale?

#### LE MAÎTRE DE PHILOSOPHIE.

Elle traite de la félicité, enseigne aux hommes à modérer leurs passions, et...

#### M. JOURDAIN.

Non; laissons cela. Je suis bilieux comme tous les diables, et il n'y a morale qui tienne : je me veux mettre en colère tout mon soûl, quand il m'en prend envie.

#### LE MAÎTRE DE PHILOSOPHIE.

Est-ce la physique que vous voulez apprendre?

#### M. JOURDAIN.

Qu'est-ce qu'elle chante, cette physique?

#### LE MAÎTRE DE PHILOSOPHIE.

La physique est celle qui explique les principes

---

[1]. Anciens termes de logique qui, n'ayant aucun sens par eux-mêmes, servaient à désigner dans les écoles les différents modes de syllogismes réguliers.

des choses naturelles et les propriétés des corps; qui discourt de la nature des éléments, des métaux, des minéraux, des pierres, des plantes et des animaux, et nous enseigne les causes de tous les météores, l'arc-en-ciel, les feux volants, les comètes, les éclairs, le tonnerre, la foudre, la pluie, la neige, la grêle, les vents et les tourbillons.

M. JOURDAIN.

Il y a trop de tintamarre là-dedans, trop de brouillamini.

LE MAÎTRE DE PHILOSOPHIE.

Que voulez-vous donc que je vous apprenne?

M. JOURDAIN.

Apprenez-moi l'orthographe.

LE MAÎTRE DE PHILOSOPHIE.

Très volontiers.

M. JOURDAIN.

Après, vous m'apprendrez l'almanach, pour savoir quand il y a de la lune et quand il n'y en a point.

LE MAÎTRE DE PHILOSOPHIE.

Soit. Pour bien suivre votre pensée, et traiter cette matière en philosophe, il faut commencer, selon l'ordre des choses, par une exacte connaissance de la nature des lettres et de la différente manière de les prononcer toutes. Et là-dessus j'ai à vous dire que les lettres sont divisées en voyelles, ainsi dites voyelles, parce qu'elles expriment les voix, et en consonnes, ainsi appelées consonnes, parce qu'elles sonnent avec les voyelles et ne font que marquer les diverses articulations des voix. Il y a cinq voyelles ou voix: A, E, I, O, U.

M. JOURDAIN.

J'entends tout cela.

##### LE MAÎTRE DE PHILOSOPHIE.
La voix A se forme en ouvrant fort la bouche : A.

##### M. JOURDAIN.
A, A. Oui.

##### LE MAÎTRE DE PHILOSOPHIE.
La voix E se forme en rapprochant la mâchoire d'en bas de celle d'en haut : A, E.

##### M. JOURDAIN.
A, E; A, E. Ma foi, oui. Ah! que cela est beau!

##### LE MAÎTRE DE PHILOSOPHIE.
Et la voix I, en rapprochant encore davantage les mâchoires l'une de l'autre et écartant les deux coins de la bouche vers les oreilles : A, E, I.

##### M. JOURDAIN.
A, E, I, I, I, I. Cela est vrai. Vive la science!

##### LE MAÎTRE DE PHILOSOPHIE.
La voix O se forme en rouvrant les mâchoires, et rapprochant les lèvres par les deux coins, le haut et le bas : O.

##### M. JOURDAIN.
O, O. Il n'y a rien de plus juste : A, E, I, O, I, O. Cela est admirable! I, O; I, O.

##### LE MAÎTRE DE PHILOSOPHIE.
L'ouverture de la bouche fait justement comme un petit rond qui représente un O.

##### M. JOURDAIN.
O, O, O. Vous avez raison. O. Ah! la belle chose que de savoir quelque chose!

##### LE MAÎTRE DE PHILOSOPHIE.
La voix U se forme en rapprochant les dents sans les joindre entièrement, et allongeant les deux lè-

vres en dehors, les approchant aussi l'une de l'autre sans les joindre tout à fait : U.

### M. JOURDAIN.

U, U. Il n'y a rien de plus véritable : U.

### LE MAÎTRE DE PHILOSOPHIE.

Vos deux lèvres s'allongent comme si vous faisiez la moue : d'où vient que si vous la voulez faire à quelqu'un et vous moquer de lui, vous ne sauriez lui dire que U.

### M. JOURDAIN.

U, U. Cela est vrai. Ah! que n'ai-je étudié plus tôt, pour savoir tout cela!

### LE MAÎTRE DE PHILOSOPHIE.

Demain, nous verrons les autres lettres, qui sont les consonnes.

### M. JOURDAIN.

Est-ce qu'il y a des choses aussi curieuses qu'à celles-ci?

### LE MAÎTRE DE PHILOSOPHIE.

Sans doute. La consonne D, par exemple, se prononce en donnant du bout de la langue au-dessus des dents d'en haut : DA.

### M. JOURDAIN.

DA, DA. Oui! Ah! les belles choses! les belles choses!

### LE MAÎTRE DE PHILOSOPHIE.

L'F, en appuyant les dents d'en haut sur la lèvre de dessous : FA.

### M. JOURDAIN.

FA, FA. C'est la vérité. Ah! mon père et ma mère, que je vous veux de mal!

LE MAÎTRE DE PHILOSOPHIE.

Et l'R, en portant le bout de la langue jusqu'au haut du palais; de sorte qu'étant frôlée par l'air qui sort avec force, elle lui cède, et revient toujours au même endroit, faisant une manière de tremblement : R, RA.

M. JOURDAIN.

R, R, RA; R, R, R, R, R, RA. Cela est vrai. Ah! l'habile homme que vous êtes, et que j'ai perdu de temps! R, R, R, RA.

LE MAÎTRE DE PHILOSOPHIE.

Je vous expliquerai à fond toutes ces curiosités.

M. JOURDAIN.

Je vous en prie. Au reste, il faut que je vous fasse une confidence. Je suis amoureux d'une personne de grande qualité, et je souhaiterais que vous m'aidassiez à lui écrire quelque chose dans un petit billet que je veux laisser tomber à ses pieds.

LE MAÎTRE DE PHILOSOPHIE.

Fort bien!

M. JOURDAIN.

Cela sera galant, oui.

LE MAÎTRE DE PHILOSOPHIE.

Sans doute. Sont-ce des vers que vous lui voulez écrire?

M. JOURDAIN.

Non, non; point de vers.

LE MAÎTRE DE PHILOSOPHIE.

Vous ne voulez que de la prose?

M. JOURDAIN.

Non, je ne veux ni prose ni vers.

LE MAÎTRE DE PHILOSOPHIE.

Il faut bien que ce soit l'un ou l'autre.

M. JOURDAIN.

Pourquoi?

LE MAÎTRE DE PHILOSOPHIE.

Par la raison, monsieur, qu'il n'y a, pour s'exprimer, que la prose ou les vers.

M. JOURDAIN.

Il n'y a que la prose ou les vers?

LE MAÎTRE DE PHILOSOPHIE.

Non, monsieur. Tout ce qui n'est point prose est vers, et tout ce qui n'est point vers est prose.

M. JOURDAIN.

Et comme l'on parle, qu'est-ce que c'est donc que cela?

LE MAÎTRE DE PHILOSOPHIE.

De la prose.

M. JOURDAIN.

Quoi! quand je dis : Nicole, apportez-moi mes pantoufles et me donnez mon bonnet de nuit, c'est de la prose?

LE MAÎTRE DE PHILOSOPHIE.

Oui, monsieur.

M. JOURDAIN.

Par ma foi, il y a plus de quarante ans que je dis de la prose, sans que j'en susse rien; et je vous suis le plus obligé du monde de m'avoir appris cela. Je voudrais donc lui mettre dans un billet : *Belle marquise, vos beaux yeux me font mourir d'amour;* mais je voudrais que cela fût mis d'une manière galante, que cela fût tourné gentiment.

LE MAÎTRE DE PHILOSOPHIE.

Mettre que les feux de ses yeux réduisent votre cœur en cendres; que vous souffrez nuit et jour pour elle les violences d'un...

M. JOURDAIN.

Non, non, non; je ne veux point tout cela. Je ne veux que ce que je vous ai dit : *Belle marquise, vos beaux yeux me font mourir d'amour.*

LE MAÎTRE DE PHILOSOPHIE.

Il faut bien étendre un peu la chose.

M. JOURDAIN.

Non, vous dis-je. Je ne veux que ces seules paroles-là dans le billet, mais tournées à la mode, bien arrangées comme il faut. Je vous prie de me dire un peu, pour voir, les diverses manières dont on les peut mettre.

LE MAÎTRE DE PHILOSOPHIE.

On les peut mettre premièrement comme vous avez dit : *Belle marquise, vos beaux yeux me font mourir d'amour.* Ou bien : *D'amour mourir me font, belle marquise, vos beaux yeux.* Ou bien : *Vos yeux beaux d'amour me font, belle marquise, mourir.* Ou bien : *Mourir vos beaux yeux, belle marquise, d'amour me font.* Ou bien : *Me font vos yeux beaux mourir, belle marquise, d'amour.*

M. JOURDAIN.

Mais de toutes ces façons-là, laquelle est la meilleure?

LE MAÎTRE DE PHILOSOPHIE.

Celle que vous avez dite : *Belle marquise, vos beaux yeux me font mourir d'amour.*

M. JOURDAIN.

Cependant je n'ai point étudié, et j'ai fait cela

tout du premier coup. Je vous remercie de to
mon cœur, et vous prie de venir demain de bo
heure.
### LE MAÎTRE DE PHILOSOPHIE.
Je n'y manquerai pas.

## SCÈNE VII.

#### M. JOURDAIN, UN LAQUAIS.

### M. JOURDAIN, *à son laquais.*
Comment! mon habit n'est pas encore arrivé?
### LE LAQUAIS.
Non, monsieur.
### M. JOURDAIN.
Ce maudit tailleur me fait bien attendre pour un jour où j'ai tant d'affaires. J'enrage. Que la fièvre quartaine puisse le serrer bien fort, le bourreau de tailleur! Au diable le tailleur! la peste étouffe le tailleur! Si je le tenais maintenant, ce tailleur détestable, ce chien de tailleur-là, ce traître de tailleur, je...

## SCÈNE VIII.

#### M. JOURDAIN, UN MAÎTRE TAILLEUR, UN GARÇON TAILLEUR *portant l'habit de M. Jourdain,* UN LAQUAIS.

### M. JOURDAIN.
Ah! vous voilà! je m'allais mettre en colère contre vous.
### LE MAÎTRE TAILLEUR.
Je n'ai pas pu venir plus tôt, et j'ai mis vingt garçons après votre habit.

M. JOURDAIN.

Vous m'avez envoyé des bas de soie si étroits, que j'ai eu toutes les peines du monde à les mettre, et il y a déjà deux mailles de rompues.

LE MAÎTRE TAILLEUR.

Ils ne s'élargiront que trop.

M. JOURDAIN.

Oui, si je romps toujours des mailles. Vous m'avez aussi fait faire des souliers qui me blessent furieusement.

LE MAÎTRE TAILLEUR.

Point du tout, monsieur.

M. JOURDAIN.

Comment! point du tout?

LE MAÎTRE TAILLEUR.

Non, ils ne vous blessent point.

M. JOURDAIN.

Je vous dis qu'ils me blessent, moi.

LE MAÎTRE TAILLEUR.

Vous vous imaginez cela.

M. JOURDAIN.

Je me l'imagine parce que je le sens. Voyez la belle raison!

LE MAÎTRE TAILLEUR.

Tenez, voilà le plus bel habit de la cour, et le mieux assorti. C'est un chef-d'œuvre que d'avoir inventé un habit sérieux qui ne fût pas noir; et je le donne en six coups aux tailleurs les plus éclairés.

M. JOURDAIN.

Qu'est-ce que c'est que ceci? vous avez mis les fleurs en bas.

LE MAÎTRE TAILLEUR.

Vous ne m'avez pas dit que vous les vouliez en haut.

M. JOURDAIN.

Est-ce qu'il faut dire cela?

LE MAÎTRE TAILLEUR.

Oui, vraiment. Toutes les personnes de qualité les portent de la sorte.

M. JOURDAIN.

Les personnes de qualité portent les fleurs en bas?

LE MAÎTRE TAILLEUR.

Oui, monsieur.

M. JOURDAIN.

Oh! voilà qui est donc bien?

LE MAÎTRE TAILLEUR.

Si vous voulez, je les mettrai en haut.

M. JOURDAIN.

Non, non.

LE MAÎTRE TAILLEUR.

Vous n'avez qu'à dire.

M. JOURDAIN.

Non, vous dis-je; vous avez bien fait. Croyez-vous que l'habit m'aille bien?

LE MAÎTRE TAILLEUR.

Belle demande! Je défie un peintre, avec son pinceau, de vous faire rien de plus juste. J'ai chez moi un garçon qui, pour monter une rhingrave, est le plus grand génie du monde, et un autre qui, pour assembler un pourpoint, est le héros de notre temps.

M. JOURDAIN.

La perruque et les plumes sont-elles comme il faut?

LE MAÎTRE TAILLEUR.

Tout est bien.

M. JOURDAIN, *regardant le maître tailleur.*

Ah! ah! monsieur le tailleur, voilà de mon étoffe du dernier habit que vous m'avez fait. Je la reconnais bien.

LE MAÎTRE TAILLEUR.

C'est que l'étoffe me sembla si belle, que j'en ai voulu lever un habit pour moi.

M. JOURDAIN.

Oui; mais il ne fallait pas le lever avec le mien.

LE MAÎTRE TAILLEUR.

Voulez-vous mettre votre habit?

M. JOURDAIN.

Oui : donnez-le-moi.

LE MAÎTRE TAILLEUR.

Attendez. Cela ne va pas comme cela. J'ai amené des gens pour vous habiller en cadence; et ces sortes d'habits se mettent avec cérémonie. Holà! entrez, vous autres.

## SCÈNE IX.

M. JOURDAIN, LE MAÎTRE TAILLEUR, LE GARÇON TAILLEUR, GARÇONS TAILLEURS *dansants*, UN LAQUAIS.

LE MAÎTRE TAILLEUR, *à ses garçons.*

Mettez cet habit à monsieur, de la manière que vous faites aux personnes de qualité.

Les quatre garçons tailleurs dansants s'approchent de M. Jourdain. Deux lui arrachent le haut-de-chausses de ses exercices; les deux autres lui ôtent la camisole; après quoi, toujours en cadence, ils lui mettent son habit neuf. M. Jourdain se promène au milieu d'eux, et leur montre son habit pour voir s'il est bien.

### GARÇON TAILLEUR.

Mon gentilhomme, donnez, s'il vous plaît, aux garçons quelque chose pour boire.

### M. JOURDAIN.

Comment m'appelez-vous?

### GARÇON TAILLEUR.

Mon gentilhomme.

### M. JOURDAIN.

Mon gentilhomme! voilà ce que c'est que de se mettre en personne de qualité! Allez-vous-en demeurer toujours habillé en bourgeois, on ne vous dira point : Mon gentilhomme. (*Donnant de l'argent.*) Tenez, voilà pour Mon gentilhomme.

### GARÇON TAILLEUR.

Monseigneur, nous vous sommes bien obligés.

### M. JOURDAIN.

Monseigneur! Oh! oh! oh! Monseigneur! Attendez, mon ami; Monseigneur mérite quelque chose, et ce n'est pas une petite parole que Monseigneur! Tenez, voilà ce que Monseigneur vous donne.

### GARÇON TAILLEUR.

Monseigneur, nous allons boire tous à la santé de votre grandeur.

### M. JOURDAIN.

Votre grandeur! Oh! oh! oh! Attendez; ne vous en allez pas. A moi, votre grandeur! (*Bas, à part.*)

Ma foi, s'il va jusqu'à l'altesse, il aura toute la bourse. (*Haut.*) Tenez, voilà pour Ma grandeur.

###### GARÇON TAILLEUR.

Monseigneur, nous la remercions très humblement de ses libéralités.

###### M. JOURDAIN.

Il a bien fait, je lui allais tout donner.

## ACTE TROISIÈME.

#### SCÈNE I.

##### M. JOURDAIN, DEUX LAQUAIS.

###### M. JOURDAIN.

Suivez-moi, que j'aille un peu montrer mon habit par la ville; et surtout ayez soin tous deux de marcher immédiatement sur mes pas, afin qu'on voie bien que vous êtes à moi.

###### LAQUAIS.

Oui, monsieur.

###### M. JOURDAIN.

Appelez-moi Nicole, que je lui donne quelques ordres. Ne bougez : la voilà.

#### SCÈNE II.

##### M. JOURDAIN, NICOLE, DEUX LAQUAIS.

###### M. JOURDAIN.

Nicole.

NICOLE.

Plaît-il?

M. JOURDAIN.

Écoutez.

NICOLE, *riant*.

Hi, hi, hi, hi, hi.

M. JOURDAIN.

Qu'as-tu à rire?

NICOLE.

Hi, hi, hi, hi, hi, hi.

M. JOURDAIN.

Que veut dire cette coquine-là?

NICOLE.

Hi, hi, hi. Comme vous voilà bâti! Hi, hi, hi.

M. JOURDAIN.

Comment donc?

NICOLE.

Ah! ah! mon Dieu! Hi, hi, hi, hi.

M. JOURDAIN.

Quelle friponne est-ce là? Te moques-tu de moi?

NICOLE.

Nenni, monsieur; j'en serais bien fâchée. Hi, hi, hi, hi, hi, hi.

M. JOURDAIN.

Je te baillerai sur le nez, si tu ris davantage.

NICOLE.

Monsieur, je ne puis pas m'en empêcher. Hi, hi, hi, hi, hi, hi.

M. JOURDAIN.

Tu ne t'arrêteras pas?

NICOLE.

Monsieur, je vous demande pardon; mais vous

êtes si plaisant, que je ne saurais me tenir de rire. Hi, hi, hi.

#### M. JOURDAIN.

Mais voyez quelle insolence!

#### NICOLE.

Vous êtes tout à fait drôle comme cela. Hi, hi.

#### M. JOURDAIN.

Je te...

#### NICOLE.

Je vous prie de m'excuser. Hi, hi, hi, hi.

#### M. JOURDAIN.

Tiens, si tu ris encore le moins du monde, je te jure que je t'appliquerai sur la joue le plus grand soufflet qui se soit jamais donné.

#### NICOLE.

Eh bien! monsieur, voilà qui est fait : je ne rirai plus.

#### M. JOURDAIN.

Prends-y bien garde. Il faut que, pour tantôt, tu nettoies...

#### NICOLE.

Hi, hi.

#### M. JOURDAIN.

Que tu nettoies comme il faut...

#### NICOLE.

Hi, hi.

#### M. JOURDAIN.

Il faut, dis-je, que tu nettoies la salle, et...

#### NICOLE.

Hi, hi.

#### M. JOURDAIN.

Encore?

###### NICOLE, *tombant à force de rire.*

Tenez, monsieur, battez-moi plutôt, et me laissez rire tout mon soûl; cela me fera plus de bien. Hi, hi, hi, hi, hi.

###### M. JOURDAIN.

J'enrage!

###### NICOLE.

De grâce, monsieur, je vous prie de me laisser rire. Hi, hi, hi.

###### M. JOURDAIN.

Si je te prends...

###### NICOLE.

Monsieur...eur, je crèverai...ai, si je ne ris. Hi, hi, hi.

###### M. JOURDAIN.

Mais a-t-on jamais vu une pendarde comme celle-là, qui me vient rire insolemment au nez, au lieu de recevoir mes ordres!

###### NICOLE.

Que voulez-vous que je fasse, monsieur?

###### M. JOURDAIN.

Que tu songes, coquine, à préparer ma maison pour la compagnie qui doit venir tantôt.

###### NICOLE, *se relevant.*

Ah! par ma foi, je n'ai plus envie de rire; et toutes vos compagnies font tant de désordre céans, que ce mot est assez pour me mettre en mauvaise humeur.

###### M. JOURDAIN.

Ne dois-je point pour toi fermer ma porte à tout le monde?

###### NICOLE.

Vous devriez au moins la fermer à certaines gens.

## SCÈNE III.

#### MADAME JOURDAIN, M. JOURDAIN, NICOLE, DEUX LAQUAIS.

##### MADAME JOURDAIN.

Ah! ah! voici une nouvelle histoire! Qu'est-ce que c'est donc, mon mari, que cet équipage-là? Vous moquez-vous du monde, de vous être fait enharnacher de la sorte? et avez-vous envie qu'on se raille partout de vous?

##### M. JOURDAIN.

Il n'y a que des sots et des sottes, ma femme, qui se railleront de moi.

##### MADAME JOURDAIN.

Vraiment, on n'a pas attendu jusqu'à cette heure; et il y a longtemps que vos façons de faire donnent à rire à tout le monde.

##### M. JOURDAIN.

Qui est donc tout ce monde-là, s'il vous plaît?

##### MADAME JOURDAIN.

Tout ce monde-là est un monde qui a raison, et qui est plus sage que vous. Pour moi, je suis scandalisée de la vie que vous menez. Je ne sais plus ce que c'est que notre maison. On dirait qu'il est céans carême-prenant tous les jours; et dès le matin, de peur d'y manquer, on y entend des vacarmes de violons et de chanteurs dont tout le voisinage se trouve incommodé.

##### NICOLE.

Madame parle bien. Je ne saurais plus voir mon ménage propre avec cet attirail de gens que vous faites venir chez vous. Ils ont des pieds qui vont chercher de la boue dans tous les quartiers de la ville pour l'apporter ici; et la pauvre Françoise est presque sur les dents, à frotter les planchers que vos biaux maîtres viennent crotter régulièrement tous les jours.

M. JOURDAIN.

Ouais! notre servante Nicole, vous avez le caquet bien affilé pour une paysanne!

MADAME JOURDAIN.

Nicole a raison; et son sens est meilleur que le vôtre. Je voudrais bien savoir ce que vous pensez faire d'un maître à danser, à l'âge que vous avez.

NICOLE.

Et d'un grand maître tireur d'armes, qui vient, avec ses battements de pieds, ébranler toute la maison, et nous déraciner tous les carriaux de notre salle.

M. JOURDAIN.

Taisez-vous, ma servante et ma femme.

MADAME JOURDAIN.

Est-ce que vous voulez apprendre à danser pour quand vous n'aurez plus de jambes?

NICOLE.

Est-ce que vous avez envie de tuer quelqu'un?

M. JOURDAIN.

Taisez-vous, vous dis-je : vous êtes des ignorantes l'une et l'autre; et vous ne savez pas les prérogatives de tout cela.

MADAME JOURDAIN.

Vous devriez bien plutôt songer à marier votre fille, qui est en âge d'être pourvue.

###### M. JOURDAIN.

Je songerai à marier ma fille quand il se présentera un parti pour elle; mais je veux songer aussi à apprendre les belles choses.

###### NICOLE.

J'ai encore ouï dire, madame, qu'il a pris aujourd'hui, pour renfort de potage, un maître de philosophie.

###### M. JOURDAIN.

Fort bien. Je veux avoir de l'esprit, et savoir raisonner des choses parmi les honnêtes gens.

###### MADAME JOURDAIN.

N'irez-vous point, l'un de ces jours, au collège vous faire donner le fouet, à votre âge?

###### M. JOURDAIN.

Pourquoi non? Plût à Dieu l'avoir tout à l'heure, le fouet, devant tout le monde, et savoir ce qu'on apprend au collège!

###### NICOLE.

Oui, ma foi! cela vous rendrait la jambe bien mieux faite.

###### M. JOURDAIN.

Sans doute.

###### MADAME JOURDAIN.

Tout cela est fort nécessaire pour conduire votre maison!

###### M. JOURDAIN.

Assurément. Vous parlez toutes deux comme des bêtes, et j'ai honte de votre ignorance. (*A madame Jourdain.*) Par exemple, savez-vous, vous, ce que c'est que vous dites à cette heure?

MADAME JOURDAIN.

Oui. Je sais que ce que je dis est fort bien dit, et que vous devriez songer à vivre d'autre sorte.

M. JOURDAIN.

Je ne parle pas de cela. Je vous demande ce que c'est que les paroles que vous dites ici.

MADAME JOURDAIN.

Ce sont des paroles bien sensées, et votre conduite ne l'est guère.

M. JOURDAIN.

Je ne parle pas de cela, vous dis-je. Je vous demande, ce que je parle avec vous, ce que je vous dis à cette heure, qu'est-ce que c'est?

MADAME JOURDAIN.

Des chansons.

M. JOURDAIN.

Eh! non, ce n'est pas cela. Ce que nous disons tous deux, le langage que nous parlons à cette heure.

MADAME JOURDAIN.

Eh bien?

M. JOURDAIN.

Comment est-ce que cela s'appelle?

MADAME JOURDAIN.

Cela s'appelle comme on veut l'appeler.

M. JOURDAIN.

C'est de la prose, ignorante.

MADAME JOURDAIN.

De la prose?

M. JOURDAIN.

Oui, de la prose. Tout ce qui est prose n'est point vers, et tout ce qui n'est point vers est prose. Hé!

voilà ce que c'est que d'étudier. (*A Nicole.*) Et toi, sais-tu bien comme il faut faire pour dire un U?

NICOLE.

Comment?

M. JOURDAIN.

Oui. Qu'est-ce que tu fais quand tu dis U?

NICOLE.

Quoi?

M. JOURDAIN.

Dis un peu U, pour voir.

NICOLE.

Eh bien! U.

M. JOURDAIN.

Qu'est-ce que tu fais?

NICOLE.

Je dis U.

M. JOURDAIN.

Oui : mais quand tu dis U, qu'est-ce que tu fais?

NICOLE.

Je fais ce que vous me dites.

M. JOURDAIN.

Oh! l'étrange chose que d'avoir affaire à des bêtes! Tu allonges les lèvres en dehors, et approches la mâchoire d'en haut de celle d'en bas : U, vois-tu? Je fais la moue : U.

NICOLE.

Oui, cela est biau.

MADAME JOURDAIN.

Voilà qui est admirable!

M. JOURDAIN.

C'est bien autre chose, si vous aviez vu O, et DA, DA, et FA, FA!

**MADAME JOURDAIN.**

Qu'est-ce que c'est donc que tout ce galimatias-là?

**NICOLE.**

De quoi est-ce que tout cela guérit?

**M. JOURDAIN.**

J'enrage, quand je vois des femmes ignorantes.

**MADAME JOURDAIN.**

Allez, vous devriez envoyer promener tous ces gens-là, avec leurs fariboles.

**NICOLE.**

Et surtout ce grand escogriffe de maître d'armes, qui remplit de poudre tout mon ménage.

**M. JOURDAIN.**

Ouais! ce maître d'armes vous tient au cœur! Je te veux faire voir ton impertinence tout à l'heure. (*Après avoir fait apporter des fleurets et en avoir donné un à Nicole.*) Tiens; raison démonstrative; la ligne du corps. Quand on pousse en quarte, on n'a qu'à faire cela; et quand on pousse en tierce, on n'a qu'à faire cela. Voilà le moyen de n'être jamais tué; et cela n'est-il pas beau, d'être assuré de son fait quand on se bat contre quelqu'un? Là, pousse-moi un peu, pour voir.

**NICOLE.**

Eh bien! quoi? (*Nicole pousse plusieurs bottes à M. Jourdain.*)

**M. JOURDAIN.**

Tout beau! Holà! ho! Doucement. Diantre soit la coquine!

**NICOLE.**

Vous me dites de pousser.

###### M. JOURDAIN.

Oui; mais tu me pousses en tierce avant que de me pousser en quarte, et tu n'as pas la patience que je pare.

###### MADAME JOURDAIN.

Vous êtes fou, mon mari, avec toutes vos fantaisies; et cela vous est venu depuis que vous vous mêlez de hanter la noblesse.

###### M. JOURDAIN.

Lorsque je hante la noblesse, je fais paraître mon jugement; et cela est plus beau que de hanter votre bourgeoisie.

###### MADAME JOURDAIN.

Vraiment! il y a fort à gagner à fréquenter vos nobles, et vous avez bien opéré avec ce beau monsieur le comte dont vous vous êtes embéguiné!

###### M. JOURDAIN.

Paix; songez à ce que vous dites. Savez-vous bien, ma femme, que vous ne savez pas de qui vous parlez, quand vous parlez de lui? C'est une personne d'importance plus que vous ne pensez, un seigneur que l'on considère à la cour, et qui parle au roi tout comme je vous parle. N'est-ce pas une chose qui m'est tout à fait honorable, que l'on voie venir chez moi si souvent une personne de cette qualité, qui m'appelle son cher ami, et me traite comme si j'étais son égal? Il a pour moi des bontés qu'on ne devinerait jamais; et, devant tout le monde, il me fait des caresses dont je suis moi-même confus.

###### MADAME JOURDAIN.

Oui, il a des bontés pour vous et vous fait des caresses; mais il vous emprunte votre argent.

M. JOURDAIN.

Eh bien! ne m'est-ce pas de l'honneur de prêter de l'argent à un homme de cette condition-là? et puis-je faire moins pour un seigneur qui m'appelle son cher ami?

MADAME JOURDAIN.

Et ce seigneur, que fait-il pour vous?

M. JOURDAIN.

Des choses dont on serait étonné, si on les savait.

MADAME JOURDAIN.

Et quoi?

M. JOURDAIN.

Baste! je ne puis pas m'expliquer. Il suffit que si je lui ai prêté de l'argent, il me le rendra bien, et avant qu'il soit peu.

MADAME JOURDAIN.

Oui; attendez-vous à cela.

M. JOURDAIN.

Assurément. Ne me l'a-t-il pas dit?

MADAME JOURDAIN.

Oui, oui; il ne manquera pas d'y faillir.

M. JOURDAIN.

Il m'a juré sa foi de gentilhomme.

MADAME JOURDAIN.

Chansons!

M. JOURDAIN.

Ouais! vous êtes bien obstinée, ma femme! Je vous dis qu'il me tiendra sa parole; j'en suis sûr.

MADAME JOURDAIN.

Et moi, je suis sûre que non, et que toutes les caresses qu'il vous fait ne sont que pour vous enjôler.

M. JOURDAIN.

Taisez-vous. Le voici.

MADAME JOURDAIN.

Il ne nous faut plus que cela. Il vient peut-être encore vous faire quelque emprunt ; et il me semble que j'ai dîné quand je le vois.

M. JOURDAIN.

Taisez-vous, vous dis-je.

## SCÈNE IV.

DORANTE, M. JOURDAIN, MADAME JOURDAIN, NICOLE.

DORANTE.

Mon cher ami monsieur Jourdain, comment vous portez-vous?

M. JOURDAIN.

Fort bien, monsieur, pour vous rendre mes petits services.

DORANTE.

Et madame Jourdain, que voilà, comment se porte-t-elle?

MADAME JOURDAIN.

Madame Jourdain se porte comme elle peut.

DORANTE.

Comment! monsieur Jourdain, vous voilà le plus propre du monde!

M. JOURDAIN.

Vous voyez.

DORANTE.

Vous avez tout à fait bon air avec cet habit; et

nous n'avons point de jeunes gens à la cour qui soient mieux faits que vous.

**M. JOURDAIN.**

Hai, hai.

**MADAME JOURDAIN,** *à part.*

Il le gratte par où il se démange.

**DORANTE.**

Tournez-vous. Cela est tout à fait galant.

**MADAME JOURDAIN,** *à part.*

Oui, aussi sot par derrière que par devant.

**DORANTE.**

Ma foi, monsieur Jourdain, j'avais une impatience étrange de vous voir. Vous êtes l'homme du monde que j'estime le plus; et je parlais de vous encore ce matin dans la chambre du roi.

**M. JOURDAIN.**

Vous me faites beaucoup d'honneur, monsieur. (*A madame Jourdain.*) Dans la chambre du roi!

**DORANTE.**

Allons, mettez[1].

**M. JOURDAIN.**

Monsieur, je sais le respect que je vous dois.

**DORANTE.**

Mon Dieu! mettez. Point de cérémonie entre nous, je vous prie.

**M. JOURDAIN.**

Monsieur...

**DORANTE.**

Mettez, vous dis-je, monsieur Jourdain : vous êtes mon ami.

---

1. *Votre chapeau sur la tête*, sous-entendu.

###### M. JOURDAIN.

Monsieur, je suis votre serviteur.

###### DORANTE.

Je ne me couvrirai point, si vous ne vous couvrez.

###### M. JOURDAIN, *se couvrant*.

J'aime mieux être incivil qu'importun.

###### DORANTE.

Je suis votre débiteur, comme vous le savez.

###### MADAME JOURDAIN, *à part*.

Oui : nous ne le savons que trop.

###### DORANTE.

Vous m'avez généreusement prêté de l'argent en plusieurs occasions, et m'avez obligé de la meilleure grâce du monde, assurément.

###### M. JOURDAIN.

Monsieur, vous vous moquez.

###### DORANTE.

Mais je sais rendre ce qu'on me prête et reconnaître les plaisirs qu'on me fait.

###### M. JOURDAIN.

Je n'en doute point, monsieur.

###### DORANTE.

Je veux sortir d'affaire avec vous; et je viens ici pour faire nos comptes ensemble.

###### M. JOURDAIN, *bas à madame Jourdain*.

Eh bien ! vous voyez votre impertinence, ma femme.

###### DORANTE.

Je suis homme qui aime à m'acquitter le plus tôt que je puis.

M. JOURDAIN, *bas à madame Jourdain.*

Je vous le disais bien.

DORANTE.

Voyons un peu ce que je vous dois.

M. JOURDAIN, *bas à madame Jourdain.*

Vous voilà, avec vos soupçons ridicules.

DORANTE.

Vous souvenez-vous bien de tout l'argent que vous m'avez prêté ?

M. JOURDAIN.

Je crois que oui. J'en ai fait un petit mémoire. Le voici. Donné à vous une fois deux cents louis.

DORANTE.

Cela est vrai.

M. JOURDAIN.

Une autre fois six-vingts.

DORANTE.

Oui.

M. JOURDAIN.

Et une autre fois cent quarante.

DORANTE.

Vous avez raison.

M. JOURDAIN.

Ces trois articles font quatre cent soixante louis, qui valent cinq mille soixante livres[1].

DORANTE.

Le compte est fort bon. Cinq mille soixante livres.

1. Le louis valait alors onze livres.

M. JOURDAIN.

Mille huit cent trente-deux livres à votre plumassier.

DORANTE.

Justement.

M. JOURDAIN.

Deux mille sept cent quatre-vingts livres à votre tailleur.

DORANTE.

Il est vrai.

M. JOURDAIN.

Quatre mille trois cent septante-neuf livres douze sous huit deniers à votre marchand.

DORANTE.

Fort bien. Douze sous huit deniers; le compte est juste.

M. JOURDAIN.

Et mille sept cent quarante-huit livres sept sous quatre deniers à votre sellier.

DORANTE.

Tout cela est véritable. Qu'est-ce que cela fait?

M. JOURDAIN.

Somme totale, quinze mille huit cents livres.

DORANTE.

Somme totale est juste. Quinze mille huit cents livres. Mettez encore deux cents pistoles que vous m'allez donner, cela fera justement dix-huit mille francs, que je vous payerai au premier jour.

MADAME JOURDAIN, *bas à M. Jourdain.*

Eh bien! ne l'avais-je pas bien deviné?

M. JOURDAIN, *bas à madame Jourdain.*

Paix!

DORANTE.

Cela vous incommodera-t-il de me donner ce que je vous dis ?

M. JOURDAIN.

Eh ! non.

MADAME JOURDAIN, *bas à M. Jourdain.*

Cet homme-là fait de vous une vache à lait.

M. JOURDAIN, *bas à madame Jourdain.*

Taisez-vous.

DORANTE.

Si cela vous incommode, j'en irai chercher ailleurs.

M. JOURDAIN.

Non, monsieur.

MADAME JOURDAIN, *bas à M. Jourdain.*

Il ne sera pas content qu'il ne vous ait ruiné.

M. JOURDAIN, *bas à madame Jourdain.*

Taisez-vous, vous dis-je.

DORANTE.

Vous n'avez qu'à me dire si cela vous embarrasse.

M. JOURDAIN.

Point, monsieur.

MADAME JOURDAIN, *bas à M. Jourdain.*

C'est un vrai enjôleur.

M. JOURDAIN, *bas à madame Jourdain.*

Taisez-vous donc.

MADAME JOURDAIN, *bas à M. Jourdain.*

Il vous sucera jusqu'au dernier sou.

M. JOURDAIN, *bas à madame Jourdain.*

Vous tairez-vous?

DORANTE.

J'ai force gens qui m'en prêteraient avec joie; mais comme vous êtes mon meilleur ami, j'ai cru que je vous ferais tort si j'en demandais à quelque autre.

M. JOURDAIN.

C'est trop d'honneur, monsieur, que vous me faites. Je vais querir votre affaire.

MADAME JOURDAIN, *bas à M. Jourdain.*

Quoi! vous allez encore lui donner cela?

M. JOURDAIN, *bas à madame Jourdain.*

Que faire? Voulez-vous que je refuse un homme de cette condition-là, qui a parlé de moi ce matin dans la chambre du roi?

MADAME JOURDAIN, *bas à M. Jourdain.*

Allez, vous êtes une vraie dupe.

## SCÈNE V.

DORANTE, MADAME JOURDAIN, NICOLE.

DORANTE.

Vous me semblez toute mélancolique. Qu'avez-vous, madame Jourdain?

MADAME JOURDAIN.

J'ai la tête plus grosse que le poing, et si[1], elle n'est pas enflée.

---

1. *Et pourtant, et encore...*

#### DORANTE.

Mademoiselle votre fille, où est-elle, que je ne la vois point?

#### MADAME JOURDAIN.

Mademoiselle ma fille est bien où elle est.

#### DORANTE.

Comment se porte-t-elle?

#### MADAME JOURDAIN.

Elle se porte sur ses deux jambes.

#### DORANTE.

Ne voulez-vous point, un de ces jours, venir voir avec elle le ballet et la comédie que l'on fait chez le roi?

#### MADAME JOURDAIN.

Oui, vraiment! nous avons fort envie de rire, fort envie de rire nous avons.

#### DORANTE.

Je pense, madame Jourdain, que vous avez eu bien des prétendants dans votre jeune âge, belle et d'agréable humeur comme vous étiez.

#### MADAME JOURDAIN.

Tredame! monsieur, est-ce que madame Jourdain est décrépite, et la tête lui grouille-t-elle déjà?

#### DORANTE.

Ah! par ma foi, madame Jourdain, je vous demande pardon! je ne songeais pas que vous êtes jeune; et je rêve le plus souvent. Je vous prie d'excuser mon impertinence.

## SCÈNE VI.

M. JOURDAIN, MADAME JOURDAIN, DORANTE, NICOLE.

### M. JOURDAIN, *à Dorante.*

Voilà deux cents louis bien comptés.

### DORANTE.

Je vous assure, monsieur Jourdain, que je suis tout à vous, et que je brûle de vous rendre un service à la cour.

### M. JOURDAIN.

Je vous suis trop obligé.

### DORANTE.

Si madame Jourdain veut voir le divertissement royal, je lui ferai donner les meilleures places de la salle.

### MADAME JOURDAIN.

Madame Jourdain vous baise les mains.

### DORANTE, *bas à M. Jourdain.*

Notre belle marquise, comme je vous ai mandé par mon billet, viendra tantôt ici pour le repas; et je l'ai fait consentir enfin au cadeau[1] que vous lui voulez donner.

### M. JOURDAIN.

Tirons-nous un peu plus loin, pour cause.

### DORANTE.

Il y a huit jours que je ne vous ai vu, et je ne vous ai point mandé de nouvelles du diamant que

---

1. C'est-à-dire *à la fête.....*

vous me mîtes entre les mains pour lui en faire présent de votre part : mais c'est que j'ai eu toutes les peines du monde à vaincre son scrupule; et ce n'est que d'aujourd'hui qu'elle s'est résolue à l'accepter.

M. JOURDAIN.

Comment l'a-t-elle trouvé?

DORANTE.

Merveilleux; et je me trompe fort, ou la beauté de ce diamant fera pour vous sur son esprit un effet admirable.

M. JOURDAIN.

Plût au ciel!

MADAME JOURDAIN, *à Nicole.*

Quand il est une fois avec lui, il ne peut le quitter.

DORANTE.

Je lui ai fait valoir comme il faut la richesse de ce présent, et la grandeur de votre amour.

M. JOURDAIN.

Ce sont, monsieur, des bontés qui m'accablent; et je suis dans une confusion la plus grande du monde, de voir une personne de votre qualité s'abaisser pour moi à ce que vous faites.

DORANTE.

Vous moquez-vous? est-ce qu'entre amis on s'arrête à ces sortes de scrupules? et ne feriez-vous pas pour moi la même chose, si l'occasion s'en offrait?

M. JOURDAIN.

Oh! assurément, et de très grand cœur!

MADAME JOURDAIN, *à Nicole.*

Que sa présence me pèse sur les épaules.

**DORANTE.**

Pour moi, je ne regarde rien quand il faut servir un ami; et lorsque vous me fîtes confidence de l'ardeur que vous aviez prise pour cette marquise agréable, vous vîtes que d'abord je m'offris de moi-même à servir votre amour.

**M. JOURDAIN.**

Il est vrai. Ce sont des bontés qui me confondent.

**MADAME JOURDAIN**, *à Nicole.*

Est-ce qu'il ne s'en ira point?

**NICOLE.**

Ils se trouvent bien ensemble.

**DORANTE.**

Vous avez pris le bon biais pour toucher son cœur. Les femmes aiment surtout les dépenses qu'on fait pour elles; et vos fréquentes sérénades, et vos bouquets continuels, ce superbe feu d'artifice qu'elle trouva sur l'eau, le diamant qu'elle a reçu de votre part, et le cadeau que vous lui préparez, tout cela lui parle bien mieux en faveur de votre amour que toutes les paroles que vous auriez pu lui dire vous-même.

**M. JOURDAIN.**

Il n'y a point de dépenses que je ne fisse, si par là je pouvais trouver le chemin de son cœur. Une femme de qualité a pour moi des charmes ravissants; et c'est un honneur que j'achèterais au prix de toutes choses.

**MADAME JOURDAIN**, *bas à Nicole.*

Que peuvent-ils tant dire ensemble? Va-t'en un peu tout doucement prêter l'oreille.

**DORANTE.**

Ce sera tantôt que vous jouirez à votre aise du

plaisir de sa vue; et vos yeux auront tout le temps de se satisfaire.

M. JOURDAIN.

Pour être en pleine liberté, j'ai fait en sorte que ma femme ira dîner chez ma sœur, où elle passera toute l'après-dînée.

DORANTE.

Vous avez fait prudemment, et votre femme aurait pu nous embarrasser. J'ai donné pour vous l'ordre qu'il faut au cuisinier....

M. JOURDAIN, *s'apercevant que Nicole écoute et lui donnant un soufflet.*

Ouais! vous êtes bien impertinente! (*A Dorante.*) Sortons, s'il vous plaît.

## SCÈNE VII.

MADAME JOURDAIN, NICOLE.

NICOLE.

Ma foi, madame, la curiosité m'a coûté quelque chose; mais je crois qu'il y a quelque anguille sous roche, et ils parlent de quelque affaire où ils ne veulent pas que vous soyez.

MADAME JOURDAIN.

Ce n'est pas d'aujourd'hui, Nicole, que j'ai conçu des soupçons de mon mari... Mais songeons à ma fille. Tu sais l'amour que Cléonte a pour elle : c'est un homme qui me revient; et je veux aider sa recherche, et lui donner Lucile, si je puis.

###### NICOLE.

En vérité, madame, je suis la plus ravie du monde de vous voir dans ces sentiments, car si le maître vous revient, le valet ne me revient pas moins; et je souhaiterais que notre mariage se pût faire à l'ombre du leur.

###### MADAME JOURDAIN.

Va-t'en lui en parler de ma part, et lui dire que tout à l'heure il me vienne trouver, pour faire ensemble à mon mari la demande de ma fille.

###### NICOLE.

J'y cours, madame, avec joie; et je ne pouvais recevoir une commission plus agréable. (*Seule.*) Je vais, je pense, bien réjouir les gens.

## SCÈNE VIII.

##### CLÉONTE, COVIELLE, NICOLE.

###### NICOLE, *à Cléonte*.

Ah! vous voilà tout à propos! Je suis une ambassadrice de joie, et je viens...

###### CLÉONTE.

Retire-toi, perfide, et ne me viens point amuser avec tes traîtresses paroles.

###### NICOLE.

Est-ce ainsi que vous recevez...

###### CLÉONTE.

Retire-toi, te dis-je, et va-t'en dire, de ce pas, à ton infidèle maîtresse qu'elle n'abusera de sa vie le trop simple Cléonte.

NICOLE.

Quel vertigo est-ce donc là? Mon pauvre Covielle, dis-moi un peu ce que cela veut dire.

COVIELLE.

Ton pauvre Covielle, petite scélérate! Allons, vite, ôte-toi de mes yeux, vilaine, et me laisse en repos.

NICOLE.

Quoi! tu me viens aussi....

COVIELLE.

Ote-toi de mes yeux, te dis-je, et ne me parle pas de ta vie.

NICOLE, *à part*.

Ouais! Quelle mouche les a piqués tous deux? Allons de cette belle histoire informer ma maîtresse.

## SCÈNE IX.

CLÉONTE, COVIELLE.

CLÉONTE.

Quoi! traiter un amant de la sorte, et un amant le plus fidèle et le plus passionné de tous les amants!

COVIELLE.

C'est une chose épouvantable que ce qu'on nous a fait à tous deux.

CLÉONTE.

Je fais voir pour une personne toute l'ardeur et toute la tendresse qu'on peut imaginer; je n'aime rien au monde qu'elle, et je n'ai qu'elle dans l'esprit; elle fait tous mes soins, tous mes désirs, toute ma joie; je ne parle que d'elle, je ne pense qu'à elle, je ne fais des songes que d'elle, je ne respire que par elle, mon cœur vit tout en elle : et voilà de tant d'amitié la digne récompense ! Je suis deux jours sans la voir, qui sont pour moi deux siècles effroyables ; je la rencontre par hasard ; mon cœur, à cette vue, se sent tout transporté, ma joie éclate sur mon visage, je vole avec ravissement vers elle : et l'infidèle détourne de moi ses regards, et passe brusquement, comme si de sa vie elle ne m'avait vu.

COVIELLE.

Je dis les mêmes choses que vous.

CLÉONTE.

Peut-on rien voir d'égal, Covielle, à cette perfidie de l'ingrate Lucile ?

COVIELLE.

Et à celle, monsieur, de la pendarde de Nicole ?

CLÉONTE.

Après tant de sacrifices ardents, de soupirs et de vœux que j'ai faits à ses charmes !

COVIELLE.

Après tant d'assidus hommages, de soins et de services que je lui ai rendus dans sa cuisine !

CLÉONTE.

Tant de larmes que j'ai versées à ses genoux !

COVIELLE.

Tant de seaux d'eau que j'ai tirés au puits pour elle !

CLÉONTE.

Tant d'ardeur que j'ai fait paraître à la chérir plus que moi-même !

COVIELLE.

Tant de chaleur que j'ai soufferte à tourner la broche à sa place !

CLÉONTE.

Elle me fuit avec mépris!

COVIELLE.

Elle me tourne le dos avec effronterie.

CLÉONTE.

C'est une perfidie digne des plus grands châtiments.

COVIELLE.

C'est une trahison à mériter mille soufflets.

CLÉONTE.

Ne t'avise point, je te prie, de me parler jamais pour elle.

COVIELLE.

Moi, monsieur? Dieu m'en garde!

CLÉONTE.

Ne viens point m'excuser l'action de cette infidèle.

COVIELLE.

N'ayez pas peur.

CLÉONTE.

Non, vois-tu, tous tes discours pour la défendre ne serviront de rien.

COVIELLE.

Qui songe à cela?

CLÉONTE.

Je veux contre elle conserver mon ressentiment, et rompre ensemble tout commerce.

COVIELLE.

J'y consens.

CLÉONTE.

Ce monsieur le comte qui va chez elle lui donne peut-être dans la vue, et son esprit, je le vois bien, se laisse éblouir à la qualité. Mais il me faut, pour mon honneur, prévenir l'éclat de son inconstance. Je veux faire autant de pas qu'elle au changement où je la vois courir, et ne lui laisser pas toute la gloire de me quitter.

#### COVIELLE.

C'est fort bien dit; et j'entre, pour mon compte, dans tous vos sentiments.

#### CLÉONTE.

Donne la main à mon dépit, et soutiens ma résolution contre tous les restes d'amour qui me pourraient parler pour elle. Dis-m'en, je t'en conjure, tout le mal que tu pourras. Fais-moi de sa personne une peinture qui me la rende méprisable, et marque-moi bien, pour m'en dégoûter, tous les défauts que tu peux voir en elle.

#### COVIELLE.

Elle, monsieur? voilà une belle mijaurée, pour vous donner tant d'amour! Je ne lui vois rien que de très médiocre; et vous trouverez cent personnes qui seront plus dignes de vous. Premièrement elle a les yeux petits.

#### CLÉONTE.

Cela est vrai, elle a les yeux petits; mais elle les a pleins de feu, les plus brillants, les plus perçants du monde, les plus touchants qu'on puisse voir.

#### COVIELLE.

Elle a la bouche grande.

#### CLÉONTE.

Oui; mais on y voit des grâces qu'on ne voit point aux autres bouches, et cette bouche est la plus attrayante du monde.

**COVIELLE.**

Pour sa taille, elle n'est pas grande.

**CLÉONTE.**

Non; mais elle est aisée et bien prise.

**COVIELLE.**

Elle affecte une nonchalance dans son parler et dans ses actions.

**CLÉONTE.**

Il est vrai; mais elle a grâce à tout cela; et ses manières sont engageantes, ont je ne sais quel charme à s'insinuer dans les cœurs.

**COVIELLE.**

Pour de l'esprit....

**CLÉONTE.**

Ah! elle en a, Covielle, du plus fin, du plus délicat.

**COVIELLE.**

Sa conversation....

**CLÉONTE.**

Sa conversation est charmante.

**COVIELLE.**

Elle est toujours sérieuse.

**CLÉONTE.**

Veux-tu de ces enjouements épanouis, de ces joies toujours ouvertes? et vois-tu rien de plus impertinent que des femmes qui rient à tout propos?

**COVIELLE.**

Mais enfin elle est capricieuse autant que personne du monde.

**CLÉONTE.**

Oui, elle est capricieuse, j'en demeure d'accord:

mais tout sied bien aux belles; on souffre tout des belles.

COVIELLE.

Puisque cela va comme cela, je vois bien que vous avez envie de l'aimer toujours.

CLÉONTE.

Moi? j'aimerais mieux mourir; et je vais la haïr autant que je l'ai aimée.

COVIELLE.

Le moyen, si vous la trouvez si parfaite?

CLÉONTE.

C'est en quoi ma vengeance sera plus éclatante, en quoi je veux faire mieux voir la force de mon cœur à la haïr, à la quitter, toute belle, toute pleine d'attraits, tout aimable que je la trouve. La voici.

SCÈNE X.

LUCILE, CLÉONTE, COVIELLE, NICOLE.

NICOLE, à Lucile.
Pour moi, j'en ai été toute scandalisée.

LUCILE.

Ce ne peut être, Nicole, que ce que je te dis. Mais le voilà.

CLÉONTE, à Covielle.
Je ne veux pas seulement lui parler.

COVIELLE.

Je veux vous imiter.

LUCILE.

Qu'est-ce donc, Cléonte? qu'avez-vous?

NICOLE.

Qu'as-tu donc, Covielle?

LUCILE.

Quel chagrin vous possède?

NICOLE.

Quelle mauvaise humeur te tient?

LUCILE.

Êtes-vous muet, Cléonte?

NICOLE.

As-tu perdu la parole, Covielle?

CLÉONTE.

Que voilà qui est scélérat!

COVIELLE.

Que cela est Judas!

LUCILE.

Je vois bien que la rencontre de tantôt a troublé votre esprit.

CLÉONTE, *à Covielle.*

Ah! ah! On voit ce qu'on a fait.

NICOLE.

Notre accueil de ce matin t'a fait prendre la chèvre.

COVIELLE, *à Cléonte.*

On a deviné l'enclouure.

LUCILE.

N'est-il pas vrai, Cléonte, que c'est là le sujet de votre dépit?

CLÉONTE.

Oui, perfide, ce l'est, puisqu'il faut parler; et j'ai à vous dire que vous ne triompherez pas, comme vous pensez, de votre infidélité; que je veux être le premier à rompre avec vous, et que vous n'aurez pas l'avantage de me chasser. J'aurai de la peine, sans doute, à vaincre l'amour que j'ai pour vous; cela me causera des chagrins, je souffrirai un temps; mais j'en viendrai à bout, et je me percerai plutôt le cœur que d'avoir la faiblesse de retourner à vous.

COVIELLE, *à Nicole.*

Queussi, queumi[1].

LUCILE.

Voilà bien du bruit pour un rien! Je veux vous dire, Cléonte, le sujet qui m'a fait ce matin éviter votre abord.

CLÉONTE, *voulant s'en aller pour éviter Lucile.*

Non, je ne veux rien écouter.

NICOLE, *à Covielle.*

Je te veux apprendre la cause qui nous a fait passer si vite.

COVIELLE, *voulant aussi s'en aller pour éviter Nicole.*

Je ne veux rien entendre.

LUCILE, *suivant Cléonte.*

Sachez que ce matin...

CLÉONTE, *marchant toujours sans regarder Lucile.*

Non, vous dis-je.

NICOLE, *suivant Covielle.*

Apprends que...

COVIELLE, *marchant aussi sans regarder Nicole.*

Non, traîtresse!

LUCILE.

Écoutez.

---

1. Pour *et moi de même.*

CLÉONTE.

Point d'affaire.

NICOLE.

Laisse-moi dire.

COVIELLE.

Je suis sourd.

LUCILE.

Cléonte !

CLÉONTE.

Non.

NICOLE.

Covielle !

COVIELLE.

Point.

LUCILE.

Arrêtez.

CLÉONTE.

Chansons !

NICOLE.

Entends-moi.

COVIELLE.

Bagatelle !

LUCILE.

Un moment.

CLÉONTE.

Point du tout.

NICOLE.

Un peu de patience.

COVIELLE.

Tarare.

LUCILE.

Deux paroles.

CLÉONTE.

Non : c'en est fait.

NICOLE.

Un mot.

COVIELLE.

Plus de commerce.

LUCILE, *s'arrêtant.*

Eh bien! puisque vous ne voulez pas m'écouter, demeurez dans votre pensée, et faites ce qu'il vous plaira.

NICOLE, *s'arrêtant aussi.*

Puisque tu fais comme cela, prends-le tout comme tu voudras.

CLÉONTE, *se tournant vers Lucile.*

Sachons donc le sujet d'un si bel accueil.

LUCILE, *s'en allant à son tour pour éviter Cléonte.*

Il ne me plaît plus de le dire.

COVIELLE, *se tournant vers Nicole.*

Apprends-nous un peu cette histoire.

NICOLE, *s'en allant aussi pour éviter Covielle.*

Je ne veux plus, moi, te l'apprendre.

CLÉONTE, *suivant Lucile.*

Dites-moi...

LUCILE, *marchant toujours sans regarder Cléonte.*

Non, je ne veux rien dire.

COVIELLE, *suivant Nicole.*

Conte-moi...

NICOLE, *marchant aussi sans regarder Covielle.*

Non, je ne conte rien.

CLÉONTE.

De grâce.

LUCILE.

Non, vous dis-je.

COVIELLE.

Par charité.

NICOLE.

Point d'affaire.

CLÉONTE.

Je vous en prie.

LUCILE.

Laissez-moi.

COVIELLE.

Je t'en conjure.

NICOLE.

Ote-toi de là.

CLÉONTE.

Lucile!

LUCILE.

Non.

COVIELLE.

Nicole!

NICOLE.

Point.

CLÉONTE.

Au nom des dieux!

LUCILE.

Je ne veux pas.

COVIELLE.

Parle-moi.

NICOLE.

Point du tout.

CLÉONTE.

Éclaircissez mes doutes.

LUCILE.

Non : je n'en ferai rien.

COVIELLE.

Guéris-moi l'esprit.

NICOLE.

Non : il ne me plaît pas.

CLÉONTE.

Eh bien! puisque vous vous souciez si peu de me tirer de peine, et de vous justifier du traitement indigne que vous avez fait à ma flamme, vous me voyez, ingrate, pour la dernière fois; et je vais, loin de vous, mourir de douleur et d'amour.

COVIELLE, *à Nicole.*

Et moi, je vais suivre ses pas.

LUCILE, *à Cléonte, qui veut sortir.*

Cléonte!

NICOLE, *à Covielle, qui suit son maître.*

Covielle!

CLÉONTE, *s'arrêtant.*

Hé?

COVIELLE, *s'arrêtant aussi.*

Plaît-il?

LUCILE.

Où allez-vous?

CLÉONTE.

Où je vous ai dit.

COVIELLE.

Nous allons mourir.

LUCILE.

Vous allez mourir, Cléonte?

CLÉONTE.

Oui, cruelle, puisque vous le voulez.

LUCILE.

Moi! je veux que vous mouriez?

CLÉONTE.

Oui, vous le voulez.

LUCILE.

Qui vous le dit ?

CLÉONTE, *s'approchant de Lucile.*

N'est-ce pas le vouloir, que de ne vouloir pas éclaircir mes soupçons ?

LUCILE.

Est-ce ma faute ? et si vous aviez voulu m'écouter, ne vous aurais-je pas dit que l'aventure dont vous vous plaignez a été causée ce matin par la présence d'une vieille tante, qui veut à toute force que la seule approche d'un homme déshonore une fille, qui perpétuellement nous sermonne sur ce chapitre, et nous figure tous les hommes comme des diables qu'il faut fuir ?

NICOLE, *à Covielle.*

Voilà le secret de l'affaire.

CLÉONTE.

Ne me trompez-vous point, Lucile ?

COVIELLE, *à Nicole.*

Ne m'en donnes-tu point à garder ?

LUCILE, *à Cléonte.*

Il n'est rien de plus vrai.

NICOLE, *à Covielle.*

C'est la chose comme elle est.

COVIELLE, *à Cléonte.*

Nous rendrons-nous à cela ?

CLÉONTE.

Ah ! Lucile, qu'avec un mot de votre bouche vous savez apaiser de choses dans mon cœur, et que facilement on se laisse persuader aux personnes qu'on aime !

12.

###### COVIELLE.

Qu'on est aisément amadoué par ces diantres d'animaux-là!

## SCÈNE XI.

**MADAME JOURDAIN, CLÉONTE, LUCILE, COVIELLE, NICOLE.**

###### MADAME JOURDAIN.

Je suis bien aise de vous voir, Cléonte; et vous voilà tout à propos. Mon mari vient; prenez vite votre temps pour lui demander Lucile en mariage.

###### CLÉONTE.

Ah! madame, que cette parole m'est douce, et qu'elle flatte mes désirs! Pouvais-je recevoir un ordre plus charmant, une faveur plus précieuse?

## SCÈNE XII.

**CLÉONTE, MONSIEUR JOURDAIN, MADAME JOURDAIN, LUCILE, COVIELLE, NICOLE.**

###### CLÉONTE.

Monsieur, je n'ai voulu prendre personne pour vous faire une demande que je médite il y a longtemps. Elle me touche assez pour m'en charger moi-même; et, sans autre détour, je vous dirai que l'honneur d'être votre gendre est une faveur glorieuse que je vous prie de m'accorder.

###### M. JOURDAIN.

Avant que de vous rendre réponse, monsieur, je vous prie de me dire si vous êtes gentilhomme.

#### CLÉONTE.

Monsieur, la plupart des gens, sur cette question, n'hésitent pas beaucoup ; on tranche le mot aisément. Ce nom ne fait aucun scrupule à prendre, et l'usage aujourd'hui semble en autoriser le vol. Pour moi, je vous l'avoue, j'ai les sentiments, sur cette matière, un peu plus délicats. Je trouve que toute imposture est indigne d'un honnête homme, et qu'il y a de la lâcheté à déguiser ce que le ciel nous a fait naître, à se parer aux yeux du monde d'un titre dérobé, à se vouloir donner pour ce qu'on n'est pas. Je suis né de parents, sans doute, qui ont tenu des charges honorables ; je me suis acquis, dans les armes, l'honneur de six ans de service, et je me trouve assez de bien pour tenir dans le monde un rang assez passable : mais, avec tout cela, je ne veux point me donner un nom où d'autres, en ma place, croiraient pouvoir prétendre ; et je vous dirai franchement que je ne suis point gentilhomme.

#### M. JOURDAIN.

Touchez là, monsieur : ma fille n'est pas pour vous.

#### CLÉONTE.

Comment ?

#### M. JOURDAIN.

Vous n'êtes point gentilhomme : vous n'aurez pas ma fille.

#### MADAME JOURDAIN.

Que voulez-vous donc dire avec votre gentilhomme ? est-ce que nous sommes, nous autres, de la côte de saint Louis ?

#### M. JOURDAIN.

Taisez-vous, ma femme ; je vous vois venir.

#### MADAME JOURDAIN.

Descendons-nous tous deux que de bonne bourgeoisie?

#### M. JOURDAIN.

Voilà pas le coup de langue?

#### MADAME JOURDAIN.

Et votre père n'était-il pas marchand aussi bien que le mien?

#### M. JOURDAIN.

Peste soit de la femme! elle n'y a jamais manqué. Si votre père a été marchand, tant pis pour lui; mais pour le mien, ce sont des malavisés qui disent cela. Tout ce que j'ai à vous dire, moi, c'est que je veux avoir un gendre gentilhomme.

#### MADAME JOURDAIN.

Il faut à votre fille un mari qui lui soit propre; et il vaut mieux, pour elle, un honnête homme riche et bien fait qu'un gentilhomme gueux et mal bâti.

#### NICOLE.

Cela est vrai : nous avons le fils du gentilhomme de notre village, qui est le plus sot dadais que j'aie jamais vu.

#### M. JOURDAIN, *à Nicole.*

Taisez-vous, impertinente; vous vous fourrez toujours dans la conversation. J'ai du bien assez pour ma fille; je n'ai besoin que d'honneurs, et je la veux faire marquise.

#### MADAME JOURDAIN.

Marquise?

#### M. JOURDAIN.

Oui, marquise.

#### MADAME JOURDAIN.

Hélas! Dieu m'en garde!

**M. JOURDAIN.**

C'est une chose que j'ai résolue.

**MADAME JOURDAIN.**

C'est une chose, moi, où je ne consentirai point. Les alliances avec plus grand que soi sont sujettes toujours à de fâcheux inconvénients. Je ne veux point qu'un gendre puisse à ma fille reprocher ses parents, et qu'elle ait des enfants qui aient honte de m'appeler leur grand'maman. S'il fallait qu'elle me vînt visiter en équipage de grande dame, et qu'elle manquât, par mégarde, à saluer quelqu'un du quartier, on ne manquerait pas aussitôt de dire cent sottises. Voyez-vous, dirait-on, cette madame la marquise qui fait tant la glorieuse? c'est la fille de M. Jourdain, qui était trop heureuse, étant petite, de jouer à la madame avec nous. Elle n'a pas toujours été si relevée que la voilà, et ses deux grands-pères vendaient du drap auprès de la porte Saint-Innocent. Ils ont amassé du bien à leurs enfants, qu'ils payent maintenant peut-être bien cher en l'autre monde; et l'on ne devient guère si riche à être honnêtes gens. Je ne veux point tous ces caquets, et je veux un homme, en un mot, qui m'ait obligation de ma fille, et à qui je puisse dire: Mettez-vous là, mon gendre, et dînez avec moi.

**M. JOURDAIN.**

Voilà bien les sentiments d'un petit esprit, de vouloir demeurer toujours dans la bassesse. Ne me répliquez pas davantage : ma fille sera marquise, en dépit de tout le monde; et si vous me mettez en colère, je la ferai duchesse.

## SCÈNE XIII.

#### MADAME JOURDAIN, LUCILE, CLÉONTE, NICOLE, COVIELLE.

##### MADAME JOURDAIN.

Cléonte, ne perdez point courage encore. (*A Lucile.*) Suivez-moi, ma fille, et venez dire résolument à votre père que si vous ne l'avez, vous ne voulez épouser personne.

## SCÈNE XIV.

#### CLÉONTE, COVIELLE.

##### COVIELLE.

Vous avez fait de belles affaires, avec vos beaux sentiments!

##### CLÉONTE.

Que veux-tu? j'ai un scrupule là-dessus que l'exemple ne saurait vaincre.

##### COVIELLE.

Vous moquez-vous, de le prendre sérieusement avec un homme comme cela? Ne voyez-vous pas qu'il est fou? et vous coûtait-il quelque chose de vous accommoder à ses chimères?

##### CLÉONTE.

Tu as raison; mais je ne croyais pas qu'il fallût faire ses preuves de noblesse pour être gendre de M. Jourdain.

##### COVIELLE, *riant.*

Ah! ah! ah!

CLÉONTE.

De quoi ris-tu?

COVIELLE.

D'une pensée qui me vient pour jouer notre homme, et vous faire obtenir ce que vous souhaitez.

CLÉONTE.

Comment?

COVIELLE.

L'idée est tout à fait plaisante.

CLÉONTE.

Quoi donc?

COVIELLE.

Il s'est fait depuis peu une certaine mascarade qui vient le mieux du monde ici, et que je prétends faire entrer dans une bourle que je veux faire à notre ridicule. Tout cela sent un peu sa comédie; mais, avec lui, on peut hasarder toute chose; il n'y faut point chercher tant de façons, et il est homme à y jouer son rôle à merveille et à donner aisément dans toutes les fariboles qu'on s'avisera de lui dire. J'ai les acteurs, j'ai les habits tout prêts; laissez-moi faire seulement.

CLÉONTE.

Mais apprends-moi...

COVIELLE.

Je vais vous instruire de tout. Retirons-nous; le voilà qui revient.

## SCÈNE XV.

#### M. JOURDAIN, *seul*.

Que diable est-ce là? ils n'ont rien que les grands seigneurs à me reprocher, et moi je ne vois rien de si beau que de hanter les grands seigneurs; il n'y a qu'honneur et que civilité avec eux, et je voudrais qu'il m'eût coûté deux doigts de la main, et être né comte ou marquis.

## SCÈNE XVI.

#### M. JOURDAIN, UN LAQUAIS.

#### LE LAQUAIS.

Monsieur, voici monsieur le comte, et une dame qu'il mène par la main.

#### M. JOURDAIN.

Eh! mon Dieu! j'ai quelques ordres à donner. Dis-leur que je vais venir ici tout à l'heure.

## SCÈNE XVII.

#### DORIMÈNE, DORANTE, UN LAQUAIS.

#### LE LAQUAIS.

Monsieur dit comme cela qu'il va venir ici tout à l'heure.

#### DORANTE.

Voilà qui est bien.

## SCÈNE XVIII.

#### DORIMÈNE, DORANTE.

#### DORIMÈNE.

Je ne sais pas, Dorante; je fais encore ici une étrange démarche, de me laisser amener par vous dans une maison où je ne connais personne.

#### DORANTE.

Quel lieu voulez-vous donc, madame, que mon amour choisisse pour vous régaler, puisque, pour fuir l'éclat, vous ne voulez ni votre maison ni la mienne?

#### DORIMÈNE.

Mais vous ne dites pas que je m'engage insensiblement chaque jour à recevoir de trop grands témoignages de votre passion. J'ai beau me défendre des choses, vous fatiguez ma résistance, et vous avez une civile opiniâtreté qui me fait venir doucement à tout ce qu'il vous plaît. Les visites fréquentes ont commencé, les déclarations sont venues ensuite, qui, après elles, ont traîné les sérénades et les cadeaux, que les présents ont suivis. Je me suis opposée à tout cela; mais vous ne vous rebutez point, et pied à pied vous gagnez mes résolutions. Pour moi, je ne puis plus répondre de rien, et je crois qu'à la fin vous me ferez venir au mariage, dont je me suis tant éloignée.

#### DORANTE.

Ma foi, madame, vous y devriez déjà être. Vous êtes veuve, et ne dépendez que de vous; je suis maître de moi, et vous aime plus que ma vie : à quoi tient-il que dès aujourd'hui vous ne fassiez tout mon bonheur?

#### DORIMÈNE.

Mon Dieu! Dorante, il faut des deux parts bien des qualités pour vivre heureusement ensemble, et les deux plus raisonnables personnes du monde ont souvent peine à composer une union dont ils soient satisfaits.

#### DORANTE.

Vous vous moquez, madame, de vous y figurer tant de difficultés; et l'expérience que vous avez faite ne conclut rien pour tous les autres.

#### DORIMÈNE.

Enfin, j'en reviens toujours là; les dépenses que je vous vois faire pour moi m'inquiètent par deux raisons : l'une, qu'elles m'engagent plus que je ne voudrais; et l'autre, que je suis sûre, sans vous déplaire, que vous ne les faites point que vous ne vous incommodiez ; et je ne veux point cela.

#### DORANTE.

Ah! madame, ce sont des bagatelles, et ce n'est pas par là...

#### DORIMÈNE.

Je sais ce que je dis, et, entre autres, le diamant que vous m'avez forcée à prendre est d'un prix...

#### DORANTE.

Eh! madame, de grâce, ne faites point tant valoir une chose que mon amour trouve indigne de vous, et souffrez... Voici le maître du logis.

## SCÈNE XIX.

#### M. JOURDAIN, DORIMÈNE, DORANTE.

M. JOURDAIN, *après avoir fait deux révérences, se trouvant trop près de Dorimène.*
Un peu plus loin, madame.

###### DORIMÈNE.
Comment?

###### M. JOURDAIN.
Un pas, s'il vous plaît.

###### DORIMÈNE.
Quoi donc?

###### M. JOURDAIN.
Reculez un peu pour la troisième.

###### DORANTE.
Madame, M. Jourdain sait son monde.

###### M. JOURDAIN.
Madame, ce m'est une gloire bien grande de me voir assez fortuné, pour être si heureux, que d'avoir le bonheur, que vous ayez eu la bonté de m'accorder la grâce, de me faire l'honneur de m'honorer de la faveur de votre présence; et si j'avais aussi le mérite pour mériter un mérite comme le vôtre, et que le ciel... envieux de mon bien... m'eût accordé... l'avantage de me voir digne... des...

###### DORANTE.
Monsieur Jourdain, en voilà assez. Madame n'aime pas les grands compliments, et elle sait que vous êtes homme d'esprit. (*Bas à Dorimène.*) C'est un bon bourgeois assez ridicule, comme vous voyez, dans toutes ses manières.

DORIMÈNE, *bas à Dorante.*

Il n'est pas malaisé de s'en apercevoir.

M. DORANTE.

Madame, voilà le meilleur de mes amis.

M. JOURDAIN.

C'est trop d'honneur que vous me faites.

DORANTE.

Galant homme tout à fait.

DORIMÈNE.

J'ai beaucoup d'estime pour lui.

M. JOURDAIN.

Je n'ai rien fait encore, madame, pour mériter cette grâce.

DORANTE, *bas à M. Jourdain.*

Prenez bien garde, au moins, à ne lui point parler du diamant que vous lui avez donné.

M. JOURDAIN, *bas à Dorante.*

Ne pourrais-je pas seulement lui demander comment elle le trouve?

DORANTE, *bas à M. Jourdain.*

Comment! gardez-vous-en bien! cela serait vilain à vous; et, pour agir en galant homme, il faut que vous fassiez comme si ce n'était pas vous qui lui eussiez fait ce présent. (*Haut.*) M. Jourdain, madame, dit qu'il est ravi de vous voir chez lui.

DORIMÈNE.

Il m'honore beaucoup.

M. JOURDAIN, *bas à Dorante.*

Que je vous suis obligé, monsieur, de lui parler ainsi pour moi!

DORANTE, *bas à M. Jourdain.*

J'ai eu une peine effroyable à la faire venir ici.

M. JOURDAIN, *bas à Dorante.*

Je ne sais quelles grâces vous en rendre.

DORANTE.

Il dit, madame, qu'il vous trouve la plus belle personne du monde.

DORIMÈNE.

C'est bien de la grâce qu'il me fait.

M. JOURDAIN.

Madame, c'est vous qui faites les grâces, et...

DORANTE.

Songeons à manger.

SCÈNE XX.

M. JOURDAIN, DORIMÈNE, DORANTE, UN LAQUAIS.

LE LAQUAIS, *à M. Jourdain.*

Tout est prêt, monsieur.

DORANTE.

Allons donc nous mettre à table, et qu'on fasse venir les musiciens.

## ACTE QUATRIÈME.

### SCÈNE I.

DORIMÈNE, M. JOURDAIN, DORANTE, TROIS MUSICIENS, UN LAQUAIS.

DORIMÈNE.

Comment! Dorante! voilà un repas tout à fait magnifique!

M. JOURDAIN.

Vous vous moquez, madame, et je voudrais qu'il fût plus digne de vous être offert. (*Dorimène, M. Jourdain et Dorante se mettent à table.*)

DORANTE.

M. Jourdain a raison, madame, de parler de la sorte; et il m'oblige de vous faire si bien les honneurs de chez lui. Je demeure d'accord avec lui que le repas n'est pas digne de vous. Comme c'est moi qui l'ai ordonné, et que je n'ai pas sur cette matière les lumières de nos amis, vous n'avez pas ici un repas fort savant, et vous y trouverez des incongruités de bonne chère et des barbarismes de bon goût. Si Damis s'en était mêlé, tout serait dans les règles; il y aurait partout de l'élégance et de l'érudition, et il ne manquerait pas de vous exagérer lui-même toutes les pièces du repas qu'il vous donnerait, et de vous faire tomber d'accord de sa haute capacité dans la science des bons morceaux; de vous parler d'un pain de rive à biseau doré, relevé de croûte partout, croquant tendrement sous la dent; d'un vin à séve veloutée, armé d'un vert qui n'est point trop commandant; d'un carré de mouton gourmandé de persil; d'une longe de veau de rivière, longue comme cela, blanche, délicate, et qui, sous les dents, est une vraie pâte d'amande; de perdrix relevées d'un fumet surprenant; et pour son opéra, d'une soupe à bouillon perlé, soutenue d'un jeune gros dindon cantonné de pigeonneaux et couronné d'oignons blancs mariés avec la chicorée. Mais, pour moi, je vous avoue mon ignorance; et, comme M. Jourdain a fort bien dit, je voudrais que le repas fût plus digne de vous être offert.

DORIMÈNE.

Je ne réponds à ce compliment qu'en mangeant comme je fais.

M. JOURDAIN.

Ah! que voilà de belles mains!

DORIMÈNE.

Les mains sont médiocres, monsieur Jourdain; mais vous voulez parler du diamant, qui est fort beau.

M. JOURDAIN.

Moi, madame, Dieu me garde d'en vouloir parler! ce ne serait pas agir en galant homme; et le diamant est fort peu de chose.

DORIMÈNE.

Vous êtes bien dégoûté.

M. JOURDAIN.

Vous avez trop de bonté...

DORANTE, *après avoir fait un signe à M. Jourdain.*

Allons, qu'on donne du vin à M. Jourdain et à ces messieurs, qui nous feront la grâce de nous chanter quelque air à boire.

##### DORIMÈNE.

C'est merveilleusement assaisonner la bonne chère que d'y mêler la musique; et je me vois ici admirablement régalée.

##### M. JOURDAIN.

Madame, ce n'est pas...

##### DORANTE.

Monsieur Jourdain, prêtons silence à ces messieurs; ce qu'ils nous feront entendre vaudra mieux que tout ce que nous pourrions dire. (*Les musiciens chantent.*)

##### DORIMÈNE.

Je ne crois pas qu'on puisse mieux chanter; et cela est tout à fait beau.

##### M. JOURDAIN.

Je vois encore ici, madame, quelque chose de plus beau.

##### DORIMÈNE.

Ouais! M. Jourdain est galant plus que je ne pensais.

##### DORANTE.

Comment, madame! pour qui prenez-vous M. Jourdain.

##### M. JOURDAIN.

Je voudrais bien qu'elle me prît pour ce que je dirais.

##### DORIMÈNE.

Encore?

##### DORANTE, *à Dorimène.*

Vous ne le connaissez pas.

##### M. JOURDAIN.

Elle me connaîtra quand il lui plaira.

##### DORIMÈNE.

Oh! je le quitte.

#### DORANTE.
Il est homme qui a toujours la riposte en main. Mais vous ne voyez pas que M. Jourdain, madame, mange tous les morceaux que vous touchez.

#### DORIMÈNE.
M. Jourdain est un homme qui me ravit.

#### M. JOURDAIN.
Si je pouvais ravir votre cœur, je serais...

### SCÈNE II.

MADAME JOURDAIN, M. JOURDAIN, DORIMÈNE, DORANTE, MUSICIENS, LAQUAIS.

#### MADAME JOURDAIN.
Ah! ah! je trouve ici bonne compagnie, et je vois bien qu'on ne m'y attendait pas. C'est donc pour cette belle affaire-ci, monsieur mon mari, que vous avez eu tant d'empressement à m'envoyer dîner chez ma sœur? Je viens de voir un théâtre là-bas, et je vois ici un banquet à faire noces. Voilà comme vous dépensez votre bien; et c'est ainsi que vous festinez les dames en mon absence, et que vous leur donnez la musique et la comédie, tandis que vous m'envoyez promener.

#### DORANTE.
Que voulez-vous dire, madame Jourdain? et quelles fantaisies sont les vôtres, de vous aller mettre en tête que votre mari dépense son bien, et que c'est lui qui donne ce régal à madame? Apprenez que c'est moi, je vous prie; qu'il ne fait seulement que me prêter sa maison, et que vous devriez un peu mieux regarder aux choses que vous dites.

##### M. JOURDAIN.

Oui, impertinente, c'est monsieur le comte qui donne tout ceci à madame, qui est une personne de qualité. Il me fait l'honneur de prendre ma maison, et de vouloir que je sois avec lui.

##### MADAME JOURDAIN.

Ce sont des chansons que cela; je sais ce que je sais.

##### DORANTE.

Prenez, madame Jourdain, prenez de meilleures lunettes.

##### MADAME JOURDAIN.

Je n'ai que faire de lunettes, monsieur, et je vois assez clair. Il y a longtemps que je sens les choses, et je ne suis pas une bête. Cela est fort vilain à vous, pour un grand seigneur, de prêter la main comme vous faites aux sottises de mon mari. Et vous, madame, pour une grande dame, cela n'est ni beau, ni honnête à vous, de mettre de la dissension dans un ménage et de souffrir que mon mari soit amoureux de vous.

##### DORIMÈNE.

Que veut donc dire tout ceci? Allez, Dorante, vous vous moquez, de m'exposer aux sottes visions de cette extravagante.

##### DORANTE, *suivant Dorimène qui sort.*

Madame, holà! madame, où courez-vous?

##### M. JOURDAIN.

Madame... Monsieur le comte, faites-lui mes excuses et tâchez de la ramener.

## SCÈNE III.

**MADAME JOURDAIN, M. JOURDAIN, LAQUAIS.**

### M. JOURDAIN.

Ah! impertinente que vous êtes, voilà de vos beaux faits! Vous me venez faire des affronts devant tout le monde; et vous chassez de chez moi des personnes de qualité!

### MADAME JOURDAIN.

Je me moque de leur qualité.

### M. JOURDAIN.

Je ne sais qui me tient, maudite, que je ne vous fende la tête avec les pièces du repas que vous êtes venue troubler. (*Les laquais emportent la table.*)

### MADAME JOURDAIN, *sortant*.

Je me moque de cela. Ce sont mes droits que je défends, et j'aurai pour moi toutes les femmes.

### M. JOURDAIN.

Vous faites bien d'éviter ma colère.

## SCÈNE IV.

### M. JOURDAIN, *seul*.

Elle est arrivée bien malheureusement. J'étais en humeur de dire de jolies choses; et jamais je ne m'étais senti tant d'esprit. Qu'est-ce que c'est que cela?

## SCÈNE V.

#### M. JOURDAIN, COVIELLE *déguisé.*

###### COVIELLE.

Monsieur, je ne sais pas si j'ai l'honneur d'être connu de vous.

###### M. JOURDAIN.

Non, monsieur.

COVIELLE, *étendant la main à un pied de terre.*

Je vous ai vu que vous n'étiez pas plus grand que cela.

###### M. JOURDAIN.

Moi?

###### COVIELLE.

Oui. Vous étiez le plus bel enfant du monde, et toutes les dames vous prenaient dans leurs bras pour vous baiser.

###### M. JOURDAIN.

Pour me baiser?

###### COVIELLE.

Oui. J'étais grand ami de feu monsieur votre père.

###### M. JOURDAIN.

De feu monsieur mon père?

###### COVIELLE.

Oui. C'était un fort honnête gentilhomme.

###### M. JOURDAIN.

Comment dites-vous?

###### COVIELLE.

Je dis que c'était un fort honnête gentilhomme.

M. JOURDAIN.

Mon père?

COVIELLE.

Oui.

M. JOURDAIN.

Vous l'avez fort connu?

COVIELLE.

Assurément.

M. JOURDAIN.

Et vous l'avez connu pour gentilhomme?

COVIELLE.

Sans doute.

M. JOURDAIN.

Je ne sais donc pas comment le monde est fait!

COVIELLE.

Comment?

M. JOURDAIN.

Il y a de sottes gens qui me veulent dire qu'il a été marchand.

COVIELLE.

Lui, marchand? C'est pure médisance, il ne l'a jamais été. Tout ce qu'il faisait, c'est qu'il était fort obligeant, fort officieux; et comme il se connaissait fort bien en étoffes, il en allait choisir de tous les côtés, les faisait apporter chez lui, et en donnait à ses amis pour de l'argent.

M. JOURDAIN.

Je suis ravi de vous connaître, afin que vous rendiez ce témoignage-là, que mon père était gentilhomme.

COVIELLE.

Je le soutiendrai devant tout le monde.

M. JOURDAIN.

Vous m'obligerez. Quel sujet vous amène ?

COVIELLE.

Depuis avoir connu feu monsieur votre père, honnête gentilhomme comme je vous ai dit, j'ai voyagé par tout le monde.

M. JOURDAIN.

Par tout le monde ?

COVIELLE.

Oui.

M. JOURDAIN.

Je pense qu'il y a bien loin en ce pays-là.

COVIELLE.

Assurément. Je ne suis revenu de tous mes longs voyages que depuis quatre jours; et, par l'intérêt que je prends à tout ce qui vous touche, je viens vous annoncer la meilleure nouvelle du monde.

M. JOURDAIN.

Quelle ?

COVIELLE.

Vous savez que le fils du Grand Turc est ici ?

M. JOURDAIN.

Moi ? non.

COVIELLE.

Comment! il a un train tout à fait magnifique; tout le monde le va voir, et il a été reçu en ce pays comme un seigneur d'importance.

M. JOURDAIN.

Par ma foi, je ne savais pas cela.

COVIELLE.

Ce qu'il y a d'avantageux pour vous, c'est qu'il est amoureux de votre fille.

**M. JOURDAIN.**

Le fils du Grand Turc?

**COVIELLE.**

Oui; et il veut être votre gendre.

**M. JOURDAIN.**

Mon gendre, le fils du Grand Turc?

**COVIELLE.**

Le fils du Grand Turc votre gendre. Comme je le fus voir, et que j'entends parfaitement sa langue, il s'entretint avec moi; et après quelques autres discours, il me dit: *Acciam croc soler onch alla moustaph gidelum amanahem varahini oussere carbulath.* C'est-à-dire: N'as-tu point vu une jeune belle personne, qui est la fille de M. Jourdain, gentilhomme parisien?

**M. JOURDAIN.**

Le fils du Grand Turc dit cela de moi?

**COVIELLE.**

Oui. Comme je lui eus répondu que je vous connaissais particulièrement, et que j'avais vu votre fille: *Ah!* me dit-il, *marababa sahem!* c'est-à-dire: Ah! que je suis amoureux d'elle!

**M. JOURDAIN.**

*Marababa sahem* veut dire: Ah! que je suis amoureux d'elle?

**COVIELLE.**

Oui.

**M. JOURDAIN.**

Par ma foi, vous faites bien de me le dire; car, pour moi, je n'aurais jamais cru que *marababa sahem* eût voulu dire: Ah! que je suis amoureux d'elle! Voilà une langue admirable que ce turc!

COVIELLE.

Plus admirable qu'on ne peut croire. Savez-vous bien ce que veut dire *cacaracamouchen?*

M. JOURDAIN.

*Cacaracamouchen?* Non.

COVIELLE.

C'est-à-dire : Ma chère âme.

M. JOURDAIN.

*Cacaracamouchen* veut dire : Ma chère âme?

COVIELLE.

Oui.

M. JOURDAIN.

Voilà qui est merveilleux! *Cacaracamouchen*, Ma chère âme! Dirait-on jamais cela? Voilà qui me confond.

COVIELLE.

Enfin, pour achever mon ambassade, il vient vous demander votre fille en mariage ; et, pour avoir un beau-père qui soit digne de lui, il veut vous faire *mamamouchi*, qui est une certaine grande dignité de son pays.

M. JOURDAIN.

*Mamamouchi?*

COVIELLE.

Oui, *mamamouchi;* c'est-à-dire, en notre langue, paladin. Paladin, ce sont de ces anciens..... Paladin, enfin. Il n'y a rien de plus noble que cela dans le monde, et vous irez de pair avec les plus grands seigneurs de la terre.

M. JOURDAIN.

Le fils du Grand Turc m'honore beaucoup ; et je vous prie de me mener chez lui pour lui faire mes remercîments.

COVIELLE.

Comment! le voilà qui va venir ici.

M. JOURDAIN.

Il va venir ici?

COVIELLE.

Oui; et il amène toutes choses pour la cérémonie de votre dignité.

M. JOURDAIN.

Voilà qui est bien prompt.

COVIELLE.

Son amour ne peut souffrir aucun retardement.

M. JOURDAIN.

Tout ce qui m'embarrasse ici, c'est que ma fille est une opiniâtre qui s'est allée mettre dans la tête un certain Cléonte, et elle jure de n'épouser personne que celui-là.

COVIELLE.

Elle changera de sentiment quand elle verra le fils du Grand Turc; et puis il se rencontre ici une aventure merveilleuse, c'est que le fils du Grand Turc ressemble à ce Cléonte, à peu de chose près. Je viens de le voir; on me l'a montré: et l'amour qu'elle a pour l'un pourra passer aisément à l'autre, et... Je l'entends venir; le voilà.

## SCÈNE VI.

CLÉONTE, *en Turc;* TROIS PAGES, *portant la veste de Cléonte;* M. JOURDAIN, COVIELLE.

CLÉONTE.

*Ambousahim oqui boraf, Jordina, salamalequi.*

###### COVIELLE, *à M. Jourdain.*

C'est-à-dire : Monsieur Jourdain, votre cœur soit toute l'année comme un rosier fleuri! Ce sont façons de parler obligeantes de ces pays-là.

###### M. JOURDAIN.

Je suis très humble serviteur de son altesse turque.

###### COVIELLE.

*Carigar camboto oustin moraf.*

###### CLÉONTE.

*Oustin yoc catamalequi basum base alla moran.*

###### COVIELLE.

Il dit : Que le ciel vous donne la force des lions et la prudence des serpents!

###### M. JOURDAIN.

Son altesse turque m'honore trop, et je lui souhaite toutes sortes de prospérités.

###### COVIELLE.

*Ossa binamen sadoc babally oracaf ouram.*

###### CLÉONTE.

*Bel-men.*

###### COVIELLE.

Il dit que vous alliez vite avec lui vous préparer pour la cérémonie, afin de voir ensuite votre fille, et de conclure le mariage.

###### M. JOURDAIN.

Tant de choses en deux mots?

###### COVIELLE.

Oui. La langue turque est comme cela : elle dit beaucoup en peu de paroles. Allez vite où il souhaite.

## SCÈNE VII.

### COVIELLE, *seul*.

Ah! ah! ah! Ma foi, cela est tout à fait drôle. Quelle dupe! Quand il aurait appris son rôle par cœur, il ne pourrait pas le mieux jouer. Ah! ah!

## SCÈNE VIII.

### DORANTE, COVIELLE.

#### COVIELLE.

Je vous prie, monsieur, de nous vouloir aider céans dans une affaire qui s'y passe.

#### DORANTE.

Ah! ah! Covielle, qui t'aurait reconnu? Comme te voilà ajusté!

#### COVIELLE.

Vous voyez. Ah! ah!

#### DORANTE.

De quoi ris-tu?

#### COVIELLE.

D'une chose, monsieur, qui le mérite bien.

#### DORANTE.

Comment?

#### COVIELLE.

Je vous le donnerais en bien des fois, monsieur, à deviner le stratagème dont nous nous servons auprès de M. Jourdain pour porter son esprit à donner sa fille à mon maître.

##### DORANTE.

Je ne devine point le stratagème; mais je devine qu'il ne manquera pas de faire son effet, puisque tu l'entreprends.

##### COVIELLE.

Je sais, monsieur, que la bête vous est connue.

##### DORANTE.

Apprends-moi ce que c'est.

##### COVIELLE.

Prenez la peine de vous tirer un peu plus loin, pour faire place à ce que j'aperçois venir. Vous pourrez voir une partie de l'histoire, tandis que je vous conterai le reste.

### SCÈNE IX.

#### CÉRÉMONIE TURQUE.

LE MUPHTI, DERVIS, TURCS *assistants du muphti, chantants et dansants.*

Six Turcs entrent gravement deux à deux, au son des instruments. Ils portent trois tapis qu'ils lèvent fort haut, après en avoir fait, en dansant, plusieurs figures. Les Turcs chantants passent par-dessous ces tapis pour s'aller ranger aux deux côtés du théâtre. Le muphti, accompagné des dervis, ferme cette marche.

Alors les Turcs étendent les tapis par terre et se mettent dessus à genoux. Le muphti et les dervis restent debout au milieu d'eux ; et, pendant que le muphti invoque Mahomet, en faisant beaucoup de contorsions et de grimaces, sans proférer une seule parole, les Turcs assistants se prosternent jusqu'à terre, en chantant *Alli*, lèvent les bras au ciel, en chantant *Alla*[1] ; ce qu'ils continuent jusqu'à la fin de l'invocation, après laquelle ils se lèvent tous, chantant *Alla eckber*[2] ; et deux dervis vont chercher

---

1. *Alli* et *Allah*, qui s'écrit *Alla*, signifient Dieu.
2. *Alla eckber* signifie : Dieu est grand.

M. Jourdain. Après l'avoir amené, ils le font mettre à genoux, les mains par terre, de façon que son dos, sur lequel est mis l'Alcoran, sert de pupitre au muphti, qui fait une seconde invocation burlesque, fronçant le sourcil, frappant de temps en temps sur l'Alcoran, et tournant les feuillets avec précipitation; après quoi, en levant les bras au ciel, le muphti crie à haute voix : *Hou.*

Pendant cette seconde invocation, les Turcs assistants, s'inclinant et se relevant alternativement, chantent aussi : *Hou, hou, hou*[1].

### M. JOURDAIN, *après qu'on lui a ôté l'Alcoran de dessus le dos.*

Ouf.

Le muphti commence une troisième invocation. Les dervis le soutiennent par-dessous les bras avec respect; après quoi les Turcs, chantants et dansants, sautant autour du muphti, se retirent avec lui et emmènent M. Jourdain.

## ACTE CINQUIÈME.

### SCÈNE I.

#### MADAME JOURDAIN, M. JOURDAIN.

#### MADAME JOURDAIN.

Ah! mon Dieu! miséricorde! Qu'est-ce que c'est donc que cela? Quelle figure! Est-ce un momon que vous allez porter, et est-il temps d'aller en masque? Parlez donc, qu'est-ce que c'est que ceci? Qui vous a fagoté comme cela?

#### M. JOURDAIN.

Voyez l'impertinente, de parler de la sorte à un *mamamouchi!*

---

1. C'est un des noms que les musulmans donnent à Dieu.

MADAME JOURDAIN.

Comment donc?

M. JOURDAIN.

Oui, il me faut porter du respect maintenant, et l'on vient de me faire *mamamouchi*.

MADAME JOURDAIN.

Que voulez-vous dire avec votre *mamamouchi*?

M. JOURDAIN.

*Mamamouchi*, vous dis-je. Je suis *mamamouchi*.

MADAME JOURDAIN.

Quelle bête est-ce là?

M. JOURDAIN.

*Mamamouchi*, c'est-à-dire, en notre langue, paladin.

MADAME JOURDAIN.

Baladin! Êtes-vous en âge de danser des ballets?

M. JOURDAIN.

Quelle ignorante! Je dis paladin : c'est une dignité dont on vient de me faire la cérémonie.

MADAME JOURDAIN.

Quelle cérémonie donc?

M. JOURDAIN.

*Mahameta per Jordina.*

MADAME JOURDAIN.

Qu'est-ce que cela veut dire?

M. JOURDAIN.

*Jordina*, c'est-à-dire Jourdain.

MADAME JOURDAIN.

Eh bien! quoi, Jourdain?

M. JOURDAIN.

*Voler far un paladina de Jordina.*

MADAME JOURDAIN.

Comment?

M. JOURDAIN.

*Dar turbanta con galera.*

MADAME JOURDAIN.

Qu'est-ce à dire, cela?

M. JOURDAIN.

*Per deffender Palestina.*

MADAME JOURDAIN.

Que voulez-vous donc dire?

M. JOURDAIN.

*Dara, dara bastonnara.*

MADAME JOURDAIN.

Qu'est-ce donc que ce jargon-là?

M. JOURDAIN.

*Non tener honta, questa star l'ultima affronta.*

MADAME JOURDAIN.

Qu'est-ce que c'est donc que tout cela?

M. JOURDAIN, *chantant et dansant.*

*Hou la ba, ba la chou, ba la ba, ba la da.* (*Il tombe par terre.*)

MADAME JOURDAIN.

Hélas! mon Dieu! mon mari est devenu fou!

M. JOURDAIN, *se relevant et s'en allant.*

Paix, insolente! Portez respect à monsieur le *mamamouchi.*

MADAME JOURDAIN, *seule.*

Où est-ce donc qu'il a perdu l'esprit? Courons l'empêcher de sortir. (*Apercevant Dorimène et Dorante.*) Ah! ah! voici justement le reste de notre écu. Je ne vois que chagrin de tous côtés.

## SCÈNE II.

#### DORANTE, DORIMÈNE.

##### DORANTE.

Oui, madame, vous verrez la plus plaisante chose qu'on puisse voir; et je ne crois pas que dans tout le monde il soit possible de trouver encore un homme aussi fou que celui-là. Et puis, madame, il faut tâcher de servir l'amour de Cléonte et d'appuyer toute sa mascarade. C'est un fort galant homme, et qui mérite que l'on s'intéresse pour lui.

##### DORIMÈNE.

J'en fais beaucoup de cas, et il est digne d'une bonne fortune.

##### DORANTE.

Outre cela, nous avons ici, madame, un ballet qui nous revient, que nous ne devons pas laisser perdre; et il faut bien voir si mon idée pourra réussir.

##### DORIMÈNE.

J'ai vu là des apprêts magnifiques, et ce sont des choses, Dorante, que je ne puis plus souffrir. Oui, je veux enfin vous empêcher vos profusions; et, pour rompre le cours à toutes les dépenses que je vous vois faire pour moi, j'ai résolu de me marier promptement avec vous. C'en est le vrai secret, et toutes ces choses finissent avec le mariage.

##### DORANTE.

Ah! madame, est-il possible que vous ayez pu prendre pour moi une si douce résolution?

##### DORIMÈNE.

Ce n'est que pour vous empêcher de vous ruiner;

et, sans cela, je vois bien qu'avant qu'il fût peu vous n'auriez pas un sou.

#### DORANTE.

Que j'ai d'obligation, madame, aux soins que vous avez de conserver mon bien! Il est entièrement à vous, aussi bien que mon cœur; et vous en userez de la façon qu'il vous plaira.

#### DORIMÈNE.

J'userai bien de tous les deux. Mais voici votre homme : la figure en est admirable.

### SCÈNE III.

##### M. JOURDAIN, DORIMÈNE, DORANTE.

#### DORANTE.

Monsieur, nous venons rendre hommage, madame et moi, à votre nouvelle dignité, et nous réjouir avec vous du mariage que vous faites de votre fille avec le fils du Grand Turc.

#### M. JOURDAIN, *après avoir fait les révérences à la turque.*

Monsieur, je vous souhaite la force des serpents et la prudence des lions.

#### DORIMÈNE.

J'ai été bien aise d'être des premières, monsieur, à venir vous féliciter du haut degré de gloire où vous êtes monté.

#### M. JOURDAIN.

Madame, je vous souhaite toute l'année votre rosier fleuri. Je vous suis infiniment obligé de prendre part aux honneurs qui m'arrivent; et j'ai beaucoup de joie de vous voir revenue ici pour vous faire les très humbles excuses de l'extravagance de ma femme.

DORIMÈNE.

Cela n'est rien ; j'excuse en elle un pareil mouvement : votre cœur lui doit être précieux ; et il n'est pas étrange que la possession d'un homme comme vous puisse inspirer quelques alarmes.

M. JOURDAIN.

La possession de mon cœur est une chose qui vous est tout acquise.

DORANTE.

Vous voyez, madame, que M. Jourdain n'est pas de ces gens que les prospérités aveuglent, et qu'il sait, dans sa grandeur, connaître encore ses amis.

DORIMÈNE.

C'est la marque d'une âme tout à fait généreuse.

DORANTE.

Où est donc son altesse turque? Nous voudrions bien, comme vos amis, lui rendre nos devoirs.

M. JOURDAIN.

Le voilà qui vient; et j'ai envoyé quérir ma fille pour lui donner la main.

## SCÈNE IV.

M. JOURDAIN, DORIMÈNE, DORANTE, CLÉONTE, *habillé en Turc.*

DORANTE, *à Cléonte.*

Monsieur, nous venons faire la révérence à votre altesse, comme amis de monsieur votre beau-père, et l'assurer avec respect de nos très humbles services.

#### M. JOURDAIN.

Où est le truchement, pour lui dire qui vous êtes et lui faire entendre ce que vous dites? Vous verrez qu'il vous répondra; et il parle turc à merveille. Holà! où diantre est-il allé? (*A Cléonte.*) *Strouf, strif, strof, straf.* Monsieur est un *grande segnore, grande segnore, grande segnore;* et madame, une *granda dama, granda dama.* (*Voyant qu'il ne se fait point entendre.*) Ah! (*A Cléonte, montrant Dorante.*) Monsieur, lui *mamamouchi* français, et madame, *mamamouchie* française. Je ne puis pas parler plus clairement. Bon! voici l'interprète.

### SCÈNE V.

M. JOURDAIN, DORIMÈNE, DORANTE, CLÉONTE, *habillé en Turc*, COVIELLE, *déguisé.*

#### M. JOURDAIN.

Où allez-vous donc? nous ne saurions rien dire sans vous. (*Montrant Cléonte.*) Dites-lui un peu que monsieur et madame sont des personnes de grande qualité, qui lui viennent faire la révérence, comme mes amis, et l'assurer de leurs services. (*A Dorimène et à Dorante.*) Vous allez voir comme il va répondre.

#### COVIELLE.

*Alabala crociam acci boram alabamen.*

#### CLÉONTE.

*Catalequi tubal ourin soter amalouchan.*

#### M. JOURDAIN, *à Dorimène et à Dorante.*

Voyez-vous?

##### COVIELLE.

Il dit que la pluie des prospérités arrose en tout temps le jardin de votre famille.

##### M. JOURDAIN.

Je vous l'avais bien dit qu'il parle turc.

##### DORANTE.

Cela est admirable!

### SCÈNE VI.

LUCILE, CLÉONTE, M. JOURDAIN, DORIMÈNE, DORANTE, COVIELLE.

##### M. JOURDAIN.

Venez, ma fille; approchez-vous, et venez donner votre main à monsieur, qui vous fait l'honneur de vous demander en mariage.

##### LUCILE.

Comment, mon père! comme vous voilà fait? Est-ce une comédie que vous jouez?

##### M. JOURDAIN.

Non, non, ce n'est pas une comédie; c'est une affaire fort sérieuse, et la plus pleine d'honneur pour vous qui se peut souhaiter. (*Montrant Cléonte.*) Voilà le mari que je vous donne.

##### LUCILE.

A moi, mon père?

##### M. JOURDAIN.

Oui, à vous. Allons, touchez-lui dans la main, et rendez grâces au ciel de votre bonheur.

###### LUCILE.

Je ne veux point me marier.

###### M. JOURDAIN.

Je le veux, moi, qui suis votre père.

###### LUCILE.

Je n'en ferai rien.

###### M. JOURDAIN.

Ah! que de bruit! Allons, vous dis-je; çà, votre main.

###### LUCILE.

Non, mon père, je vous l'ai dit, il n'est point de pouvoir qui me puisse obliger à prendre un autre mari que Cléonte; et je me résoudrai plutôt à toutes les extrémités que de... (*Reconnaissant Cléonte.*) Il est vrai que vous êtes mon père; je vous dois entière obéissance; et c'est à vous à disposer de moi selon vos volontés.

###### M. JOURDAIN.

Ah! je suis ravi de vous voir si promptement revenue dans votre devoir; et voilà qui me plaît, d'avoir une fille obéissante.

## SCÈNE VII.

**MADAME JOURDAIN, CLÉONTE, M. JOURDAIN, LUCILE, DORANTE, DORIMÈNE, COVIELLE.**

###### MADAME JOURDAIN.

Comment donc? qu'est-ce que c'est que ceci? on dit que vous voulez donner votre fille en mariage à un carême-prenant!

M. JOURDAIN.

Voulez-vous vous taire, impertinente? Vous venez toujours mêler vos extravagances à toutes choses; et il n'y a pas moyen de vous apprendre à être raisonnable.

MADAME JOURDAIN.

C'est vous qu'il n'y a pas moyen de rendre sage; et vous allez de folie en folie. Quel est votre dessein, et que voulez-vous faire avec cet assemblage?

M. JOURDAIN.

Je veux marier notre fille avec le fils du Grand Turc.

MADAME JOURDAIN.

Avec le fils du Grand Turc?

M. JOURDAIN, *montrant Covielle.*

Oui. Faites-lui faire vos compliments par le truchement que voilà.

MADAME JOURDAIN.

Je n'ai que faire du truchement; et je lui dirai bien moi-même, à son nez, qu'il n'aura point ma fille.

M. JOURDAIN.

Voulez-vous vous taire, encore une fois?

DORANTE.

Comment, madame Jourdain, vous vous opposez à un honneur comme celui-là? vous refusez son altesse turque pour gendre?

MADAME JOURDAIN.

Mon Dieu! monsieur, mêlez-vous de vos affaires.

###### DORIMÈNE.

C'est une grande gloire qui n'est pas à rejeter.

###### MADAME JOURDAIN.

Madame, je vous prie aussi de ne vous point embarrasser de ce qui ne vous touche pas.

###### DORANTE.

C'est l'amitié que nous avons pour vous qui nous fait intéresser dans vos avantages.

###### MADAME JOURDAIN.

Je me passerai bien de votre amitié.

###### DORANTE.

Voilà votre fille qui consent aux volontés de son père.

###### MADAME JOURDAIN.

Ma fille consent à épouser un Turc?

###### DORANTE.

Sans doute.

###### MADAME JOURDAIN.

Elle peut oublier Cléonte?

###### DORANTE.

Que ne fait-on pas pour être grande dame?

###### MADAME JOURDAIN.

Je l'étranglerais de mes mains, si elle avait fait un coup comme celui-là.

###### M. JOURDAIN.

Voilà bien du caquet! Je vous dis que ce mariage-là se fera.

###### MADAME JOURDAIN.

Je vous dis, moi, qu'il ne se fera point.

M. JOURDAIN.

Ah! que de bruit!

LUCILE.

Ma mère!

MADAME JOURDAIN.

Allez, vous êtes une coquine!

M. JOURDAIN, *à madame Jourdain.*

Quoi! vous la querellez de ce qu'elle m'obéit?

MADAME JOURDAIN.

Oui; elle est à moi aussi bien qu'à vous.

COVIELLE, *à madame Jourdain.*

Madame!

MADAME JOURDAIN.

Que me voulez-vous conter, vous?

COVIELLE.

Un mot.

MADAME JOURDAIN.

Je n'ai que faire de votre mot.

COVIELLE, *à M. Jourdain.*

Monsieur, si elle veut écouter une parole en particulier, je vous promets de la faire consentir à ce que vous voulez.

MADAME JOURDAIN.

Je n'y consentirai point.

COVIELLE.

Écoutez-moi seulement.

MADAME JOURDAIN.

Non.

M. JOURDAIN, *à madame Jourdain.*

Écoutez-le.

MADAME JOURDAIN.

Non : je ne veux pas l'écouter.

M. JOURDAIN.

Il vous dira...

MADAME JOURDAIN.

Je ne veux point qu'il me dise rien.

M. JOURDAIN.

Voilà une grande obstination de femme ! Cela vous fera-t-il mal de l'entendre ?

COVIELLE.

Ne faites que m'écouter ; vous ferez après ce qu'il vous plaira.

MADAME JOURDAIN.

Eh bien ! quoi ?

COVIELLE, *bas à madame Jourdain.*

Il y a une heure, madame, que nous vous faisons signe. Ne voyez-vous pas bien que tout ceci n'est fait que pour nous ajuster aux visions de votre mari ; que nous l'abusons sous ce déguisement, et que c'est Cléonte lui-même qui est le fils du Grand Turc ?

MADAME JOURDAIN, *bas à Covielle.*

Ah! ah!

COVIELLE, *bas à madame Jourdain.*

Et moi, Covielle, qui suis le truchement ?

MADAME JOURDAIN, *bas à Covielle.*

Ah! comme cela, je me rends.

COVIELLE, *bas à madame Jourdain.*

Ne faites pas semblant de rien.

MADAME JOURDAIN, *haut.*

Oui, voilà qui est fait; je consens au mariage.

M. JOURDAIN.

Ah! voilà tout le monde raisonnable. (*A madame Jourdain.*) Vous ne vouliez pas l'écouter. Je savais bien qu'il vous expliquerait ce que c'est que le fils du Grand Turc.

MADAME JOURDAIN.

Il me l'a expliqué comme il faut, et j'en suis satisfaite. Envoyons querir un notaire.

DORANTE.

C'est fort bien dit. Et afin, madame Jourdain, que vous puissiez avoir l'esprit tout à fait content, et que vous perdiez aujourd'hui toute la jalousie que vous pourriez avoir conçue de monsieur votre mari, c'est que nous nous servirons du même notaire pour nous marier, madame et moi.

MADAME JOURDAIN.

Je consens aussi à cela.

M. JOURDAIN, *bas à Dorante.*

C'est pour lui faire accroire.

DORANTE, *bas à M. Jourdain.*

Il faut bien l'amuser avec cette feinte.

M. JOURDAIN, *bas.*

Bon, bon. (*Haut.*) Qu'on aille querir le notaire.

DORANTE.

Tandis qu'il viendra et qu'il dressera les contrats, voyons notre ballet, et donnons-en le divertissement à son altesse turque.

###### M. JOURDAIN.

C'est fort bien avisé. Allons prendre nos places.

###### MADAME JOURDAIN.

Et Nicole?

###### M. JOURDAIN.

Je la donne au truchement ; et ma femme, à qui la voudra.

###### COVIELLE.

Monsieur, je vous remercie. (*A part.*) Si l'on en peut voir un plus fou, je l'irai dire à Rome. (*La comédie finit par un petit ballet.*)

**FIN DU BOURGEOIS GENTILHOMME.**

# LE MALADE IMAGINAIRE

## COMÉDIE.

(1673.)

PERSONNAGES. — Argan, malade imaginaire. — Béline, seconde femme d'Argan. — Angélique, fille d'Argan et amante de Cléante. — Louison, petite fille d'Argan et sœur d'Angélique. — Béralde, frère d'Argan. — Cléante, amant d'Angélique. — Monsieur Diafoirus, médecin. — Thomas Diafoirus, son fils, et amant d'Angélique. — Monsieur Purgon, médecin d'Argan. — Monsieur Fleurant, apothicaire. — Monsieur Bonnefoi, notaire. — Toinette, servante.

*Personnages de l'intermède.* — Tapissiers dansants. — Le président de la faculté de médecine. — Docteurs. — Argan, bachelier. — Apothicaires, avec leurs mortiers et leurs pilons. — Porte-seringues. — Chirurgiens.

*La scène est à Paris.*

## ACTE PREMIER.

### SCÈNE I.

ARGAN, *assis, une table devant lui, comptant avec des jetons les parties de son apothicaire.*

Trois et deux font cinq, et cinq font dix, et dix font vingt; trois et deux font cinq. « Plus, du vingt-quatrième, un petit clystère insinuatif, préparatif et rémollient, pour amollir, humecter et rafraîchir les entrailles de monsieur. » Ce qui me plaît de monsieur Fleurant, mon apothicaire, c'est que ses parties sont toujours fort civiles. « Les entrailles de monsieur, trente sous. » Oui ; mais, monsieur Fleurant, ce n'est pas tout que d'être civil : il faut être aussi raisonnable, et ne pas écorcher les malades. Trente sous un lavement ! Je suis votre serviteur, je vous l'ai déjà dit : vous ne me les avez mis dans les autres parties qu'à vingt sous ; et vingt sous en langage d'apothicaire, c'est-à-dire dix sous. Les voilà ; dix sous. « Plus, dudit jour, un bon clystère détersif, composé avec catholicon double, rhubarbe, miel rosat, et autres, suivant l'ordonnance, pour balayer, laver et nettoyer le bas-ventre de monsieur, trente sous.» Avec votre permission, dix sous. « Plus, dudit jour, le soir, un julep hépatique, soporatif et somnifère, composé pour faire dormir monsieur, trente-cinq sous. » Je ne me plains pas de celui-là, car il me fit bien dormir. Dix, quinze, seize et dix-sept sous six deniers. « Plus, du vingt-cinquième, une bonne médecine purgative et corroborative, composée de casse récente avec séné levantin, et autres, suivant l'ordonnance de monsieur Purgon, pour expulser et évacuer la bile de monsieur, quatre livres. » Ah ! monsieur Fleurant, c'est se moquer : il faut vivre avec les malades. Monsieur Purgon ne vous a pas ordonné de mettre quatre francs. Mettez, mettez trois livres, s'il vous plaît. Vingt et trente sous. « Plus, dudit jour, une potion anodine et astringente, pour faire reposer monsieur, trente sous.» Bon, dix et quinze sous. « Plus, du vingt-sixième, un clystère carminatif, pour chasser les vents de monsieur, trente sous. » Dix sous, monsieur Fleurant. « Plus, le clystère de monsieur, réitéré le soir, comme dessus, trente sous. » Monsieur Fleurant, dix sous. « Plus, du vingt-septième, une bonne médecine, composée pour hâter d'aller, et chasser dehors les mauvaises humeurs de monsieur, trois livres. » Bon, vingt et trente sous; je suis bien aise que vous soyez raisonnable. « Plus, du vingt-huitième, une prise de petit-lait clarifié et dulcoré, pour adoucir, lénifier, tempérer et rafraîchir le sang de monsieur, vingt sous. » Bon, dix sous. « Plus, une potion cordiale et préservative, composée avec douze grains de bézoard, sirop de limon et grenades, et autres, suivant l'ordonnance, cinq livres. « Ah! monsieur Fleurant, tout doux, s'il vous plaît! si vous en usez comme cela, on ne voudra plus être malade : contentez-vous de quatre francs ; vingt et quarante sous. Trois et deux font cinq, et cinq font dix, et dix font vingt. Soixante et trois livres quatre sous six deniers. Si bien donc que, de ce mois, j'ai pris une, deux, trois, quatre, cinq, six, sept et huit médecines; et un, deux, trois, quatre, cinq, six, sept, huit, neuf, dix, onze et douze lavements; et l'autre mois, il y avait douze médecines et vingt lavements. Je ne m'étonne pas si je ne me porte pas si bien ce mois-ci que l'autre. Je le dirai à monsieur Purgon, afin qu'il mette ordre à cela. Allons, qu'on m'ôte tout ceci. (*Voyant que personne ne vient, et qu'il n'y a aucun de ses gens dans sa chambre.*) Il n'y a personne. J'ai beau dire : on me laisse toujours seul ; il n'y a pas moyen de les arrêter ici. (*Après avoir sonné une sonnette qui est sur la table.*) Ils n'entendent point, et ma sonnette ne fait pas assez de bruit. Drelin, drelin, drelin. Point d'affaire. Drelin, drelin, drelin. Ils sont sourds.... Toinette! Drelin, drelin, drelin. Tout comme si je ne sonnais point. Chienne! coquine! Drelin, drelin, drelin. J'enrage! (*Il ne sonne plus, mais il crie.*) Drelin, drelin, drelin. Carogne, à tous les diables! Est-il possible qu'on laisse comme cela un pauvre malade tout seul? Drelin, drelin, drelin. Voilà qui est pitoyable! Drelin, drelin, drelin. Ah! mon Dieu! ils me laisseront ici mourir. Drelin, drelin, drelin.

## SCÈNE II.

### ARGAN, TOINETTE.

#### TOINETTE, *en entrant.*

On y va.

#### ARGAN.

Ah! chienne! ah! carogne!

#### TOINETTE, *faisant semblant de s'être cogné la tête.*

Diantre soit fait de votre impatience! Vous pressez si fort les personnes, que je me suis donné un grand coup de la tête contre la carne d'un volet.

#### ARGAN, *en colère.*

Ah! traîtresse!...

#### TOINETTE, *interrompant Argan.*

Ah!

#### ARGAN.

Il y a...

#### TOINETTE.

Ah!

#### ARGAN.

Il y a une heure...

#### TOINETTE.

Ah!

#### ARGAN.

Tu m'as laissé...

#### TOINETTE.

Ah!

ARGAN.

Tais-toi donc, coquine, que je te querelle.

TOINETTE.

Ma foi, j'en suis d'avis, après ce que je me suis fait.

ARGAN.

Tu m'as fait égosiller, carogne.

TOINETTE.

Et vous m'avez fait, vous, casser la tête : l'un vaut bien l'autre. Quitte à quitte, si vous voulez.

ARGAN.

Quoi ! coquine...

TOINETTE.

Si vous querellez, je pleurerai.

ARGAN.

Me laisser, traîtresse...

TOINETTE, *interrompant encore Argan.*

Ah !

ARGAN.

Chienne, tu veux...

TOINETTE.

Ah !

ARGAN.

Quoi ! il faudra encore que je n'aie pas le plaisir de la quereller !

TOINETTE.

Querellez tout votre soûl : je le veux bien.

ARGAN.

Tu m'en empêches, chienne, en m'interrompant à tous coups.

TOINETTE.

Si vous avez le plaisir de quereller, il faut bien

que, de mon côté, j'aie le plaisir de pleurer : chacun le sien, ce n'est pas trop. Ah !

ARGAN.

Allons, il faut en passer par là. Ote-moi ceci, coquine, ôte-moi ceci. (*Après s'être levé.*) Mon lavement d'aujourd'hui a-t-il bien opéré ?

TOINETTE.

Votre lavement ?

ARGAN.

Oui. Ai-je bien fait de la bile ?

TOINETTE.

Ma foi ! je ne me mêle point de ces affaires-là ; c'est à monsieur Fleurant à y mettre le nez, puisqu'il en a le profit.

ARGAN.

Qu'on ait soin de me tenir un bouillon prêt, pour l'autre que je dois tantôt prendre.

TOINETTE.

Ce monsieur Fleurant-là et ce monsieur Purgon s'égayent bien sur votre corps ; ils ont en vous une bonne vache à lait, et je voudrais bien leur demander quel mal vous avez, pour faire tant de remèdes.

ARGAN.

Taisez-vous, ignorante ; ce n'est pas à vous à contrôler les ordonnances de la médecine. Qu'on me fasse venir ma fille Angélique : j'ai à lui dire quelque chose.

TOINETTE.

La voici qui vient d'elle-même ; elle a deviné votre pensée.

14.

## SCÈNE III.

ARGAN, ANGÉLIQUE, TOINETTE.

ARGAN.

Approchez, Angélique : vous venez à propos ; je voulais vous parler.

ANGÉLIQUE.

Me voilà prête à vous ouïr.

ARGAN.

Attendez. (*A Toinette.*) Donnez-moi mon bâton. Je vais revenir tout à l'heure.

TOINETTE.

Allez vite, monsieur, allez. Monsieur Fleurant nous donne des affaires.

## SCÈNE IV.

ANGÉLIQUE, TOINETTE.

ANGÉLIQUE.

Toinette !

TOINETTE.

Quoi ?

ANGÉLIQUE.

Regarde-moi un peu.

TOINETTE.

Eh bien ! je vous regarde.

ANGÉLIQUE.

Toinette !

TOINETTE.

Eh bien ! quoi, Toinette ?

##### ANGÉLIQUE.
Ne devines-tu point de quoi je veux parler?

##### TOINETTE.
Je m'en doute assez : de notre jeune amant ; car c'est sur lui depuis six jours que roulent tous nos entretiens ; et vous n'êtes point bien, si vous n'en parlez à toute heure.

##### ANGÉLIQUE.
Puisque tu connais cela, que n'es-tu donc la première à m'en entretenir? et que ne m'épargnes-tu la peine de te jeter sur ce discours?

##### TOINETTE.
Vous ne m'en donnez pas le temps ; et vous avez des soins là-dessus qu'il est difficile de prévenir.

##### ANGÉLIQUE.
Je t'avoue que je ne saurais me lasser de te parler de lui, et que mon cœur profite avec chaleur de tous les moments de s'ouvrir à toi. Mais, dis-moi, condamnes-tu, Toinette, les sentiments que j'ai pour lui?

##### TOINETTE.
Je n'ai garde.

##### ANGÉLIQUE.
Ai-je tort de m'abandonner à ces douces impressions?

##### TOINETTE.
Je ne dis pas cela.

##### ANGÉLIQUE.
Et voudrais-tu que je fusse insensible aux tendres protestations de cette passion ardente qu'il témoigne pour moi?

##### TOINETTE.
A Dieu ne plaise!

#### ANGÉLIQUE.

Dis-moi un peu ; ne trouves-tu pas, comme moi, quelque chose du ciel, quelque effet du destin, dans l'aventure inopinée de notre connaissance?

#### TOINETTE.

Oui.

#### ANGÉLIQUE.

Ne trouves-tu pas que cette action d'embrasser ma défense, sans me connaître, est tout à fait d'un honnête homme?

#### TOINETTE.

Oui.

#### ANGÉLIQUE.

Que l'on ne peut pas en user plus généreusement?

#### TOINETTE.

D'accord.

#### ANGÉLIQUE.

Et qu'il fit tout cela de la meilleure grâce du monde?

#### TOINETTE.

Oh ! oui.

#### ANGÉLIQUE.

Ne trouves-tu pas, Toinette, qu'il est bien fait de sa personne?

#### TOINETTE.

Assurément.

#### ANGÉLIQUE.

Qu'il a l'air le meilleur du monde?

#### TOINETTE.

Sans doute.

#### ANGÉLIQUE.

Que ses discours, comme ses actions, ont quelque chose de noble?

TOINETTE.

Cela est sûr.

ANGÉLIQUE.

Qu'on ne peut rien entendre de plus passionné que tout ce qu'il me dit?

TOINETTE.

Il est vrai.

ANGÉLIQUE.

Et qu'il n'est rien de plus fâcheux que la contrainte où l'on me tient, qui bouche tout commerce aux doux empressements de cette mutuelle ardeur que le ciel nous inspire?

TOINETTE.

Vous avez raison.

ANGÉLIQUE.

Mais, ma pauvre Toinette, crois-tu qu'il m'aime autant qu'il me le dit?

TOINETTE.

Hé! hé! ces choses-là parfois sont un peu sujettes à caution. Les grimaces d'amour ressemblent fort à la vérité; et j'ai vu de grands comédiens là-dessus.

ANGÉLIQUE.

Ah! Toinette, que dis-tu là? Hélas! de la façon qu'il parle, serait-il bien possible qu'il ne me dît pas vrai?

TOINETTE.

En tout cas, vous en serez bientôt éclaircie; et la résolution où il vous écrivit hier qu'il était de vous faire demander en mariage est une prompte voie à vous faire connaître s'il vous dit vrai ou non. C'en sera là la bonne preuve.

###### ANGÉLIQUE.

Ah ! Toinette, si celui-là me trompe, je ne croirai de ma vie aucun homme.

###### TOINETTE.

Voilà votre père qui revient.

## SCÈNE V.

##### ARGAN, ANGÉLIQUE, TOINETTE.

###### ARGAN.

Oh çà, ma fille, je vais vous dire une nouvelle où peut-être ne vous attendez-vous pas. On vous demande en mariage. Qu'est-ce que cela ? Vous riez ? Cela est plaisant, oui, ce mot de mariage; il n'est rien de plus drôle pour les jeunes filles. Ah! nature ! nature ! A ce que je puis voir, ma fille, je n'ai que faire de vous demander si vous voulez bien vous marier.

###### ANGÉLIQUE.

Je dois faire, mon père, tout ce qu'il vous plaira de m'ordonner.

###### ARGAN.

Je suis bien aise d'avoir une fille si obéissante : la chose est donc conclue, et je vous ai promise.

###### ANGÉLIQUE.

C'est à moi, mon père, de suivre aveuglément toutes vos volontés.

###### ARGAN.

Ma femme, votre belle-mère, avait envie que je vous fisse religieuse, et votre petite sœur Louison aussi; et de tout temps elle a été aheurtée à cela.

###### TOINETTE, *à part*.

La bonne bête a ses raisons.

ARGAN.

Elle ne voulait point consentir à ce mariage ; mais je l'ai emporté, et ma parole est donnée.

ANGÉLIQUE.

Ah ! mon père, que je vous suis obligée de toutes vos bontés !

TOINETTE, *à Argan.*

En vérité, je vous sais bon gré de cela ; et voilà l'action la plus sage que vous ayez faite de votre vie.

ARGAN.

Je n'ai point encore vu la personne ; mais on m'a dit que j'en serais content, et toi aussi.

ANGÉLIQUE.

Assurément, mon père.

ARGAN.

Comment ! l'as-tu vu ?

ANGÉLIQUE.

Puisque votre consentement m'autorise à vous pouvoir ouvrir mon cœur, je ne feindrai point de vous dire que le hasard nous a fait connaître il y a six jours, et que la demande qu'on vous a faite est un effet de l'inclination que, dès cette première vue, nous avons prise l'un pour l'autre.

ARGAN.

Ils ne m'ont pas dit cela : mais j'en suis bien aise, et c'est tant mieux que les choses soient de la sorte. Ils disent que c'est un grand jeune garçon bien fait.

ANGÉLIQUE.

Oui, mon père.

ARGAN.

De belle taille.

ANGÉLIQUE.

Sans doute.

ARGAN.

Agréable de sa personne.

ANGÉLIQUE.

Assurément.

ARGAN.

De bonne physionomie.

ANGÉLIQUE.

Très bonne.

ARGAN.

Sage et bien né.

ANGÉLIQUE.

Tout à fait.

ARGAN.

Fort honnête.

ANGÉLIQUE.

Le plus honnête du monde.

ARGAN.

Qui parle bien latin et grec.

ANGÉLIQUE.

C'est ce que je ne sais pas.

ARGAN.

Et qui sera reçu médecin dans trois jours.

ANGÉLIQUE.

Lui, mon père?

ARGAN.

Oui. Est-ce qu'il ne te l'a pas dit?

ANGÉLIQUE.

Non, vraiment. Qui vous l'a dit, à vous?

ARGAN.

Monsieur Purgon.

###### ANGÉLIQUE.

Est-ce que monsieur Purgon le connaît?

###### ARGAN.

La belle demande! Il faut bien qu'il le connaisse, puisque c'est son neveu.

###### ANGÉLIQUE.

Cléante, neveu de monsieur Purgon?

###### ARGAN.

Quel Cléante? Nous parlons de celui pour qui l'on t'a demandée en mariage.

###### ANGÉLIQUE.

Hé! oui.

###### ARGAN.

Eh bien! c'est le neveu de monsieur Purgon, qui est le fils de son beau-frère le médecin, monsieur Diafoirus; et ce fils s'appelle Thomas Diafoirus, et non pas Cléante; et nous avons conclu ce mariage-là ce matin, monsieur Purgon, monsieur Fleurant et moi; et demain, ce gendre prétendu doit m'être amené par son père. Qu'est-ce? vous voilà tout ébaubie!

###### ANGÉLIQUE.

C'est, mon père, que je connais que vous avez parlé d'une personne, et que j'ai entendu une autre.

###### TOINETTE.

Quoi! monsieur, vous auriez fait ce dessein burlesque? Et, avec tout le bien que vous avez, vous voudriez marier votre fille avec un médecin?

###### ARGAN.

Oui. De quoi te mêles-tu, coquine, impudente que tu es?

###### TOINETTE.

Mon Dieu! tout doux. Vous allez d'abord aux invectives. Est-ce que nous ne pouvons pas raisonner ensemble sans nous emporter? Là, parlons de sang-froid. Quelle est votre raison, s'il vous plaît, pour un tel mariage?

### ARGAN.

Ma raison est que, me voyant infirme et malade comme je suis, je veux me faire un gendre et des alliés médecins, afin de m'appuyer de bons secours contre ma maladie, d'avoir dans ma famille les sources des remèdes qui me sont nécessaires, et d'être à même des consultations et des ordonnances.

### TOINETTE.

Eh bien! voilà dire une raison, et il y a plaisir à se répondre doucement les uns aux autres. Mais, monsieur, mettez la main à la conscience : est-ce que vous êtes malade?

### ARGAN.

Comment, coquine! si je suis malade! Si je suis malade, impudente!

### TOINETTE.

Eh bien! oui, monsieur, vous êtes malade; n'ayons point de querelle là-dessus. Oui, vous êtes fort malade; j'en demeure d'accord, et plus malade que vous ne pensez : voilà qui est fait. Mais votre fille doit épouser un mari pour elle; et, n'étant point malade, il n'est pas nécessaire de lui donner un médecin.

### ARGAN.

C'est pour moi que je lui donne ce médecin; et une fille de bon naturel doit être ravie d'épouser ce qui est utile à la santé de son père.

TOINETTE.

Ma foi, monsieur, voulez-vous qu'en amie je vous donne un conseil?

ARGAN.

Quel est-il, ce conseil?

TOINETTE.

De ne point songer à ce mariage-là.

ARGAN.

Et la raison?

TOINETTE.

La raison, c'est que votre fille n'y consentira point.

ARGAN.

Elle n'y consentira point?

TOINETTE.

Non.

ARGAN.

Ma fille?

TOINETTE.

Votre fille. Elle vous dira qu'elle n'a que faire de monsieur Diafoirus, ni de son fils Thomas Diafoirus, ni de tous les Diafoirus du monde.

ARGAN.

J'en ai affaire, moi, outre que le parti est plus avantageux qu'on ne pense. Monsieur Diafoirus n'a que ce fils-là pour tout héritier; et, de plus, monsieur Purgon, qui n'a ni femme ni enfants, lui donne tout son bien en faveur de ce mariage; et monsieur Purgon est un homme qui a huit mille bonnes livres de rente.

TOINETTE.

Il faut qu'il ait tué bien des gens pour s'être fait si riche!

ARGAN.

Huit mille livres de rente sont quelque chose, sans compter le bien du père.

TOINETTE.

Monsieur, tout cela est bel et bon; mais j'en reviens toujours là : je vous conseille, entre nous, de lui choisir un autre mari; et elle n'est point faite pour être madame Diafoirus.

ARGAN.

Et je veux, moi, que cela soit.

TOINETTE.

Hé! fi! ne dites pas cela.

ARGAN.

Comment! que je ne dise pas cela?

TOINETTE.

Hé, non.

ARGAN.

Et pourquoi ne le dirai-je pas?

TOINETTE.

On dira que vous ne songez pas à ce que vous dites.

ARGAN.

On dira ce qu'on voudra; mais je vous dis que je veux qu'elle exécute la parole que j'ai donnée.

TOINETTE.

Non; je suis sûre qu'elle ne le fera pas.

ARGAN.

Je l'y forcerai bien.

TOINETTE.

Elle ne le fera pas, vous dis-je.

ARGAN.

Elle le fera, ou je la mettrai dans un couvent.

TOINETTE.

Vous?

ARGAN.

Moi.

TOINETTE.

Bon!

ARGAN.

Comment! bon?

TOINETTE.

Vous ne la mettrez point dans un couvent.

ARGAN.

Je ne la mettrai point dans un couvent?

TOINETTE.

Non.

ARGAN.

Non?

TOINETTE.

Non.

ARGAN.

Ouais! Voici qui est plaisant! Je ne mettrai pas ma fille dans un couvent, si je veux?

TOINETTE.

Non, vous dis-je.

ARGAN.

Qui m'en empêchera?

TOINETTE.

Vous-même.

ARGAN.

Moi?

TOINETTE.

Oui. Vous n'aurez pas ce cœur-là.

ARGAN.

Je l'aurai.

TOINETTE.

Vous vous moquez.

ARGAN.

Je ne me moque point.

TOINETTE.

La tendresse paternelle vous prendra.

ARGAN.

Elle ne me prendra point.

TOINETTE.

Une petite larme ou deux, des bras jetés au cou, un *Mon petit papa mignon*, prononcé tendrement, sera assez pour vous toucher.

ARGAN.

Tout cela ne fera rien.

TOINETTE.

Oui, oui.

ARGAN.

Je vous dis que je n'en démordrai point.

TOINETTE.

Bagatelles.

ARGAN.

Il ne faut point dire, Bagatelles.

TOINETTE.

Mon Dieu! je vous connais, vous êtes bon naturellement.

ARGAN, *avec emportement.*

Je ne suis point bon, et je suis méchant quand je veux.

**TOINETTE.**

Doucement, monsieur. Vous ne songez pas que vous êtes malade.

**ARGAN.**

Je lui commande absolument de se préparer à prendre le mari que je dis.

**TOINETTE.**

Et moi, je lui défends absolument d'en faire rien.

**ARGAN.**

Où est-ce donc que nous sommes? et quelle audace est-ce là, à une coquine de servante, de parler de la sorte devant son maître?

**TOINETTE.**

Quand un maître ne songe pas à ce qu'il fait, une servante bien sensée est en droit de le redresser.

**ARGAN**, *courant après Toinette.*

Ah! insolente, il faut que je t'assomme.

**TOINETTE**, *évitant Argan et mettant la chaise entre elle et lui.*

Il est de mon devoir de m'opposer aux choses qui vous peuvent déshonorer.

**ARGAN**, *courant après Toinette autour de la chaise avec son bâton.*

Viens, viens, que je t'apprenne à parler!

**TOINETTE**, *se sauvant du côté où n'est point Argan.*

Je m'intéresse, comme je dois, à ne vous point laisser faire de folie.

**ARGAN**, *de même.*

Chienne!

**TOINETTE**, *de même.*

Non, je ne consentirai jamais à ce mariage.

ARGAN, *de même.*

Pendarde !

TOINETTE, *de même.*

Je ne veux point qu'elle épouse votre Thomas Diafoirus.

ARGAN, *de même.*

Carogne !

TOINETTE, *de même.*

Et elle m'obéira plutôt qu'à vous.

ARGAN, *s'arrêtant.*

Angélique, tu ne veux pas m'arrêter cette coquine-là ?

ANGÉLIQUE.

Hé ! mon père, ne vous faites point malade.

ARGAN, *à Angélique.*

Si tu ne me l'arrêtes, je te donnerai ma malédiction.

TOINETTE, *en s'en allant.*

Et moi, je la déshériterai, si elle vous obéit.

ARGAN, *se jetant dans sa chaise.*

Ah! ah ! je n'en puis plus. Voilà pour me faire mourir.

SCÈNE VI.

BÉLINE, ARGAN.

ARGAN.

Ah! ma femme, approchez.

BÉLINE.

Qu'avez-vous, mon pauvre mari ?

ARGAN.

Venez-vous-en ici à mon secours.

BÉLINE.

Qu'est-ce que c'est donc qu'il y a, mon petit fils?

ARGAN.

M'amie !

BÉLINE.

Mon ami !

ARGAN.

On vient de me mettre en colère.

BÉLINE.

Hélas! pauvre petit mari! Comment donc, mon ami?

ARGAN.

Votre coquine de Toinette est devenue plus insolente que jamais.

BÉLINE.

Ne vous passionnez donc point.

ARGAN.

Elle m'a fait enrager, m'amie.

BÉLINE.

Doucement, mon fils.

ARGAN.

Elle a contrecarré, une heure durant, les choses que je veux faire.

BÉLINE.

Là, là, tout doux.

ARGAN.

Et a eu l'effronterie de me dire que je ne suis point malade.

BÉLINE.

C'est une impertinente.

ARGAN.

Vous savez, mon cœur, ce qui en est.

BÉLINE.

Oui, mon cœur, elle a tort.

ARGAN.

M'amour, cette coquine-là me fera mourir.

BÉLINE.

Hé là, hé là!

ARGAN.

Elle est cause de toute la bile que je fais.

BÉLINE.

Ne vous fâchez point tant.

ARGAN.

Et il y a je ne sais combien que je vous dis de me la chasser.

BÉLINE.

Mon Dieu! mon fils, il n'y a point de serviteurs et de servantes qui n'aient leurs défauts. On est contraint parfois de souffrir leurs mauvaises qualités, à cause des bonnes. Celle-ci est adroite, soigneuse, diligente, et surtout fidèle; et vous savez qu'il faut maintenant de grandes précautions pour les gens que l'on prend. Holà! Toinette!

SCÈNE VII.

ARGAN, BÉLINE, TOINETTE.

TOINETTE.

Madame.

BÉLINE.

Pourquoi donc est-ce que vous mettez mon mari en colère?

TOINETTE, *d'un ton doucereux.*

Moi, madame? Hélas! je ne sais pas ce que vous

me voulez dire, et je ne songe qu'à complaire à monsieur en toutes choses.

ARGAN.

Ah! la traîtresse!

TOINETTE.

Il nous a dit qu'il voulait donner sa fille en mariage au fils de monsieur Diafoirus; je lui ai répondu que je trouvais le parti avantageux pour elle, mais que je croyais qu'il ferait mieux de la mettre dans un couvent.

BÉLINE.

Il n'y a pas grand mal à cela, et je trouve qu'elle a raison.

ARGAN.

Ah! m'amour, vous la croyez? C'est une scélérate; elle m'a dit cent insolences.

BÉLINE.

Eh bien! je vous crois, mon ami. Là, remettez-vous. Écoutez, Toinette : si vous fâchez jamais mon mari, je vous mettrai dehors. Çà, donnez-moi son manteau fourré et des oreillers, que je l'accommode dans sa chaise. Vous voilà je ne sais comment. Enfoncez bien votre bonnet jusque sur vos oreilles : il n'y a rien qui enrhume tant que de prendre l'air par les oreilles.

ARGAN.

Ah! m'amie, que je vous suis obligé de tous les soins que vous prenez de moi!

BÉLINE, *accommodant les oreillers qu'elle met autour d'Argan.*

Levez-vous, que je mette ceci sous vous. Mettons celui-ci pour vous appuyer, et celui-là de l'autre côté. Mettons celui-ci derrière votre dos, et cet autre-là pour soutenir votre tête.

TOINETTE, *lui mettant rudement un oreiller sur la tête.*

Et celui-ci pour vous garder du serein.

ARGAN, *se levant en colère et jetant ses oreillers à Toinette, qui s'enfuit.*

Ah, coquine! tu veux m'étouffer.

### SCÈNE VIII.

#### ARGAN, BÉLINE.

BÉLINE.

Hé là, hé là! Qu'est-ce que c'est donc?

ARGAN, *se jetant dans sa chaise.*

Ah! ah! ah! Je n'en puis plus.

BÉLINE.

Pourquoi vous emporter ainsi? Elle a cru faire bien.

ARGAN.

Vous ne connaissez pas, m'amour, la malice de la pendarde. Ah! elle m'a mis tout hors de moi; et il faudra plus de huit médecines et de douze lavements pour réparer tout ceci.

BÉLINE.

Là, là, mon petit ami, apaisez-vous un peu.

ARGAN.

M'amie, vous êtes toute ma consolation.

BÉLINE.

Pauvre petit fils!

#### ARGAN.

Pour tâcher de reconnaître l'amour que vous me portez, je veux, mon cœur, comme je vous ai dit, faire mon testament.

#### BÉLINE.

Ah! mon ami, ne parlons point de cela, je vous prie : je ne saurais souffrir cette pensée, et le seul mot de testament me fait tressaillir de douleur.

#### ARGAN.

Je vous avais dit de parler pour cela à votre notaire.

#### BÉLINE.

Le voilà là-dedans, que j'ai amené avec moi.

#### ARGAN.

Faites-le donc entrer, m'amour.

#### BÉLINE.

Hélas! mon ami, quand on aime bien un mari, on n'est guère en état de songer à tout cela.

## SCÈNE IX.

##### MONSIEUR DE BONNEFOI, BÉLINE, ARGAN.

#### ARGAN.

Approchez, monsieur de Bonnefoi, approchez. Prenez un siège, s'il vous plaît. Ma femme m'a dit, monsieur, que vous étiez fort honnête homme, et tout à fait de ses amis; et je l'ai chargée de vous parler pour un testament que je veux faire.

#### BÉLINE.

Hélas! je ne suis point capable de parler de ces choses-là.

#### MONSIEUR DE BONNEFOI.

Elle m'a, monsieur, expliqué vos intentions, et

le dessein où vous êtes pour elle; et j'ai à vous dire là-dessus que vous ne sauriez rien donner à votre femme par votre testament.

###### ARGAN.

Mais pourquoi?

###### MONSIEUR DE BONNEFOI.

La coutume y résiste. Si vous étiez en pays de droit écrit, cela se pourrait faire : mais à Paris, et dans les pays coutumiers, au moins dans la plupart, c'est ce qui ne se peut; et la disposition serait nulle. Tout l'avantage qu'homme et femme conjoints par mariage se peuvent faire l'un à l'autre, c'est un don mutuel entre-vifs : encore faut-il qu'il n'y ait enfants, soit des deux conjoints, ou de l'un d'eux, lors du décès du premier mourant.

###### ARGAN.

Voilà une coutume bien impertinente, qu'un mari ne puisse rien laisser à une femme dont il est aimé tendrement, et qui prend de lui tant de soin! J'aurais envie de consulter mon avocat, pour voir comment je pourrais faire.

###### MONSIEUR DE BONNEFOI.

Ce n'est point à des avocats qu'il faut aller; car ils sont d'ordinaire sévères là-dessus, et s'imaginent que c'est un grand crime que de disposer en fraude de la loi : ce sont gens de difficultés, et qui sont ignorants des détours de la conscience. Il y a d'autres personnes à consulter, qui sont bien plus accommodantes, qui ont des expédients pour passer doucement par-dessus la loi et rendre juste ce qui n'est pas permis, qui savent aplanir les difficultés d'une affaire et trouver des moyens d'éluder la coutume par quelque avantage indirect. Sans cela, où en serions-nous tous les jours? Il faut de la facilité dans les choses; autrement nous ne ferions rien, et je ne donnerais pas un sou de notre métier.

### ARGAN.

Ma femme m'avait bien dit, monsieur, que vous étiez fort habile et fort honnête homme. Comment puis-je faire, s'il vous plaît, pour lui donner mon bien et en frustrer mes enfants?

### MONSIEUR DE BONNEFOI.

Comment vous pouvez faire? Vous pouvez choisir doucement un ami intime de votre femme, auquel vous donnerez, en bonne forme, par votre testament, tout ce que vous pouvez; et cet ami ensuite lui rendra tout. Vous pouvez encore contracter un grand nombre d'obligations non suspectes au profit de divers créanciers qui prêteront leur nom à votre femme, et entre les mains de laquelle ils mettront leur déclaration que ce qu'ils en ont fait n'a été que pour lui faire plaisir. Vous pouvez aussi, pendant que vous êtes en vie, mettre entre ses mains de l'argent comptant, ou des billets que vous pourrez avoir payables au porteur.

### BÉLINE.

Mon Dieu! il ne faut point vous tourmenter de tout cela. S'il vient faute de vous, mon fils, je ne veux plus rester au monde.

### ARGAN.

M'amie!

### BÉLINE.

Oui, mon ami, si je suis assez malheureuse pour vous perdre...

### ARGAN.

Ma chère femme!

BÉLINE.

La vie ne me sera plus de rien.

ARGAN.

M'amour!

BÉLINE.

Et je suivrai vos pas, pour vous faire connaître la tendresse que j'ai pour vous.

ARGAN.

M'amie, vous me fendez le cœur! Consolez-vous, je vous en prie.

MONSIEUR DE BONNEFOI, *à Béline.*

Ces larmes sont hors de saison; et les choses n'en sont point encore là.

BÉLINE.

Ah! monsieur, vous ne savez pas ce que c'est qu'un mari qu'on aime tendrement.

ARGAN.

Tout le regret que j'aurai si je meurs, m'amie, c'est de n'avoir point un enfant de vous.

MONSIEUR DE BONNEFOI.

Cela pourra venir encore.

ARGAN.

Il faut faire mon testament, m'amour, de la façon que monsieur dit; mais, par précaution, je veux vous mettre entre les mains vingt mille francs en or, que j'ai dans le lambris de mon alcôve, et deux billets payables au porteur, qui me sont dus, l'un par monsieur Damon et l'autre par monsieur Gérante.

BÉLINE.

Non, non, je ne veux point de tout cela. Ah!... Combien dites-vous qu'il y a dans votre alcôve?

###### ARGAN.

Vingt mille francs, m'amour.

###### BÉLINE.

Ne me parlez point de bien, je vous prie. Ah!... De combien sont les deux billets?

###### ARGAN.

Ils sont, m'amie, l'un de quatre mille francs et l'autre de six.

###### BÉLINE.

Tous les biens du monde, mon ami, ne me sont rien au prix de vous.

###### MONSIEUR DE BONNEFOI, *à Argan.*

Voulez-vous que nous procédions au testament?

###### ARGAN.

Oui, monsieur; mais nous serions mieux dans mon petit cabinet. M'amour, conduisez-moi, je vous prie.

###### BÉLINE.

Allons, mon pauvre petit fils.

## SCÈNE X.

###### ANGÉLIQUE, TOINETTE.

###### TOINETTE.

Les voilà avec un notaire, et j'ai ouï parler de testament. Votre belle-mère ne s'endort point; et c'est sans doute quelque conspiration contre vos intérêts, où elle pousse votre père.

###### ANGÉLIQUE.

Qu'il dispose de son bien à sa fantaisie, pourvu qu'il ne dispose point de mon cœur. Tu vois, Toinette, les desseins violents que l'on fait sur lui. Ne m'abandonne point, je te prie, dans l'extrémité où je suis.

### TOINETTE.

Moi, vous abandonner! j'aimerais mieux mourir. Votre belle-mère a beau me faire sa confidente et me vouloir jeter dans ses intérêts, je n'ai jamais pu avoir d'inclination pour elle et j'ai toujours été de votre parti. Laissez-moi faire : j'emploierai toute chose pour vous servir; mais, pour vous servir avec plus d'effet, je veux changer de batterie, couvrir le zèle que j'ai pour vous, et feindre d'entrer dans les sentiments de votre père et de votre belle-mère.

### ANGÉLIQUE.

Tâche, je t'en conjure, de faire donner avis à Cléante du mariage qu'on a conclu.

### TOINETTE.

Je n'ai personne à employer à cet office que le vieux usurier Polichinelle; et il m'en coûtera pour cela quelques paroles de douceur, que je veux bien dépenser pour vous. Pour aujourd'hui il est trop tard; mais demain, du grand matin, je l'enverrai querir, et il sera ravi de...

## SCÈNE XI.

BÉLINE *dans la maison,* ANGÉLIQUE, TOINETTE.

### BÉLINE.

Toinette!

### TOINETTE, *à Angélique.*

Voilà qu'on m'appelle. Bonsoir. Reposez-vous sur moi.

## ACTE DEUXIÈME.

*Le théâtre représente la chambre d'Argan.*

### SCÈNE I.

#### CLÉANTE, TOINETTE.

TOINETTE, *ne reconnaissant pas Cléante.*
Que demandez-vous, monsieur?

CLÉANTE.
Ce que je demande?

TOINETTE.
Ah! ah! c'est vous! Quelle surprise! Que venez-vous faire céans?

CLÉANTE.
Savoir ma destinée, parler à l'aimable Angélique, consulter les sentiments de son cœur, et lui demander ses résolutions sur ce mariage fatal dont on m'a averti.

TOINETTE.
Oui; mais on ne parle pas comme cela de but en blanc à Angélique : il y faut des mystères, et l'on vous a dit l'étroite garde où elle est retenue; qu'on ne la laisse ni sortir, ni parler à personne; et que ce ne fut que la curiosité d'une vieille tante qui nous fit accorder la liberté d'aller à cette comédie, qui donna lieu à la naissance de votre passion; et nous nous sommes bien gardées de parler de cette aventure.

###### CLÉANTE.

Aussi ne viens-je pas ici comme Cléante, et sous l'apparence de son amant, mais comme ami de son maître de musique, dont j'ai obtenu le pouvoir de dire qu'il m'envoie à sa place.

###### TOINETTE.

Voici son père. Retirez-vous un peu, et me laissez lui dire que vous êtes là.

## SCÈNE II.

###### ARGAN, TOINETTE.

###### ARGAN, *se croyant seul et sans voir Toinette.*

Monsieur Purgon m'a dit de me promener le matin, dans ma chambre, douze allées et douze venues; mais j'ai oublié à lui demander si c'est en long ou en large.

###### TOINETTE.

Monsieur, voilà un...

###### ARGAN.

Parle bas, pendarde! Tu viens m'ébranler tout le cerveau, et tu ne songes pas qu'il ne faut point parler si haut à des malades.

###### TOINETTE.

Je voulais vous dire, monsieur...

###### ARGAN.

Parle bas, te dis-je.

###### TOINETTE.

Monsieur... (*Elle fait semblant de parler.*)

ARGAN.

Hé?

TOINETTE.

Je vous dis que... (*Elle fait encore semblant de parler.*)

ARGAN.

Qu'est-ce que tu dis?

TOINETTE, *haut.*

Je dis que voilà un homme qui veut parler à vous.

ARGAN.

Qu'il vienne!

(*Toinette fait signe à Cléante d'avancer.*)

## SCÈNE III.

ARGAN, CLÉANTE, TOINETTE.

CLÉANTE.

Monsieur...

TOINETTE, *à Cléante.*

Ne parlez pas si haut, de peur d'ébranler le cerveau de monsieur.

CLÉANTE.

Monsieur, je suis ravi de vous trouver debout, et de voir que vous vous portez mieux.

TOINETTE, *feignant d'être en colère.*

Comment! qu'il se porte mieux! Cela est faux. Monsieur se porte toujours mal.

CLÉANTE.

J'ai ouï dire que monsieur était mieux; et je lui trouve bon visage.

#### TOINETTE.

Que voulez-vous dire avec votre bon visage? Monsieur l'a fort mauvais; et ce sont des impertinents qui vous ont dit qu'il était mieux. Il ne s'est jamais si mal porté.

#### ARGAN.

Elle a raison.

#### TOINETTE.

Il marche, dort, mange et boit tout comme les autres; mais cela n'empêche pas qu'il ne soit fort malade.

#### ARGAN.

Cela est vrai.

#### CLÉANTE.

Monsieur, j'en suis au désespoir. Je viens de la part du maître à chanter de mademoiselle votre fille; il s'est vu obligé d'aller à la campagne pour quelques jours, et, comme son ami intime, il m'envoie à sa place pour lui continuer ses leçons, de peur qu'en les interrompant elle ne vînt à oublier ce qu'elle sait déjà.

#### ARGAN.

Fort bien. (*A Toinette.*) Appelez Angélique.

#### TOINETTE.

Je crois, monsieur, qu'il sera mieux de mener monsieur à sa chambre.

#### ARGAN.

Non. Faites-la venir.

#### TOINETTE.

Il ne pourra lui donner leçon comme il faut, s'ils ne sont en particulier.

ARGAN.

Si fait, si fait.

TOINETTE.

Monsieur, cela ne fera que vous étourdir; et il ne faut rien pour vous émouvoir en l'état où vous êtes, et vous ébranler le cerveau.

ARGAN.

Point, point : j'aime la musique ; et je serai bien aise de... Ah! la voici. (*A Toinette.*) Allez-vous-en voir, vous, si ma femme est habillée.

## SCÈNE IV.

ARGAN, ANGÉLIQUE, CLÉANTE.

ARGAN.

Venez, ma fille. Votre maître de musique est allé aux champs, et voilà une personne qu'il envoie à sa place pour vous montrer.

ANGÉLIQUE, *reconnaissant Cléante.*

Ah ciel!

ARGAN.

Qu'est-ce? D'où vient cette surprise?

ANGÉLIQUE.

C'est...

ARGAN.

Quoi? Qui vous émeut de la sorte?

ANGÉLIQUE.

C'est, mon père, une aventure surprenante qui se rencontre ici.

ARGAN.

Comment?

#### ANGÉLIQUE.

J'ai songé cette nuit que j'étais dans le plus grand embarras du monde, et qu'une personne, faite tout comme monsieur, s'est présentée à moi, à qui j'ai demandé secours, et qui m'est venue tirer de la peine où j'étais ; et ma surprise a été grande de voir inopinément, en arrivant ici, ce que j'ai eu dans l'idée toute la nuit.

#### CLÉANTE.

Ce n'est pas être malheureux que d'occuper votre pensée, soit en dormant, soit en veillant ; et mon bonheur serait grand, sans doute, si vous étiez dans quelque peine dont vous me jugeassiez digne de vous tirer ; et il n'y a rien que je ne fisse pour...

### SCÈNE V.

ARGAN, ANGÉLIQUE, CLÉANTE, TOINETTE.

#### TOINETTE, *à Argan*.

Ma foi, monsieur, je suis pour vous maintenant ; et je me dédis de tout ce que je disais hier. Voici monsieur Diafoirus le père et monsieur Diafoirus le fils, qui viennent vous rendre visite. Que vous serez bien engendré ! Vous allez voir le garçon le mieux fait du monde, et le plus spirituel. Il n'a dit que deux mots qui m'ont ravie ; et votre fille va être charmée de lui.

#### ARGAN, *à Cléante, qui feint de vouloir s'en aller.*

Ne vous en allez point, monsieur. C'est que je marie ma fille, et voilà qu'on lui amène son prétendu mari, qu'elle n'a point encore vu.

###### CLÉANTE.

C'est m'honorer beaucoup, monsieur, de vouloir que je sois témoin d'une entrevue si agréable.

###### ARGAN.

C'est le fils d'un habile médecin ; et le mariage se fera dans quatre jours.

###### CLÉANTE.

Fort bien.

###### ARGAN.

Mandez-le un peu à son maître de musique, afin qu'il se trouve à la noce.

###### CLÉANTE.

Je n'y manquerai pas.

###### ARGAN.

Je vous y prie aussi.

###### CLÉANTE.

Vous me faites beaucoup d'honneur.

###### TOINETTE.

Allons, qu'on se range ; les voici.

## SCÈNE VI.

**MONSIEUR DIAFOIRUS, THOMAS DIAFOIRUS, ARGAN, ANGÉLIQUE, CLÉANTE, TOINETTE, LAQUAIS.**

ARGAN, *mettant la main à son bonnet, sans l'ôter.*

Monsieur Purgon, monsieur, m'a défendu de découvrir ma tête. Vous êtes du métier : vous savez les conséquences.

###### MONSIEUR DIAFOIRUS.

Nous sommes dans toutes nos visites pour porter

secours aux malades, et non pour leur porter de l'incommodité.

(*Argan et M. Diafoirus parlent en même temps.*)

ARGAN.

Je reçois, monsieur,

MONSIEUR DIAFOIRUS.

Nous venons ici, monsieur,

ARGAN.

Avec beaucoup de joie,

MONSIEUR DIAFOIRUS.

Mon fils Thomas et moi,

ARGAN.

L'honneur que vous me faites,

MONSIEUR DIAFOIRUS.

Vous témoigner, monsieur,

ARGAN.

Et j'aurais souhaité...

MONSIEUR DIAFOIRUS.

Le ravissement où nous sommes...

ARGAN.

De pouvoir aller chez vous...

MONSIEUR DIAFOIRUS.

De la grâce que vous nous faites...

ARGAN.

Pour vous en assurer.

MONSIEUR DIAFOIRUS.

De vouloir bien nous recevoir...

ARGAN.

Mais vous savez, monsieur,

MONSIEUR DIAFOIRUS.

Dans l'honneur, monsieur,

ARGAN.

Ce que c'est qu'un pauvre malade,

MONSIEUR DIAFOIRUS.

De votre alliance;

ARGAN.

Qui ne peut faire autre chose...

MONSIEUR DIAFOIRUS.

Et vous assurer...

ARGAN.

Que de vous dire ici...

MONSIEUR DIAFOIRUS.

Que, dans les choses qui dépendront de notre métier,

ARGAN.

Qu'il cherchera toutes les occasions...

MONSIEUR DIAFOIRUS.

De même qu'en toute autre,

ARGAN.

De vous faire connaître, monsieur,

MONSIEUR DIAFOIRUS.

Nous serons toujours prêts, monsieur,

ARGAN.

Qu'il est tout à votre service.

MONSIEUR DIAFOIRUS.

A vous témoigner notre zèle. (*A son fils.*) Allons, Thomas, avancez. Faites vos compliments.

THOMAS DIAFOIRUS, *à M. Diafoirus.*

N'est-ce pas par le père qu'il convient commencer?

MONSIEUR DIAFOIRUS.

Oui.

THOMAS DIAFOIRUS, *à Argan.*

Monsieur, je viens saluer, reconnaître, chérir et révérer en vous un second père, mais un second père auquel j'ose dire que je me trouve plus redevable qu'au premier. Le premier m'a engendré, mais vous m'avez choisi; il m'a reçu par nécessité, mais vous m'avez accepté par grâce. Ce que je tiens de lui est un ouvrage de son corps, mais ce que je tiens de vous est un ouvrage de votre volonté : et d'autant plus que les facultés spirituelles sont au-dessus des corporelles, d'autant plus je vous dois, et d'autant plus je tiens précieuse cette future filiation, dont je viens aujourd'hui vous rendre, par avance, les très humbles et très respectueux hommages.

TOINETTE.

Vivent les collèges d'où l'on sort si habile homme!

THOMAS DIAFOIRUS, *à M. Diafoirus.*

Cela a-t-il bien été, mon père?

MONSIEUR DIAFOIRUS.

*Optime.*

ARGAN, *à Angélique.*

Allons, saluez monsieur.

THOMAS DIAFOIRUS, *à Angélique.*

Madame, c'est avec justice que le ciel vous a concédé le nom de belle-mère, puisque l'on...

ARGAN, *à Thomas Diafoirus.*

Ce n'est pas ma femme, c'est ma fille à qui vous parlez.

THOMAS DIAFOIRUS.

Où donc est-elle?

ARGAN.

Elle va venir.

THOMAS DIAFOIRUS.

Attendrai-je, mon père, qu'elle soit venue?

MONSIEUR DIAFOIRUS.

Faites toujours le compliment à mademoiselle.

THOMAS DIAFOIRUS.

Mademoiselle, ne plus ne moins que la statue de Memnon rendait un son harmonieux lorsqu'elle venait à être éclairée des rayons du soleil, tout de même me sens-je animé d'un doux transport à l'apparition du soleil de vos beautés; et, comme les naturalistes remarquent que la fleur nommée héliotrope tourne sans cesse vers cet astre du jour, aussi mon cœur dorénavant tournera-t-il toujours vers les astres resplendissants de vos yeux adorables, ainsi que vers son pôle unique. Souffrez donc, mademoiselle, que j'appende aujourd'hui à l'autel de vos charmes l'offrande de ce cœur qui ne respire et n'ambitionne autre gloire que d'être toute sa vie, mademoiselle, votre très humble, très obéissant et très fidèle serviteur et mari.

TOINETTE.

Voilà ce que c'est que d'étudier! on apprend à dire de belles choses.

ARGAN, *à Cléante.*

Hé! que dites-vous de cela?

CLÉANTE.

Que monsieur fait merveilles, et que, s'il est aussi bon médecin qu'il est bon orateur, il y aura plaisir à être de ses malades.

TOINETTE.

Assurément. Ce sera quelque chose d'admirable,

s'il fait d'aussi belles cures qu'il fait de beaux discours.

ARGAN.

Allons, vite, ma chaise, et des sièges à tout le monde. (*Des laquais donnent des sièges.*) Mettez-vous là, ma fille. (*A M. Diafoirus.*) Vous voyez, monsieur, que tout le monde admire monsieur votre fils; et je vous trouve bien heureux de vous voir un garçon comme cela.

MONSIEUR DIAFOIRUS.

Monsieur, ce n'est pas parce que je suis son père; mais je puis dire que j'ai sujet d'être content de lui, et que tous ceux qui le voient en parlent comme d'un garçon qui n'a point de méchanceté. Il n'a jamais eu l'imagination bien vive, ni ce feu d'esprit qu'on remarque dans quelques-uns; mais c'est par là que j'ai toujours bien auguré de sa judiciaire, qualité requise pour l'exercice de notre art. Lorsqu'il était petit, il n'a jamais été ce qu'on appelle mièvre et éveillé; on le voyait toujours doux, paisible et taciturne, ne disant jamais mot, et ne jouant jamais à tous ces petits jeux que l'on nomme enfantins. On eut toutes les peines du monde à lui apprendre à lire; et il avait neuf ans, qu'il ne connaissait pas encore ses lettres. Bon, disais-je en moi-même, les arbres tardifs sont ceux qui portent les meilleurs fruits. On grave sur le marbre bien plus malaisément que sur le sable, mais les choses y sont conservées bien plus longtemps; et cette lenteur à comprendre, cette pesanteur d'imagination est la marque d'un bon jugement à venir. Lorsque je l'envoyai au collège, il trouva de la peine, mais il se raidissait contre les difficultés; et ses régents se louaient toujours à moi de son assiduité et de son travail. Enfin, à force de battre le fer, il en est venu glorieusement à avoir ses licences; et je puis dire, sans vanité, que depuis deux ans qu'il est sur les bancs, il n'y a point de candidat qui ait fait plus de bruit que lui dans toutes les disputes de notre école. Il s'y est rendu redoutable; et il ne s'y passe point d'acte où il n'aille argumenter à outrance pour la proposition contraire. Il est ferme dans la dispute, fort comme un Turc sur ses principes, ne démord jamais de son opinion, et poursuit un raisonnement jusque dans les derniers recoins de la logique. Mais, sur toute chose, ce qui me plaît en lui, et en quoi il suit mon exemple, c'est qu'il s'attache aveuglément aux opinions de nos anciens, et que jamais il n'a voulu comprendre ni écouter les raisons et les expériences des prétendues découvertes de notre siècle touchant la circulation du sang, et autres opinions de même farine.

THOMAS DIAFOIRUS, *tirant de sa poche une grande thèse roulée, qu'il présente à Angélique.*

J'ai contre les circulateurs soutenu une thèse, qu'avec la permission (*saluant Argan*) de monsieur, j'ose présenter à mademoiselle, comme un hommage que je lui dois des prémices de mon esprit.

ANGÉLIQUE.

Monsieur, c'est pour moi un meuble inutile, et je ne me connais pas à ces choses-là.

TOINETTE, *prenant la thèse.*

Donnez, donnez; elle est toujours bonne à prendre pour l'image : cela servira à parer notre chambre.

THOMAS DIAFOIRUS, *saluant encore Argan.*

Avec la permission aussi de monsieur, je vous invite à venir voir, l'un de ces jours, pour vous divertir, la dissection d'une femme, sur quoi je dois raisonner.

### TOINETTE.

Le divertissement sera agréable. Il y en a qui donnent la comédie à leurs maîtresses; mais donner une dissection est quelque chose de plus galant.

### ARGAN.

N'est-ce pas votre intention, monsieur, de le pousser à la cour, et d'y ménager pour lui une charge de médecin?

### MONSIEUR DIAFOIRUS.

A vous en parler franchement, notre métier auprès des grands ne m'a jamais paru agréable; et j'ai toujours trouvé qu'il valait mieux pour nous autres demeurer au public. Le public est commode : vous n'avez à répondre de vos actions à personne; et, pourvu que l'on suive le courant des règles de l'art, on ne se met point en peine de tout ce qui peut arriver. Mais ce qu'il y a de fâcheux auprès des grands, c'est que, quand ils viennent à être malades, ils veulent absolument que leurs médecins les guérissent.

### TOINETTE.

Cela est plaisant! et ils sont bien impertinents de vouloir que vous autres messieurs vous les guérissiez! Vous n'êtes point auprès d'eux pour cela, vous n'y êtes que pour recevoir vos pensions et leur ordonner des remèdes; c'est à eux à guérir, s'ils peuvent.

### MONSIEUR DIAFOIRUS.

Cela est vrai; on n'est obligé qu'à traiter les gens dans les formes.

ARGAN, *à Cléante.*

Monsieur, faites un peu chanter ma fille devant la compagnie.

CLÉANTE.

J'attendais vos ordres, monsieur; et il m'est venu en pensée, pour divertir la compagnie, de chanter avec mademoiselle une scène d'un petit opéra qu'on a fait depuis peu. (*A Angélique, lui donnant un papier.*) Tenez, voilà votre partie.

ANGÉLIQUE.

Moi!

CLÉANTE, *bas à Angélique.*

Ne vous défendez point, s'il vous plaît, et me laissez vous faire comprendre ce que c'est que la scène que nous devons chanter. (*Haut.*) Je n'ai pas une voix à chanter; mais ici il suffit que je me fasse entendre; et l'on aura la bonté de m'excuser, par la nécessité où je me trouve de faire chanter mademoiselle.

ARGAN.

Les vers en sont-ils beaux?

CLÉANTE.

C'est proprement ici un petit opéra impromptu; et vous n'allez entendre chanter que de la prose cadencée, ou des manières de vers libres, tels que la passion et la nécessité peuvent faire trouver à deux personnes qui disent les choses d'eux-mêmes et parlent sur-le-champ.

ARGAN.

Fort bien. Écoutons.

CLÉANTE.

Voici le sujet de la scène : Un berger était attentif aux beautés d'un spectacle qui ne faisait que de commencer, lorsqu'il fut tiré de son attention par un bruit qu'il entendit à ses côtés; il se retourne, et voit un brutal qui de paroles insolentes maltraitait une bergère. D'abord il prend les intérêts d'un sexe à qui tous les hommes doivent hommage; et, après avoir donné au brutal le châtiment de son insolence, il vient à la bergère, et voit une jeune personne qui, des plus beaux yeux qu'il eût jamais vus, versait des larmes qu'il trouva les plus belles du monde. Hélas! dit-il en lui-même, est-on capable d'outrager une personne si aimable! et quel inhumain, quel barbare ne serait touché par de telles larmes? Il prend soin de les arrêter, ces larmes qu'il trouve si belles; et l'aimable bergère prend soin en même temps de le remercier de son léger service, mais d'une manière si charmante, si tendre et si passionnée, que le berger n'y peut résister; et chaque mot, chaque regard, est un trait plein de flamme, dont son cœur se sent pénétré. Est-il, disait-il, quelque chose qui puisse mériter les aimables paroles d'un tel remercîment? Et que ne voudrait-on pas faire, à quels services, à quels dangers ne serait-on pas ravi de courir, pour s'attirer un seul moment des touchantes douceurs d'une âme si reconnaissante? Tout le spectacle passe, sans qu'il y donne aucune attention; mais il se plaint qu'il est trop court, parce qu'en finissant il le sépare de son adorable bergère; et de cette première vue, de ce premier moment, il emporte chez lui tout ce qu'un amour de plusieurs années peut avoir de plus violent. Le voilà aussitôt à sentir tous les maux de l'absence; et il est tourmenté de ne plus voir ce qu'il a si peu vu. Il fait tout ce qu'il peut pour se redonner cette vue, dont il conserve nuit et jour une si chère idée; mais la grande contrainte où l'on tient sa bergère lui en ôte tous les moyens. La violence de sa passion le fait résoudre à demander en mariage l'adorable beauté sans laquelle il ne peut plus vivre; et il en obtient d'elle la permission, par un billet qu'il a l'adresse de lui faire tenir. Mais, dans le même temps, on l'avertit que le père de cette belle a conclu son mariage avec un autre, et que tout se dispose pour en célébrer la cérémonie. Jugez quelle atteinte cruelle au cœur de ce triste berger! Le voilà accablé d'une mortelle douleur : il ne peut souffrir l'effroyable idée de voir tout ce qu'il aime entre les bras d'un autre, et son amour, au désespoir, lui fait trouver le moyen de s'introduire dans la maison de la bergère pour apprendre d'elle ses sentiments, et savoir d'elle la destinée à laquelle il doit se résoudre. Il y rencontre les apprêts de tout ce qu'il craint; il y voit venir l'indigne rival que le caprice d'un père oppose aux tendresses de son amour; il le voit triomphant, ce rival ridicule, auprès de l'aimable bergère, ainsi qu'auprès d'une conquête qui lui est assurée; et cette vue le remplit d'une colère dont il a peine à se rendre le maître. Il jette de douloureux regards sur celle qu'il adore; et son respect et la présence de son père l'empêchent de lui rien dire que des yeux. Mais enfin il force toute contrainte, et le transport de son amour l'oblige à lui parler ainsi : (*Il chante.*)

> Belle Philis, c'est trop, c'est trop souffrir;
> Rompons ce dur silence, et m'ouvrez vos pensées.
> Apprenez-moi ma destinée :
> Faut-il vivre? faut-il mourir?

ANGÉLIQUE, *en chantant.*

> Vous me voyez, Tircis, triste et mélancolique,
> Aux apprêts de l'hymen dont vous vous alarmez.
> Je lève au ciel les yeux, je vous regarde, je soupire;
> C'est vous en dire assez.

#### ARGAN.

Ouais! je ne croyais pas que ma fille fût si habile, que de chanter ainsi à livre ouvert, sans hésiter.

#### CLÉANTE.

Hélas! belle Philis,
Se pourrait-il que l'amoureux Tircis
Eût assez de bonheur
Pour avoir quelque place dans votre cœur?

#### ANGÉLIQUE.

Je ne m'en défends point, dans cette peine extrême,
Oui, Tircis, je vous aime.

#### CLÉANTE.

O parole pleine d'appas!
Ai-je bien entendu? Hélas!
Redites-la, Philis, que je n'en doute pas.

#### ANGÉLIQUE.

Oui, Tircis, je vous aime.

#### CLÉANTE.

De grâce, encor, Philis.

#### ANGÉLIQUE.

Je vous aime.

#### CLÉANTE.

Recommencez cent fois; ne vous en lassez pas.

#### ANGÉLIQUE.

Je vous aime, je vous aime;
Oui, Tircis, je vous aime.

#### CLÉANTE.

Dieux, rois, qui sous vos pieds regardez tout le monde,
Pouvez-vous comparer votre bonheur au mien?
Mais, Philis, une pensée
Vient troubler ce doux transport.
Un rival, un rival...

ANGÉLIQUE.

Ah! je le hais plus que la mort:
Et sa présence, ainsi qu'à vous,
M'est un cruel supplice.

CLÉANTE.

Mais un père à ses vœux vous veut assujettir.

ANGÉLIQUE.

Plutôt, plutôt mourir,
Que de jamais y consentir!
Plutôt, plutôt mourir, plutôt mourir!

ARGAN.

Et que dit le père à tout cela?

CLÉANTE.

Il ne dit rien.

ARGAN.

Voilà un sot père que ce père-là, de souffrir toutes ces sottises-là sans rien dire!

CLÉANTE, *voulant continuer à chanter.*

Ah! mon amour...

ARGAN.

Non, non; en voilà assez. Cette comédie-là est de fort mauvais exemple. Le berger Tircis est un impertinent, et la bergère Philis une impudente de parler de la sorte devant son père. (*A Angélique.*) Montrez-moi ce papier. Ah! ah! où sont donc les paroles que vous avez dites? Il n'y a là que de la musique écrite.

CLÉANTE.

Est-ce que vous ne savez pas, monsieur, qu'on a trouvé depuis peu l'invention d'écrire les paroles avec les notes mêmes?

#### ARGAN.

Fort bien. Je suis votre serviteur, monsieur; jusqu'au revoir. Nous nous serions bien passés de votre impertinent d'opéra.

#### CLÉANTE.

J'ai cru vous divertir.

#### ARGAN.

Les sottises ne divertissent point. Ah! voici ma femme.

### SCÈNE VII.

BÉLINE, ARGAN, ANGÉLIQUE, MONSIEUR DIAFOIRUS, THOMAS DIAFOIRUS, TOINETTE.

#### ARGAN.

M'amour, voilà le fils de M. Diafoirus.

#### THOMAS DIAFOIRUS.

Madame, c'est avec justice que le ciel vous a concédé le nom de belle-mère, puisque l'on voit sur votre visage...

#### BÉLINE.

Monsieur, je suis ravie d'être venue ici à propos, pour avoir l'honneur de vous voir.

#### THOMAS DIAFOIRUS.

Puisque l'on voit sur votre visage... puisque l'on voit sur votre visage... Madame, vous m'avez interrompu dans le milieu de ma période, et cela m'a troublé la mémoire.

#### MONSIEUR DIAFOIRUS.

Thomas, réservez cela pour une autre fois.

##### ARGAN.

Je voudrais, m'amie, que vous eussiez été ici tantôt.

##### TOINETTE.

Ah! madame, vous avez bien perdu de n'avoir point été au second père, à la statue de Memnon, et à la fleur nommée héliotrope.

##### ARGAN.

Allons, ma fille, touchez dans la main de monsieur, et lui donnez votre foi, comme à votre mari.

##### ANGÉLIQUE.

Mon père...

##### ARGAN.

Eh bien! mon père! Qu'est-ce que cela veut dire?

##### ANGÉLIQUE.

De grâce, ne précipitez pas les choses. Donnez-nous au moins le temps de nous connaître, et de voir naître en nous l'un pour l'autre cette inclination si nécessaire à composer une union parfaite.

##### THOMAS DIAFOIRUS.

Quant à moi, mademoiselle, elle est déjà toute née en moi; et je n'ai pas besoin d'attendre davantage.

##### ANGÉLIQUE.

Si vous êtes si prompt, monsieur, il n'en est pas de même de moi; et je vous avoue que votre mérite n'a pas encore assez fait d'impression dans mon âme.

##### ARGAN.

Oh! bien, bien; cela aura tout le loisir de se faire quand vous serez mariés ensemble.

##### ANGÉLIQUE.

Hé! mon père, donnez-moi du temps, je vous prie.

Le mariage est une chaîne où l'on ne doit jamais soumettre un cœur par force; et si monsieur est honnête homme, il ne doit point vouloir accepter une personne qui serait à lui par contrainte.

###### THOMAS DIAFOIRUS.

*Nego consequentiam*, mademoiselle; et je puis être honnête homme, et vouloir bien vous accepter des mains de monsieur votre père.

###### ANGÉLIQUE.

C'est un méchant moyen de se faire aimer de quelqu'un que de lui faire violence.

###### THOMAS DIAFOIRUS.

Nous lisons des anciens, mademoiselle, que leur coutume était d'enlever par force de la maison des pères les filles qu'on menait marier, afin qu'il ne semblât pas que ce fût de leur consentement qu'elles convolaient dans les bras d'un homme.

###### ANGÉLIQUE.

Les anciens, monsieur, sont les anciens; et nous sommes les gens de maintenant. Les grimaces ne sont point nécessaires dans notre siècle; et quand un mariage nous plaît, nous savons fort bien y aller, sans qu'on nous y traîne. Donnez-vous patience; si vous m'aimez, monsieur, vous devez vouloir tout ce que je veux.

###### THOMAS DIAFOIRUS.

Oui, mademoiselle, jusqu'aux intérêts de mon amour exclusivement.

###### ANGÉLIQUE.

Mais la grande marque d'amour, c'est d'être soumis aux volontés de celle qu'on aime.

###### THOMAS DIAFOIRUS.

*Distinguo*, mademoiselle. Dans ce qui ne regarde point sa possession, *concedo*; mais dans ce qui la regarde, *nego*.

###### TOINETTE, *à Angélique.*

Vous avez beau raisonner. Monsieur est frais émoulu du collège, et il vous donnera toujours votre reste. Pourquoi tant résister, et refuser la gloire d'être attachée au corps de la Faculté?

###### BÉLINE.

Elle a peut-être quelque inclination en tête.

###### ANGÉLIQUE.

Si j'en avais, madame, elle serait telle que la raison et l'honnêteté pourraient me la permettre.

###### ARGAN.

Ouais! je joue ici un plaisant personnage!

###### BÉLINE.

Si j'étais que de vous, mon fils, je ne la forcerais point à se marier; et je sais bien ce que je ferais.

###### ANGÉLIQUE.

Je sais, madame, ce que vous voulez dire, et les bontés que vous avez pour moi; mais peut-être que vos conseils ne seront pas assez heureux pour être exécutés.

###### BÉLINE.

C'est que les filles bien sages et bien honnêtes, comme vous, se moquent d'être obéissantes et soumises aux volontés de leurs pères. Cela était bon autrefois.

###### ANGÉLIQUE.

Le devoir d'une fille a des bornes, madame; et la raison et les lois ne l'étendent point à toutes sortes de choses.

###### BÉLINE.

C'est-à-dire que vos pensées ne sont que pour le mariage; mais vous voulez choisir un époux à votre fantaisie.

##### ANGÉLIQUE.

Si mon père ne veut pas me donner un mari qui me plaise, je le conjurerai, au moins, de ne me point forcer à en épouser un que je ne puisse pas aimer.

##### ARGAN.

Messieurs, je vous demande pardon de tout ceci.

##### ANGÉLIQUE.

Chacun a son but en se mariant. Pour moi, qui ne veux un mari que pour l'aimer véritablement, et qui prétends en faire tout l'attachement de ma vie, je vous avoue que j'y cherche quelque précaution. Il y en a d'aucunes qui prennent des maris seulement pour se tirer de la contrainte de leurs parents, et se mettre en état de faire tout ce qu'elles voudront. Il y en a d'autres, madame, qui font du mariage un commerce de pur intérêt, qui ne se marient que pour gagner des douaires, que pour s'enrichir par la mort de ceux qu'elles épousent, et courent sans scrupule de mari en mari pour s'approprier leurs dépouilles. Ces personnes-là, à la vérité, n'y cherchent pas tant de façons, et regardent peu la personne.

##### BÉLINE.

Je vous trouve aujourd'hui bien raisonnante, et je voudrais bien savoir ce que vous voulez dire par là.

##### ANGÉLIQUE.

Moi, madame? Que voudrais-je dire que ce que je dis?

##### BÉLINE.

Vous êtes si sotte, m'amie, qu'on ne saurait plus vous souffrir.

##### ANGÉLIQUE.

Vous voudriez bien, madame, m'obliger à vous répondre quelque impertinence; mais je vous avertis que vous n'aurez pas cet avantage.

##### BÉLINE.

Il n'est rien d'égal à votre insolence.

##### ANGÉLIQUE.

Non, madame, vous avez beau dire.

##### BÉLINE.

Et vous avez un ridicule orgueil, une impertinente présomption, qui fait hausser les épaules à tout le monde.

##### ANGÉLIQUE.

Tout cela, madame, ne servira de rien. Je serai sage en dépit de vous; et, pour vous ôter l'espérance de pouvoir réussir dans ce que vous voulez, je vais m'ôter de votre vue.


### SCÈNE VIII.

ARGAN, BÉLINE, MONSIEUR DIAFOIRUS, THOMAS DIAFOIRUS, TOINETTE.

##### ARGAN, *à Angélique, qui sort.*

Écoute. Il n'y a point de milieu à cela : choisis d'épouser, dans quatre jours, ou monsieur, ou un couvent. (*A Béline.*) Ne vous mettez pas en peine : je la rangerai bien.

##### BÉLINE.

Je suis fâchée de vous quitter, mon fils; mais j'ai une affaire en ville dont je ne puis me dispenser. Je reviendrai bientôt.

##### ARGAN.

Allez, m'amour; et passez chez votre notaire, afin qu'il expédie ce que vous savez.

##### BÉLINE.

Adieu, mon petit ami.

##### ARGAN.

Adieu, m'amie.

### SCÈNE IX.

ARGAN, MONSIEUR DIAFOIRUS, THOMAS DIAFOIRUS, TOINETTE.

##### ARGAN.

Voilà une femme qui m'aime.... cela n'est pas croyable.

##### MONSIEUR DIAFOIRUS.

Nous allons, monsieur, prendre congé de vous.

##### ARGAN.

Je vous prie, monsieur, de me dire un peu comment je suis.

##### MONSIEUR DIAFOIRUS, *tâtant le pouls d'Argan.*

Allons, Thomas, prenez l'autre bras de monsieur, pour voir si vous saurez porter un bon jugement de son pouls. *Quid dicis?*

##### THOMAS DIAFOIRUS.

*Dico* que le pouls de monsieur est le pouls d'un homme qui ne se porte point bien.

##### MONSIEUR DIAFOIRUS.

Bon.

THOMAS DIAFOIRUS.

Qu'il est duriuscule, pour ne pas dire dur.

MONSIEUR DIAFOIRUS.

Fort bien.

THOMAS DIAFOIRUS.

Repoussant.

MONSIEUR DIAFOIRUS.

*Bene.*

THOMAS DIAFOIRUS.

Et même un peu capricant.

MONSIEUR DIAFOIRUS.

*Optime.*

THOMAS DIAFOIRUS.

Ce qui marque une intempérie dans le *parenchyme splénique*, c'est-à-dire la rate.

MONSIEUR DIAFOIRUS.

Fort bien.

ARGAN.

Non; monsieur Purgon dit que c'est mon foie qui est malade.

MONSIEUR DIAFOIRUS.

Eh oui : qui dit *parenchyme* dit l'un et l'autre, à cause de l'étroite sympathie qu'ils ont ensemble par le moyen du *vas breve*, du *pylore*, et souvent des *méats cholidoques*. Il vous ordonne sans doute de manger force rôti?

ARGAN.

Non ; rien que du bouilli.

MONSIEUR DIAFOIRUS.

Eh oui : rôti, bouilli, même chose. Il vous ordonne fort prudemment, et vous ne pouvez être entre de meilleures mains.

###### ARGAN.

Monsieur, combien est-ce qu'il faut mettre de grains de sel dans un œuf?

###### MONSIEUR DIAFOIRUS.

Six, huit, dix, par les nombres pairs, comme dans les médicaments par les nombres impairs.

###### ARGAN.

Jusqu'au revoir, monsieur.

## SCÈNE X.

##### BÉLINE, ARGAN.

###### BÉLINE.

Je viens, mon fils, avant que de sortir, vous donner avis d'une chose à laquelle il faut que vous preniez garde. En passant par-devant la chambre d'Angélique, j'ai vu un jeune homme avec elle, qui s'est sauvé d'abord qu'il m'a vue.

###### ARGAN.

Un jeune homme avec ma fille!

###### BÉLINE.

Oui. Votre petite fille Louison était avec eux, qui pourra vous en dire des nouvelles.

###### ARGAN.

Envoyez-la ici, m'amour, envoyez-la ici. Ah! l'effrontée! (*Seul.*) Je ne m'étonne plus de sa résistance.

## SCÈNE XI.

#### ARGAN, LOUISON.

###### LOUISON.

Qu'est-ce que vous me voulez, mon papa? Ma belle-maman m'a dit que vous me demandez.

###### ARGAN.

Oui. Venez çà. Avancez là. Tournez-vous. Levez les **yeux**. Regardez-moi. Hé?

###### LOUISON.

Quoi, mon papa?

###### ARGAN.

Là?

###### LOUISON.

Quoi?

###### ARGAN.

N'avez-vous rien à me dire?

###### LOUISON.

Je vous dirai, si vous voulez, pour vous désennuyer, le conte de Peau-d'Ane, ou bien la fable du Corbeau et du Renard, qu'on m'a apprise depuis peu.

###### ARGAN.

Ce n'est pas là ce que je demande.

###### LOUISON.

Quoi donc?

###### ARGAN.

Ah! rusée, vous savez bien ce que je veux dire!

###### LOUISON.

Pardonnez-moi, mon papa.

ARGAN.

Est-ce là comme vous m'obéissez?

LOUISON.

Quoi?

ARGAN.

Ne vous ai-je pas recommandé de me venir dire d'abord tout ce que vous voyez?

LOUISON.

Oui, mon papa.

ARGAN.

L'avez-vous fait?

LOUISON.

Oui, mon papa. Je vous suis venue dire tout ce que j'ai vu.

ARGAN.

Et n'avez-vous rien vu aujourd'hui?

LOUISON.

Non, mon papa.

ARGAN.

Non?

LOUISON.

Non, mon papa.

ARGAN.

Assurément?

LOUISON.

Assurément.

ARGAN.

Oh çà, je m'en vais vous faire voir quelque chose, moi.

LOUISON, *voyant une poignée de verges qu'Argan a été prendre.*

Ah! mon papa!

ARGAN.

Ah! ah! petite masque, vous ne me dites pas que vous avez vu un homme dans la chambre de votre sœur!

LOUISON, *pleurant.*

Mon papa!

ARGAN, *prenant Louison par le bras.*

Voici qui vous apprendra à mentir.

LOUISON, *se jetant à genoux.*

Ah! mon papa, je vous demande pardon. C'est que ma sœur m'avait dit de ne pas vous le dire; mais je m'en vais vous dire tout.

ARGAN.

Il faut premièrement que vous ayez le fouet pour avoir menti. Puis après nous verrons au reste.

LOUISON.

Pardon, mon papa.

ARGAN.

Non, non.

LOUISON.

Mon pauvre papa, ne me donnez pas le fouet.

ARGAN.

Vous l'aurez.

LOUISON.

Au nom de Dieu, mon papa, que je ne l'aie pas!

ARGAN, *voulant la fouetter.*

Allons, allons.

LOUISON.

Ah! mon papa, vous m'avez blessée. Attendez : je suis morte. (*Elle contrefait la morte.*)

ARGAN.

Holà! qu'est-ce là? Louison! Louison! Ah, mon

Dieu! Louison! Ah! ma fille! Ah! malheureux! ma pauvre fille est morte! Qu'ai-je fait, misérable? Ah! chiennes de verges! La peste soit des verges! Ah! ma pauvre fille! ma pauvre petite Louison!

LOUISON.

Là, là, mon papa, ne pleurez point tant : je ne suis pas morte tout à fait.

ARGAN.

Voyez-vous la petite rusée? Oh! çà, çà, je vous pardonne pour cette fois-ci, pourvu que vous me disiez bien tout.

LOUISON.

Oh! oui, mon papa.

ARGAN.

Prenez-y bien garde, au moins; car voilà un petit doigt qui sait tout, et qui me dira si vous mentez.

LOUISON.

Mais, mon papa, ne dites pas à ma sœur que je vous l'ai dit.

ARGAN.

Non, non.

LOUISON, *après avoir regardé si personne n'écoute.*

C'est, mon papa, qu'il est venu un homme dans la chambre de ma sœur comme j'y étais.

ARGAN.

Eh bien?

LOUISON.

Je lui ai demandé ce qu'il demandait, et il m'a dit qu'il était son maître à chanter.

ARGAN, *à part.*

Hom! hom! voilà l'affaire. (*A Louison.*) Eh bien?

LOUISON.

Ma sœur est venue après.

ARGAN.

Eh bien?

LOUISON.

Elle lui a dit : Sortez, sortez, sortez. Mon Dieu! sortez; vous me mettez au désespoir.

ARGAN.

Eh bien?

LOUISON.

Et lui il ne voulait pas sortir.

ARGAN.

Qu'est-ce qu'il lui disait?

LOUISON.

Il lui disait je ne sais combien de choses.

ARGAN.

Et quoi encore?

LOUISON.

Il lui disait tout-ci, tout-çà, qu'il l'aimait bien, et qu'elle était la plus belle du monde.

ARGAN.

Et puis après?

LOUISON.

Et puis après, ma belle-maman est venue à la porte, et il s'est enfui.

ARGAN.

Il n'y a point autre chose?

LOUISON.

Non, mon papa.

ARGAN.

Voilà mon petit doigt pourtant qui gronde quelque chose. (*Mettant son doigt à son oreille.*) Attendez.

Hé! Ah! ah! Oui? Oh! oh! Voilà mon petit doigt qui me dit quelque chose que vous avez vu, et que vous ne m'avez pas dit.

LOUISON.

Ah! mon papa, votre petit doigt est un menteur.

ARGAN.

Prenez garde.

LOUISON.

Non, mon papa, ne le croyez pas : il ment, je vous assure.

ARGAN.

Oh! bien, bien, nous verrons cela. Allez-vous-en, et prenez bien garde à tout : allez. (*Seul.*) Ah! il n'y a plus d'enfants! Ah! que d'affaires! Je n'ai pas seulement le loisir de songer à ma maladie. En vérité, je n'en puis plus. (*Il se laisse tomber dans une chaise.*)

SCÈNE XII.

BÉRALDE, ARGAN.

BÉRALDE.

Eh bien, mon frère! qu'est-ce? Comment vous portez-vous?

ARGAN.

Ah! mon frère, fort mal.

BÉRALDE.

Comment! fort mal?

ARGAN.

Oui. Je suis dans une faiblesse si grande, que cela n'est pas croyable.

#### BÉRALDE.

Voilà qui est fâcheux.

#### ARGAN.

Je n'ai pas seulement la force de pouvoir parler.

#### BÉRALDE.

J'étais venu ici, mon frère, vous proposer un parti pour ma nièce Angélique.

#### ARGAN, *parlant avec emportement et se levant de sa chaise.*

Mon frère, ne me parlez point de cette coquine-là. C'est une friponne, une impertinente, une effrontée, que je mettrai dans un couvent avant qu'il soit deux jours.

#### BÉRALDE.

Ah! voilà qui est bien! Je suis bien aise que la force vous revienne un peu, et que ma visite vous fasse du bien. Oh çà, nous parlerons d'affaires tantôt. Je vous amène ici un divertissement que j'ai rencontré, qui dissipera votre chagrin, et vous rendra l'âme mieux disposée aux choses que nous avons à dire. Ce sont des Égyptiens vêtus en Maures, qui font des danses mêlées de chansons, où je suis sûr que vous prendrez plaisir; et cela vaudra bien une ordonnance de monsieur Purgon. Allons. (*Ils sortent.*)

## ACTE TROISIÈME.

### SCÈNE I.

BÉRALDE, ARGAN, TOINETTE.

BÉRALDE.
Eh bien! mon frère, qu'en dites-vous? Cela ne vaut-il pas bien une prise de casse?

TOINETTE.
Hom! de bonne casse est bonne.

BÉRALDE.
Oh çà, voulez-vous que nous parlions un peu ensemble?

ARGAN.
Un peu de patience, mon frère : je vais revenir.

TOINETTE.
Tenez, monsieur; vous ne songez pas que vous ne sauriez marcher sans bâton.

ARGAN.
Tu as raison.

### SCÈNE II.

BÉRALDE, TOINETTE.

TOINETTE.
N'abandonnez pas, s'il vous plaît, les intérêts de votre nièce.

BÉRALDE.
J'emploierai toutes choses pour lui obtenir ce qu'elle souhaite.

#### TOINETTE.

Il faut absolument empêcher ce mariage extravagant qu'il s'est mis dans la fantaisie ; et j'avais songé en moi-même que c'aurait été une bonne affaire de pouvoir introduire ici un médecin à notre poste, pour le dégoûter de son monsieur Purgon et lui décrier sa conduite. Mais comme nous n'avons personne en main pour cela, j'ai résolu de jouer un tour de ma tête.

#### BÉRALDE.

Comment ?

#### TOINETTE.

C'est une imagination burlesque. Cela sera peut-être plus heureux que sage. Laissez-moi faire. Agissez de votre côté. Voici notre homme.

### SCÈNE III.

#### ARGAN, BÉRALDE.

#### BÉRALDE.

Voulez-vous bien, mon frère, que je vous demande, avant toute chose, de ne vous point échauffer l'esprit dans notre conversation ?

#### ARGAN.

Voilà qui est fait.

#### BÉRALDE.

De répondre sans nulle aigreur aux choses que je pourrai vous dire ?

#### ARGAN.

Oui.

##### BÉRALDE.

Et de raisonner ensemble, sur les affaires dont nous avons à parler, avec un esprit détaché de toute passion?

##### ARGAN.

Mon Dieu! oui. Voilà bien du préambule.

##### BÉRALDE.

D'où vient, mon frère, qu'ayant le bien que vous avez, et n'ayant d'enfants qu'une fille, car je ne compte pas la petite; d'où vient, dis-je, que vous parlez de la mettre dans un couvent?

##### ARGAN.

D'où vient, mon frère, que je suis maître dans ma famille, pour faire ce que bon me semble?

##### BÉRALDE.

Votre femme ne manque pas de vous conseiller de vous défaire ainsi de vos deux filles ; et je ne doute point que, par un esprit de charité, elle ne fût ravie de les voir toutes deux bonnes religieuses.

##### ARGAN.

Oh çà! nous y voici. Voilà tout d'abord la pauvre femme en jeu. C'est elle qui fait tout le mal, et tout le monde lui en veut.

##### BÉRALDE.

Non, mon frère, laissons-la là : c'est une femme qui a les meilleures intentions du monde pour votre famille, et qui est détachée de toute sorte d'intérêt; qui a pour vous une tendresse merveilleuse, et qui montre pour vos enfants une affection et une bonté qui n'est pas concevable : cela est certain. N'en parlons point, et revenons à votre fille. Sur quelle pensée, mon frère, la voulez-vous donner en mariage au fils d'un médecin?

ARGAN.

Sur la pensée, mon frère, de me donner un gendre tel qu'il me faut.

BÉRALDE.

Ce n'est point là, mon frère, le fait de votre fille ; il se présente un parti plus sortable pour elle.

ARGAN.

Oui ; mais celui-ci, mon frère, est plus sortable pour moi.

BÉRALDE.

Mais le mari qu'elle doit prendre doit-il être, mon frère, ou pour elle, ou pour vous ?

ARGAN.

Il doit être, mon frère, et pour elle et pour moi ; et je veux mettre dans ma famille les gens dont j'ai besoin.

BÉRALDE.

Par cette raison-là, si votre petite était grande, vous lui donneriez en mariage un apothicaire.

ARGAN.

Pourquoi non?

BÉRALDE.

Est-il possible que vous serez toujours embéguiné de vos apothicaires et de vos médecins, et que vous vouliez être malade en dépit des gens et de la nature !

ARGAN.

Comment l'entendez-vous, mon frère ?

BÉRALDE.

J'entends, mon frère, que je ne vois point d'homme qui soit moins malade que vous, et que je ne demanderais point une meilleure constitution que la vôtre. Une grande marque que vous vous portez bien, et que vous avez un corps parfaitement bien composé, c'est qu'avec tous les soins que vous avez pris vous n'avez pu parvenir encore à gâter la bonté de votre tempérament, et que vous n'êtes point crevé de toutes les médecines qu'on vous a fait prendre.

#### ARGAN.

Mais savez-vous, mon frère, que c'est cela qui me conserve; et que monsieur Purgon dit que je succomberais, s'il était seulement trois jours sans prendre soin de moi?

#### BÉRALDE.

Si vous n'y prenez garde, il prendra tant de soin de vous, qu'il vous enverra en l'autre monde.

#### ARGAN.

Mais raisonnons un peu, mon frère. Vous ne croyez donc point à la médecine?

#### BÉRALDE.

Non, mon frère; et je ne vois pas que pour son salut il soit nécessaire d'y croire.

#### ARGAN.

Quoi! vous ne tenez pas véritable une chose établie par tout le monde, et que tous les siècles ont révérée?

#### BÉRALDE.

Bien loin de la tenir véritable, je la trouve, entre nous, une des plus grandes folies qui soient parmi les hommes; et, à regarder les choses en philosophe, je ne vois point de plus plaisante momerie, je ne vois rien de plus ridicule, qu'un homme qui se veut mêler d'en guérir un autre.

ARGAN.

Pourquoi ne voulez-vous pas, mon frère, qu'un homme en puisse guérir un autre?

BÉRALDE.

Par la raison, mon frère, que les ressorts de notre machine sont des mystères, jusqu'ici, où les hommes ne voient goutte, et que la nature nous a mis au-devant des yeux des voiles trop épais pour y connaître quelque chose.

ARGAN.

Les médecins ne savent donc rien, à votre compte?

BÉRALDE.

Si fait, mon frère. Ils savent la plupart de fort belles humanités, savent parler en beau latin, savent nommer en grec toutes les maladies, les définir et les diviser; mais pour ce qui est de les guérir, c'est ce qu'ils ne savent pas du tout.

ARGAN.

Mais toujours faut-il demeurer d'accord que, sur cette matière, les médecins en savent plus que les autres.

BÉRALDE.

Ils savent, mon frère, ce que je vous ai dit, qui ne guérit pas de grand'chose: et toute l'excellence de leur art consiste en un pompeux galimatias, en un spécieux babil, qui vous donne des mots pour des raisons et des promesses pour des effets.

ARGAN.

Mais enfin, mon frère, il y a des gens aussi sages et aussi habiles que vous; et nous voyons que, dans la maladie, tout le monde a recours aux médecins.

### BÉRALDE.

C'est une marque de la faiblesse humaine, et non pas de la vérité de leur art.

### ARGAN.

Mais il faut bien que les médecins croient leur art véritable, puisqu'ils s'en servent pour eux-mêmes.

### BÉRALDE.

C'est qu'il y en a parmi eux qui sont eux-mêmes dans l'erreur populaire, dont ils profitent, et d'autres qui en profitent sans y être. Votre monsieur Purgon, par exemple, n'y sait point de finesse : c'est un homme tout médecin, depuis la tête jusqu'aux pieds ; un homme qui croit à ses règles plus qu'à toutes les démonstrations des mathématiques, et qui croirait du crime à les vouloir examiner ; qui ne voit rien d'obscur dans la médecine, rien de douteux, rien de difficile, et qui, avec une impétuosité de prévention, une roideur de confiance, une brutalité de sens commun et de raison, donne au travers des purgations et des saignées et ne balance aucune chose. Il ne lui faut point vouloir mal de tout ce qu'il pourra vous faire : c'est de la meilleure foi du monde qu'il vous expédiera ; et il ne fera, en vous tuant, que ce qu'il a fait à sa femme et à ses enfants, et ce qu'en un besoin il ferait à lui-même.

### ARGAN.

C'est que vous avez, mon frère, une dent de lait contre lui. Mais enfin, venons au fait. Que faire donc quand on est malade ?

### BÉRALDE.

Rien, mon frère.

### ARGAN

Rien ?

### BÉRALDE.

Rien. Il ne faut que demeurer en repos. La nature d'elle-même, quand nous la laissons faire, se tire doucement du désordre où elle est tombée. C'est notre inquiétude, c'est notre impatience qui gâte tout; et presque tous les hommes meurent de leurs remèdes, et non pas de leurs maladies.

### ARGAN.

Mais il faut demeurer d'accord, mon frère, qu'on peut aider cette nature par de certaines choses.

### BÉRALDE.

Mon Dieu! mon frère, ce sont pures idées dont nous aimons à nous repaître; et, de tout temps, il s'est glissé parmi les hommes de belles imaginations que nous venons à croire parce qu'elles nous flattent, et qu'il serait à souhaiter qu'elles fussent véritables. Lorsqu'un médecin vous parle d'aider, de secourir, de soulager la nature, de lui ôter ce qui lui nuit et lui donner ce qui lui manque, de la rétablir, et de la remettre dans une pleine facilité de ses fonctions; lorsqu'il vous parle de rectifier le sang, de tempérer les entrailles et le cerveau, de dégonfler la rate, de raccommoder la poitrine, de réparer le foie, de fortifier le cœur, de rétablir et conserver la chaleur naturelle, et d'avoir des secrets pour étendre la vie à de longues années, il vous dit justement le roman de la médecine. Mais, quand vous en venez à la vérité et à l'expérience, vous ne trouvez rien de tout cela; et il en est comme de ces beaux songes qui ne vous laissent au réveil que le déplaisir de les avoir crus.

### ARGAN.

C'est-à-dire que toute la science du monde est

renfermée dans votre tête; et vous voulez en savoir plus que tous les grands médecins de notre siècle.

### BÉRALDE.

Dans les discours et dans les choses, ce sont deux sortes de personnes que vos grands médecins : entendez-les parler, les plus habiles gens du monde ; voyez-les faire, les plus ignorants de tous les hommes.

### ARGAN.

Ouais ! vous êtes un grand docteur, à ce que je vois ; et je voudrais bien qu'il y eût ici quelqu'un de ces messieurs pour rembarrer vos raisonnements et rabaisser votre caquet.

### BÉRALDE.

Moi, mon frère, je ne prends point à tâche de combattre la médecine ; et chacun, à ses périls et fortune, peut croire tout ce qu'il lui plaît. Ce que j'en dis n'est qu'entre nous ; et j'aurais souhaité de pouvoir un peu vous tirer de l'erreur où vous êtes, et, pour vous divertir, vous mener voir, sur ce chapitre, quelqu'une des comédies de Molière.

### ARGAN.

C'est un bon impertinent que votre Molière, avec ses comédies ! et je le trouve bien plaisant d'aller jouer d'honnêtes gens comme les médecins !

### BÉRALDE.

Ce ne sont point les médecins qu'il joue, mais le ridicule de la médecine.

### ARGAN.

C'est bien à lui à faire, de se mêler de contrôler la médecine ! Voilà un bon nigaud, un bon impertinent, de se moquer des consultations et des ordonnances, de s'attaquer au corps des médecins, et d'aller mettre sur son théâtre des personnes vénérables comme ces messieurs-là !

#### BÉRALDE.

Que voulez-vous qu'il y mette, que les diverses professions des hommes? On y met bien tous les jours les princes et les rois, qui sont d'aussi bonne maison que les médecins.

#### ARGAN.

Par la mort non de diable ! si j'étais que des médecins, je me vengerais de son impertinence ; et, quand il sera malade, je le laisserais mourir sans secours. Il aurait beau faire et beau dire, je ne lui ordonnerais pas la moindre petite saignée, le moindre petit lavement ; et je lui dirais : Crève, crève ! cela t'apprendra une autre fois à te jouer à la Faculté.

#### BÉRALDE.

Vous voilà bien en colère contre lui.

#### ARGAN.

Oui. C'est un malavisé ; et si les médecins sont sages, ils feront ce que je dis.

#### BÉRALDE.

Il sera encore plus sage que vos médecins, car il ne leur demandera point de secours.

#### ARGAN.

Tant pis pour lui, s'il n'a point recours aux remèdes.

#### BÉRALDE.

Il a ses raisons pour n'en point vouloir, et il soutient que cela n'est permis qu'aux gens vigoureux et robustes, et qui ont des forces de reste pour porter les remèdes avec la maladie ; mais que, pour lui, il n'a justement de la force que pour porter son mal.

##### ARGAN.

Les sottes raisons que voilà! Tenez, mon frère, ne parlons point de cet homme-là davantage; car cela m'échauffe la bile, et vous me donneriez mon mal.

##### BÉRALDE.

Je le veux bien, mon frère; et, pour changer de discours, je vous dirai que, sur une petite répugnance que vous témoigne votre fille, vous ne devez point prendre les résolutions violentes de la mettre dans un couvent; que, pour le choix d'un gendre, il ne vous faut pas suivre aveuglément la passion qui vous emporte; et qu'on doit, sur cette matière, s'accommoder un peu à l'inclination d'une fille, puisque c'est pour toute la vie, et que de là dépend tout le bonheur d'un mariage.

#### SCÈNE IV.

MONSIEUR FLEURANT, *une seringue à la main;* ARGAN, BÉRALDE.

##### ARGAN.

Ah! mon frère, avec votre permission.

##### BÉRALDE.

Comment? que voulez-vous faire?

##### ARGAN.

Prendre ce petit lavement-là: ce sera bientôt fait.

##### BÉRALDE.

Vous vous moquez. Est-ce que vous ne sauriez être un moment sans lavement ou sans médecine? Remettez cela à une autre fois, et demeurez un peu en repos.

###### ARGAN.

Monsieur Fleurant, à ce soir, ou à demain au matin.

###### MONSIEUR FLEURANT, *à Béralde.*

De quoi vous mêlez-vous, de vous opposer aux ordonnances de la médecine, et d'empêcher monsieur de prendre mon clystère ? Vous êtes bien plaisant d'avoir cette hardiesse-là !

###### BÉRALDE.

Allez, monsieur ; on voit bien que vous n'avez pas accoutumé de parler à des visages.

###### MONSIEUR FLEURANT.

On ne doit point ainsi se jouer des remèdes et me faire perdre mon temps. Je ne suis venu ici que sur une bonne ordonnance ; et je vais dire à monsieur Purgon comme on m'a empêché d'exécuter ses ordres et de faire ma fonction. Vous verrez, vous verrez !

## SCÈNE V.

###### ARGAN, BÉRALDE.

###### ARGAN.

Mon frère, vous serez cause ici de quelque malheur.

###### BÉRALDE.

Le grand malheur, de ne pas prendre un lavement que monsieur Purgon a ordonné ! Encore un coup, mon frère, est-il possible qu'il n'y ait pas moyen de vous guérir de la maladie des médecins, et que vous vouliez être toute votre vie enseveli dans leurs remèdes ?

#### ARGAN.

Mon Dieu! mon frère, vous en parlez comme un homme qui se porte bien; mais si vous étiez à ma place, vous changeriez bien de langage. Il est aisé de parler contre la médecine, quand on est en pleine santé.

#### BÉRALDE.

Mais quel mal avez-vous?

#### ARGAN.

Vous me feriez enrager. Je voudrais que vous l'eussiez, mon mal, pour voir si vous jaseriez tant. Ah! voici monsieur Purgon.


## SCÈNE VI.

MONSIEUR PURGON, ARGAN, BÉRALDE, TOINETTE.

#### MONSIEUR PURGON.

Je viens d'apprendre là-bas, à la porte, de jolies nouvelles; qu'on se moque ici de mes ordonnances, et qu'on a fait refus de prendre le remède que j'avais prescrit.

#### ARGAN.

Monsieur, ce n'est pas....

#### MONSIEUR PURGON.

Voilà une hardiesse bien grande, une étrange rébellion d'un malade contre son médecin!

#### TOINETTE.

Cela est épouvantable.

#### MONSIEUR PURGON.

Un clystère que j'avais pris plaisir à composer moi-même.

ARGAN.

Ce n'est pas moi...

MONSIEUR PURGON.

Inventé et formé dans toutes les règles de l'art.

TOINETTE.

Il a tort.

MONSIEUR PURGON.

Et qui devait faire dans les entrailles un effet merveilleux.

ARGAN.

Mon frère....

MONSIEUR PURGON.

Le renvoyer avec mépris!

ARGAN, *montrant Béralde.*

C'est lui...

MONSIEUR PURGON.

C'est une action exorbitante.

TOINETTE.

Cela est vrai.

MONSIEUR PURGON.

Un attentat énorme contre la médecine.

ARGAN, *montrant Béralde.*

Il est cause....

MONSIEUR PURGON.

Un crime de lèse-Faculté, qui ne se peut assez punir.

TOINETTE.

Vous avez raison.

MONSIEUR PURGON.

Je vous déclare que je romps commerce avec vous;

ARGAN.

C'est mon frère....

MONSIEUR PURGON.

Que je ne veux plus d'alliance avec vous;

TOINETTE.

Vous ferez bien.

MONSIEUR PURGON.

Et que, pour finir toute liaison avec vous, voilà la donation que je faisais à mon neveu, en faveur du mariage. (*Il déchire la donation et en jette les morceaux avec fureur.*)

ARGAN.

C'est mon frère qui a fait tout le mal.

MONSIEUR PURGON.

Mépriser mon clystère!

ARGAN.

Faites-le venir; je m'en vais le prendre.

MONSIEUR PURGON.

Je vous aurais tiré d'affaire avant qu'il fût peu.

TOINETTE.

Il ne le mérite pas.

MONSIEUR PURGON.

J'allais nettoyer votre corps, et en évacuer entièrement les mauvaises humeurs.

ARGAN.

Ah! mon frère!

MONSIEUR PURGON.

Et je ne voulais plus qu'une **douzaine de médecines** pour vider le fond du sac.

TOINETTE.

Il est indigne de vos soins.

MONSIEUR PURGON.

Mais puisque vous n'avez pas voulu guérir par mes mains,

ARGAN.

Ce n'est pas ma faute.

MONSIEUR PURGON.

Puisque vous vous êtes soustrait de l'obéissance que l'on doit à son médecin,

TOINETTE.

Cela crie vengeance.

MONSIEUR PURGON.

Puisque vous vous êtes déclaré rebelle aux remèdes que je vous ordonnais,

ARGAN.

Hé! point du tout.

MONSIEUR PURGON.

J'ai à vous dire que je vous abandonne à votre mauvaise constitution, à l'intempérie de vos entrailles, à la corruption de votre sang, à l'âcreté de votre bile, et à la féculence de vos humeurs.

TOINETTE.

C'est fort bien fait.

ARGAN.

Mon Dieu!

MONSIEUR PURGON.

Et je veux qu'avant qu'il soit quatre jours vous deveniez dans un état incurable;

ARGAN.

Ah! miséricorde!

MONSIEUR PURGON.

Que vous tombiez dans la bradypepsie,

ARGAN.

Monsieur Purgon!

MONSIEUR PURGON.

De la bradypepsie dans la dyspepsie,

ARGAN.

Monsieur Purgon!

MONSIEUR PURGON.

De la dyspepsie dans l'apepsie,

ARGAN.

Monsieur Purgon!

MONSIEUR PURGON.

De l'apepsie dans la lienterie,

ARGAN.

Monsieur Purgon!

MONSIEUR PURGON.

De la lienterie dans la dyssenterie,

ARGAN.

Monsieur Purgon!

MONSIEUR PURGON.

De la dyssenterie dans l'hydropisie,

ARGAN.

Monsieur Purgon!

MONSIEUR PURGON.

Et de l'hydropisie dans la privation de la vie, où vous aura conduit votre folie.

## SCÈNE VII.

ARGAN, BÉRALDE.

ARGAN.

Ah! mon Dieu! je suis mort. Mon frère, vous m'avez perdu!

BÉRALDE.

Quoi! qu'y a-t-il?

ARGAN.

Je n'en puis plus. Je sens déjà que la médecine se venge.

BÉRALDE.

Ma foi, mon frère, vous êtes fou; et je ne voudrais pas, pour beaucoup de choses, qu'on vous vît faire ce que vous faites. Tâtez-vous un peu, je vous prie; revenez à vous-même, et ne donnez point tant à votre imagination.

ARGAN.

Vous voyez, mon frère, les étranges maladies dont il m'a menacé.

BÉRALDE.

Le simple homme que vous êtes!

ARGAN.

Il dit que je deviendrai incurable avant qu'il soit quatre jours.

BÉRALDE.

Et ce qu'il dit, que fait-il à la chose? Est-ce un oracle qui a parlé? Il semble, à vous entendre, que monsieur Purgon tienne dans ses mains le filet de vos jours, et que, d'autorité suprême, il vous l'allonge et vous le raccourcisse comme il lui plaît.

Songez que les principes de votre vie sont en vous-même, et que le courroux de monsieur Purgon est aussi peu capable de vous faire mourir que ses remèdes de vous faire vivre. Voici une aventure, si vous voulez, à vous défaire des médecins; ou, si vous êtes né à ne pouvoir vous en passer, il est aisé d'en avoir un autre, avec lequel, mon frère, vous puissiez courir un peu moins de risque.

ARGAN.

Ah! mon frère, il sait tout mon tempérament, et la manière dont il faut me gouverner.

BÉRALDE.

Il faut vous avouer que vous êtes un homme d'une grande prévention, et que vous voyez les choses avec d'étranges yeux.

SCÈNE VIII.

ARGAN, BÉRALDE, TOINETTE.

TOINETTE, *à Argan.*

Monsieur, voilà un médecin qui demande à vous voir.

ARGAN.

Et quel médecin?

TOINETTE.

Un médecin de la médecine.

ARGAN.

Je te demande qui il est?

TOINETTE.

Je ne le connais pas, mais il me ressemble comme deux gouttes d'eau.

ARGAN.

Fais-le venir.

## SCÈNE IX.

ARGAN, BÉRALDE.

BÉRALDE.
Vous êtes servi à souhait. Un médecin vous quitte, un autre se présente.

ARGAN.
J'ai bien peur que vous ne soyez cause de quelque malheur.

BÉRALDE.
Encore! Vous en revenez toujours là.

ARGAN.
Voyez-vous, j'ai sur le cœur toutes ces maladies-là que je ne connais point, ces....

## SCÈNE X.

ARGAN, BÉRALDE, TOINETTE *en médecin.*

TOINETTE.
Monsieur, agréez que je vienne vous rendre visite, et vous offrir mes petits services pour toutes les saignées et les purgations dont vous aurez besoin.

ARGAN.
Monsieur, je vous suis fort obligé. (*A Béralde.*) Par ma foi, voilà Toinette elle-même.

TOINETTE.
Monsieur, je vous prie de m'excuser : j'ai oublié

de donner une commission à mon valet; je reviens tout à l'heure.

## SCÈNE XI.

### ARGAN, BÉRALDE.

ARGAN.

Eh! ne diriez-vous pas que c'est effectivement Toinette?

BÉRALDE.

Il est vrai que la ressemblance est tout à fait grande : mais ce n'est pas la première fois qu'on a vu de ces sortes de choses; et les histoires ne sont pleines que de ces jeux de la nature.

ARGAN.

Pour moi, j'en suis surpris; et...

## SCÈNE XII.

### ARGAN, BÉRALDE, TOINETTE.

TOINETTE.

Que voulez-vous, monsieur?

ARGAN.

Comment?

TOINETTE.

Ne m'avez-vous pas appelée?

ARGAN.

Moi? non.

TOINETTE.

Il faut donc que les oreilles m'aient corné.

ARGAN.

Demeure un peu ici, pour voir comme ce médecin te ressemble.

TOINETTE.

Oui, vraiment! J'ai affaire là-bas; et je l'ai assez vu.

SCÈNE XIII.

ARGAN, BÉRALDE.

ARGAN.

Si je ne les voyais tous deux, je croirais que ce n'est qu'un.

BÉRALDE.

J'ai lu des choses surprenantes de ces sortes de ressemblances; et nous en avons vu, de notre temps, où tout le monde s'est trompé.

ARGAN.

Pour moi, j'aurais été trompé à celle-là; et j'aurais juré que c'est la même personne.

SCÈNE XIV.

ARGAN, BÉRALDE, TOINETTE *en médecin.*

TOINETTE.

Monsieur, je vous demande pardon de tout mon cœur.

ARGAN, *bas à Béralde.*

Cela est admirable.

TOINETTE.

Vous ne trouverez pas mauvais, s'il vous plaît,

la curiosité que j'ai eue de voir un illustre malade comme vous êtes ; et votre réputation, qui s'étend partout, peut excuser la liberté que j'ai prise.

ARGAN.

Monsieur, je suis votre serviteur.

TOINETTE.

Je vois, monsieur, que vous me regardez fixement. Quel âge croyez-vous bien que j'aie?

ARGAN.

Je crois que tout au plus vous pouvez avoir vingt-six ou vingt-sept ans.

TOINETTE.

Ah! ah! ah! ah! ah! J'en ai quatre-vingt-dix.

ARGAN.

Quatre-vingt-dix!

TOINETTE.

Oui. Vous voyez un effet des secrets de mon art, de me conserver ainsi frais et vigoureux.

ARGAN.

Par ma foi, voilà un beau jeune vieillard pour quatre-vingt-dix ans!

TOINETTE.

Je suis médecin passager, qui vais de ville en ville, de province en province, de royaume en royaume, pour chercher d'illustres matières à ma capacité, pour trouver des malades dignes de m'occuper, capables d'exercer les grands et beaux secrets que j'ai trouvés dans la médecine. Je dédaigne de m'amuser à ce menu fatras de maladies ordinaires, à ces bagatelles de rhumatismes et de fluxions, à ces fiévrotes, à ces vapeurs et à ces migraines. Je veux des maladies d'importance, de bonnes fièvres continues, avec des transports au cerveau, de bonnes fièvres pourprées, de bonnes pestes, de bonnes hydropisies formées, de bonnes pleurésies avec des inflammations de poitrine : c'est là que je me plais, c'est là que je triomphe ; et je voudrais, monsieur, que vous eussiez toutes les maladies que je viens de dire, que vous fussiez abandonné de tous les médecins, désespéré, à l'agonie, pour vous montrer l'excellence de mes remèdes et l'envie que j'aurais de vous rendre service.

**ARGAN.**

Je vous suis obligé, monsieur, des bontés que vous avez pour moi.

**TOINETTE.**

Donnez-moi votre pouls. Allons donc, que l'on batte comme il faut. Ah! je vous ferai bien aller comme vous devez! Ouais! ce pouls-là fait l'impertinent; je vois que vous ne me connaissez pas encore. Qui est votre médecin?

**ARGAN.**

Monsieur Purgon.

**TOINETTE.**

Cet homme-là n'est point écrit sur mes tablettes entre les grands médecins. De quoi dit-il que vous êtes malade?

**ARGAN.**

Il dit que c'est du foie, et d'autres disent que c'est de la rate.

**TOINETTE.**

Ce sont tous des ignorants. C'est du poumon que vous êtes malade.

**ARGAN.**

Du poumon?

**TOINETTE.**

Oui. Que sentez-vous?

ARGAN.

Je sens de temps en temps des douleurs de tête.

TOINETTE.

Justement, le poumon.

ARGAN.

Il me semble parfois que j'ai un voile devant les yeux.

TOINETTE.

Le poumon.

ARGAN.

J'ai quelquefois des maux de cœur.

TOINETTE.

Le poumon.

ARGAN.

Je sens parfois des lassitudes par tous les membres.

TOINETTE.

Le poumon.

ARGAN.

Et quelquefois il me prend des douleurs dans le ventre, comme si c'étaient des coliques.

TOINETTE.

Le poumon. Vous avez appétit à ce que vous mangez ?

ARGAN.

Oui, monsieur.

TOINETTE.

Le poumon. Vous aimez à boire un peu de vin ?

ARGAN.

Oui, monsieur.

TOINETTE.

Le poumon. Il vous prend un petit sommeil après le repas, et vous êtes bien aise de dormir ?

ARGAN.

Oui, monsieur.

TOINETTE.

Le poumon, le poumon, vous dis-je. Que vous ordonne votre médecin pour votre nourriture ?

ARGAN.

Il m'ordonne du potage,

TOINETTE.

Ignorant !

ARGAN.

De la volaille,

TOINETTE.

Ignorant !

ARGAN.

Du veau,

TOINETTE.

Ignorant !

ARGAN.

Des bouillons,

TOINETTE.

Ignorant !

ARGAN.

Des œufs frais,

TOINETTE.

Ignorant !

ARGAN.

Et le soir, de petits pruneaux pour lâcher le ventre ;

TOINETTE.

Ignorant !

ARGAN.

Et surtout de boire mon vin fort trempé.

TOINETTE.

*Ignorantus, ignoranta, ignorantum.* Il faut boire votre vin pur ; et, pour épaissir votre sang qui est trop subtil, il faut manger de bon gros bœuf, de bon gros porc, de bon fromage de Hollande; du gruau et du riz, et des marrons et des oublies, pour coller et conglutiner. Votre médecin est une bête. Je veux vous en envoyer un de ma main; et je viendrai vous voir de temps en temps, tandis que je serai en cette ville.

ARGAN.

Vous m'obligerez beaucoup.

TOINETTE.

Que diantre faites-vous de ce bras-là ?

ARGAN.

Comment ?

TOINETTE.

Voilà un bras que je me ferais couper tout à l'heure, si j'étais que de vous.

ARGAN.

Et pourquoi ?

TOINETTE.

Ne voyez-vous pas qu'il tire à soi toute la nourriture, et qu'il empêche ce côté-là de profiter ?

ARGAN.

Oui; mais j'ai besoin de mon bras.

TOINETTE.

Vous avez là aussi un œil droit que je me ferais crever, si j'étais en votre place.

ARGAN.

Crever un œil ?

TOINETTE.

Ne voyez-vous pas qu'il incommode l'autre, et lui dérobe sa nourriture ? Croyez-moi, faites-vous-le crever au plus tôt : vous en verrez plus clair de l'œil gauche.

ARGAN.

Cela n'est pas pressé.

TOINETTE.

Adieu. Je suis fâché de vous quitter sitôt ; mais il faut que je me trouve à une grande consultation qui se doit faire pour un homme qui mourut hier.

ARGAN.

Pour un homme qui mourut hier ?

TOINETTE.

Oui : pour aviser et voir ce qu'il aurait fallu lui faire pour le guérir. Jusqu'au revoir.

ARGAN.

Vous savez que les malades ne reconduisent point.

## SCÈNE XV.

ARGAN, BÉRALDE.

BÉRALDE.

Voilà un médecin, vraiment, qui paraît fort habile.

ARGAN.

Oui ; mais il va un peu bien vite.

BÉRALDE.

Tous les grands médecins sont comme cela.

ARGAN.

Me couper un bras, et me crever un œil, afin que l'autre se porte mieux ! J'aime bien mieux qu'il ne se porte pas si bien. La belle opération, de me rendre borgne et manchot !

## SCÈNE XVI.

### ARGAN, BÉRALDE, TOINETTE.

TOINETTE, *feignant de parler à quelqu'un.*

Allons, allons, je suis votre servante. Je n'ai pas envie de rire.

### ARGAN.

Qu'est-ce que c'est?

### TOINETTE.

Votre médecin, ma foi, qui me voulait tâter le pouls.

### ARGAN.

Voyez un peu, à l'âge de quatre-vingt-dix ans!

### BÉRALDE.

Oh çà! mon frère, puisque voilà votre monsieur Purgon brouillé avec vous, ne voulez-vous pas bien que je vous parle du parti qui s'offre pour ma nièce?

### ARGAN.

Non, mon frère : je veux la mettre dans un couvent, puisqu'elle s'est opposée à mes volontés. Je vois bien qu'il y a quelque amourette là-dessous, et j'ai découvert certaine entrevue secrète, qu'on ne sait pas que j'aie découverte.

### BÉRALDE.

Eh bien! mon frère, quand il y aurait quelque petite inclination, cela serait-il si criminel? Et rien peut-il vous offenser, quand tout ne va qu'à des choses honnêtes, comme le mariage?

### ARGAN.

Quoi qu'il en soit, mon frère, elle sera religieuse; c'est une chose résolue.

### BÉRALDE.

Vous voulez faire plaisir à quelqu'un.

### ARGAN.

Je vous entends. Vous en revenez toujours là, et ma femme vous tient au cœur.

### BÉRALDE.

Eh bien ! oui, mon frère : puisqu'il faut parler à cœur ouvert, c'est votre femme que je veux dire; et, non plus que l'entêtement de la médecine, je ne puis vous souffrir l'entêtement où vous êtes pour elle, et voir que vous donniez, tête baissée, dans tous les pièges qu'elle vous tend.

### TOINETTE.

Ah ! monsieur, ne parlez point de madame; c'est une femme sur laquelle il n'y a rien à dire, une femme sans artifice, et qui aime monsieur, qui l'aime... On ne peut pas dire cela.

### ARGAN.

Demandez-lui un peu les caresses qu'elle me fait;

### TOINETTE.

Cela est vrai.

### ARGAN.

L'inquiétude que lui donne ma maladie;

### TOINETTE.

Assurément.

### ARGAN.

Et les soins et les peines qu'elle prend autour de moi.

### TOINETTE.

Il est certain. (*A Béralde.*) Voulez-vous que je vous convainque, et vous fasse voir tout à l'heure comme madame aime monsieur? (*A Argan.*) Monsieur, souffrez que je lui montre son bec jaune et le tire d'erreur.

ARGAN.

Comment?

TOINETTE.

Madame s'en va revenir. Mettez-vous tout étendu dans cette chaise, et contrefaites le mort. Vous verrez la douleur où elle sera quand je lui dirai la nouvelle.

ARGAN.

Je le veux bien.

TOINETTE.

Oui; mais ne la laissez pas longtemps dans le désespoir, car elle en pourrait bien mourir.

ARGAN.

Laisse-moi faire.

TOINETTE, *à Béralde.*

Cachez-vous, vous, dans ce coin-là.

## SCÈNE XVII.

ARGAN, TOINETTE.

ARGAN.

N'y a-t-il point quelque danger à contrefaire le mort?

TOINETTE.

Non, non. Quel danger y aurait-il? Étendez-vous là seulement. (*Bas.*) Il y aura plaisir à confondre votre frère. Voici madame. Tenez-vous bien.

## SCÈNE XVIII.

BÉLINE, ARGAN, *étendu dans sa chaise;* TOINETTE.

TOINETTE, *feignant de ne pas voir Béline.*

Ah! mon Dieu! Ah! malheur! Quel étrange accident!

BÉLINE.

Qu'est-ce, Toinette?

TOINETTE.

Ah! madame.

BÉLINE.

Qu'y a-t-il?

TOINETTE.

Votre mari est mort.

BÉLINE.

Mon mari est mort?

TOINETTE.

Hélas! oui! Le pauvre défunt est trépassé.

BÉLINE.

Assurément?

TOINETTE.

Assurément. Personne ne sait encore cet accident-là; et je me suis trouvée ici toute seule. Il vient de passer entre mes bras. Tenez, le voilà tout de son long dans cette chaise.

BÉLINE.

Le ciel en soit loué! Me voilà délivrée d'un grand fardeau. Que tu es sotte, Toinette, de t'affliger de cette mort!

TOINETTE.

Je pensais, madame, qu'il fallût pleurer.

BÉLINE.

Va, va, cela n'en vaut pas la peine. Quelle perte est-ce que la sienne? et de quoi servait-il sur la terre? Un homme incommode à tout le monde, malpropre, dégoûtant, sans cesse un lavement ou une médecine dans le ventre, mouchant, toussant, crachant toujours; sans esprit, ennuyeux, de mauvaise humeur, fatiguant sans cesse les gens, et grondant jour et nuit servantes et valets.

TOINETTE.

Voilà une belle oraison funèbre!

BÉLINE.

Il faut, Toinette, que tu m'aides à exécuter mon dessein; et tu peux croire qu'en me servant, ta récompense est sûre. Puisque, par un bonheur, personne n'est encore averti de la chose, portons-le dans son lit, et tenons cette mort cachée jusqu'à ce que j'aie fait mon affaire. Il y a des papiers, il y a de l'argent, dont je me veux saisir; et il n'est pas juste que j'aie passé sans fruit auprès de lui mes plus belles années. Viens, Toinette; prenons auparavant toutes ses clefs.

ARGAN, *se levant brusquement.*

Doucement!

BÉLINE.

Ah!

ARGAN.

Oui, madame ma femme, c'est ainsi que vous m'aimez!

TOINETTE.

Ah! ah! le défunt n'est pas mort!

**ARGAN**, *à Béline qui sort.*

Je suis bien aise de voir votre amitié et d'avoir entendu le beau panégyrique que vous avez fait de moi. Voilà un avis au lecteur qui me rendra sage à l'avenir, et qui m'empêchera de faire bien des choses.

### SCÈNE XIX.

**BÉRALDE**, *sortant de l'endroit où il était caché;*
**ARGAN, TOINETTE.**

**BÉRALDE.**
Eh bien! mon frère, vous le voyez.

**TOINETTE.**
Par ma foi, je n'aurais jamais cru cela. Mais j'entends votre fille. Remettez-vous comme vous étiez, et voyons de quelle manière elle recevra votre mort. C'est une chose qu'il n'est pas mauvais d'éprouver; et, puisque vous êtes en train, vous connaîtrez par là les sentiments que votre famille a pour vous.
*(Béralde va se cacher.)*

### SCÈNE XX.

**ARGAN, ANGÉLIQUE, TOINETTE.**

**TOINETTE**, *feignant de ne pas voir Angélique.*
O ciel! ah! fâcheuse aventure! Malheureuse journée!

**ANGÉLIQUE.**
Qu'as-tu, Toinette? et de quoi pleures-tu?

###### TOINETTE.

Hélas! j'ai de tristes nouvelles à vous donner.

###### ANGÉLIQUE.

Eh! quoi?

###### TOINETTE.

Votre père est mort.

###### ANGÉLIQUE.

Mon père est mort, Toinette?

###### TOINETTE.

Oui. Vous le voyez là; il vient de mourir tout à l'heure d'une faiblesse qui lui a pris.

###### ANGÉLIQUE.

O ciel! quelle infortune! quelle atteinte cruelle! Hélas! faut-il que je perde mon père, la seule chose qui me restait au monde; et qu'encore, pour un surcroît de désespoir, je le perde dans un moment où il était irrité contre moi! Que deviendrai-je, malheureuse? et quelle consolation trouver après une si grande perte?

## SCÈNE XXI.

ARGAN, ANGÉLIQUE, CLÉANTE, TOINETTE.

###### CLÉANTE.

Qu'avez-vous donc, belle Angélique? et quel malheur pleurez-vous?

###### ANGÉLIQUE.

Hélas! je pleure tout ce que dans la vie je pouvais perdre de plus cher et de plus précieux: je pleure la mort de mon père.

#### CLÉANTE.

O ciel! quel accident! quel coup inopiné! Hélas! après la demande que j'avais conjuré votre oncle de lui faire pour moi, je venais me présenter à lui, et tâcher, par mes respects et par mes prières, de disposer son cœur à vous accorder à mes vœux.

#### ANGÉLIQUE.

Ah! Cléante, ne parlons plus de rien; laissons là toutes les pensées du mariage. Après la perte de mon père, je ne veux plus être du monde, et j'y renonce pour jamais. Oui, mon père, si j'ai résisté tantôt à vos volontés, je veux suivre du moins une de vos intentions, et réparer par là le chagrin que je m'accuse de vous avoir donné. (*Se jetant à ses genoux.*) Souffrez, mon père, que je vous en donne ici ma parole, et que je vous embrasse pour vous témoigner mon ressentiment.

#### ARGAN, *embrassant Angélique.*

Ah! ma fille!

#### ANGÉLIQUE.

Ahi!

#### ARGAN.

Viens. N'aie point de peur; je ne suis pas mort. Va, tu es mon vrai sang, ma véritable fille; et je suis ravi d'avoir vu ton bon naturel.

### SCÈNE XXII.

ARGAN, BÉRALDE, ANGÉLIQUE, CLÉANTE, TOINETTE.

#### ANGÉLIQUE.

Ah! quelle surprise agréable! Mon père, puisque, par un bonheur extrême, le ciel vous redonne à mes vœux, souffrez qu'ici je me jette à vos pieds pour vous supplier d'une chose. Si vous n'êtes pas favorable au penchant de mon cœur, si vous me refusez Cléante pour époux, je vous conjure au moins de ne me point forcer d'en épouser un autre. C'est toute la grâce que je vous demande.

CLÉANTE, *se jetant aux genoux d'Argan.*

Eh! monsieur, laissez-vous toucher à ses prières et aux miennes; et ne vous montrez point contraire aux mutuels empressements d'une si belle inclination.

BÉRALDE.

Mon frère, pouvez-vous tenir là contre?

TOINETTE.

Monsieur, serez-vous insensible à tant d'amour?

ARGAN.

Qu'il se fasse médecin, je consens au mariage. (*A Cléante.*) Oui, faites-vous médecin, je vous donne ma fille.

CLÉANTE.

Très volontiers, monsieur. S'il ne tient qu'à cela pour être votre gendre, je me ferai médecin, apothicaire même si vous voulez. Ce n'est pas une affaire que cela, et je ferais bien d'autres choses pour obtenir la belle Angélique.

BÉRALDE.

Mais, mon frère, il me vient une pensée. Faites-vous médecin vous-même. La commodité sera encore plus grande, d'avoir en vous tout ce qu'il vous faut.

TOINETTE.

Cela est vrai. Voilà le vrai moyen de vous guérir

bientôt ; et il n'y a point de maladie si osée que de se jouer à la personne d'un médecin.

### ARGAN.

Je pense, mon frère, que vous vous moquez de moi. Est-ce que je suis en âge d'étudier ?

### BÉRALDE.

Bon, étudier ! Vous êtes assez savant ; et il y en a beaucoup parmi eux qui ne sont pas plus habiles que vous.

### ARGAN.

Mais il faut savoir bien parler latin, connaître les maladies, et les remèdes qu'il y faut faire.

### BÉRALDE.

En recevant la robe et le bonnet de médecin, vous apprendrez tout cela ; et vous serez après plus habile que vous ne voudrez.

### ARGAN.

Quoi ! l'on sait discourir sur les maladies quand on a cet habit-là ?

### BÉRALDE.

Oui. L'on n'a qu'à parler avec une robe et un bonnet, tout galimatias devient savant, et toute sottise devient raison.

### TOINETTE.

Tenez, monsieur, quand il n'y aurait que votre barbe, c'est déjà beaucoup ; et la barbe fait plus de la moitié d'un médecin.

### CLÉANTE.

En tout cas, je suis prêt à tout.

### BÉRALDE, *à Argan.*

Voulez-vous que l'affaire se fasse tout à l'heure ?

###### ARGAN.
Comment, tout à l'heure?
###### BÉRALDE.
Oui, et dans votre maison.
###### ARGAN.
Dans ma maison?
###### BÉRALDE.
Oui. Je connais une Faculté de mes amies, qui viendra tout à l'heure en faire la cérémonie dans votre salle. Cela ne vous coûtera rien.
###### ARGAN.
Mais moi, que dire, que répondre?
###### BÉRALDE.
On vous instruira en deux mots, et l'on vous donnera par écrit ce que vous devez dire. Allez-vous-en vous mettre en habit décent. Je vais les envoyer querir.
###### ARGAN.
Allons, voyons cela.

### SCÈNE XXIII.

###### BÉRALDE, ANGÉLIQUE, CLÉANTE, TOINETTE.

###### CLÉANTE.
Que voulez-vous dire? et qu'entendez-vous avec cette Faculté de vos amies?
###### TOINETTE.
Quel est donc votre dessein?
###### BÉRALDE.
De nous divertir un peu ce soir. Les comédiens

ont fait un petit intermède de la réception d'un médecin, avec des danses et de la musique; je veux que nous en prenions ensemble le divertissement, et que mon frère y fasse le premier personnage.

###### ANGÉLIQUE.

Mais, mon oncle, il me semble que vous vous jouez un peu beaucoup de mon père.

###### BÉRALDE.

Mais, ma nièce, ce n'est pas tant le jouer, que s'accommoder à ses fantaisies. Tout ceci n'est qu'entre nous. Nous y pouvons aussi prendre chacun un personnage, et nous donner ainsi la comédie les uns aux autres. Le carnaval autorise cela. Allons vite préparer toutes choses.

###### CLÉANTE, *à Angélique.*

Y consentez-vous?

###### ANGÉLIQUE.

Oui, puisque mon oncle nous conduit.

### INTERMÈDE.

C'est une cérémonie burlesque d'un homme qu'on fait médecin, en récit, chant et danse. Plusieurs tapissiers viennent préparer la salle et placer les bancs en cadence. Ensuite de quoi toute l'assemblée, composée de huit porte-seringues, six apothicaires, vingt-deux docteurs, et celui qui se fait recevoir médecin, huit chirurgiens dansants et deux chantants, entrent, et prennent place, chacun selon son rang.

###### PRÆSES.

Savantissimi doctores,
Medicinæ professores,
Qui hic assemblati estis;
Et vos, altri messiores,
Sententiarum Facultatis
Fideles executores,
Chirurgiani et apothicari,
Atque tota compania aussi,

Salus, honor et argentum,
Atque bonum appetitum.

Non possum, docti confreri,
En moi satis admirari
Qualis bona inventio
Est medici professio ;
Quam bella chosa est et bene trovata,
Medicina illa benedicta,
Quæ, suo nomine solo,
Surprenanti miraculo,
Depuis si longo tempore,
Facit à gogo vivere
Tant de gens omni genere.

Per totam terram videmus
Grandam vogam ubi sumus ;
Et quod grandes et petiti
Sunt de nobis infatuti.
Totus mundus, currens ad nostros remedios,
Nos regardat sicut deos ;
Et nostris ordonnanciis
Principes et reges soumissos videtis.

Doncque il est nostræ sapientiæ,
Boni sensus atque prudentiæ,
De fortement travaillare
A nos bene conservare
In tali credito, voga et honore ;
Et prendere gardam à non recevere
In nostro docto corpore
Quam personas capabiles,
Et totas dignas remplire
Has plaças honorabiles.

C'est pour cela que nunc convocati estis ;
Et credo quod trovabitis
Dignam materiam medici
In savanti homine que voici ;
Lequel, in chosis omnibus,
Dono ad interrogandum,
Et à fond examinandum
Vestris capacitatibus.

PRIMUS DOCTOR.

Si mihi licentiam dat dominus præses,
Et tanti docti doctores,
Et assistantes illustres,
Très savanti bachelicro,
Quem estimo et honoro,

Domandabo causam et rationem quare
Opium facit dormire.

### BACHELIERUS.

Mihi a docto doctore
Domandatur causam et rationem quare
Opium facit dormire.
A quoi respondeo,
Quia est in eo
Virtus dormitiva,
Cujus est natura
Sensus assoupire.

### CHORUS.

Bene, bene, bene, bene respondere.
Dignus, dignus est intrare
In nostro docto corpore.
Bene, bene respondere.

### SECUNDUS DOCTOR.

Cum permissione domini præsidis,
Doctissimæ Facultatis,
Et totius his nostris actis
Companiæ assistantis,
Domandabo tibi, docte bacheliere,
Quæ sunt remedia
Quæ, in maladia
Dite hydropisia,
Convenit facere.

### BACHELIERUS.

Clysterium donare,
Postea saignare.
Ensuita purgare.

### CHORUS.

Bene, bene, bene, bene respondere.
Dignus, dignus est intrare
In nostro docto corpore.

### TERTIUS DOCTOR.

Si bonum semblatur domino præsidi,
Doctissimæ Facultati,
Et companiæ præsenti,
Domandabo tibi, docte bacheliere,
Quæ remedia eticis,
Pulmonicis atque asthmaticis
Trovas à propos facere.

### BACHELIERUS.

Clysterium donare,
Postea saignare,
Ensuita purgare.

### CHORUS.

Bene, bene, bene, bene respondere.
Dignus, dignus est intrare
In nostro docto corpore.

### QUARTUS DOCTOR.

Super illas maladias,
Doctus bachelierus dixit maravillas;
Mais, si non ennuyo dominum præsidem,
Doctissimam Facultatem,
Et totam honorabilem
Companiam ecoutantem;
Faciam illi unam questionem.
Dès hiero maladus unus
Tombavit in meas manus;
Habet grandam fievram cum redoublamentis,
Grandam dolorem capitis,
Et grandum malum au côté,
Cum granda difficultate
Et pena à respirare.
Veuillas mihi dire,
Docte bacheliere,
Quid illi facere.

### BACHELIERUS.

Clysterium donare,
Postea saignare,
Ensuita purgare.

### QUINTUS DOCTOR.

Mais, si maladia
Opiniatria
Non vult se guarire,
Quid illi facere?

### BACHELIERUS.

Clysterium donare,
Postea saignare,
Ensuita purgare,
Resaignare, repurgare et reclysterisare.

CHORUS.

Bene, bene, bene, bene respondere.
Dignus, dignus est intrare
In nostro docto corpore.

PRÆSES.

Juras gardare statuta
Per Facultatem præscripta,
Cum sensu et jugeamento?

BACHELIERUS.

Juro.

PRÆSES.

Essere in omnibus
Consultationibus
Ancieni aviso,
Aut bono,
Aut mauvaiso?

BACHELIERUS.

Juro.

PRÆSES.

De non jamais te servire
De remediis aucunis,
Quam de ceux seulement almæ Facultatis.
Maladus dût-il crevare
Et mori de suo malo?

BACHELIERUS.

Juro.

PRÆSES.

Ego, cum isto boneto
Venerabili et docto,
Dono tibi et concedo
Virtutem et puissanciam
Medicandi,
Purgandi,
Saignandi,
Perçandi,
Taillandi,
Coupandi
Et occidendi
Impune per totam terram.

*Tous les chirurgiens et apothicaires viennent lui faire la révérence en cadence.*

### BACHELIERUS.

Grandes doctores doctrinæ
De la rhubarbe et du séné,
Ce serait sans doute à moi chosa folla,
Inepta et ridicula,
Si j'alloibam m'engageare
Vobis louangeas donare,
Et entreprenoibam ajoutare
Des lumieras au soleillo
Et des estoilas au cielo,
Des ondas à l'oceano
Et des rosas au printano.
Agreate qu'avec uno moto,
Pro toto remercimento,
Rendam gratias corpori tam docto.
Vobis, vobis debeo
Bien plus qu'à naturæ et qu'à patri meo.
Natura et pater meus
Hominem me habent factum;
Mais vos me, ce qui est bien plus,
Avetis factum medicum :
Honor, favor et gratia,
Qui, in hoc corde que voilà,
Imprimant ressentimenta
Qui dureront in secula.

### CHORUS.

Vivat, vivat, vivat, vivat, cent fois vivat,
Novus doctor, qui tam bene parlat!
Mille, mille annis, et manget et bibat,
Et saignet et tuat!

*Tous les chirurgiens et les apothicaires dansent au son des instruments et des voix, et des battements de mains, et des mortiers d'apothicaires.*

### CHIRURGUS.

Puisse-t-il voir doctas
Suas ordonnancias,
Omnium chirurgorum,
Et apothicarum
Remplire boutiquas!

CHORUS.

Vivat, vivat, vivat, vivat, cent fois vivat,
Novus doctor, qui tam bene parlat!
Mille, mille annis, et manget et bibat,
Et saignet et tuat!

CHIRURGUS.

Puissent toti anni
Lui essere boni
Et favorabiles,
Et n'habere jamais
Quam pestas,
Fievras, pleuresias,
Fluxus de sang et dyssenterias!

CHORUS.

Vivat, vivat, vivat, vivat, cent fois vivat,
Novus doctor, qui tam bene parlat!
Mille, mille annis, et manget et bibat,
Et saignet et tuat!

Les médecins, les chirurgiens et les apothicaires sortent tous, selon leur rang, en cérémonie, comme ils sont entrés.

**FIN DU MALADE IMAGINAIRE.**

# LES
# PRÉCIEUSES RIDICULES
## COMÉDIE.

### (1659.)

PERSONNAGES. — La Grange, du Croisy, amants rebutés. — Gorgibus, bon bourgeois. — Madelon, fille de Gorgibus; Cathos, nièce de Gorgibus : précieuses ridicules.— Marotte, servante des précieuses ridicules.— Almanzor, laquais des précieuses ridicules.— Le marquis de Mascarille, valet de la Grange. — Le vicomte de Jodelet, valet de du Croisy. — Deux porteurs de chaise. — Voisines. — Violons.

*La scène est à Paris, dans la maison de Gorgibus.*

---

## SCÈNE PREMIÈRE.

### LA GRANGE, DU CROISY.

DU CROISY.

Seigneur la Grange...

LA GRANGE.

Quoi ?

DU CROISY.

Regardez-moi un peu sans rire.

LA GRANGE.

Eh bien ?

DU CROISY.

Que dites-vous de notre visite ? En êtes-vous fort satisfait ?

LA GRANGE.

A votre avis, avons-nous sujet de l'être tous deux ?

#### DU CROISY.

Pas tout à fait, à dire vrai.

#### LA GRANGE.

Pour moi, je vous avoue que j'en suis tout scandalisé. A-t-on jamais vu, dites-moi, deux pecques provinciales faire plus les renchéries que celles-là, et deux hommes traités avec plus de mépris que nous? A peine ont-elles pu se résoudre à nous faire donner des sièges. Je n'ai jamais vu tant parler à l'oreille qu'elles ont fait entre elles, tant bâiller, tant se frotter les yeux, et demander tant de fois : Quelle heure est-il? Ont-elles répondu que oui et non à tout ce que nous avons pu leur dire? Et ne m'avouerez-vous pas enfin que, quand nous aurions été les dernières personnes du monde, on ne pouvait nous faire pis qu'elles ont fait?

#### DU CROISY.

Il me semble que vous prenez la chose fort à cœur.

#### LA GRANGE.

Sans doute, je l'y prends, et de telle façon, que je me veux venger de cette impertinence. Je connais ce qui nous a fait mépriser. L'air précieux n'a pas seulement infecté Paris; il s'est aussi répandu dans les provinces, et nos donzelles ridicules en ont humé leur bonne part. En un mot, c'est un ambigu de précieuse et de coquette que leur personne. Je vois ce qu'il faut être pour en être bien reçu; et, si vous m'en croyez, nous leur jouerons tous deux une pièce qui leur fera voir leur sottise, et pourra leur apprendre à connaître un peu mieux leur monde.

#### DU CROISY.

Et comment, encore?

##### LA GRANGE.

J'ai un certain valet, nommé Mascarille, qui passe, au sentiment de beaucoup de gens, pour une manière de bel esprit; car il n'y a rien à meilleur marché que le bel esprit maintenant. C'est un extravagant qui s'est mis dans la tête de vouloir faire l'homme de condition. Il se pique ordinairement de galanterie et de vers, et dédaigne les autres valets, jusqu'à les appeler brutaux.

##### DU CROISY.

Eh bien ! qu'en prétendez-vous faire ?

##### LA GRANGE.

Ce que j'en prétends faire? Il faut... Mais sortons d'ici auparavant.

### SCÈNE II.

GORGIBUS, DU CROISY, LA GRANGE.

##### GORGIBUS.

Eh bien! vous avez vu ma nièce et ma fille? Les affaires iront-elles bien ? Quel est le résultat de cette visite ?

##### LA GRANGE.

C'est une chose que vous pourrez mieux apprendre d'elles que de nous. Tout ce que nous pouvons vous dire, c'est que nous vous rendons grâce de la faveur que vous nous avez faite, et demeurons vos très humbles serviteurs.

##### DU CROISY.

Vos très humbles serviteurs.

GORGIBUS, *seul*.

Ouais! il semble qu'ils sortent mal satisfaits d'ici. D'où pourrait venir leur mécontentement? Il faut savoir un peu ce que c'est. Holà!

## SCÈNE III.

GORGIBUS, MAROTTE.

MAROTTE.

Que désirez-vous, monsieur?

GORGIBUS.

Où sont vos maîtresses?

MAROTTE.

Dans leur cabinet.

GORGIBUS.

Que font-elles?

MAROTTE.

De la pommade pour les lèvres.

GORGIBUS.

C'est trop pommadé : dites-leur qu'elles descendent.

## SCÈNE IV.

GORGIBUS, *seul*.

Ces pendardes-là, avec leur pommade, ont, je pense, envie de me ruiner. Je ne vois partout que blancs d'œufs, lait virginal, et mille autres brimborions que je ne connais point. Elles ont usé, depuis que nous sommes ici, le lard d'une douzaine de cochons, pour le moins ; et quatre valets vivraient tous les jours des pieds de moutons qu'elles emploient.

## SCÈNE V.

### MADELON, CATHOS, GORGIBUS.

#### GORGIBUS.

Il est bien nécessaire, vraiment, de faire tant de dépense pour vous graisser le museau ! Dites-moi un peu ce que vous avez fait à ces messieurs, que je les vois sortir avec tant de froideur ? Vous avais-je pas commandé de les recevoir comme des personnes que je voulais vous donner pour maris ?

#### MADELON.

Et quelle estime, mon père, voulez-vous que nous fassions du procédé irrégulier de ces gens-là ?

#### CATHOS.

Le moyen, mon oncle, qu'une fille un peu raisonnable se pût accommoder de leur personne ?

#### GORGIBUS.

Et qu'y trouvez-vous à redire ?

#### MADELON.

La belle galanterie que la leur ! Quoi ! débuter d'abord par le mariage ?

#### GORGIBUS.

Et par où veux-tu donc qu'ils débutent ? N'est-ce pas un procédé dont vous avez sujet de vous louer toutes deux, aussi bien que moi ? Est-il rien de plus obligeant que cela ? Et ce lien sacré où ils aspirent n'est-il pas un témoignagne de l'honnêteté de leurs intentions ?

### MADELON.

Ah! mon père, ce que vous dites là est du dernier bourgeois. Cela me fait honte de vous ouïr parler de la sorte, et vous devriez un peu vous faire apprendre le bel air des choses.

### GORGIBUS.

Je n'ai que faire ni d'air ni de chanson. Je te dis que le mariage est une chose sacrée, et que c'est faire en honnêtes gens que de débuter par là.

### MADELON.

Mon Dieu! que si tout le monde vous ressemblait, un roman serait bientôt fini? La belle chose que ce serait, si d'abord Cyrus épousait Mandane et qu'Aronce de plain-pied fût marié à Clélie!

### GORGIBUS.

Que me vient conter celle-ci?

### MADELON.

Mon père, voilà ma cousine qui vous dira aussi bien que moi que le mariage ne doit jamais arriver qu'après les autres aventures. Il faut qu'un amant, pour être agréable, sache débiter les beaux sentiments, pousser le doux, le tendre et le passionné, et que sa recherche soit dans les formes. Premièrement, il doit voir au temple, ou à la promenade, ou dans quelque cérémonie publique, la personne dont il devient amoureux : ou bien être conduit fatalement chez elle par un parent ou un ami, et sortir de là tout rêveur et mélancolique. Il cache un temps sa passion à l'objet aimé, et cependant lui rend plusieurs visites, où l'on ne manque jamais de mettre sur le tapis une question galante qui exerce les esprits de l'assemblée. Le jour de la déclaration arrive, qui se doit faire ordinairement dans une allée de quelque jardin, tandis que la compagnie s'est un peu éloignée : et cette déclaration est suivie d'un prompt courroux, qui paraît à notre rougeur, et qui, pour un temps, bannit l'amant de notre présence. Ensuite il trouve moyen de nous apaiser, de nous accoutumer insensiblement au discours de sa passion, et de tirer de nous cet aveu qui fait tant de peine. Après cela viennent les aventures, les rivaux qui se jettent à la traverse d'une inclination établie, les persécutions des pères, les jalousies conçues sur de fausses apparences, les plaintes, les désespoirs, les enlèvements et ce qui s'en suit. Voilà comme les choses se traitent dans les belles manières, et ce sont des règles dont, en bonne galanterie, on ne saurait se dispenser. Mais en venir de but en blanc à l'union conjugale, ne faire l'amour qu'en faisant le contrat du mariage, et prendre justement le roman par la queue; encore un coup, mon père, il ne se peut rien de plus marchand que ce procédé; et j'ai mal au cœur de la seule vision que cela me fait.

###### GORGIBUS.

Quel diable de jargon entends-je ici? Voici bien du haut style.

###### CATHOS.

En effet, mon oncle, ma cousine donne dans le vrai de la chose. Le moyen de bien recevoir des gens qui sont tout à fait incongrus en galanterie! Je m'en vais gager qu'ils n'ont jamais vu la carte de Tendre, et que Billets-doux, Petits-soins, Billets-galants et Jolis-vers sont des terres inconnues pour eux. Ne voyez-vous pas que toute leur personne marque cela, et qu'ils n'ont point cet air qui donne d'abord bonne opinion des gens? Venir en visite amoureuse avec une jambe tout unie, un chapeau désarmé de plumes, une tête irrégulière en cheveux, et un habit qui souffre une indigence de rubans ; mon Dieu, quels amants sont-ce là ! Quelle frugalité d'ajustement, et quelle sécheresse de conversation ! On n'y dure point, on n'y tient pas. J'ai remarqué encore que leurs rabats ne sont pas de la bonne faiseuse, et qu'il s'en faut plus d'un grand demi-pied que leurs hauts-de-chausses ne soient assez larges.

**GORGIBUS.**

Je pense qu'elles sont folles toutes deux, et je ne puis rien comprendre à ce baragouin. Cathos, et vous, Madelon....

**MADELON.**

Eh ! de grâce, mon père, défaites-vous de ces noms étranges, et nous appelez autrement.

**GORGIBUS.**

Comment, ces noms étranges ? Ne sont-ce pas vos noms de baptême ?

**MADELON.**

Mon Dieu, que vous êtes vulgaire ! Pour moi, un de mes étonnements, c'est que vous ayez pu avoir une fille si spirituelle que moi. A-t-on jamais parlé dans le beau style de Cathos ni de Madelon, et ne m'avouerez-vous pas que ce serait assez d'un de ces noms pour décrier le plus beau roman du monde ?

**CATHOS.**

Il est vrai, mon oncle, qu'une oreille un peu délicate pâtit furieusement à entendre prononcer ces mots-là ; et le nom de Polixène que ma cousine a choisi, et celui d'Aminte que je me suis donné, ont une grâce dont il faut que vous demeuriez d'accord.

**GORGIBUS.**

Écoutez : il n'y a qu'un mot qui serve. Je n'entends point que vous ayez d'autres noms que ceux qui vous ont été donnés par vos parrains et marraines; et pour ces messieurs dont il est question, je connais leurs familles et leurs biens, et je veux résolument que vous vous disposiez à les recevoir pour maris. Je me lasse de vous avoir sur les bras, et la garde de deux filles est une charge un peu trop pesante pour un homme de mon âge.

CATHOS.

Pour moi, mon oncle, tout ce que je puis vous dire, c'est que je trouve le mariage une chose tout à fait choquante.

MADELON.

Souffrez que nous prenions un peu haleine parmi le beau monde de Paris, où nous ne faisons que d'arriver. Laissez-nous faire à loisir le tissu de notre roman, et n'en pressez point tant la conclusion.

GORGIBUS, *à part*.

Il n'en faut point douter, elles sont achevées. (*Haut.*) Encore un coup, je n'entends rien à toutes ces balivernes : je veux être maître absolu; et, pour trancher toutes sortes de discours, ou vous serez mariées toutes deux avant qu'il soit peu, ou, ma foi, vous serez religieuses; j'en fais un bon serment.

SCÈNE VI.

CATHOS, MADELON.

CATHOS.

Mon Dieu, ma chère, que ton père a la forme enfoncée dans la matière! que son intelligence est épaisse, et qu'il fait sombre dans son âme!

MADELON.

Que veux-tu, ma chère? j'en suis en confusion

pour lui. J'ai peine à me persuader que je puisse être véritablement sa fille, et je crois que quelque aventure un jour me viendra développer une naissance plus illustre.

### CATHOS.

Je le croirais bien ; oui, il y a toutes les apparences du monde ; et pour moi, quand je me regarde aussi....

## SCÈNE VII.

#### CATHOS, MADELON, MAROTTE.

### MAROTTE.

Voilà un laquais qui demande si vous êtes au logis, et dit que son maître vous veut venir voir.

### MADELON.

Apprenez, sotte, à vous énoncer moins vulgairement. Dites : Voilà un nécessaire qui demande si vous êtes en commodité d'être visibles.

### MAROTTE.

Dame! je n'entends point le latin, et je n'ai pas appris comme vous la filophie dans le grand Cyre.

### MADELON.

L'impertinente! Le moyen de souffrir cela! Et qui est-il le maître de ce laquais?

### MAROTTE.

Il me l'a nommé le marquis de Mascarille.

### MADELON.

Ah! ma chère, un marquis! un marquis! Oui, allez dire qu'on nous peut voir. C'est sans doute un bel esprit qui a ouï parler de nous.

###### CATHOS.

Assurément, ma chère.

###### MADELON.

Il faut le recevoir dans cette salle basse plutôt qu'en notre chambre. Ajustons un peu nos cheveux au moins, et soutenons notre réputation. Vite, venez nous tendre ici dedans le conseiller des grâces.

###### MAROTTE.

Par ma foi! je ne sais point quelle bête c'est là; il faut parler chrétien, si vous voulez que je vous entende.

###### CATHOS.

Apportez-nous le miroir, ignorante que vous êtes, et gardez-vous bien d'en salir la glace par la communication de votre image. (*Elles sortent.*)

## SCÈNE VIII.

##### MASCARILLE, DEUX PORTEURS.

###### MASCARILLE.

Holà! porteurs, holà! Là, là, là, là, là, là. Je pense que ces marauds-là ont dessein de me briser, à force de heurter contre les murailles et les pavés.

###### PREMIER PORTEUR.

Dame! c'est que la porte est étroite. Vous avez voulu aussi que nous soyons entrés jusqu'ici.

###### MASCARILLE.

Je le crois bien. Voudriez-vous, faquins, que j'exposasse l'embonpoint de mes plumes aux inclémences de la saison pluvieuse, et que j'allasse imprimer mes souliers en boue? Allez, ôtez votre chaise d'ici.

DEUXIÈME PORTEUR.

Payez-nous donc, s'il vous plaît, monsieur.

MASCARILLE.

Hein?

DEUXIÈME PORTEUR

Je dis, monsieur, que vous nous donniez de l'argent, s'il vous plaît.

MASCARILLE, *lui donnant un soufflet.*

Comment, coquin! demander de l'argent à une personne de ma qualité!

DEUXIÈME PORTEUR.

Est-ce ainsi qu'on paye les pauvres gens? et votre qualité nous donne-t-elle à dîner?

MASCARILLE.

Ah! ah! ah! je vous apprendrai à vous connaître! Ces canailles-là s'osent jouer à moi!

PREMIER PORTEUR, *prenant un des bâtons de sa chaise.*

Çà, payez-nous vitement.

MASCARILLE.

Quoi?

PREMIER PORTEUR.

Je dis que je veux avoir de l'argent tout à l'heure.

MASCARILLE.

Il est raisonnable, celui-là.

PREMIER PORTEUR.

Vite donc!

MASCARILLE.

Oui-dà! tu parles comme il faut, toi; mais l'autre est un coquin qui ne sait ce qu'il dit. Tiens, es-tu content?

###### PREMIER PORTEUR.

Non, je ne suis pas content; vous avez donné un soufflet à mon camarade, et.... (*Levant son bâton.*)

###### MASCARILLE.

Doucement! tiens, voilà pour le soufflet. On obtient tout de moi quand on s'y prend de la bonne façon. Allez, venez me reprendre tantôt pour aller au Louvre, au petit coucher.

## SCÈNE IX.

##### MAROTTE, MASCARILLE.

###### MAROTTE.

Monsieur, voilà mes maîtresses qui vont venir tout à l'heure.

###### MASCARILLE.

Qu'elles ne se pressent point : je suis ici posté commodément pour attendre.

###### MAROTTE.

Les voici.

## SCÈNE X.

##### MADELON, CATHOS, MASCARILLE, ALMANZOR.

###### MASCARILLE, *après avoir salué.*

Mesdames, vous serez surprises sans doute de l'audace de ma visite; mais votre réputation vous attire cette méchante affaire, et le mérite a pour moi des charmes si puissants, que je cours partout après lui.

#### MADELON.

Si vous poursuivez le mérite, ce n'est pas sur nos terres que vous devez chasser.

#### CATHOS.

Pour voir chez nous le mérite, il a fallu que vous l'y ayez amené.

#### MASCARILLE.

Ah! je m'inscris en faux contre vos paroles. La renommée accuse juste en contant ce que vous valez; et vous allez faire pic, repic et capot tout ce qu'il y a de galant dans Paris.

#### MADELON.

Votre complaisance pousse un peu trop avant la libéralité de ses louanges; et nous n'avons garde, ma cousine et moi, de donner de notre sérieux dans le doux de votre flatterie.

#### CATHOS.

Ma chère, il faudrait faire donner des sièges.

#### MADELON.

Holà! Almanzor.

#### ALMANZOR.

Madame?

#### MADELON.

Vite, voiturez-nous ici les commodités de la conversation.

#### MASCARILLE.

Mais, au moins, y a-t-il sûreté ici pour moi? (*Almanzor sort.*)

#### CATHOS.

Que craignez-vous?

#### MASCARILLE.

Quelque vol de mon cœur, quelque assassinat de ma franchise. Je vois ici deux yeux qui ont la mine d'être de fort mauvais garçons, de faire insulte aux libertés, et de traiter une âme de Turc à More. Comment, diable! d'abord qu'on les approche, ils se mettent sur leur garde meurtrière. Ah! par ma foi, je m'en défie! et je m'en vais gagner au pied, ou je veux caution bourgeoise qu'ils ne me feront point de mal.

MADELON.

Ma chère, c'est le caractère enjoué.

CATHOS.

Je vois bien que c'est un Amilcar.

MADELON.

Ne craignez rien, nos yeux n'ont point de mauvais desseins, et votre cœur peut dormir en assurance sur leur prud'homie.

CATHOS.

Mais de grâce, monsieur, ne soyez pas inexorable à ce fauteuil qui vous tend les bras il y a un quart d'heure; contentez un peu l'envie qu'il a de vous embrasser.

MASCARILLE, *après s'être peigné et avoir ajusté ses canons.*

Eh bien! mesdames, que dites-vous de Paris?

MADELON.

Hélas! qu'en pourrions-nous dire? il faudrait être l'antipode de la raison, pour ne pas confesser que Paris est le grand bureau des merveilles, le centre du bon goût, du bel esprit et de la galanterie.

MASCARILLE.

Pour moi, je tiens que hors de Paris il n'y a point de salut pour les honnêtes gens.

###### CATHOS.

C'est une vérité incontestable.

###### MASCARILLE.

Il y fait un peu crotté ; mais nous avons la chaise.

###### MADELON.

Il est vrai que la chaise est un retranchement merveilleux contre les insultes de la boue et du mauvais temps.

###### MASCARILLE.

Vous recevez beaucoup de visites ? Quel bel esprit est des vôtres ?

###### MADELON.

Hélas ! nous ne sommes pas encore connues : mais nous sommes en passe de l'être ; et nous avons une amie particulière qui nous a promis d'amener ici tous ces messieurs du Recueil des pièces choisies.

###### CATHOS.

Et certains autres qu'on nous a nommés aussi pour être les arbitres souverains des belles choses.

###### MASCARILLE.

C'est moi qui ferai votre affaire mieux que personne : ils me rendent tous visite ; et je puis dire que je ne me lève jamais sans une demi-douzaine de beaux esprits.

###### MADELON.

Eh ! mon Dieu ! nous vous serons obligées de la dernière obligation, si vous nous faites cette amitié ; car enfin il faut avoir la connaissance de tous ces messieurs-là, si l'on veut être du beau monde. Ce sont eux qui donnent le branle à la réputation dans Paris ; et vous savez qu'il y en a tel dont il ne faut que la seule fréquentation pour vous donner bruit de connaisseuse, quand il n'y aurait rien autre chose que cela. Mais, pour moi, ce que je considère particulièrement, c'est que, par le moyen de ces visites spirituelles, on est instruite de cent choses qu'il faut savoir de nécessité, et qui sont de l'essence du bel esprit. On apprend par là chaque jour les petites nouvelles galantes, les jolis commerces de prose ou de vers. On sait à point nommé : un tel a composé la plus jolie pièce du monde sur un tel sujet ; une telle a fait des paroles sur un tel air : celui-ci a fait un madrigal sur une jouissance ; celui-là a composé des stances sur une infidélité : monsieur un tel écrivit hier au soir un sixain à mademoiselle une telle, dont elle lui a envoyé la réponse ce matin sur les huit heures ; un tel auteur a fait un tel dessein ; celui-là est à la troisième partie de son roman ; cet autre met ses ouvrages sous la presse. C'est là ce qui vous fait valoir dans les compagnies ; et si l'on ignore ces choses, je ne donnerais pas un clou de tout l'esprit qu'on peut avoir.

### CATHOS.

En effet, je trouve que c'est renchérir sur le ridicule, qu'une personne se pique d'esprit, et ne sache pas jusqu'au moindre petit quatrain qui se fait chaque jour ; et pour moi, j'aurais toutes les hontes du monde, s'il fallait qu'on vînt à me demander si j'aurais vu quelque chose de nouveau que je n'aurais pas vu.

### MASCARILLE.

Il est vrai qu'il est honteux de n'avoir pas des premiers tout ce qui se fait ; mais ne vous mettez pas en peine : je veux établir chez vous une académie de beaux esprits, et je vous promets qu'il ne se fera pas un bout de vers dans Paris que vous ne sachiez par cœur avant tous les autres. Pour moi, tel que vous me voyez, je m'en escrime un peu quand je veux ; et vous verrez courir de ma façon dans les belles ruelles de Paris deux cents chansons, autant de sonnets, quatre cents épigrammes et plus de mille madrigaux, sans compter les énigmes et les portraits.

#### MADELON.

Je vous avoue que je suis furieusement pour les portraits : je ne vois rien de si galant que cela.

#### MASCARILLE.

Les portraits sont difficiles, et demandent un esprit profond : vous en verrez de ma manière qui ne vous déplairont pas.

#### CATHOS.

Pour moi, j'aime terriblement les énigmes.

#### MASCARILLE.

Cela exerce l'esprit, et j'en ai fait quatre encore ce matin, que je vous donnerai à deviner.

#### MADELON.

Les madrigaux sont agréables, quand ils sont bien tournés.

#### MASCARILLE.

C'est mon talent particulier ; et je travaille à mettre en madrigaux toute l'Histoire romaine.

#### MADELON.

Ah ! certes, cela sera du dernier beau : j'en retiens un exemplaire au moins, si vous le faites imprimer.

#### MASCARILLE.

Je vous en promets à chacune un, et des mieux reliés. Cela est au-dessous de ma condition ; mais je le fais seulement pour donner à gagner aux libraires qui me persécutent.

MADELON.

Je m'imagine que le plaisir est grand de se voir imprimé.

MASCARILLE.

Sans doute. Mais, à propos, il faut que je vous die un impromptu que je fis hier chez une duchesse de mes amies que je fus visiter ; car je suis diablement fort sur les impromptus.

CATHOS.

L'impromptu est justement la pierre de touche de l'esprit.

MASCARILLE.

Écoutez donc.

MADELON.

Nous y sommes de toutes nos oreilles.

MASCARILLE.

Oh! oh! je n'y prenais pas garde :
Tandis que, sans songer à mal, je vous regarde,
Votre œil en tapinois me dérobe mon cœur.
Au voleur! au voleur! au voleur! au voleur!

CATHOS.

Ah! mon Dieu, voilà qui est poussé dans le dernier galant.

MASCARILLE.

Tout ce que je fais a l'air cavalier ; cela ne sent point le pédant.

MADELON.

Il en est éloigné de plus de deux mille lieues.

MASCARILLE.

Avez-vous remarqué ce commencement, *Oh! oh!* voilà qui est extraordinaire, *oh! oh!* comme un homme qui s'avise tout d'un coup, *oh! oh!* La surprise, *oh! oh!*

MADELON.

Oui, je trouve ce *oh! oh!* admirable.

MASCARILLE.

Il semble que cela ne soit rien.

CATHOS.

Ah! mon Dieu, que dites-vous? Ce sont là de ces sortes de choses qui ne se peuvent payer.

MADELON.

Sans doute; et j'aimerais mieux avoir fait ce *oh! oh!* qu'un poëme épique.

MASCARILLE.

Tudieu! vous avez le goût bon.

MADELON.

Hé! je ne l'ai pas tout à fait mauvais.

MASCARILLE.

Mais n'admirez-vous pas aussi *je n'y prenais pas garde*? *Je n'y prenais pas garde*, je ne m'apercevais pas de cela : façon de parler naturelle, *je n'y prenais pas garde*. Tandis que, *sans songer à mal,* tandis qu'innocemment, sans malice, comme un pauvre mouton, *je vous regarde*, c'est-à-dire, je m'amuse à vous considérer, je vous observe, je vous contemple; *votre œil en tapinois*.... Que vous semble de ce mot *tapinois?* n'est-il pas bien choisi?

CATHOS.

Tout à fait bien.

MASCARILLE.

*Tapinois,* en cachette; il semble que ce soit un chat qui vienne de prendre une souris, *tapinois.*

MADELON.

Il ne se peut rien de mieux.

##### MASCARILLE.

*Me dérobe mon cœur, me l'emporte, me le ravit.
Au voleur! au voleur! au voleur! au voleur!* Ne diriez-vous pas que c'est un homme qui crie et court après un voleur pour le faire arrêter? *Au voleur! au voleur! au voleur! au voleur!*

##### MADELON.

Il faut avouer que cela a un tour spirituel et galant.

##### MASCARILLE.

Je veux vous dire l'air que j'ai fait dessus.

##### CATHOS.

Vous avez appris la musique?

##### MASCARILLE.

Moi? Point du tout.

##### CATHOS.

Comment donc cela se peut-il?

##### MASCARILLE.

Les gens de qualité savent tout sans avoir jamais rien appris.

##### MADELON.

Assurément, ma chère.

##### MASCARILLE.

Écoutez si vous trouverez l'air à votre goût : *Hem, hem, la, la, la, la, la.* La brutalité de la saison a furieusement outragé la délicatesse de ma voix; mais il n'importe, c'est à la cavalière. (*Il chante.*)

Oh! oh! je n'y prenais pas garde, etc.

##### CATHOS.

Ah! que voilà un air qui est passionné! Est-ce qu'on n'en meurt point?

##### MADELON.

Il y a de la chromatique là-dedans.

##### MASCARILLE.

Ne trouvez-vous pas la pensée bien exprimée dans le chant ? *Au voleur! au voleur!* Et puis, comme si l'on criait bien fort, *au, au, au, au, au voleur!* Et tout d'un coup, comme une personne essoufflée, *au voleur!*

##### MADELON.

C'est là savoir le fin des choses, le grand fin, le fin du fin. Tout est merveilleux, je vous assure; je suis enthousiasmée de l'air et des paroles.

##### CATHOS.

Je n'ai encore rien vu de cette force-là.

##### MASCARILLE.

Tout ce que je fais me vient naturellement, c'est sans étude.

##### MADELON.

La nature vous a traité en vraie mère passionnée, et vous en êtes l'enfant gâté.

##### MASCARILLE.

A quoi donc passez-vous le temps, mesdames?

##### CATHOS.

A rien du tout.

##### MADELON.

Nous avons été jusqu'ici dans un jeûne effroyable de divertissements.

##### MASCARILLE.

Je m'offre à vous mener l'un de ces jours à la comédie, si vous voulez; aussi bien, on en doit jouer une nouvelle que je serai bien aise que nous voyions ensemble.

##### MADELON.

Cela n'est pas de refus.

##### MASCARILLE.

Mais je vous demande d'applaudir comme il faut, quand nous serons là ; car je me suis engagé de faire valoir la pièce, et l'auteur m'en est venu prier encore ce matin. C'est la coutume ici qu'à nous autres gens de condition les auteurs viennent lire leurs pièces nouvelles, pour nous engager à les trouver belles et leur donner de la réputation : et je vous laisse à penser si, quand nous disons quelque chose, le parterre ose nous contredire! Pour moi, j'y suis fort exact et quand j'ai promis à quelque poëte, je crie toujours : Voilà qui est beau! devant que les chandelles soient allumées.

##### MADELON.

Ne m'en parlez point : c'est un admirable lieu que Paris ; il s'y passe cent choses tous les jours qu'on ignore dans les provinces, quelque spirituelle qu'on puisse être.

##### CATHOS.

C'est assez : puisque nous sommes instruites, nous ferons notre devoir de nous écrier comme il faut sur tout ce qu'on dira.

##### MASCARILLE.

Je ne sais si je me trompe ; mais vous avez toute la mine d'avoir fait quelque comédie.

##### MADELON.

Hé! il pourrait être quelque chose de ce que vous dites.

##### MASCARILLE.

Ah! ma foi, il faudra que nous la voyions. Entre nous, j'en ai composé une que je veux faire représenter.

###### CATHOS.

Et à quels comédiens la donnerez-vous?

###### MASCARILLE.

Belle demande! Aux comédiens de l'hôtel de Bourgogne : il n'y a qu'eux qui soient capables de faire valoir les choses ; les autres sont des ignorants qui récitent comme l'on parle ; ils ne savent pas faire ronfler les vers, et s'arrêter au bel endroit : et le moyen de connaître où est le beau vers, si le comédien ne s'y arrête, et ne vous avertit par là qu'il faut faire le brouhaha?

###### CATHOS.

En effet, il y a manière de faire sentir aux auditeurs les beautés d'un ouvrage ; et les choses ne valent que ce qu'on les fait valoir.

###### MASCARILLE.

Que vous semble de ma petite oie? La trouvez-vous congruente à l'habit?

###### CATHOS.

Tout à fait.

###### MASCARILLE.

Le ruban en est bien choisi.

###### MADELON.

Furieusement bien. C'est Perdrigeon tout pur.

###### MASCARILLE.

Que dites-vous de mes canons?

###### MADELON.

Ils ont tout à fait bon air.

###### MASCARILLE.

Je puis me vanter au moins qu'ils ont un grand quartier plus que tous ceux qu'on fait.

MADELON.

Il faut avouer que je n'ai jamais vu porter si haut l'élégance de l'ajustement.

MASCARILLE.

Attachez un peu sur ces gants la réflexion de votre odorat.

MADELON.

Ils sentent terriblement bon.

CATHOS.

Je n'ai jamais respiré une odeur mieux conditionnée.

MASCARILLE.

Et celle-là? (*Il donne à sentir les cheveux poudrés de sa perruque.*)

MADELON.

Elle est tout à fait de qualité; le sublime en est touché délicieusement.

MASCARILLE.

Vous ne me dites rien de mes plumes! Comment les trouvez-vous?

CATHOS.

Effroyablement belles.

MASCARILLE.

Savez-vous que le brin me coûte un louis d'or? Pour moi, j'ai cette manie de vouloir donner généralement sur tout ce qu'il y a de plus beau.

MADELON.

Je vous assure que nous sympathisons vous et moi. J'ai une délicatesse furieuse pour tout ce que je porte; et, jusqu'à mes chaussettes, je ne puis rien souffrir qui ne soit de la bonne faiseuse.

**MASCARILLE**, *s'écriant brusquement.*

Ahi! ahi! ahi! doucement. Dieu me damne, mesdames, c'est fort mal en user : j'ai à me plaindre de votre procédé ; cela n'est pas honnête.

**CATHOS.**

Qu'est-ce donc? qu'avez-vous?

**MASCARILLE.**

Quoi! toutes deux contre mon cœur en même temps! M'attaquer à droite et à gauche! Ah! c'est contre le droit des gens : la partie n'est pas égale ; et je m'en vais crier au meurtre.

**CATHOS.**

Il faut avouer qu'il dit les choses d'une manière particulière.

**MADELON.**

Il a un tour admirable dans l'esprit.

**CATHOS.**

Vous avez plus de peur que de mal, et votre cœur crie avant qu'on l'écorche.

**MASCARILLE.**

Comment, diable! il est écorché depuis la tête jusqu'aux pieds.

## SCÈNE XI.

CATHOS, MADELON, MASCARILLE, MAROTTE.

**MAROTTE.**

Madame, on demande à vous voir.

**MADELON.**

Qui?

MAROTTE.

Le vicomte de Jodelet.

MASCARILLE.

Le vicomte de Jodelet?

MAROTTE.

Oui, monsieur.

CATHOS.

Le connaissez-vous?

MASCARILLE.

C'est mon meilleur ami.

MADELON.

Faites entrer vitement.

MASCARILLE.

Il y a quelque temps que nous ne nous sommes vus, et je suis ravi de cette aventure.

CATHOS.

Le voici.

SCÈNE XII.

CATHOS, MADELON, JODELET, MASCARILLE, MAROTTE, ALMANZOR.

MASCARILLE.

Ah, vicomte!

JODELET. (*Ils s'embrassent l'un l'autre.*)

Ah, marquis!

MASCARILLE.

Que je suis aise de te rencontrer!

JODELET.

Que j'ai de joie de te voir ici!

MASCARILLE.

Baise-moi donc encore un peu, je te prie.

MADELON, *à Cathos.*

Ma toute bonne, nous commençons d'être connues ; voilà le beau monde qui prend le chemin de nous venir voir.

MASCARILLE.

Mesdames, agréez que je vous présente ce gentilhomme-ci : sur ma parole, il est digne d'être connu de vous.

JODELET.

Il est juste de venir vous rendre ce qu'on vous doit ; et vos attraits exigent leurs droits seigneuriaux sur toutes sortes de personnes.

MADELON.

C'est pousser vos civilités jusqu'aux derniers confins de flatterie.

CATHOS.

Cette journée doit être marquée dans notre almanach comme une journée bien heureuse.

MADELON, *à Almanzor.*

Allons, petit garçon, faut-il toujours vous répéter les choses ? Voyez-vous pas qu'il faut le surcroît d'un fauteuil ?

MASCARILLE.

Ne vous étonnez pas de voir le vicomte de la sorte ; il ne fait que sortir d'une maladie qui lui a rendu le visage pâle comme vous le voyez.

JODELET.

Ce sont fruits des veilles de la cour et des fatigues de la guerre.

#### MASCARILLE.

Savez-vous, mesdames, que vous voyez dans le vicomte un des vaillants hommes du siècle? C'est un brave à trois poils.

#### JODELET.

Vous ne m'en devez rien, marquis; et nous savons ce que vous savez faire aussi.

#### MASCARILLE.

Il est vrai que nous nous sommes vus tous deux dans l'occasion.

#### JODELET.

Et dans des lieux où il faisait fort chaud.

#### MASCARILLE, *regardant Cathos et Madelon.*

Oui, mais non pas si chaud qu'ici. Hai, hai, hai.

#### JODELET.

Notre connaissance s'est faite à l'armée; et la première fois que nous nous vîmes, il commandait un régiment de cavalerie sur les galères de Malte.

#### MASCARILLE.

Il est vrai : mais vous étiez pourtant dans l'emploi avant que j'y fusse; et je me souviens que je n'étais que petit officier encore, que vous commandiez deux mille chevaux.

#### JODELET.

La guerre est une belle chose; mais, ma foi, la cour récompense bien mal aujourd'hui les gens de service comme nous.

#### MASCARILLE.

C'est ce qui fait que je veux pendre l'épée au croc.

#### CATHOS.

Pour moi, j'ai un furieux tendre pour les hommes d'épée.

#### MADELON.

Je les aime aussi; mais je veux que l'esprit assaisonne la bravoure.

#### MASCARILLE.

Te souvient-il, vicomte, de cette demi-lune que nous emportâmes sur les ennemis au siège d'Arras?

#### JODELET.

Que veux-tu dire, avec ta demi-lune? C'était bien une lune tout entière.

#### MASCARILLE.

Je pense que tu as raison.

#### JODELET.

Il m'en doit bien souvenir, ma foi! j'y fus blessé à la jambe d'un coup de grenade, dont je porte encore les marques. Tâtez un peu, de grâce; vous sentirez quel coup c'était là.

#### CATHOS, *après avoir touché l'endroit.*

Il est vrai que la cicatrice est grande.

#### MASCARILLE.

Donnez-moi un peu votre main, et tâtez celui-ci; là, justement au derrière de la tête. Y êtes-vous?

#### MADELON.

Oui, je sens quelque chose.

#### MASCARILLE.

C'est un coup de mousquet que je reçus, la dernière campagne que j'ai faite.

**JODELET**, *découvrant sa poitrine.*

Voici un coup qui me perça de part en part à l'attaque de Gravelines.

**MASCARILLE**, *mettant la main sur son haut-de-chausse.*

Je vais vous montrer une furieuse plaie.

**MADELON.**

Il n'est pas nécessaire : nous le croyons sans y regarder.

**MASCARILLE.**

Ce sont des marques honorables qui font voir ce qu'on est.

**CATHOS.**

Nous ne doutons pas de ce que vous êtes.

**MASCARILLE.**

Vicomte, as-tu là ton carrosse?

**JODELET.**

Pourquoi?

**MASCARILLE.**

Nous mènerions promener ces dames hors des portes et leur donnerions un cadeau.

**MADELON.**

Nous ne saurions sortir aujourd'hui.

**MASCARILLE.**

Ayons donc les violons pour danser.

**JODELET.**

Ma foi, c'est bien avisé.

**MADELON.**

Pour cela, nous y consentons : mais il faut donc quelque surcroît de compagnie.

MASCARILLE.

Holà! Champagne, Picard, Bourguignon, Cascaret, Basque, la Verdure, Lorrain, Provençal, la Violette! Au diable soient tous les laquais! Je ne pense pas qu'il y ait gentilhomme en France plus mal servi que moi. Ces canailles me laissent toujours seul.

MADELON.

Almanzor, dites aux gens de monsieur le marquis qu'ils aillent querir des violons, et nous faites venir ces messieurs et ces dames d'ici près pour peupler la solitude de notre bal. (*Almanzor sort.*)

MASCARILLE.

Vicomte, que dis-tu de ces yeux?

JODELET.

Mais toi-même, marquis, que t'en semble?

MASCARILLE.

Moi, je dis que nos libertés auront peine à sortir d'ici les braies nettes. Au moins, pour moi, je reçois d'étranges secousses, et mon cœur ne tient plus qu'à un filet.

MADELON.

Que tout ce qu'il dit est naturel! Il tourne les choses le plus agréablement du monde.

CATHOS.

Il est vrai qu'il fait une furieuse dépense en esprit.

MASCARILLE.

Pour vous montrer que je suis véritable, je veux faire un impromptu là-dessus. (*Il médite.*)

CATHOS.

Hé! je vous en conjure de toute la dévotion de

mon cœur, que nous oyions quelque chose qu'on ait fait pour nous.

### JODELET.

J'aurais envie d'en faire autant ; mais je me trouve un peu incommodé de la veine poétique, pour la quantité de saignées que j'y ai faites ces jours passés.

### MASCARILLE.

Que diable est-ce là ? Je fais toujours bien le premier vers ; mais j'ai peine à faire les autres. Ma foi ! ceci est un peu trop pressé : je vous ferai un impromptu à loisir, que vous trouverez le plus beau du monde.

### JODELET.

Il a de l'esprit comme un démon.

### MADELON.

Et du galant, et du bien tourné.

### MASCARILLE.

Vicomte, dis-moi un peu, y a-t-il longtemps que tu n'as vu la comtesse ?

### JODELET.

Il y a plus de trois semaines que je ne lui ai rendu visite.

### MASCARILLE.

Sais-tu bien que le duc m'est venu voir ce matin, et m'a voulu mener à la campagne courir un cerf avec lui ?

### MADELON.

Voici nos amies qui viennent.

## SCÈNE XIII.

**LUCILE, CÉLIMÈNE, CATHOS, MADELON, MASCARILLE, JODELET, MAROTTE, ALMANZOR,** *violons*.

### MADELON.

Mon Dieu, mes chères, nous vous demandons pardon. Ces messieurs ont eu fantaisie de nous donner les âmes des pieds; et nous vous avons envoyé querir pour remplir les vides de notre assemblée.

### LUCILE.

Vous nous avez obligées, sans doute.

### MASCARILLE.

Ce n'est ici qu'un bal à la hâte; mais l'un de ces jours, nous vous en donnerons un dans les formes. Les violons sont-ils venus?

### ALMANZOR.

Oui, monsieur; ils sont ici.

### CATHOS.

Allons donc, mes chères, prenez place.

MASCARILLE, *dansant lui seul comme par prélude.*

La, la, la, la, la, la, la, la.

### MADELON.

Il a tout à fait la taille élégante.

### CATHOS.

Et a la mine de danser proprement.

MASCARILLE, *ayant pris Madelon pour danser.*

Ma franchise va danser la courante aussi bien que

mes pieds. En cadence, violons, en cadence. Oh! quels ignorants! Il n'y a pas moyen de danser avec eux. Le diable vous emporte! ne sauriez-vous jouer en mesure? La, la, la, la, la, la, la, la. Ferme. O violons de village!

JODELET, *dansant ensuite.*

Holà! ne pressez pas si fort la cadence : je ne fais que sortir de maladie.

## SCÈNE XIV.

DU CROISY, LA GRANGE, CATHOS, MADELON, LUCILE, CÉLIMÈNE, JODELET, MASCARILLE, MAROTTE, *violons.*

LA GRANGE, *un bâton à la main.*

Ah! ah! coquins, que faites-vous ici? Il y a trois heures que nous vous cherchons.

MASCARILLE, *se sentant battre.*

Ahi! ahi! ahi! vous ne m'aviez pas dit que les coups en seraient aussi.

JODELET.

Ahi! ahi! ahi!

LA GRANGE.

C'est bien à vous, infâme que vous êtes, à vouloir faire l'homme d'importance!

DU CROISY.

Voilà qui vous apprendra à vous connaître.

## SCÈNE XV.

**CATHOS, MADELON, LUCILE, CÉLIMÈNE, MASCARILLE, JODELET, MAROTTE,** *violons.*

**MADELON.**
Que veut donc dire ceci?
**JODELET.**
C'est une gageure.
**CATHOS.**
Quoi! vous laisser battre de la sorte!
**MASCARILLE.**
Mon Dieu! je n'ai pas voulu faire semblant de rien; car je suis violent, et je me serais emporté.
**MADELON.**
Endurer un affront comme celui-là, en notre présence!
**MASCARILLE.**
Ce n'est rien: ne laissons pas d'achever. Nous nous connaissons il y a longtemps, et entre amis on ne va pas se piquer pour si peu de chose.

## SCÈNE XVI.

**DU CROISY, LA GRANGE, MADELON, CATHOS, CÉLIMÈNE, LUCILE, MASCARILLE, JODELET, MAROTTE,** *violons.*

**LA GRANGE.**
Ma foi, marauds, vous ne rirez pas de nous, je vous promets. Entrez, vous autres. (*Trois ou quatre spadassins entrent.*)

MADELON.

Quelle est donc cette audace, de venir nous troubler de la sorte dans notre maison?

DU CROISY.

Comment, mesdames, nous endurerons que nos laquais soient mieux reçus que nous; qu'ils viennent vous faire l'amour à nos dépens, et vous donnent le bal?

MADELON.

Vos laquais!

LA GRANGE.

Oui, nos laquais: et cela n'est ni beau ni honnête de nous les débaucher comme vous faites.

MADELON.

O ciel! quelle insolence!

LA GRANGE.

Mais ils n'auront pas l'avantage de se servir de nos habits pour vous donner dans la vue; et si vous les voulez aimer, ce sera, ma foi, pour leurs beaux yeux. Vite, qu'on les dépouille sur-le-champ.

JODELET.

Adieu notre braverie.

MASCARILLE.

Voilà le marquisat et la vicomté à bas.

DU CROISY.

Ah! ah! coquins, vous avez l'audace d'aller sur nos brisées! vous irez chercher autre part de quoi vous rendre agréables aux yeux de vos belles, je vous en assure.

LA GRANGE.

C'est trop que de nous supplanter, et de nous supplanter avec nos propres habits.

##### MASCARILLE.

O fortune ! quelle est ton inconstance !

##### DU CROISY.

Vite, qu'on leur ôte jusqu'à la moindre chose.

##### LA GRANGE.

Qu'on emporte toutes ces hardes, dépêchez. Maintenant, mesdames, en l'état qu'ils sont, vous pouvez continuer vos amours avec eux tant qu'il vous plaira : nous vous laissons toute sorte de liberté pour cela, et nous vous protestons, monsieur et moi, que nous n'en serons aucunement jaloux.

### SCÈNE XVII.

MADELON, CATHOS, JODELET, MASCARILLE, *violons*.

##### CATHOS.

Ah ! quelle confusion !

##### MADELON.

Je crève de dépit.

##### UN DES VIOLONS, *à Mascarille*.

Qu'est-ce donc que ceci ? Qui nous payera, nous autres ?

##### MASCARILLE.

Demandez à monsieur le vicomte.

##### UN DES VIOLONS, *à Jodelet*.

Qui est-ce qui nous donnera de l'argent ?

##### JODELET.

Demandez à monsieur le marquis.

## SCÈNE XVIII.

**GORGIBUS, MADELON, CATHOS, JODELET, MASCARILLE,** *violons.*

#### GORGIBUS.

Ah! coquines que vous êtes, vous nous mettez dans de beaux draps blancs, à ce que je vois, et je viens d'apprendre de belles affaires, vraiment, de ces messieurs et de ces dames qui sortent!

#### MADELON.

Ah! mon père, c'est une pièce sanglante qu'ils nous ont faite.

#### GORGIBUS.

Oui, c'est une pièce sanglante, mais qui est un effet de votre impertinence, infâmes! Ils se sont ressentis du traitement que vous leur avez fait, et cependant, malheureux que je suis, il faut que je boive l'affront.

#### MADELON.

Ah! je jure que nous en serons vengées ou que je mourrai en la peine. Et vous, marauds, osez-vous vous tenir ici après votre insolence?

#### MASCARILLE.

Traiter comme cela un marquis! Voilà ce que c'est que du monde, la moindre disgrâce nous fait mépriser de ceux qui nous chérissaient. Allons, camarade, allons chercher fortune autre part; je vois bien qu'on n'aime ici que la vaine apparence, et qu'on n'y considère point la vertu toute nue.

## SCÈNE XIX.

**GORGIBUS, MADELON, CATHOS,** *violons.*

**UN DES VIOLONS.**

Monsieur, nous entendons que vous nous contentiez, à leur défaut, pour ce que nous avons joué ici.

**GORGIBUS,** *les battant.*

Oui, oui, je vous vais contenter, et voici la monnaie dont je vous veux payer. Et vous, pendardes, je ne sais qui me tient que je ne vous en fasse autant : nous allons servir de fable et de risée à tout le monde, et voilà ce que vous vous êtes attiré par vos extravagances. Allez vous cacher, vilaines, allez vous cacher pour jamais. (*Seul.*) Et vous qui êtes cause de leur folie, sottes billevesées, pernicieux amusements des esprits oisifs, romans, vers, chansons, sonnets et sonnettes, puissiez-vous être à tous les diables !

**FIN DES PRÉCIEUSES RIDICULES.**

# LES FEMMES SAVANTES

## COMÉDIE.

### (1672.)

PERSONNAGES. — Chrysale, bon bourgeois.—Philaminte, femme de Chrysale. — Armande, Henriette, filles de Chrysale et de Philaminte. — Ariste, frère de Chrysale. — Bélise, sœur de Chrysale. — Clitandre, amant d'Henriette. — Trissotin, bel esprit.—Vadius, savant. — Martine, servante de cuisine. — Lépine, laquais. — Julien, valet de Vadius. — Un notaire.

*La scène est à Paris, dans la maison de Chrysale.*

## ACTE PREMIER,

### SCÈNE I.

#### ARMANDE, HENRIETTE.

ARMANDE.
Quoi ! le beau nom de fille est un titre, ma sœur,
Dont vous voulez quitter la charmante douceur ?
Et de vous marier vous osez faire fête ?
Ce vulgaire dessein vous peut monter en tête ?
  HENRIETTE.
Oui, ma sœur.
    ARMANDE. Ah ! ce oui se peut-il supporter ?
Et sans un mal de cœur saurait-on l'écouter ?
  HENRIETTE.
Qu'a donc le mariage en soi qui vous oblige,
Ma sœur ?...
ARMANDE. Ah ! mon Dieu ! fi !
      HENRIETTE. Comment ?
        ARMANDE. Ah ! fi ! vous dis-je.
Ne concevez-vous point ce que, dès qu'on l'entend,

Un tel mot à l'esprit offre de dégoûtant, 10
De quelle étrange image on est par lui blessée,
Sur quelle sale vue il traîne la pensée ?
N'en frissonnez-vous point ? et pouvez-vous, ma [sœur,
Aux suites de ce mot résoudre votre cœur ?

HENRIETTE.

Les suites de ce mot, quand je les envisage,
Me font voir un mari, des enfants, un ménage ;
Et je ne vois rien là, si j'en puis raisonner,
Qui blesse la pensée et fasse frissonner.

ARMANDE.

De tels attachements, ô ciel ! sont pour vous plaire ?

HENRIETTE.

Et qu'est-ce qu'à mon âge on a de mieux à faire 20
Que d'attacher à soi, par le titre d'époux,
Un homme qui vous aime et soit aimé de vous ;
Et de cette union, de tendresse suivie,
Se faire les douceurs d'une innocente vie ?
Ce nœud bien assorti n'a-t-il pas des appas ?

ARMANDE.

Mon Dieu ! que votre esprit est d'un étage bas !
Que vous jouez au monde un petit personnage,
De vous claquemurer aux choses du ménage,
Et de n'entrevoir point de plaisirs plus touchants
Qu'une idole d'époux et des marmots d'enfants ! 30
Laissez aux gens grossiers, aux personnes vulgaires,
Les bas amusements de ces sortes d'affaires.
A de plus hauts objets élevez vos désirs,
Songez à prendre un goût des plus nobles plaisirs,
Et, traitant de mépris les sens et la matière,
A l'esprit, comme nous, donnez-vous tout entière.
Vous avez notre mère en exemple à vos yeux,
Que du nom de savante on honore en tous lieux :
Tâchez, ainsi que moi, de vous montrer sa fille ;
Aspirez aux clartés qui sont dans la famille, 40
Et vous rendez sensible aux charmantes douceurs

Que l'amour de l'étude épanche dans les cœurs.
Loin d'être aux lois d'un homme en esclave asservie,
Mariez-vous, ma sœur, à la philosophie,
Qui nous monte au-dessus de tout le genre humain
Et donne à la raison l'empire souverain,
Soumettant à ses lois la partie animale,
Dont l'appétit grossier aux bêtes nous ravale.
Ce sont là les beaux feux, les doux attachements
Qui doivent de la vie occuper les moments ; 50
Et les soins où je vois tant de femmes sensibles
Me paraissent aux yeux des pauvretés horribles.
  HENRIETTE.         [sant,
Le ciel, dont nous voyons que l'ordre est tout-puis-
Pour différents emplois nous fabrique en naissant ;
Et tout esprit n'est pas composé d'une étoffe
Qui se trouve taillée à faire un philosophe.
Si le vôtre est né propre aux élévations
Où montent des savants les spéculations,
Le mien est fait, ma sœur, pour aller terre à terre,
Et dans les petits soins son faible se resserre. 60
Ne troublons point du ciel les justes règlements,
Et de nos deux instincts suivons les mouvements.
Habitez, par l'essor d'un grand et beau génie,
Les hautes régions de la philosophie,
Tandis que mon esprit, se tenant ici-bas,
Goûtera de l'hymen les terrestres appas.
Ainsi, dans nos desseins l'une à l'autre contraire,
Nous saurons toutes deux imiter notre mère :
Vous, du côté de l'âme et des nobles désirs ;
Moi, du côté des sens et des grossiers plaisirs ; 70
Vous, aux productions d'esprit et de lumière ;
Moi, dans celles, ma sœur, qui sont de la matière.
  ARMANDE.
Quand sur une personne on prétend se régler,
C'est par les beaux côtés qu'il lui faut ressembler ;
Et ce n'est point du tout la prendre pour modèle,

Ma sœur, que de tousser et de cracher comme elle.
####### HENRIETTE.
Mais vous ne seriez pas ce dont vous vous vantez,
Si ma mère n'eût eu que de ces beaux côtés ;
Et bien vous prend, ma sœur, que son noble génie
N'ait pas vaqué toujours à la philosophie.
De grâce, souffrez-moi, par un peu de bonté,
Des bassesses à qui vous devez la clarté ;
Et ne supprimez point, voulant qu'on vous seconde,
Quelque petit savant qui veut venir au monde.
####### ARMANDE.
Je vois que votre esprit ne peut être guéri
Du fol entêtement de vous faire un mari. [dre.
Mais sachons, s'il vous plaît, qui vous songez à pren-
Votre visée au moins n'est pas mise à Clitandre ?
####### HENRIETTE.
Et par quelle raison n'y serait-elle pas ?
Manque-t-il de mérite ? est-ce un choix qui soit bas ?
####### ARMANDE.
Non ; mais c'est un dessein qui serait malhonnête,
Que de vouloir d'une autre enlever la conquête ;
Et ce n'est pas un fait dans le monde ignoré
Que Clitandre ait pour moi hautement soupiré.
####### HENRIETTE. [vaines,
Oui ; mais tous ces soupirs chez vous sont choses
Et vous ne tombez point aux bassesses humaines ;
Votre esprit à l'hymen renonce pour toujours,
Et la philosophie a toutes vos amours.
Ainsi, n'ayant au cœur nul dessein pour Clitandre,
Que vous importe-t-il qu'on y puisse prétendre ?
####### ARMANDE.
Cet empire que tient la raison sur les sens
Ne fait pas renoncer aux douceurs des encens ;
Et l'on peut pour époux refuser un mérite
Que pour adorateur on veut bien à sa suite.

###### HENRIETTE.

Je n'ai pas empêché qu'à vos perfections
Il n'ait continué ses adorations ;
Et je n'ai fait que prendre, au refus de votre âme,
Ce qu'est venu m'offrir l'hommage de sa flamme.
###### ARMANDE.
Mais à l'offre des vœux d'un amant dépité
Trouvez-vous, je vous prie, entière sûreté ? 110
Croyez-vous pour vos yeux sa passion bien forte,
Et qu'en son cœur pour moi toute flamme soit morte ?
###### HENRIETTE.
Il me l'a dit, ma sœur; et, pour moi, je le croi.
###### ARMANDE.
Ne soyez pas, ma sœur, d'une si bonne foi ;
Et croyez, quand il dit qu'il me quitte et vous aime,
Qu'il n'y songe pas bien, et se trompe lui-même.
###### HENRIETTE.
Je ne sais ; mais enfin, si c'est votre plaisir,
Il nous est bien aisé de nous en éclaircir :
Je l'aperçois qui vient; et sur cette matière
Il pourra nous donner une pleine lumière. 120

### SCÈNE II.

#### CLITANDRE, ARMANDE, HENRIETTE.

###### HENRIETTE.
Pour me tirer d'un doute où me jette ma sœur,
Entre elle et moi, Clitandre, expliquez votre cœur;
Découvrez-en le fond, et nous daignez apprendre
Qui de nous à vos vœux est en droit de prétendre.
###### ARMANDE.
Non, non, je ne veux point à votre passion
Imposer la rigueur d'une explication :
Je ménage les gens, et sais comme embarrasse
Le contraignant effort de ces aveux en face.

CLITANDRE.

Non, madame, mon cœur, qui dissimule peu,
Ne sent nulle contrainte à faire un libre aveu. 130
Dans aucun embarras un tel pas ne me jette;
Et j'avouerai tout haut, d'une âme franche et nette,
Que les tendres liens où je suis arrêté,
*(Montrant Henriette.)*
Mon amour et mes vœux, sont tout de ce côté.
Qu'à nulle émotion cet aveu ne vous porte;
Vous avez bien voulu les choses de la sorte.
Vos attraits m'avaient pris, et mes tendres soupirs
Vous ont assez prouvé l'ardeur de mes désirs; 138
Mon cœur vous consacrait une flamme immortelle :
Mais vos yeux n'ont pas cru leur conquête assez belle.
J'ai souffert sous leur joug cent mépris différents;
Ils régnaient sur mon âme en superbes tyrans;
Et je me suis cherché, lassé de tant de peines,
Des vainqueurs plus humains et de moins rudes chaî-
*(Montrant Henriette.)* [nes.
Je les ai rencontrés, madame, dans ces yeux,
Et leurs traits à jamais me seront précieux;
D'un regard pitoyable ils ont séché mes larmes,
Et n'ont pas dédaigné le rebut de vos charmes.
De si rares bontés m'ont si bien su toucher, 149
Qu'il n'est rien qui me puisse à mes fers arracher;
Et j'ose maintenant vous conjurer, madame,
De ne vouloir tenter nul effort sur ma flamme,
De ne point essayer à rappeler un cœur
Résolu de mourir dans cette douce ardeur.

ARMANDE.

Hé! qui vous dit, monsieur, que l'on ait cette envie,
Et que de vous enfin si fort on se soucie?
Je vous trouve plaisant de vous le figurer,
Et bien impertinent de me le déclarer.

HENRIETTE.

Hé! doucement, ma sœur. Où donc est la morale

Qui sait si bien régir la partie animale 160
Et retenir la bride aux efforts du courroux?
###### ARMANDE.
Mais vous qui m'en parlez, où la pratiquez-vous,
De répondre à l'amour que l'on vous fait paraître
Sans le congé de ceux qui vous ont donné l'être?
Sachez que le devoir vous soumet à leurs lois;
Qu'il ne vous est permis d'aimer que par leur choix;
Qu'ils ont sur votre cœur l'autorité suprême,
Et qu'il est criminel d'en disposer vous-même.
###### HENRIETTE.
Je rends grâce aux bontés que vous me faites voir
De m'enseigner si bien les choses du devoir. 170
Mon cœur sur vos leçons veut régler sa conduite;
Et pour vous faire voir, ma sœur, que j'en profite,
Clitandre, prenez soin d'appuyer votre amour
De l'agrément de ceux dont j'ai reçu le jour.
Faites-vous sur mes vœux un pouvoir légitime,
Et me donnez moyen de vous aimer sans crime.
###### CLITANDRE.
J'y vais de tous mes soins travailler hautement;
Et j'attendais de vous ce doux consentement.
###### ARMANDE.
Vous triomphez, ma sœur, et faites une mine
A vous imaginer que cela me chagrine. 180
###### HENRIETTE.
Moi, ma sœur! point du tout. Je sais que sur vos sens
Les droits de la raison sont toujours tout-puissants,
Et que, par les leçons qu'on prend dans la sagesse,
Vous êtes au-dessus d'une telle faiblesse.
Loin de vous soupçonner d'aucun chagrin, je croi
Qu'ici vous daignerez vous employer pour moi,
Appuyer sa demande, et, de votre suffrage,
Presser l'heureux moment de notre mariage.
Je vous en sollicite; et pour y travailler....

ARMANDE.
Votre petit esprit se mêle de railler ; 190
Et d'un cœur qu'on vous jette on vous voit toute fière.
HENRIETTE.
Tout jeté qu'est ce cœur, il ne vous déplaît guère ;
Et si vos yeux sur moi le pouvaient ramasser,
Ils prendraient aisément le soin de se baisser.
ARMANDE.
A répondre à cela je ne daigne descendre ;
Et ce sont sots discours qu'il ne faut pas entendre.
HENRIETTE.
C'est fort bien fait à vous, et vous nous faites voir
Des modérations qu'on ne peut concevoir.

## SCÈNE III.

CLITANDRE, HENRIETTE.

HENRIETTE.
Votre sincère aveu ne l'a pas peu surprise.
CLITANDRE.
Elle mérite assez une telle franchise ; 200
Et toutes les hauteurs de sa folle fierté
Sont dignes tout au moins de ma sincérité.
Mais, puisqu'il m'est permis, je vais à votre père,
Madame....
HENRIETTE. Le plus sûr est de gagner ma mère.
Mon père est d'une humeur à consentir à tout ;
Mais il met peu de poids aux choses qu'il résout.
Il a reçu du ciel certaine bonté d'âme
Qui le soumet d'abord à ce que veut sa femme.
C'est elle qui gouverne ; et d'un ton absolu
Elle dicte pour loi ce qu'elle a résolu. 210
Je voudrais bien vous voir pour elle et pour ma tante
Une âme, je l'avoue, un peu plus complaisante,
Un esprit qui, flattant les visions du leur,

Vous pût de leur estime attirer la chaleur.
###### CLITANDRE.
Mon cœur n'a jamais pu, tant il est né sincère,
Même dans votre sœur flatter leur caractère;
Et les femmes docteurs ne sont point de mon goût.
Je consens qu'une femme ait des clartés de tout:
Mais je ne lui veux point la passion choquante
De se rendre savante afin d'être savante; 220
Et j'aime que souvent, aux questions qu'on fait,
Elle sache ignorer les choses qu'elle sait :
De son étude enfin je veux qu'elle se cache,
Et qu'elle ait du savoir sans vouloir qu'on le sache,
Sans citer les auteurs, sans dire de grands mots,
Et clouer de l'esprit à ses moindres propos.
Je respecte beaucoup madame votre mère;
Mais je ne puis du tout approuver sa chimère,
Et me rendre l'écho des choses qu'elle dit,
Aux encens qu'elle donne à son héros d'esprit. 230
Son monsieur Trissotin me chagrine, m'assomme;
Et j'enrage de voir qu'elle estime un tel homme,
Qu'elle nous mette au rang des grands et beaux esprits
Un benêt dont partout on siffle les écrits,
Un pédant dont on voit la plume libérale
D'officieux papiers fournir toute la halle.
###### HENRIETTE.
Ses écrits, ses discours, tout m'en semble ennuyeux,
Et je me trouve assez votre goût et vos yeux;
Mais comme sur ma mère il a grande puissance,
Vous devez vous forcer à quelque complaisance.
Un amant fait sa cour où s'attache son cœur : 241
Il veut de tout le monde y gagner la faveur;
Et, pour n'avoir personne à sa flamme contraire,
Jusqu'au chien du logis il s'efforce de plaire.
###### CLITANDRE.
Oui, vous avez raison; mais monsieur Trissotin
M'inspire au fond de l'âme un dominant chagrin.

Je ne puis consentir, pour gagner ses suffrages,
A me déshonorer en prisant ses ouvrages :
C'est par eux qu'à mes yeux il a d'abord paru,
Et je le connaissais avant que l'avoir vu. 250
Je vis, dans le fatras des écrits qu'il nous donne,
Ce qu'étale en tous lieux sa pédante personne,
La constante hauteur de sa présomption,
Cette intrépidité de bonne opinion,
Cet indolent état de confiance extrême
Qui le rend en tout temps si content de soi-même,
Qui fait qu'à son mérite incessamment il rit,
Qu'il se sait si bon gré de tout ce qu'il écrit,
Et qu'il ne voudrait pas changer sa renommée
Contre tous les honneurs d'un général d'armée. 260
  HENRIETTE.
C'est avoir de bons yeux que de voir tout cela.
  CLITANDRE.
Jusques à sa figure encor la chose alla ;
Et je vis, par les vers qu'à la tête il nous jette,
De quel air il fallait que fût fait le poëte ;
Et j'en avais si bien deviné tous les traits,
Que rencontrant un homme un jour dans le Palais,
Je gageai que c'était Trissotin en personne,
Et je vis qu'en effet la gageure était bonne.
  HENRIETTE.
Quel conte !
  CLITANDRE. Non ; je dis la chose comme elle est.
Mais je vois votre tante. Agréez, s'il vous plaît, 270
Que mon cœur lui déclare ici notre mystère
Et gagne sa faveur auprès de votre mère.

## SCÈNE IV.

### BÉLISE, CLITANDRE.

CLITANDRE.
Souffrez, pour vous parler, madame, qu'un amant

Prenne l'occasion de cet heureux moment,
Et se découvre à vous de la sincère flamme....
  BÉLISE.
Ah! tout beau: gardez-vous de m'ouvrir trop votre âme.
Si je vous ai su mettre au rang de mes amants,
Contentez-vous des yeux pour vos seuls truchements,
Et ne m'expliquez point, par un autre langage, 279
Des désirs qui chez moi passent pour un outrage.
Aimez-moi, soupirez, brûlez pour mes appas;
Mais qu'il me soit permis de ne le savoir pas.
Je puis fermer les yeux sur vos flammes secrètes
Tant que vous vous tiendrez aux muets interprètes;
Mais si la bouche vient à s'en vouloir mêler,
Pour jamais de ma vue il vous faut exiler.
  CLITANDRE.
Des projets de mon cœur ne prenez point d'alarme.
Henriette, madame, est l'objet qui me charme;
Et je viens ardemment conjurer vos bontés
De seconder l'amour que j'ai pour ses beautés. 290
  BÉLISE.
Ah! certes, le détour est d'esprit, je l'avoue:
Ce subtil faux-fuyant mérite qu'on le loue;
Et, dans tous les romans où j'ai jeté les yeux,
Je n'ai rien rencontré de plus ingénieux.
  CLITANDRE.
Ceci n'est point du tout un trait d'esprit, madame,
Et c'est un pur aveu de ce que j'ai dans l'âme.
Les cieux, par les liens d'une immuable ardeur,
Aux beautés d'Henriette ont attaché mon cœur;
Henriette me tient sous son aimable empire,
Et l'hymen d'Henriette est le bien où j'aspire. 300
Vous y pouvez beaucoup; et tout ce que je veux,
C'est que vous y daigniez favoriser mes vœux.
  BÉLISE.
Je vois où doucement veut aller la demande,
Et je sais sous ce nom ce qu'il faut que j'entende.

La figure est adroite; et, pour n'en point sortir,
Aux choses que mon cœur m'offre à vous repartir,
Je dirai qu'Henriette à l'hymen est rebelle,
Et que sans rien prétendre il faut brûler pour elle.

CLITANDRE.

Hé! madame, à quoi bon un pareil embarras? 309
Et pourquoi voulez-vous penser ce qui n'est pas?

BÉLISE.

Mon Dieu! point de façons. Cessez de vous défendre
De ce que vos regards m'ont souvent fait entendre.
Il suffit que l'on est contente du détour
Dont s'est adroitement avisé votre amour,
Et que, sous la figure où le respect l'engage,
On veut bien se résoudre à souffrir son hommage,
Pourvu que ses transports, par l'honneur éclairés,
N'offrent à mes autels que des vœux épurés.

CLITANDRE.

Mais....

BÉLISE. Adieu. Pour ce coup, ceci doit vous suffire,
Et je vous ai plus dit que je n'en voulais dire. 320

CLITANDRE.

Mais votre erreur....

BÉLISE. Laissez. Je rougis maintenant,
Et ma pudeur s'est fait un effort surprenant.

CLITANDRE.

Je veux être pendu si je vous aime; et sage...

BÉLISE.

Non, non, je ne veux rien entendre davantage.

## SCÈNE V.

CLITANDRE.

Diantre soit de la folle avec ses visions!
A-t-on rien vu d'égal à ses préventions?
Allons commettre un autre au soin que l'on me donne,
Et prenons le secours d'une sage personne.

## ACTE DEUXIÈME.

### SCÈNE I.

ARISTE, *quittant Clitandre, et lui parlant encore.*
Oui, je vous porterai la réponse au plus tôt ;
J'appuierai, presserai, ferai tout ce qu'il faut. 330
Qu'un amant, pour un mot, a de choses à dire !
Et qu'impatiemment il veut ce qu'il désire !
Jamais...

### SCÈNE II.

#### CHRYSALE, ARISTE.

ARISTE. Ah ! Dieu vous gard', mon frère !
CHRYSALE. Et vous
Mon frère. [aussi,
ARISTE. Savez-vous ce qui m'amène ici ?
CHRYSALE.
Non ; mais, si vous voulez, je suis prêt à l'entendre.
ARISTE.
Depuis assez longtemps vous connaissez Clitandre ?
CHRYSALE.
Sans doute, et je le vois qui fréquente chez nous.
ARISTE.
En quelle estime est-il, mon frère, auprès de vous ?
CHRYSALE.
D'homme d'honneur, d'esprit, de cœur, et de con-
Et je vois peu de gens qui soient de son mérite. [duite ;
ARISTE.
Certain désir qu'il a conduit ici mes pas, 341
Et je me réjouis que vous en fassiez cas.
CHRYSALE.
Je connus feu son père en mon voyage à Rome.
ARISTE.
Fort bien.

CHRYSALE. C'était, mon frère, un fort bon gentil-
ARISTE. [homme.
On le dit.
CHRYSALE. Nous n'avions alors que vingt-huit ans,
Et nous étions, ma foi, tous deux de verts galants.
ARISTE.
Je le crois.
CHRYSALE. Nous donnions chez les dames romaines;
Et tout le monde, là, parlait de nos fredaines.
Nous faisions des jaloux.
ARISTE. Voilà qui va des mieux.
Mais venons au sujet qui m'amène en ces lieux. 350

## SCÈNE III.

BÉLISE, *entrant doucement et écoutant;* CHRYSALE, ARISTE.

ARISTE.
Clitandre auprès de vous me fait son interprète,
Et son cœur est épris des grâces d'Henriette.
CHRYSALE.
Quoi ! de ma fille ?
ARISTE. Oui; Clitandre en est charmé,
Et je ne vis jamais amant plus enflammé.
BÉLISE, *à Ariste.*
Non, non ; je vous entends. Vous ignorez l'histoire ;
Et l'affaire n'est pas ce que vous pouvez croire.
ARISTE.
Comment, ma sœur ?
BÉLISE. Clitandre abuse vos esprits ;
Et c'est d'un autre objet que son cœur est épris.
ARISTE.
Vous raillez. Ce n'est pas Henriette qu'il aime ?
BÉLISE.
Non ; j'en suis assurée.
ARISTE. Il me l'a dit lui-même. 360

BÉLISE.
Hé! oui.
ARISTE. Vous me voyez, ma sœur, chargé par lui
D'en faire la demande à son père aujourd'hui.
BÉLISE.
Fort bien.
ARISTE. Et son amour même m'a fait instance
De presser les moments d'une telle alliance.
BÉLISE.
Encor mieux. On ne peut tromper plus galamment.
Henriette, entre nous, est un amusement,
Un voile ingénieux, un prétexte, mon frère,
A couvrir d'autres feux dont je sais le mystère;
Et je veux bien tous deux vous mettre hors d'erreur.
ARISTE.
Mais, puisque vous savez tant de choses, ma sœur,
Dites-nous, s'il vous plaît, cet autre objet qu'il aime.
BÉLISE.
Vous le voulez savoir?
ARISTE. Oui. Quoi?
BÉLISE. Moi.
ARISTE. Vous?
BÉLISE. Moi-même.
ARISTE.
Hai, ma sœur!
BÉLISE. Qu'est-ce donc que veut dire ce hai?
Et qu'a de surprenant le discours que je fai?
On est faite d'un air, je pense, à pouvoir dire
Qu'on n'a pas pour un cœur soumis à son empire;
Et Dorante, Damis, Cléonte et Lycidas
Peuvent bien faire voir qu'on a quelques appas.
ARISTE.
Ces gens vous aiment?
BÉLISE. Oui, de toute leur puissance.
ARISTE.
Ils vous l'ont dit?

BÉLISE. Aucun n'a pris cette licence ; 380
Ils m'ont su révérer si fort jusqu'à ce jour,
Qu'ils ne m'ont jamais dit un mot de leur amour.
Mais, pour m'offrir leur cœur et vouer leur service,
Les muets truchements ont tous fait leur office.
    ARISTE.
On ne voit presque point céans venir Damis.
    BÉLISE.
C'est pour me faire voir un respect plus soumis.
    ARISTE.
De mots piquants partout Dorante vous outrage.
    BÉLISE.
Ce sont emportements d'une jalouse rage.
    ARISTE.
Cléonte et Lycidas ont pris femme tous deux.
    BÉLISE.
C'est par un désespoir où j'ai réduit leurs feux. 390
    ARISTE.
Ma foi, ma chère sœur, vision toute claire.
    CHRYSALE, *à Bélise.*
De ces chimères-là vous devez vous défaire.
    BÉLISE.
Ah ! chimères ! ce sont des chimères, dit-on.
Chimères, moi ! Vraiment, chimères est fort bon !
Je me réjouis fort de chimères, mes frères ;
Et je ne savais pas que j'eusse des chimères.

## SCÈNE IV.

CHRYSALE, ARISTE.

    CHRYSALE.
Notre sœur est folle, oui.
            ARISTE. Cela croît tous les jours.
Mais, encore une fois, reprenons le discours.

Clitandre vous demande Henriette pour femme :
Voyez quelle réponse on doit faire à sa flamme. 400
    CHRYSALE.
Faut-il le demander? J'y consens de bon cœur,
Et tiens son alliance à singulier honneur.
    ARISTE.
Vous savez que de biens il n'a pas l'abondance,
Que....
CHRYSALE. C'est un intérêt qui n'est pas d'importance.
Il est riche en vertus, cela vaut des trésors:
Et puis son père et moi n'étions qu'un en deux corps.
    ARISTE.
Parlons à votre femme, et voyons à la rendre
Favorable....
   CHRYSALE. Il suffit; je l'accepte pour gendre.
    ARISTE.
Oui; mais, pour appuyer votre consentement,   409
Mon frère, il n'est pas mal d'avoir son agrément.
Allons....
CHRYSALE. Vous moquez-vous? Il n'est pas nécessaire.
Je réponds de ma femme, et prends sur moi l'affaire.
    ARISTE.
Mais....
CHRYSALE. Laissez faire, dis-je, et n'appréhendez pas.
Je la vais disposer aux choses de ce pas.
    ARISTE.
Soit. Je vais là-dessus sonder votre Henriette,
Et reviendrai savoir....
      CHRYSALE. C'est une affaire faite;
Et je vais à ma femme en parler sans délai.

## SCÈNE V.

#### CHRYSALE, MARTINE.

MARTINE.
Me voilà bien chanceuse! Hélas! l'an dit bien vrai,
Qui veut noyer son chien l'accuse de la rage;
Et service d'autrui n'est pas un héritage.   420

CHRYSALE.
Qu'est-ce donc? Qu'avez-vous, Martine?

MARTINE. Ce que j'ai?

CHRYSALE.
Oui.

MARTINE. J'ai que l'an me donne aujourd'hui mon Monsieur.   [congé,

CHRYSALE. Votre congé?

MARTINE. Oui. Madame me chasse.

CHRYSALE.
Je n'entends pas cela. Comment?

MARTINE. On me menace,
Si je ne sors d'ici, de me bailler cent coups.

CHRYSALE.
Non, vous demeurerez; je suis content de vous.
Ma femme bien souvent a la tête un peu chaude;
Et je ne veux pas, moi....

## SCÈNE VI.

#### PHILAMINTE, BÉLISE, CHRYSALE, MARTINE.

PHILAMINTE, *apercevant Martine.*
Quoi! je vous vois, maraude:
Vite, sortez, friponne; allons, quittez ces lieux;
Et ne vous présentez jamais devant mes yeux.   430

CHRYSALE.
Tout doux.
PHILAMINTE. Non, c'en est fait.
CHRYSALE. Hé!
PHILAMINTE. Je veux qu'elle sorte.
CHRYSALE.
Mais qu'a-t-elle commis, pour vouloir de la sorte....
PHILAMINTE.
Quoi! vous la soutenez?
CHRYSALE. En aucune façon.
PHILAMINTE.
Prenez-vous son parti contre moi?
CHRYSALE. Mon Dieu! non;
Je ne fais seulement que demander son crime.
PHILAMINTE.
Suis-je pour la chasser sans cause légitime?
CHRYSALE.
Je ne dis pas cela; mais il faut de nos gens....
PHILAMINTE.
Non; elle sortira, vous dis-je, de céans.
CHRYSALE.
Eh bien! oui. Vous dit-on quelque chose là-contre?
PHILAMINTE.
Je ne veux point d'obstacle aux désirs que je montre.
CHRYSALE.
D'accord.
PHILAMINTE. Et vous devez, en raisonnable époux,
Être pour moi contre elle et prendre mon courroux.
CHRYSALE.
*(Se tournant vers Martine.)*
Aussi fais-je. Oui, ma femme avec raison vous chasse,
Coquine; et votre crime est indigne de grâce.
MARTINE.
Qu'est-ce donc que j'ai fait?
CHRYSALE, *bas*. Ma foi, je ne sais pas.

PHILAMINTE.
Elle est d'humeur encore à n'en faire aucun cas.
CHRYSALE.
A-t-elle, pour donner matière à votre haine,
Cassé quelque miroir ou quelque porcelaine?
PHILAMINTE.
Voudrais-je la chasser? et vous figurez-vous 449
Que pour si peu de chose on se mette en courroux?
CHRYSALE.
(A Martine.)    (A Philaminte.)
Qu'est-ce à dire? L'affaire est donc considérable?
PHILAMINTE.
Sans doute. Me voit-on femme déraisonnable?
CHRYSALE.
Est-ce qu'elle a laissé, d'un esprit négligent,
Dérober quelque aiguière ou quelque plat d'argent?
PHILAMINTE.
Cela ne serait rien.
CHRYSALE, à Martine. Oh! oh! peste, la belle!
(A Philaminte.)
Quoi! l'avez-vous surprise à n'être pas fidèle?
PHILAMINTE.
C'est pis que tout cela.
        CHRYSALE. Pis que tout cela?
                      PHILAMINTE. Pis.
CHRYSALE.
(A Martine.)        (A Philaminte.)
Comment! diantre, friponne! Euh! a-t-elle commis?...
PHILAMINTE.
Elle a, d'une insolence à nulle autre pareille,
Après trente leçons, insulté mon oreille 460
Par l'impropriété d'un mot sauvage et bas
Qu'en termes décisifs condamne Vaugelas.
CHRYSALE.
Est-ce là....
PHILAMINTE. Quoi! toujours, malgré nos remontrances,

Heurter le fondement de toutes les sciences,
La grammaire, qui sait régenter jusqu'aux rois
Et les fait, la main haute, obéir à ses lois!
  CHRYSALE.
Du plus grand des forfaits je la croyais coupable.
  PHILAMINTE.
Quoi! vous ne trouvez pas ce crime impardonnable?
  CHRYSALE.
Si fait.
PHILAMINTE. Je voudrais bien que vous l'excusassiez.
  CHRYSALE.
Je n'ai garde.
   BÉLISE. Il est vrai que ce sont des pitiés.   473
Toute construction est par elle détruite;
Et des lois du langage on l'a cent fois instruite.
  MARTINE.
Tout ce que vous prêchez est, je crois, bel et bon;
Mais je ne saurais, moi, parler votre jargon.
  PHILAMINTE.
L'impudente! appeler un jargon le langage
Fondé sur la raison et sur le bel usage!
  MARTINE.
Quand on se fait entendre on parle toujours bien;
Et tous vos biaux dictons ne servent pas de rien.
  PHILAMINTE.
Eh bien! ne voilà pas encore de son style?
*Ne servent pas de rien!*
    BÉLISE. O cervelle indocile!   480
Faut-il qu'avec les soins qu'on prend incessamment,
On ne te puisse apprendre à parler congrûment?
De *pas* mis avec *rien* tu fais la récidive;
Et c'est, comme on t'a dit, trop d'une négative.
  MARTINE.
Mon Dieu! je n'avons pas étugué comme vous,
Et je parlons tout droit comme on parle cheux nous.

PHILAMINTE.
Ah! peut-on y tenir?
BÉLISE. Quel solécisme horrible!
PHILAMINTE.
En voilà pour tuer une oreille sensible.
BÉLISE.
Ton esprit, je l'avoue, est bien matériel!
*Je* n'est qu'un singulier, *avons* est pluriel. 490
Veux-tu toute ta vie offenser la grammaire?
MARTINE.
Qui parle d'offenser grand'mère ni grand-père?
PHILAMINTE.
O ciel!
BÉLISE. Grammaire est prise à contre-sens par toi,
Et je t'ai déjà dit d'où vient ce mot.
MARTINE. Ma foi!
Qu'il vienne de Chaillot, d'Auteuil ou de Pontoise,
Cela ne me fait rien.
BÉLISE. Quelle âme villageoise!
La grammaire, du verbe et du nominatif,
Comme de l'adjectif avec le substantif,
Nous enseigne les lois.
MARTINE. J'ai, madame, à vous dire
Que je ne connais point ces gens-là. 499
PHILAMINTE. Quel martyre!
BÉLISE.
Ce sont les noms des mots; et l'on doit regarder
En quoi c'est qu'il les faut faire ensemble accorder.
MARTINE.
Qu'ils s'accordent entre eux ou se gourment, qu'im-
PHILAMINTE, *à Bélise*. [porte?
Hé! mon Dieu! finissez un discours de la sorte.
(A *Chrysale*.)
Vous ne voulez pas, vous, me la faire sortir?

CHRYSALE.
(A part.)
Si fait. A son caprice il me faut consentir.
Va, ne l'irrite point; retire-toi, Martine.
PHILAMINTE.
Comment! vous avez peur d'offenser la coquine?
Vous lui parlez d'un ton tout à fait obligeant!
CHRYSALE.
(D'un ton ferme.) (D'un ton plus doux.)
Moi? point. Allons, sortez. Va-t'en, ma pauvre enfant.

## SCÈNE VII.

PHILAMINTE, CHRYSALE, BÉLISE.

CHRYSALE.
Vous êtes satisfaite, et la voilà partie;
Mais je n'approuve point une telle sortie:
C'est une fille propre aux choses qu'elle fait,
Et vous me la chassez pour un maigre sujet.
PHILAMINTE.
Vous voulez que toujours je l'aie à mon service,
Pour mettre incessamment mon oreille au supplice,
Pour rompre toute loi d'usage et de raison,
Par un barbare amas de vices d'oraison,
De mots estropiés, cousus, par intervalles,
De proverbes traînés dans les ruisseaux des halles?
BÉLISE.
Il est vrai que l'on sue à souffrir ses discours;
Elle y met Vaugelas en pièces tous les jours;
Et les moindres défauts de ce grossier génie
Sont ou le pléonasme ou la cacophonie.
CHRYSALE.
Qu'importe qu'elle manque aux lois de Vaugelas,
Pourvu qu'à la cuisine elle ne manque pas?

J'aime bien mieux, pour moi, qu'en épluchant ses [herbes
Elle accommode mal les noms avec les verbes,
Et redise cent fois un bas ou méchant mot,
Que de brûler ma viande ou saler trop mon pot: 530
Je vis de bonne soupe, et non de beau langage.
Vaugelas n'apprend point à bien faire un potage;
Et Malherbe et Balzac, si savants en beaux mots,
En cuisine peut-être auraient été des sots.

PHILAMINTE.

Que ce discours grossier terriblement assomme!
Et quelle indignité, pour ce qui s'appelle homme,
D'être baissé sans cesse aux soins matériels,
Au lieu de se hausser vers les spirituels!
Le corps, cette guenille, est-il d'une importance,
D'un prix à mériter seulement qu'on y pense? 540
Et ne devons-nous pas laisser cela bien loin?

CHRYSALE.

Oui, mon corps est moi-même, et j'en veux prendre [soin:
Guenille, si l'on veut; ma guenille m'est chère.

BÉLISE.

Le corps avec l'esprit fait figure, mon frère:
Mais, si vous en croyez tout le monde savant,
L'esprit doit sur le corps prendre le pas devant;
Et notre plus grand soin, notre première instance,
Doit être à le nourrir du suc de la science.

CHRYSALE.

Ma foi! si vous songez à nourrir votre esprit, 549
C'est de viande bien creuse, à ce que chacun dit;
Et vous n'avez nul soin, nulle sollicitude,
Pour,....

PHILAMINTE. Ah! *sollicitude* à mon oreille est rude;
Il pue étrangement son ancienneté.

BÉLISE.

Il est vrai que le mot est bien *collet monté*.

CHRYSALE.

Voulez-vous que je dise? il faut qu'enfin j'éclate,

Que je lève le masque et décharge ma rate.
De folles on vous traite, et j'ai fort sur le cœur....
:::
PHILAMINTE.
:::
Comment donc?
CHRYSALE, *à Bélise.* C'est à vous que je parle, ma sœur.
Le moindre solécisme en parlant vous irrite; 559
Mais vous en faites, vous, d'étranges en conduite.
Vos livres éternels ne me contentent pas;
Et, hors un gros Plutarque à mettre mes rabats,
Vous devriez brûler tout ce meuble inutile
Et laisser la science aux docteurs de la ville;
M'ôter, pour faire bien, du grenier de céans,
Cette longue lunette à faire peur aux gens,
Et cent brimborions dont l'aspect importune;
Ne point aller chercher ce qu'on fait dans la lune,
Et vous mêler un peu de ce qu'on fait chez vous,
Où nous voyons aller tout sens dessus dessous. 570
Il n'est pas bien honnête, et pour beaucoup de causes,
Qu'une femme étudie et sache tant de choses.
Former aux bonnes mœurs l'esprit de ses enfants,
Faire aller son ménage, avoir l'œil sur ses gens,
Et régler la dépense avec économie,
Doit être son étude et sa philosophie.
Nos pères, sur ce point, étaient gens bien sensés,
Qui disaient qu'une femme en sait toujours assez
Quand la capacité de son esprit se hausse 579
A connaître un pourpoint d'avec un haut-de-chausse.
Les leurs ne lisaient point, mais elles vivaient bien;
Leurs ménages étaient tout leur docte entretien;
Et leurs livres, un dé, du fil et des aiguilles,
Dont elles travaillaient au trousseau de leurs filles.
Les femmes d'à présent sont bien loin de ces mœurs:
Elles veulent écrire et devenir auteurs.
Nulle science n'est pour elles trop profonde,
Et céans beaucoup plus qu'en aucun lieu du monde;
Les secrets les plus hauts s'y laissent concevoir, 589

Et l'on sait tout chez moi, hors ce qu'il faut savoir.
On y sait comme vont lune, étoile polaire,
Vénus, Saturne, et Mars, dont je n'ai point affaire;
Et dans ce vain savoir, qu'on va chercher si loin,
On ne sait comment va mon pot, dont j'ai besoin.
Mes gens à la science aspirent pour vous plaire,
Et tous ne font rien moins que ce qu'ils ont à faire.
Raisonner est l'emploi de toute ma maison,
Et le raisonnement en bannit la raison.
L'un me brûle mon rôt, en lisant quelque histoire;
L'autre rêve à des vers, quand je demande à boire:
Enfin je vois par eux votre exemple suivi, 601
Et j'ai des serviteurs, et ne suis point servi.
Une pauvre servante au moins m'était restée,
Qui de ce mauvais air n'était point infectée;
Et voilà qu'on la chasse avec un grand fracas,
A cause qu'elle manque à parler Vaugelas!
Je vous le dis, ma sœur, tout ce train-là me blesse;
Car c'est, comme j'ai dit, à vous que je m'adresse.
Je n'aime point céans tous vos gens à latin,
Et principalement ce monsieur Trissotin; 610
C'est lui qui, dans des vers, vous a tympanisées:
Tous les propos qu'il tient sont des billevesées.
On cherche ce qu'il dit après qu'il a parlé;
Et je lui crois, pour moi, le timbre un peu fêlé.

PHILAMINTE.

Quelle bassesse, ô ciel! et d'âme et de langage!

BÉLISE.

Est-il de petits corps un plus lourd assemblage,
Un esprit composé d'atomes plus bourgeois?
Et de ce même sang se peut-il que je sois?
Je me veux mal de mort d'être de votre race;
Et, de confusion, j'abandonne la place. 620

## SCÈNE VIII.

#### PHILAMINTE, CHRYSALE.

PHILAMINTE.
Avez-vous à lâcher encore quelque trait?
CHRYSALE.
Moi? non. Ne parlons plus de querelle; c'est fait.
Discourons d'autre affaire. A votre fille aînée
On voit quelque dégoût pour les nœuds d'hyménée;
C'est une philosophe enfin, je n'en dis rien;
Elle est bien gouvernée, et vous faites fort bien :
Mais de tout autre humeur se trouve sa cadette,
Et je crois qu'il est bon de pourvoir Henriette,
De choisir un mari....
   PHILAMINTE. C'est à quoi j'ai songé;
Et je veux vous ouvrir l'intention que j'ai.   630
Ce monsieur Trissotin, dont on nous fait un crime,
Et qui n'a pas l'honneur d'être dans votre estime,
Est celui que je prends pour l'époux qu'il lui faut;
Et je sais mieux que vous juger de ce qu'il vaut.
La contestation est ici superflue,
Et de tout point, chez moi, l'affaire est résolue.
Au moins ne dites mot du choix de cet époux;
Je veux à votre fille en parler avant vous.
J'ai des raisons à faire approuver ma conduite,
Et je connaîtrai bien si vous l'avez instruite.   640

## SCÈNE IX.

#### ARISTE, CHRYSALE.

ARISTE.
Eh bien! la femme sort, mon frère, et je vois bien
Que vous venez d'avoir ensemble un entretien.

CHRYSALE.
Oui.
ARISTE. Quel est le succès? Aurons-nous Henriette?
A-t-elle consenti? l'affaire est-elle faite?
CHRYSALE.
Pas tout à fait encor.
ARISTE. Refuse-t-elle?
CHRYSALE. Non.
ARISTE.
Est-ce qu'elle balance?
CHRYSALE. En aucune façon.
ARISTE.
Quoi donc?
CHRYSALE. C'est que pour gendre elle m'offre un autre
ARISTE. [homme.
Un autre homme pour gendre?
CHRYSALE. Un autre.
ARISTE. Qui se nomme...
CHRYSALE.
Monsieur Trissotin.
ARISTE. Quoi! ce monsieur Trissotin...
CHRYSALE.
Oui, qui parle toujours de vers et de latin. 650
ARISTE.
Vous l'avez accepté?
CHRYSALE. Moi, point : à Dieu ne plaise!
ARISTE.
Qu'avez-vous répondu?
CHRYSALE. Rien; et je suis bien aise
De n'avoir point parlé, pour ne m'engager pas.
ARISTE.
La raison est fort belle; et c'est faire un grand pas!
Avez-vous su du moins lui proposer Clitandre?
CHRYSALE.
Non; car, comme j'ai vu qu'on parlait d'autre gendre,
J'ai cru qu'il était mieux de ne m'avancer point.

ARISTE.

Certes, votre prudence est rare au dernier point.
N'avez-vous point de honte, avec votre mollesse?
Et se peut-il qu'un homme ait assez de faiblesse
Pour laisser à sa femme un pouvoir absolu
Et n'oser attaquer ce qu'elle a résolu?

CHRYSALE.

Mon Dieu! vous en parlez, mon frère, bien à l'aise,
Et vous ne savez pas comme le bruit me pèse.
J'aime fort le repos, la paix et la douceur,
Et ma femme est terrible avecque son humeur.
Du nom de philosophe elle fait grand mystère,
Mais elle n'en est pas pour cela moins colère,
Et sa morale, faite à mépriser le bien,
Sur l'aigreur de sa bile opère comme rien.   670
Pour peu que l'on s'oppose à ce que veut sa tête,
On en a pour huit jours d'effroyable tempête.
Elle me fait trembler dès qu'elle prend son ton;
Je ne sais où me mettre, et c'est un vrai dragon;
Et cependant, avec toute sa diablerie,
Il faut que je l'appelle et mon cœur et m'amie.

ARISTE.

Allez, c'est se moquer. Votre femme, entre nous,
Est, par vos lâchetés, souveraine sur vous.
Son pouvoir n'est fondé que sur votre faiblesse;
C'est de vous qu'elle prend le titre de maîtresse; 680
Vous-même à ses hauteurs vous vous abandonnez,
Et vous faites mener, en bête, par le nez. [nomme,
Quoi! vous ne pouvez pas, voyant comme on vous
Vous résoudre une fois à vouloir être un homme,
A faire condescendre une femme à vos vœux,
Et prendre assez de cœur pour dire un Je le veux!
Vous laisserez, sans honte, immoler votre fille
Aux folles visions qui tiennent la famille,
Et de tout votre bien revêtir un nigaud,   689
Pour six mots de latin qu'il leur fait sonner haut;

Un pédant qu'à tout coup votre femme apostrophe
Du nom de bel esprit et de grand philosophe,
D'homme qu'en vers galants jamais on n'égala,
Et qui n'est, comme on sait, rien moins que tout cela !
Allez, encore un coup, c'est une moquerie,
Et votre lâcheté mérite qu'on en rie.
   CHRYSALE.
Oui, vous avez raison, et je vois que j'ai tort.
Allons, il faut enfin montrer un cœur plus fort,
Mon frère.
   ARISTE. C'est bien dit.
      CHRYSALE. C'est une chose infâme
Que d'être si soumis au pouvoir d'une femme.  700
   ARISTE.
Fort bien.
 CHRYSALE. De ma douceur elle a trop profité.
   ARISTE.
Il est vrai.
   CHRYSALE. Trop joui de ma facilité.
   ARISTE.
Sans doute.
 CHRYSALE. Et je lui veux faire aujourd'hui connaître
Que ma fille est ma fille, et que j'en suis le maître,
Pour lui prendre un mari qui soit selon mes vœux.
   ARISTE.
Vous voilà raisonnable, et comme je vous veux.
   CHRYSALE.
Vous êtes pour Clitandre, et savez sa demeure;
Faites-le-moi venir, mon frère, tout à l'heure.
   ARISTE.
J'y cours tout de ce pas.
     CHRYSALE. C'est souffrir trop longtemps,
Et je m'en vais être homme à la barbe des gens.

## ACTE TROISIÈME.

### SCÈNE I.

PHILAMINTE, ARMANDE, BÉLISE, TRISSOTIN, LÉPINE.

PHILAMINTE.
Ah! mettons-nous ici pour écouter à l'aise 711
Ces vers que mot à mot il est besoin qu'on pèse.
ARMANDE.
Je brûle de les voir.
    BÉLISE. Et l'on s'en meurt chez nous.
PHILAMINTE, *à Trissotin.*
Ce sont charmes pour moi que ce qui part de vous.
ARMANDE.
Ce m'est une douceur à nulle autre pareille.
BÉLISE.
Ce sont repas friands qu'on donne à mon oreille.
PHILAMINTE.
Ne faites point languir de si pressants désirs.
ARMANDE.
Dépêchez.
  BÉLISE. Faites tôt, et hâtez nos plaisirs.
PHILAMINTE.
A notre impatience offrez votre épigramme. 719
TRISSOTIN, *à Philaminte.*
Hélas! c'est un enfant tout nouveau né, madame:
Son sort assurément a lieu de vous toucher;
Et c'est dans votre cour que j'en viens d'accoucher.
PHILAMINTE.
Pour me le rendre cher, il suffit de son père.
TRISSOTIN.
Votre approbation lui peut servir de mère.

BÉLISE.
Qu'il a d'esprit!

## SCÈNE II.

HENRIETTE, PHILAMINTE, BÉLISE, ARMANDE, TRISSOTIN, LÉPINE.

PHILAMINTE, *à Henriette, qui veut se retirer.*
Holà! pourquoi donc fuyez-vous?
HENRIETTE.
C'est de peur de troubler un entretien si doux.
PHILAMINTE.
Approchez, et venez, de toutes vos oreilles,
Prendre part au plaisir d'entendre des merveilles.
HENRIETTE.
Je sais peu les beautés de tout ce qu'on écrit,
Et ce n'est pas mon fait que les choses d'esprit. 730
PHILAMINTE.
Il n'importe. Aussi bien ai-je à vous dire ensuite
Un secret dont il faut que vous soyez instruite.
TRISSOTIN, *à Henriette.*
Les sciences n'ont rien qui vous puisse enflammer,
Et vous ne vous piquez que de savoir charmer.
HENRIETTE.
Aussi peu l'un que l'autre; et je n'ai nulle envie...
BÉLISE.
Ah! songeons à l'enfant nouveau-né, je vous prie.
PHILAMINTE, *à Lépine.*
Allons, petit garçon, vite de quoi s'asseoir.
(*Lépine se laisse tomber.*)
Voyez l'impertinent! Est-ce que l'on doit choir,
Après avoir appris l'équilibre des choses? 739
BÉLISE.
De ta chute, ignorant, ne vois-tu pas les causes,

Et qu'elle vient d'avoir, du point fixe, écarté
Ce que nous appelons centre de gravité ?
  LÉPINE.
Je m'en suis aperçu, madame, étant par terre.
  PHILAMINTE, *à Lépine, qui sort.*
Le lourdaud !
  TRISSOTIN. Bien lui prend de n'être pas de verre.
  ARMANDE.
Ah ! de l'esprit partout !
    BÉLISE. Cela ne tarit pas.
      (*Ils s'asseyent.*)
  PHILAMINTE.
Servez-nous promptement votre aimable repas.
  TRISSOTIN.
Pour cette grande faim qu'à mes yeux on expose,
Un plat seul de huit vers me semble peu de chose ;
Et je pense qu'ici je ne ferai pas mal   749
De joindre à l'épigramme, ou bien au madrigal,
Le ragoût d'un sonnet, qui, chez une princesse,
A passé pour avoir quelque délicatesse.
Il est de sel attique assaisonné partout,
Et vous le trouverez, je crois, d'assez bon goût.
  ARMANDE.
Ah ! je n'en doute point.
    PHILAMINTE. Donnons vite audience.
(BÉLISE, *interrompant Trissotin chaque fois qu'il se dispose à lire.*)
Je sens d'aise mon cœur tressaillir par avance.
J'aime la poésie avec entêtement,
Et surtout quand les vers sont tournés galamment.
  PHILAMINTE.
Si nous parlons toujours il ne pourra rien dire.  759
  TRISSOTIN.
So...
    BÉLISE, *à Henriette.*
  Silence, ma nièce.

ARMANDE. Ah ! laissez-le donc lire.

TRISSOTIN.

*Sonnet à la princesse* URANIE, *sur sa fièvre.*

**Votre prudence est endormie
De traiter magnifiquement
Et de loger superbement
Votre plus cruelle ennemie.**

BÉLISE.
Ah ! le joli début !
  ARMANDE.  Qu'il a le tour galant !
PHILAMINTE.
Lui seul des vers aisés possède le talent.
ARMANDE.
A *prudence endormie* il faut rendre les armes.
BÉLISE.
*Loger son ennemie* est pour moi plein de charmes.
PHILAMINTE.
J'aime *superbement* et *magnifiquement;*
Ces deux adverbes joints font admirablement.
BÉLISE.
Prêtons l'oreille au reste.

TRISSOTIN.

**Votre prudence est endormie
De traiter magnifiquement
Et de loger superbement
Votre plus cruelle ennemie.**

ARMANDE.
*Prudence endormie !*
BÉLISE.
*Loger son ennemie !*
PHILAMINTE.
*Superbement* et *magnifiquement !*

###### TRISSOTIN.

Faites-la sortir, quoi qu'on die,
De votre riche appartement,
Où cette ingrate insolemment
Attaque votre belle vie.

###### BÉLISE.
Ah ! tout doux ; laissez-moi, de grâce, respirer. 780
###### ARMANDE.
Donnez-nous, s'il vous plaît, le loisir d'admirer.
###### PHILAMINTE.
On se sent, à ces vers, jusques au fond de l'âme
Couler je ne sais quoi qui fait que l'on se pâme.

###### ARMANDE.

Faites-la sortir, quoi qu'on die,
De votre riche appartement.

Que *riche appartement* est là joliment dit !
Et que la métaphore est mise avec esprit !

###### PHILAMINTE.

Faites-la sortir, quoi qu'on die.

Ah ! que ce *quoi qu'on die* est d'un goût admirable !
C'est, à mon sentiment, un endroit impayable. 790
###### ARMANDE.
De *quoi qu'on die* aussi mon cœur est amoureux.
###### BÉLISE.
Je suis de votre avis, *quoi qu'on die* est heureux.
###### ARMANDE.
Je voudrais l'avoir fait.
###### BÉLISE. Il vaut toute une pièce.
###### PHILAMINTE.
Mais en comprend-on bien, comme moi, la finesse ?
###### ARMANDE ET BÉLISE.
Oh ! oh !

PHILAMINTE.

  Faites-la sortir, quoi qu'on die.

Que de la fièvre on prenne ici les intérêts,
N'ayez aucun égard, moquez-vous des caquets;

  Faites-la sortir, quoi qu'on die,
  Quoi qu'on die, quoi qu'on die.

Ce *quoi qu'on die* en dit beaucoup plus qu'il ne semble.
Je ne sais pas, pour moi, si chacun me ressemble;
Mais j'entends là-dessous un million de mots.  802

BÉLISE.

Il est vrai qu'il dit plus de choses qu'il n'est gros.

PHILAMINTE, *à Trissotin.*

Mais quand vous avez fait ce charmant *quoi qu'on die,*
Avez-vous compris, vous, toute son énergie?
Songiez-vous bien vous-même à tout ce qu'il nous dit?
Et pensiez-vous alors y mettre tant d'esprit?

TRISSOTIN.

Hai! hai!

ARMANDE. J'ai fort aussi *l'ingrate* dans la tête,
Cette ingrate de fièvre, injuste, malhonnête,
Qui traite mal les gens qui la logent chez eux.  810

PHILAMINTE.

Enfin les quatrains sont admirables tous deux.
Venons-en promptement aux tiercets, je vous prie.

ARMANDE.

Ah! s'il vous plaît, encore une fois *quoi qu'on die.*

TRISSOTIN.

  Faites-la sortir, quoi qu'on die,

PHILAMINTE, ARMANDE *et* BÉLISE.

*Quoi qu'on die!*

TRISSOTIN.

  De votre riche appartement,

PHILAMINTE, ARMANDE *et* BÉLISE.
*Riche appartement!*
TRISSOTIN.

    Où cette ingrate insolemment

PHILAMINTE, ARMANDE *et* BÉLISE.
Cette *ingrate* de fièvre!
  TRISSOTIN.

    Attaque votre belle vie.

PHILAMINTE.
*Votre belle vie!*
  ARMANDE ET BÉLISE.
Ah!
  TRISSOTIN.

    Quoi! sans respecter votre rang,
    Elle se prend à votre sang,

PHILAMINTE, ARMANDE *et* BÉLISE.
Ah!
  TRISSOTIN.

    Et nuit et jour vous fait outrage!
    Si vous la conduisez aux bains,   820
    Sans la marchander davantage
    Noyez-la de vos propres mains.

PHILAMINTE.
On n'en peut plus.
  BÉLISE. On pâme.
    ARMANDE. On se meurt de plaisir.
PHILAMINTE.
De mille doux frissons vous vous sentez saisir.

  ARMANDE.

    Si vous la conduisez aux bains,
  BÉLISE.

    Sans la marchander davantage,

PHILAMINTE.
Noyez-la de vos propres mains.
*De vos propres mains, là, noyez-la dans les bains.*
ARMANDE.
Chaque pas dans vos vers rencontre un trait charmant.
BÉLISE.
Partout on s'y promène avec ravissement.    830
PHILAMINTE.
On n'y saurait marcher que sur de belles choses.
ARMANDE.
Ce sont petits chemins tout parsemés de roses.
TRISSOTIN.
Le sonnet donc vous semble....
PHILAMINTE. Admirable, nouveau;
Et personne jamais n'a rien fait de si beau.
BÉLISE, *à Henriette.*
Quoi! sans émotion pendant cette lecture!
Vous faites là, ma nièce, une étrange figure!
HENRIETTE.
Chacun fait ici-bas la figure qu'il peut,
Ma tante; et bel esprit, il ne l'est pas qui veut.
TRISSOTIN.
Peut-être que mes vers importunent madame.    839
HENRIETTE.
Point. Je n'écoute pas.
PHILAMINTE. Ah! voyons l'épigramme.
TRISSOTIN.
*Sur un carrosse de couleur amarante donné à une dame de ses amies.*
PHILAMINTE.
Ses titres ont toujours quelque chose de rare.
ARMANDE.
A cent beaux traits d'esprit leur nouveauté prépare.
TRISSOTIN.
L'amour si chèrement m'a vendu son lien

PHILAMINTE, ARMANDE *et* BÉLISE.

Ah!

TRISSOTIN.

Qu'il m'en coûte déjà la moitié de mon bien ;
Et quand tu vois ce beau carrosse,
Où tant d'or se relève en bosse
Qu'il étonne tout le pays,
Et fait pompeusement triompher ma Laïs...

PHILAMINTE.

Ah! *ma Laïs!* voilà de l'érudition.

BÉLISE.

L'enveloppe est jolie et vaut un million. 850

TRISSOTIN.

Et quand tu vois ce beau carrosse,
Où tant d'or se relève en bosse
Qu'il étonne tout le pays,
Et fait pompeusement triompher ma Laïs,
Ne dis plus qu'il est amarante,
Dis plutôt qu'il est de ma rente.

ARMANDE.

Oh! oh! oh! celui-là ne s'attend point du tout.

PHILAMINTE.

On n'a que lui qui puisse écrire de ce goût.

BÉLISE.

Ne dis plus qu'il est amarante,
Dis plutôt qu'il est de ma rente. 860

Voilà qui se décline, *ma rente, de ma rente, à ma rente.*

PHILAMINTE.

Je ne sais, du moment que je vous ai connu,
Si, sur votre sujet, j'eus l'esprit prévenu ;
Mais j'admire partout vos vers et votre prose.

TRISSOTIN, *à Philaminte.*

Si vous vouliez de vous nous montrer quelque chose,
A notre tour aussi nous pourrions admirer.

PHILAMINTE.

Je n'ai rien fait en vers; mais j'ai lieu d'espérer
Que je pourrai bientôt vous montrer, en amie,
Huit chapitres du plan de notre académie.
Platon s'est au projet simplement arrêté, 870
Quand de sa République il a fait le traité;
Mais à l'effet entier je veux pousser l'idée
Que j'ai sur le papier en prose accommodée.
Car enfin je me sens un étrange dépit
Du tort que l'on nous fait du côté de l'esprit;
Et je veux nous venger, toutes tant que nous sommes,
De cette indigne classe où nous rangent les hommes,
De borner nos talents à des futilités
Et nous fermer la porte aux sublimes clartés. 879

ARMANDE.

C'est faire à notre sexe une trop grande offense,
De n'étendre l'effort de notre intelligence
Qu'à juger d'une jupe, ou de l'air d'un manteau,
Ou des beautés d'un point, ou d'un brocart nouveau.

BÉLISE.

Il faut se relever de ce honteux partage,
Et mettre hautement notre esprit hors de page.

TRISSOTIN.

Pour les dames on sait mon respect en tous lieux;
Et, si je rends hommage au brillant de leurs yeux,
De leur esprit aussi j'honore les lumières. 888

PHILAMINTE.

Le sexe aussi vous rend justice en ces matières;
Mais nous voulons montrer à de certains esprits,
Dont l'orgueilleux savoir nous traite avec mépris,
Que de science aussi les femmes sont meublées;
Qu'on peut faire, comme eux, de doctes assemblées,
Conduites en cela par des ordres meilleurs;
Qu'on y veut réunir ce qu'on sépare ailleurs,
Mêler le beau langage et les hautes sciences,
Découvrir la nature en mille expériences;

Et sur les questions qu'on pourra proposer,
Faire entrer chaque secte et n'en point épouser.
TRISSOTIN.
Je m'attache pour l'ordre au péripatétisme. 900
PHILAMINTE.
Pour les abstractions, j'aime le platonisme.
ARMANDE.
Épicure me plaît, et ses dogmes sont forts.
BÉLISE.
Je m'accommode assez, pour moi, des petits corps;
Mais le vide à souffrir me semble difficile,
Et je goûte bien mieux la matière subtile.
TRISSOTIN.
Descartes, pour l'aimant, donne fort dans mon sens.
ARMANDE.
J'aime ses tourbillons.
   PHILAMINTE. Moi, ses mondes tombants.
ARMANDE.
Il me tarde de voir notre assemblée ouverte,
Et de nous signaler par quelque découverte.
TRISSOTIN.
On en attend beaucoup de vos vives clartés; 910
Et pour vous la nature a peu d'obscurités.
PHILAMINTE.
Pour moi, sans me flatter, j'en ai déjà fait une;
Et j'ai vu clairement des hommes dans la lune.
BÉLISE.
Je n'ai point encor vu d'hommes, comme je crois;
Mais j'ai vu des clochers tout comme je vous vois.
ARMANDE.
Nous approfondirons, ainsi que la physique,
Grammaire, histoire, vers, morale et politique.
PHILAMINTE.
La morale a des traits dont mon cœur est épris,
Et c'était autrefois l'amour des grands esprits;
Mais aux stoïciens je donne l'avantage, 920

Et je ne trouve rien de si beau que leur sage.
### ARMANDE.
Pour la langue, on verra dans peu nos règlements,
Et nous y prétendons faire des remuements.
Par une antipathie, ou juste, ou naturelle,
Nous avons pris chacune une haine mortelle
Pour un nombre de mots, soit ou verbes ou noms,
Que mutuellement nous nous abandonnons;
Contre eux nous préparons de mortelles sentences,
Et nous devons ouvrir nos doctes conférences
Par les proscriptions de tous ces mots divers, 930
Dont nous voulons purger et là prose et les vers.
### PHILAMINTE.
Mais le plus beau projet de notre académie,
Une entreprise noble, et dont je suis ravie,
Un dessein plein de gloire, et qui sera vanté
Chez tous les beaux esprits de la postérité,
C'est le retranchement de ces syllabes sales [dales,
Qui dans les plus beaux mots produisent des scan-
Ces jouets éternels des sots de tous les temps,
Ces fades lieux communs de nos méchants plaisants,
Ces sources d'un amas d'équivoques infâmes 940
Dont on vient faire insulte à la pudeur des femmes.
### TRISSOTIN.
Voilà certainement d'admirables projets.
### BÉLISE.
Vous verrez nos statuts quand ils seront tous faits.
### TRISSOTIN.
Ils ne sauraient manquer d'être tous beaux et sages.
### ARMANDE.
Nous serons, par nos lois, les juges des ouvrages;
Par nos lois, prose et vers, tout nous sera soumis :
Nul n'aura de l'esprit, hors nous et nos amis.
Nous chercherons partout à trouver à redire,
Et ne verrons que nous qui sachent bien écrire.

## SCÈNE III.

**PHILAMINTE, BÉLISE, ARMANDE, HENRIETTE, TRISSOTIN, LÉPINE.**

LÉPINE, *à Trissotin.*
Monsieur, un homme est là, qui veut parler à vous ;
Il est vêtu de noir et parle d'un ton doux.
(*Ils se lèvent.*)

TRISSOTIN.
C'est cet ami savant qui m'a fait tant d'instance
De lui donner l'honneur de votre connaissance.  953
PHILAMINTE.
Pour le faire venir vous avez tout crédit.
(*Trissotin va au-devant de Vadius.*)

## SCÈNE IV.

**PHILAMINTE, BÉLISE, ARMANDE, HENRIETTE.**

PHILAMINTE, *à Armande et à Bélise.*
Faisons bien les honneurs au moins de notre esprit.
(*A Henriette, qui veut sortir.*)
Holà ! je vous ai dit, en paroles bien claires,
Que j'ai besoin de vous.
HENRIETTE. Mais pour quelles affaires ?
PHILAMINTE.
Venez ; on va dans peu vous les faire savoir.

## SCÈNE V.

**TRISSOTIN, VADIUS, PHILAMINTE, BÉLISE, ARMANDE, HENRIETTE.**

TRISSOTIN, *présentant Vadius.*
Voici l'homme qui meurt du désir de vous voir ;
En vous le produisant, je ne crains point le blâme
D'avoir admis chez vous un profane, madame.  961
Il peut tenir son coin parmi les beaux esprits.

PHILAMINTE.
La main qui le présente en dit assez le prix.
TRISSOTIN.
Il a des vieux auteurs la pleine intelligence,
Et sait du grec, madame, autant qu'homme de France.
PHILAMINTE, *à Bélise.*
Du grec! ô ciel! du grec! Il sait du grec, ma sœur!
BÉLISE, *à Armande.*
Ah! ma nièce, du grec!
ARMANDE. Du grec! quelle douceur!
PHILAMINTE.
Quoi! monsieur sait du grec? Ah! permettez, de [grâce,
Que pour l'amour du grec, monsieur, on vous em-
[brasse.
(*Vadius embrasse aussi Bélise et Armande.*)
HENRIETTE, *à Vadius, qui veut aussi l'embrasser.*
Excusez-moi, monsieur, je n'entends pas le grec.
(*Ils s'asseyent.*)
PHILAMINTE.
J'ai pour les livres grecs un merveilleux respect.
VADIUS.
Je crains d'être fâcheux, par l'ardeur qui m'engage
A vous rendre aujourd'hui, madame, mon hom-
Et j'aurai pu troubler quelque docte entretien. [mage;
PHILAMINTE.
Monsieur, avec du grec on ne peut gâter rien. 975
TRISSOTIN.
Au reste, il fait merveille en vers ainsi qu'en prose,
Et pourrait, s'il voulait, vous montrer quelque
VADIUS. [chose.
Le défaut des auteurs, dans leurs productions,
C'est d'en tyranniser les conversations,
D'être au Palais, au cours, aux ruelles, aux tables.
De leurs vers fatigants lecteurs infatigables. 981
Pour moi, je ne vois rien de plus sot, à mon sens,
Qu'un auteur qui partout va gueuser des encens,
Qui, des premiers venus saisissant les oreilles,

En fait le plus souvent les martyrs de ses veilles.
On ne m'a jamais vu ce fol entêtement,
Et d'un Grec là-dessus je suis le sentiment,
Qui, par un dogme exprès, défend à tous ses sages
L'indigne empressement de lire leurs ouvrages.
Voici de petits vers pour de jeunes amants, 990
Sur quoi je voudrais bien avoir vos sentiments.
  TRISSOTIN.
Vos vers ont des beautés que n'ont point tous les
  VADIUS.        [autres.
Les Grâces et Vénus règnent dans tous les vôtres.
  TRISSOTIN.
Vous avez le tour libre et le beau choix des mots.
  VADIUS.
On voit partout chez vous l'*ithos* et le *pathos*. 992
  TRISSOTIN.
Nous avons vu de vous des églogues d'un style
Qui passe en doux attraits Théocrite et Virgile.
  VADIUS.
Vos odes ont un air noble, galant et doux,
Qui laisse de bien loin votre Horace après vous. 1000
  TRISSOTIN.
Est-il rien d'amoureux comme vos chansonnettes ?
  VADIUS.
Peut-on rien voir d'égal aux sonnets que vous faites ?
  TRISSOTIN.
Rien qui soit plus charmant que vos petits rondeaux ?
  VADIUS.
Rien de si plein d'esprit que tous vos madrigaux ?
  TRISSOTIN.
Aux ballades surtout vous êtes admirable.
  VADIUS.
Et dans les bouts-rimés je vous trouve adorable.
  TRISSOTIN.
Si la France pouvait connaître votre prix,
  VADIUS.
Si le siècle rendait justice aux beaux esprits,

TRISSOTIN.
En carrosse doré vous iriez par les rues.
VADIUS.
On verrait le public vous dresser des statues. 1010
(*A Trissotin.*)
Hom! C'est une ballade, et je veux que tout net
Vous m'en...
TRISSOTIN, *à Vadius.*
Avez-vous vu certain petit sonnet
Sur la fièvre qui tient la princesse Uranie?
VADIUS.
Oui; hier il me fut lu dans une compagnie.
TRISSOTIN.
Vous en savez l'auteur?
VADIUS. Non; mais je sais fort bien
Qu'à ne le point flatter, son sonnet ne vaut rien.
TRISSOTIN.
Beaucoup de gens pourtant le trouvent admirable.
VADIUS.
Cela n'empêche pas qu'il ne soit misérable,
Et, si vous l'avez vu, vous serez de mon goût.
TRISSOTIN.
Je sais que là-dessus je n'en suis point du tout, 1020
Et que d'un tel sonnet peu de gens sont capables.
VADIUS.
Me préserve le ciel d'en faire de semblables!
TRISSOTIN.
Je soutiens qu'on ne peut en faire de meilleur;
Et ma grande raison, c'est que j'en suis l'auteur.
VADIUS.
Vous?
TRISSOTIN. Moi.
VADIUS. Je ne sais donc comment se fit l'affaire.
TRISSOTIN.
C'est qu'on fut malheureux de ne pouvoir vous plaire.
22.

VADIUS.
Il faut qu'en écoutant j'aie eu l'esprit distrait,
Ou bien que le lecteur m'ait gâté le sonnet.
Mais laissons ce discours, et voyons ma ballade.
TRISSOTIN.
La ballade, à mon goût, est une chose fade : 1030
Ce n'en est plus la mode; elle sent son vieux temps.
VADIUS.
La ballade pourtant charme beaucoup de gens.
TRISSOTIN.
Cela n'empêche pas qu'elle ne me déplaise.
VADIUS.
Elle n'en reste pas pour cela plus mauvaise.
TRISSOTIN.
Elle a pour les pédants de merveilleux appas.
VADIUS.
Cependant nous voyons qu'elle ne vous plaît pas.
TRISSOTIN.
Vous donnez sottement vos qualités aux autres.
VADIUS. (*Ils se lèvent tous.*)
Fort impertinemment vous me jetez les vôtres.
TRISSOTIN.
Allez, petit grimaud, barbouilleur de papier.
VADIUS.
Allez, rimeur de balle, opprobre du métier. 1040
TRISSOTIN.
Allez, fripier d'écrits, impudent plagiaire.
VADIUS.
Allez, cuistre...
PHILAMINTE. Eh! messieurs, que prétendez-vous faire?
TRISSOTIN, *à Vadius.*
Va, va restituer tous les honteux larcins
Que réclament sur toi les Grecs et les Latins.
VADIUS.
Va, va-t'en faire amende honorable au Parnasse
D'avoir fait à tes vers estropier Horace.

TRISSOTIN.
Souviens-toi de ton livre, et de son peu de bruit.
VADIUS.
Et toi, de ton libraire à l'hôpital réduit.
TRISSOTIN.
Ma gloire est établie; en vain tu la déchires.
VADIUS.
Oui, oui, je te renvoie à l'auteur des Satires. 1050
TRISSOTIN.
Je t'y renvoie aussi.
     VADIUS. J'ai le contentement
Qu'on voit qu'il m'a traité plus honorablement.
Il me donne en passant une atteinte légère
Parmi plusieurs auteurs qu'au Palais on révère;
Mais jamais dans ses vers il ne te laisse en paix,
Et l'on t'y voit partout être en butte à ses traits.
TRISSOTIN.
C'est par là que j'y tiens un rang plus honorable.
Il te met dans la foule ainsi qu'un misérable;
Il croit que c'est assez d'un coup pour t'accabler,
Et ne t'a jamais fait l'honneur de redoubler. 1060
Mais il m'attaque à part comme un noble adversaire
Sur qui tout son effort lui semble nécessaire;
Et ses coups, contre moi redoublés en tous lieux,
Montrent qu'il ne se croit jamais victorieux.
VADIUS.
Ma plume t'apprendra quel homme je puis être.
TRISSOTIN.
Et la mienne saura te faire voir ton maître.
VADIUS.
Je te défie en vers, prose, grec et latin.
TRISSOTIN.
Eh bien! nous nous verrons seul à seul chez Barbin.

## SCÈNE VI.

TRISSOTIN, PHILAMINTE, ARMANDE, BÉLISE, HENRIETTE.

TRISSOTIN.
A mon emportement ne donnez aucun blâme ;
C'est votre jugement que je défends, madame, 1070
Dans le sonnet qu'il a l'audace d'attaquer.
PHILAMINTE.
A vous remettre bien je me veux appliquer.
Mais parlons d'autre affaire. Approchez, Henriette.
Depuis assez longtemps mon âme s'inquiète
De ce qu'aucun esprit en vous ne se fait voir ;
Mais je trouve un moyen de vous en faire avoir.
HENRIETTE.                          [saire ;
C'est prendre un soin pour moi qui n'est pas néces-
Les doctes entretiens ne sont point mon affaire :
J'aime à vivre aisément ; et, dans tout ce qu'on dit,
Il faut se trop peiner pour avoir de l'esprit ;  1080
C'est une ambition que je n'ai point en tête.
Je me trouve fort bien, ma mère, d'être bête ;
Et j'aime mieux n'avoir que de communs propos
Que de me tourmenter pour dire de beaux mots.
PHILAMINTE.
Oui ; mais j'y suis blessée, et ce n'est pas mon compte
De souffrir dans mon sang une pareille honte.
La beauté du visage est un frêle ornement,
Une fleur passagère, un éclat d'un moment,
Et qui n'est attaché qu'à la simple épiderme ;
Mais celle de l'esprit est inhérente et ferme.  1090
J'ai donc cherché longtemps un biais de vous donner
La beauté que les ans ne peuvent moissonner,
De faire entrer chez vous le désir des sciences,
De vous insinuer les belles connaissances ;
Et la pensée enfin où mes vœux ont souscrit,

C'est d'attacher à vous un homme plein d'esprit.
(*Montrant Trissotin.*)
Et cet homme est monsieur, que je vous détermine
A voir comme l'époux que mon choix vous destine.
   HENRIETTE.
Moi! ma mère?
   PHILAMINTE. Oui, vous. Faites la sotte un peu.
   BÉLISE, *à Trissotin.*
Je vous entends : vos yeux demandent mon aveu
Pour engager ailleurs un cœur que je possède. 1101
Allez, je le veux bien. A ce nœud je vous cède;
C'est un hymen qui fait votre établissement.
   TRISSOTIN, *à Henriette.*
Je ne sais que vous dire en mon ravissement,
Madame; et cet hymen dont je vois qu'on m'honore
Me met...
   HENRIETTE.
 Tout beau! monsieur; il n'est pas fait encore:
Ne vous pressez pas tant.
   PHILAMINTE. Comme vous répondez!
Savez-vous bien que si... Suffit. Vous m'entendez.
(*A Trissotin.*)
Elle se rendra sage. Allons, laissons-la faire.

### SCÈNE VII.

#### HENRIETTE, ARMANDE.

ARMANDE.
On voit briller pour vous les soins de notre mère,
Et son choix ne pouvait d'un plus illustre époux...
   HENRIETTE.
Si le choix est si beau, que ne le prenez-vous? 1112
   ARMANDE.
C'est à vous, non à moi, que sa main est donnée.
   HENRIETTE.
Je vous le cède tout, comme à ma sœur aînée.

ARMANDE.
Si l'hymen, comme à vous, me paraissait charmant,
J'accepterais votre offre avec ravissement.
HENRIETTE.
Si j'avais, comme vous, les pédants dans la tête,
Je pourrais le trouver un parti fort honnête.
ARMANDE.
Cependant, bien qu'ici nos goûts soient différents,
Nous devons obéir, ma sœur, à nos parents. 1120
Une mère a sur nous une entière puissance;
Et vous croyez en vain, par votre résistance....

### SCÈNE VIII.

CHRYSALE, ARISTE, CLITANDRE, HENRIETTE, ARMANDE.

CHRYSALE, *à Henriette, lui présentant Clitandre.*
Allons, ma fille, il faut approuver mon dessein.
Otez ce gant. Touchez à monsieur dans la main
Et le considérez désormais dans votre âme
En homme dont je veux que vous soyez la femme.
ARMANDE.
De ce côté, ma sœur, vos penchants sont fort grands.
HENRIETTE.
Il nous faut obéir, ma sœur, à nos parents;
Un père a sur nos vœux une entière puissance.
ARMANDE.
Une mère a sa part à notre obéissance. 1130
CHRYSALE.
Qu'est-ce à dire?
ARMANDE. Je dis que j'appréhende fort
Qu'ici ma mère et vous ne soyez pas d'accord;
Et c'est un autre époux...
CHRYSALE. Taisez-vous, péronnelle;
Allez philosopher tout le soûl avec elle,

Et de mes actions ne vous mêlez en rien.
Dites-lui ma pensée, et l'avertissez bien
Qu'elle ne vienne pas m'échauffer les oreilles;
Allons vite.

### SCÈNE IX.

CHRYSALE, ARISTE, HENRIETTE, CLITANDRE.

ARISTE. Fort bien. Vous faites des merveilles.
    CLITANDRE.
Quel transport! quelle joie! Ah! que mon sort est
    CHRYSALE, *à Clitandre.* [doux!
Allons, prenez sa main, et passez devant nous;
Menez-la dans sa chambre. Ah! les douces caresses!
    (A *Ariste.*)
Tenez, mon cœur s'émeut à toutes ces tendresses;
Cela ragaillardit tout à fait mes vieux jours,   1143
Et je me ressouviens de mes jeunes amours.

## ACTE QUATRIÈME.

### SCÈNE I.

PHILAMINTE, ARMANDE.

ARMANDE.
Oui, rien n'a retenu son esprit en balance:
Elle a fait vanité de son obéissance;
Son cœur, pour se livrer, à peine devant moi
S'est-il donné le temps d'en recevoir la loi,
Et semblait suivre moins les volontés d'un père
Qu'affecter de braver les ordres d'une mère.   1150

PHILAMINTE.

Je lui montrerai bien aux lois de qui des deux
Les droits de la raison soumettent tous ses vœux,
Et qui doit gouverner, ou sa mère ou son père,
Ou l'esprit ou le corps, la forme ou la matière.

ARMANDE.

On vous en devait bien, au moins, un compliment :
Et ce petit monsieur en use étrangement,
De vouloir, malgré vous, devenir votre gendre.

PHILAMINTE.

Il n'en est pas encore où son cœur peut prétendre :
Je le trouvais bien fait, et j'aimais vos amours ;
Mais dans ses procédés il m'a déplu toujours. 1160
Il sait que, Dieu merci, je me mêle d'écrire ;
Et jamais il ne m'a prié de lui rien lire.

## SCÈNE II.

CLITANDRE, *entrant doucement et écoutant sans se montrer;* ARMANDE, PHILAMINTE.

ARMANDE.

Je ne souffrirais point, si j'étais que de vous,
Que jamais d'Henriette il pût être l'époux.
On me ferait grand tort d'avoir quelque pensée
Que là-dessus je parle en fille intéressée,
Et que le lâche tour que l'on voit qu'il me fait
Jette au fond de mon cœur quelque dépit secret.
Contre de pareils coups l'âme se fortifie
Du solide secours de la philosophie, 1170
Et par elle on se peut mettre au-dessus de tout.
Mais vous traiter ainsi, c'est vous pousser à bout.
Il est de votre honneur d'être à ses vœux contraire,
Et c'est un homme enfin qui ne doit point vous plaire.

22.

Jamais je n'ai connu, discourant entre nous,
Qu'il eût au fond du cœur de l'estime pour vous.
### PHILAMINTE.
Petit sot!
ARMANDE. Quelque bruit que votre gloire fasse,
Toujours à vous louer il a paru de glace.
### PHILAMINTE.
Le brutal!
ARMANDE. Et vingt fois, comme ouvrages nouveaux,
J'ai lu des vers de vous qu'il n'a point trouvés beaux.
### PHILAMINTE.
L'impertinent!
ARMANDE. Souvent nous en étions aux prises; 1181
Et vous ne croiriez point de combien de sottises...
### CLITANDRE, *à Armande.*
Hé! doucement, de grâce: un peu de charité,
Madame, ou, tout au moins, un peu d'honnêteté.
Quel mal vous ai-je fait? et quelle est mon offense
Pour armer contre moi toute votre éloquence,
Pour vouloir me détruire, et prendre tant de soin
De me rendre odieux aux gens dont j'ai besoin?
Parlez, dites, d'où vient ce courroux effroyable?
Je veux bien que madame en soit juge équitable.
### ARMANDE.
Si j'avais le courroux dont on veut m'accuser, 1191
Je trouverais assez de quoi l'autoriser.
Vous en seriez trop digne; et les premières flammes
S'établissent des droits si sacrés sur les âmes,
Qu'il faut perdre fortune, et renoncer au jour,
Plutôt que de brûler des feux d'un autre amour.
Au changement de vœux nulle horreur ne s'égale;
Et tout cœur infidèle est un monstre en morale.
### CLITANDRE.
Appelez-vous, madame, une infidélité
Ce que m'a de votre âme ordonné la fierté? 1200
Je ne fais qu'obéir aux lois qu'elle m'impose;

Et, si je vous offense, elle seule en est cause.
Vos charmes ont d'abord possédé tout mon cœur;
Il a brûlé deux ans d'une constante ardeur;
Il n'est soins empressés, devoirs, respects, services,
Dont il ne vous ait fait d'amoureux sacrifices. [vous;
Tous mes feux, tous mes soins, ne peuvent rien sur
Je vous trouve contraire à mes vœux les plus doux;
Ce que vous refusez, je l'offre au choix d'une autre.
Voyez. Est-ce, madame, ou ma faute, ou la vôtre?
Mon cœur court-il au change, ou si vous l'y poussez?
Est-ce moi qui vous quitte, ou vous qui me chassez?

ARMANDE.

Appelez-vous, monsieur, être à vos vœux contraire
Que de leur arracher ce qu'ils ont de vulgaire, 1214
Et vouloir les réduire à cette pureté
Où du parfait amour consiste la beauté?
Vous ne sauriez pour moi tenir votre pensée
Du commerce des sens nette et débarrassée;
Et vous ne goûtez point, dans ses plus doux appas,
Cette union des cœurs où les corps n'entrent pas.
Vous ne pouvez aimer que d'une amour grossière,
Qu'avec tout l'attirail des nœuds de la matière; 1222
Et, pour nourrir les feux que chez vous on produit,
Il faut un mariage et tout ce qui s'ensuit.
Ah! quel étrange amour! et que les belles âmes
Sont bien loin de brûler de ces terrestres flammes!
Les sens n'ont point de part à toutes leurs ardeurs,
Et ce beau feu ne veut que marier les cœurs;
Comme une chose indigne il laisse là le reste :
C'est un feu pur et net comme le feu céleste ; 1230
On ne pousse avec lui que d'honnêtes soupirs,
Et l'on ne penche point vers les sales désirs.
Rien d'impur ne se mêle au but qu'on se propose;
On aime pour aimer, et non pour autre chose :
Ce n'est qu'à l'esprit seul que vont tous les transports,
Et l'on ne s'aperçoit jamais qu'on ait un corps.

CLITANDRE.

Pour moi, par un malheur, je m'aperçois, madame,
Que j'ai, ne vous déplaise, un corps tout comme une [âme ;
Je sens qu'il y tient trop pour le laisser à part :
De ces détachements je ne connais point l'art ; 1240
Le ciel m'a dénié cette philosophie,
Et mon âme et mon corps marchent de compagnie.
Il n'est rien de plus beau, comme vous avez dit,
Que ces vœux épurés qui ne vont qu'à l'esprit,
Ces unions de cœurs, et ces tendres pensées,
Du commerce des sens si bien débarrassées.
Mais ces amours pour moi sont trop subtilisés ;
Je suis un peu grossier, comme vous m'accusez :
J'aime avec tout moi-même, et l'amour qu'on me [donne
En veut, je le confesse, à toute la personne.
Ce n'est pas là matière à de grands châtiments ; 1251
Et, sans faire de tort à vos beaux sentiments,
Je vois que dans le monde on suit fort ma méthode,
Et que le mariage est assez à la mode,
Passe pour un lien assez honnête et doux,
Pour avoir désiré de me voir votre époux,
Sans que la liberté d'une telle pensée
Ait dû vous donner lieu d'en paraître offensée.

ARMANDE.

Eh bien ! monsieur, eh bien ! puisque sans m'écouter,
Vos sentiments brutaux veulent se contenter ; 1260
Puisque pour vous réduire à des ardeurs fidèles,
Il faut des nœuds de chair, des chaînes corporelles,
Si ma mère le veut, je résous mon esprit
A consentir pour vous à ce dont il s'agit.

CLITANDRE.

Il n'est plus temps, madame : une autre a pris la place.
Et, par un tel retour, j'aurais mauvaise grâce
De maltraiter l'asile et blesser les bontés
Où je me suis sauvé de toutes vos fiertés.

PHILAMINTE.
Mais enfin comptez-vous, monsieur, sur mon suffrage,
Quand vous vous promettez cet autre mariage ? 1270
Et, dans vos visions, savez-vous, s'il vous plaît,
Que j'ai pour Henriette un autre époux tout prêt?
CLITANDRE.
Hé ! madame, voyez votre choix, je vous prie ;
Exposez-moi, de grâce, à moins d'ignominie,
Et ne me rangez pas à l'indigne destin
De me voir le rival de monsieur Trissotin. [traire,
L'amour des beaux esprits, qui chez vous m'est con-
Ne pouvait m'opposer un moins noble adversaire.
Il en est, et plusieurs, que pour le bel esprit 1279
Le mauvais goût du siècle a su mettre en crédit ;
Mais monsieur Trissotin n'a pu duper personne,
Et chacun rend justice aux écrits qu'il nous donne.
Hors céans, on le prise en tous lieux ce qu'il vaut ;
Et ce qui m'a vingt fois fait tomber de mon haut,
C'est de vous voir au ciel élever des sornettes
Que vous désavoueriez si vous les aviez faites.
PHILAMINTE.
Si vous jugez de lui tout autrement que nous,
C'est que nous le voyons par d'autres yeux que vous.

## SCÈNE III.

**TRISSOTIN, PHILAMINTE, ARMANDE, CLITANDRE.**

TRISSOTIN, *à Philaminte.*
Je viens vous annoncer une grande nouvelle :
Nous l'avons, en dormant, madame, échappé belle.
Un monde près de nous a passé tout du long, 1291
Est chu tout au travers de notre tourbillon ;
Et, s'il eût en chemin rencontré notre terre,
Elle eût été brisée en morceaux comme verre.
PHILAMINTE.
Remettons ce discours pour une autre saison.
Monsieur n'y trouverait ni rime ni raison ;
Il fait profession de chérir l'ignorance,
Et de haïr surtout l'esprit et la science.
CLITANDRE.
Cette vérité veut quelque adoucissement.
Je m'explique, madame ; et je hais seulement 1300
La science et l'esprit qui gâtent les personnes.
Ce sont choses, de soi, qui sont belles et bonnes ;
Mais j'aimerais mieux être au rang des ignorants
Que de me voir savant comme certaines gens.
TRISSOTIN.
Pour moi, je ne tiens pas, quelque effet qu'on sup-
Que la science soit pour gâter quelque chose. [pose,
CLITANDRE.
Et c'est mon sentiment qu'en faits comme en propos
La science est sujette à faire de grands sots.
TRISSOTIN.
Le paradoxe est fort.
    CLITANDRE. Sans être fort habile,
La preuve m'en serait, je pense, assez facile. 1310
Si les raisons manquaient, je suis sûr qu'en tous cas
Les exemples fameux ne me manqueraient pas.

TRISSOTIN.
Vous en pourriez citer qui ne concluraient guère.
CLITANDRE.
Je n'irais pas bien loin pour trouver mon affaire.
TRISSOTIN.
Pour moi, je ne vois pas ces exemples fameux.
CLITANDRE.
Moi, je les vois si bien qu'ils me crèvent les yeux
TRISSOTIN.
J'ai cru jusques ici que c'était l'ignorance
Qui faisait les grands sots, et non pas la science.
CLITANDRE.
Vous avez cru fort mal, et je vous suis garant
Qu'un sot savant est sot plus qu'un sot ignorant.
TRISSOTIN.
Le sentiment commun est contre vos maximes, 1321
Puisque ignorant et sot sont termes synonymes.
CLITANDRE.
Si vous le voulez prendre aux usages du mot,
L'alliance est plus forte entre pédant et sot.
TRISSOTIN.
La sottise, dans l'un, se fait voir toute pure.
CLITANDRE.
Et l'étude, dans l'autre, ajoute à la nature.
TRISSOTIN.
Le savoir garde en soi son mérite éminent.
CLITANDRE.
Le savoir, dans un fat, devient impertinent.
TRISSOTIN. [charmes,
Il faut que l'ignorance ait pour vous de grands
Puisque pour elle ainsi vous prenez tant les armes.
CLITANDRE.
Si pour moi l'ignorance a des charmes si grands, 1331
C'est depuis qu'à mes yeux s'offrent certains savants.
TRISSOTIN.
Ces certains savants-là peuvent, à les connaître,

Valoir certaines gens que nous voyons paraître.
    CLITANDRE.
Oui, si l'on s'en rapporte à ces certains savants;
Mais on n'en convient pas chez ces certaines gens.
    PHILAMINTE, *à Clitandre.*
Il me semble, monsieur...
        CLITANDRE. Hé! madame, de grâce;
Monsieur est assez fort, sans qu'à son aide on passe.
Je n'ai déjà que trop d'un si rude assaillant;
Et, si je me défends, ce n'est qu'en reculant. 1340
    ARMANDE.
Mais l'offensante aigreur de chaque repartie
Dont vous...
  CLITANDRE. Autre second! Je quitte la partie.
    PHILAMINTE.
On souffre aux entretiens ces sortes de combats,
Pourvu qu'à la personne on ne s'attaque pas.
    CLITANDRE.
Hé! mon Dieu, tout cela n'a rien dont il s'offense:
Il entend raillerie autant qu'homme de France;
Et de bien d'autres traits il s'est senti piquer,
Sans que jamais sa gloire ait fait que s'en moquer.
    TRISSOTIN.
Je ne m'étonne pas, au combat que j'essuie,
De voir prendre à monsieur la thèse qu'il appuie:
Il est fort enfoncé dans la cour, c'est tout dit. 1351
La cour, comme l'on sait, ne tient pas pour l'esprit.
Elle a quelque intérêt d'appuyer l'ignorance;
Et c'est en courtisan qu'il en prend la défense.
    CLITANDRE.
Vous en voulez beaucoup à cette pauvre cour;
Et son malheur est grand de voir que chaque jour
Vous autres beaux esprits vous déclamiez contre elle;
Que de tous vos chagrins vous lui fassiez querelle,
Et, sur son méchant goût lui faisant son procès,
N'accusiez que lui seul de vos méchants succès.

Permettez-moi, monsieur Trissotin, de vous dire, 1361
Avec tout le respect que votre nom m'inspire,
Que vous feriez fort bien, vos confrères et vous,
De parler de la cour d'un ton un peu plus doux;
Qu'à le bien prendre, au fond, elle n'est pas si bête
Que, vous autres messieurs, vous vous mettez en tête;
Qu'elle a du sens commun pour se connaître à tout;
Que chez elle on se peut former quelque bon goût,
Et que l'esprit du monde y vaut, sans flatterie,
Tout le savoir obscur de la pédanterie. 1370
### TRISSOTIN.
De son bon goût, monsieur, nous voyons les effets.
### CLITANDRE.
Où voyez-vous, monsieur, qu'elle l'ait si mauvais?
### TRISSOTIN.
Ce que je vois, monsieur? C'est que pour la science
Rasius et Baldus font honneur à la France;
Et que tout leur mérite, exposé fort au jour,
N'attire point les yeux et les dons de la cour.
### CLITANDRE.
Je vois votre chagrin, et que, par modestie,
Vous ne vous mettez point, monsieur, de la partie;
Et, pour ne vous point mettre aussi dans le propos,
Que font-ils pour l'État, vos habiles héros? 1380
Qu'est-ce que leurs écrits lui rendent de service,
Pour accuser la cour d'une horrible injustice,
Et se plaindre en tous lieux que sur leurs doctes noms
Elle manque à verser la faveur de ses dons?
Leur savoir à la France est beaucoup nécessaire!
Et des livres qu'ils font la cour a bien affaire!
Il semble à trois gredins, dans leur petit cerveau,
Que, pour être imprimés et reliés en veau,
Les voilà dans l'État d'importantes personnes;
Qu'avec leur plume ils font les destins des couronnes;
Qu'au moindre petit bruit de leurs productions 1391
Ils doivent voir chez eux voler les pensions;

Que sur eux l'univers a la vue attachée ;
Que partout de leur nom la gloire est épanchée ;
Et qu'en science ils sont des prodiges fameux,
Pour savoir ce qu'ont dit les autres avant eux,
Pour avoir eu trente ans des yeux et des oreilles,
Pour avoir employé neuf ou dix mille veilles
A se bien barbouiller de grec et de latin
Et se charger l'esprit d'un ténébreux butin  1400
De tous les vieux fatras qui traînent dans les livres :
Gens qui de leur savoir paraissent toujours ivres ;
Riches, pour tout mérite, en babil importun ;
Inhabiles à tout, vides de sens commun,
Et pleins d'un ridicule et d'une impertinence
A décrier partout l'esprit et la science.

   PHILAMINTE.
Votre chaleur est grande ; et cet emportement
De la nature en vous marque le mouvement.
C'est le nom de rival qui dans votre âme excite...

## SCÈNE IV.

**TRISSOTIN, PHILAMINTE, CLITANDRE, ARMANDE, JULIEN.**

   JULIEN.
Le savant qui tantôt vous a rendu visite,  1410
Et de qui j'ai l'honneur d'être l'humble valet,
Madame, vous exhorte à lire ce billet.

   PHILAMINTE.
Quelque important que soit ce qu'on veut que je lise,
Apprenez, mon ami, que c'est une sottise
De se venir jeter au travers d'un discours,
Et qu'aux gens d'un logis il faut avoir recours
Afin de s'introduire en valet qui sait vivre.

   JULIEN.
Je noterai cela, madame, dans mon livre.

PHILAMINTE *lit.*

« Trissotin s'est vanté, madame, qu'il épouserait votre
« fille. Je vous donne avis que sa philosophie n'en veut qu'à
« vos richesses, et que vous ferez bien de ne point conclure
« ce mariage que vous n'ayez vu le poëme que je compose
« contre lui. En attendant cette peinture, où je prétends vous
« le dépeindre de toutes ses couleurs, je vous envoie Horace,
« Virgile, Térence et Catulle, où vous verrez notés en marge
« tous les endroits qu'il a pillés. »

Voilà, sur cet hymen que je me suis promis,
Un mérite attaqué de beaucoup d'ennemis ; 1420
Et ce déchaînement aujourd'hui me convie
A faire une action qui confonde l'envie,
Qui lui fasse sentir que l'effort qu'elle fait
De ce qu'elle veut rompre aura pressé l'effet.
　　(*A Julien.*)
Reportez tout cela sur l'heure à votre maître ;
Et lui dites qu'afin de lui faire connaître
Quel grand état je fais de ses nobles avis,
Et comme je les crois dignes d'être suivis,
　　　(*Montrant Trissotin.*)
Dès ce soir, à monsieur je marierai ma fille.

### SCÈNE V.

PHILAMINTE, ARMANDE, CLITANDRE.

PHILAMINTE, *à Clitandre.*

Vous, monsieur, comme ami de toute la famille, 1430
A signer leur contrat vous pourrez assister ;
Et je vous y veux bien, de ma part, inviter.
Armande, prenez soin d'envoyer au notaire
Et d'aller avertir votre sœur de l'affaire.

ARMANDE.

Pour avertir ma sœur, il n'en est pas besoin ;
Et monsieur que voilà saura prendre le soin

De courir lui porter bientôt cette nouvelle
Et disposer son cœur à vous être rebelle.
  PHILAMINTE.
Nous verrons qui sur elle aura plus de pouvoir,
Et si je la saurai réduire à son devoir.

## SCÈNE VI.

#### ARMANDE, CLITANDRE.

  ARMANDE.
J'ai grand regret, monsieur, de voir qu'à vos visées
Les choses ne soient pas tout à fait disposées.
  CLITANDRE.
Je m'en vais travailler, madame, avec ardeur
A ne vous point laisser ce grand regret au cœur.
  ARMANDE.
J'ai peur que votre effort n'ait pas trop bonne issue.
  CLITANDRE.
Peut-être verrez-vous votre crainte déçue.
  ARMANDE.
Je le souhaite ainsi.
    CLITANDRE. J'en suis persuadé,
Et que de votre appui je serai secondé.
  ARMANDE.
Oui, je vais vous servir de toute ma puissance.
  CLITANDRE.
Et ce service est sûr de ma reconnaissance.

## SCÈNE VII.

#### CHRYSALE, ARISTE, HENRIETTE, CLITANDRE.

  CLITANDRE.
Sans votre appui, monsieur, je serai malheureux;
Madame votre femme a rejeté mes vœux,
Et son cœur prévenu veut Trissotin pour gendre.

CHRYSALE.
Mais quelle fantaisie a-t-elle donc pu prendre?
Pourquoi, diantre, vouloir ce monsieur Trissotin?
ARISTE.
C'est par l'honneur qu'il a de rimer à latin
Qu'il a sur son rival emporté l'avantage.
CLITANDRE.
Elle veut dès ce soir faire ce mariage.
CHRYSALE.
Dès ce soir?
CLITANDRE. Dès ce soir.
CHRYSALE. Et dès ce soir je veux,
Pour la contrecarrer, vous marier tous deux. 1460
CLITANDRE.
Pour dresser le contrat elle envoie au notaire.
CHRYSALE.
Et je vais le quérir pour celui qu'il doit faire.
CLITANDRE, *montrant Henriette.*
Et madame doit être instruite par sa sœur
De l'hymen où l'on veut qu'elle apprête son cœur.
CHRYSALE.
Et moi je lui commande, avec pleine puissance,
De préparer sa main à cette autre alliance.
Ah! je leur ferai voir si, pour donner la loi,
Il est dans ma maison d'autre maître que moi.
(*A Henriette.*)
Nous allons revenir: songez à nous attendre. 1469
Allons, suivez mes pas, mon frère, et vous, mon gendre.
HENRIETTE, *à Ariste.*
Hélas! dans cette humeur conservez-le toujours.
ARISTE.
J'emploierai toute chose à servir vos amours.

## SCÈNE VIII.

#### HENRIETTE, CLITANDRE.

**CLITANDRE.**
Quelque secours puissant qu'on promette à ma flamme,
Mon plus solide espoir, c'est votre cœur, madame.
**HENRIETTE.**
Pour mon cœur, vous pouvez vous assurer de lui.
**CLITANDRE.**
Je ne puis qu'être heureux quand j'aurai son appui.
**HENRIETTE.**
Vous voyez à quels nœuds on prétend le contraindre.
**CLITANDRE.**
Tant qu'il sera pour moi, je ne vois rien à craindre.
**HENRIETTE.**
Je vais tout essayer pour nos vœux les plus doux;
Et si tous mes efforts ne me donnent à vous, 1480
Il est une retraite où notre âme se donne,
Qui m'empêchera d'être à toute autre personne.
**CLITANDRE.**
Veuille le juste ciel me garder en ce jour
De recevoir de vous cette preuve d'amour!


# ACTE CINQUIÈME.

## SCÈNE I.

#### HENRIETTE, TRISSOTIN.

**HENRIETTE.**
C'est sur le mariage où ma mère s'apprête
Que j'ai voulu, monsieur, vous parler tête à tête;

Et j'ai cru, dans le trouble où je vois la maison,
Que je pourrais vous faire écouter la raison.
Je sais qu'avec mes vœux vous me jugez capable
De vous porter en dot un bien considérable : 1490
Mais l'argent, dont on voit tant de gens faire cas,
Pour un vrai philosophe a d'indignes appas;
Et le mépris du bien et des grandeurs frivoles
Ne doit point éclater dans vos seules paroles.

TRISSOTIN.

Aussi n'est-ce point là ce qui me charme en vous;
Et vos brillants attraits, vos yeux perçants et doux,
Votre grâce et votre air, sont les biens, les richesses,
Qui vous ont attiré mes vœux et mes tendresses :
C'est de ces seuls trésors que je suis amoureux.

HENRIETTE.

Je suis fort redevable à vos feux généreux. 1500
Cet obligeant amour a de quoi me confondre,
Et j'ai regret, monsieur, de n'y pouvoir répondre.
Je vous estime autant qu'on saurait estimer;
Mais je trouve un obstacle à vous pouvoir aimer :
Un cœur, vous le savez, à deux ne saurait être,
Et je sens que du mien Clitandre s'est fait maître.
Je sais qu'il a bien moins de mérite que vous,
Que j'ai de méchants yeux pour le choix d'un époux;
Que par cent beaux talents vous devriez me plaire:
Je vois bien que j'ai tort, mais je n'y puis que faire;
Et tout ce que sur moi peut le raisonnement, 1511
C'est de me vouloir mal d'un tel aveuglement.

TRISSOTIN.

Le don de votre main, où l'on me fait prétendre,
Me livrera ce cœur que possède Clitandre;
Et par mille doux soins j'ai lieu de présumer
Que je pourrai trouver l'art de me faire aimer.

HENRIETTE.

Non: à ses premiers vœux mon âme est attachée,
Et ne peut de vos soins, monsieur, être touchée.

Avec vous librement j'ose ici m'expliquer,
Et mon aveu n'a rien qui vous doive choquer. 1520
Cette amoureuse ardeur qui dans les cœurs s'excite
N'est point, comme l'on sait, un effet du mérite :
Le caprice y prend part ; et quand quelqu'un nous plaît
Souvent nous avons peine à dire pourquoi c'est.
Si l'on aimait, monsieur, par choix et par sagesse,
Vous auriez tout mon cœur et toute ma tendresse ;
Mais on voit que l'amour se gouverne autrement.
Laissez-moi, je vous prie, à mon aveuglement,
Et ne vous servez point de cette violence
Que pour vous on veut faire à mon obéissance. 1530
Quand on est honnête homme, on ne veut rien devoir
A ce que des parents ont sur nous de pouvoir.
On répugne à se faire immoler ce qu'on aime,
Et l'on veut n'obtenir un cœur que de lui-même.
Ne poussez point ma mère à vouloir, par son choix,
Exercer sur mes vœux la rigueur de ses droits.
Otez-moi votre amour, et portez à quelque autre
Les hommages d'un cœur aussi cher que le vôtre.

### TRISSOTIN.

Le moyen que ce cœur puisse vous contenter?
Imposez-lui des lois qu'il puisse exécuter. 1540
De ne vous point aimer peut-il être capable,
A moins que vous cessiez, madame, d'être aimable,
Et d'étaler aux yeux les célestes appas...

### HENRIETTE.

Hé! monsieur, laissons là ce galimatias.
Vous avez tant d'Iris, de Philis, d'Amarantes,
Que partout dans vos vers vous peignez si charmantes,
Et pour qui vous jurez tant d'amoureuse ardeur...

### TRISSOTIN.

C'est mon esprit qui parle, et ce n'est pas mon cœur.
D'elles on ne me voit amoureux qu'en poëte ;
Mais j'aime tout de bon l'adorable Henriette. 1550

HENRIETTE.
Hé! de grâce, monsieur...
TRISSOTIN. Si c'est vous offenser,
Mon offense envers vous n'est pas prête à cesser.
Cette ardeur, jusqu'ici de vos yeux ignorée,
Vous consacre des vœux d'éternelle durée.
Rien n'en peut arrêter les aimables transports;
Et, bien que vos beautés condamnent mes efforts,
Je ne puis refuser le secours d'une mère
Qui prétend couronner une flamme si chère;
Et, pourvu que j'obtienne un bonheur si charmant,
Pourvu que je vous aie, il n'importe comment. 1560
HENRIETTE.
Mais savez-vous qu'on risque un peu plus qu'on ne
A vouloir sur un cœur user de violence; [pense
Qu'il ne fait pas bien sûr, à vous le trancher net
D'épouser une fille en dépit qu'elle en ait;
Et qu'elle peut aller, en se voyant contraindre,
A des ressentiments que le mari doit craindre?
TRISSOTIN.
Un tel discours n'a rien dont je sois altéré :
A tous événements le sage est préparé.
Guéri, par la raison, des faiblesses vulgaires,
Il se met au-dessus de ces sortes d'affaires, 1570
Et n'a garde de prendre aucune ombre d'ennui
De tout ce qui n'est pas pour dépendre de lui.
HENRIETTE.
En vérité, monsieur, je suis de vous ravie;
Et je ne pensais pas que la philosophie
Fût si belle qu'elle est, d'instruire ainsi les gens
A porter constamment de pareils accidents.
Cette fermeté d'âme, à vous si singulière,
Mérite qu'on lui donne une illustre matière,
Est digne de trouver qui prenne avec amour
Les soins continuels de la mettre en son jour; 1580
Et comme, à dire vrai, je n'oserais me croire

Bien propre a lui donner tout l'éclat de sa gloire,
Je le laisse à quelque autre, et vous jure, entre nous,
Que je renonce au bien de vous voir mon époux.

  TRISSOTIN, *en sortant.*

Nous allons voir bientôt comment ira l'affaire;
Et l'on a là-dedans fait venir le notaire.

## SCÈNE II.

CHRYSALE, CLITANDRE, HENRIETTE, MARTINE.

  CHRYSALE.

Ah! ma fille, je suis bien aise de vous voir;
Allons, venez-vous-en faire votre devoir
Et soumettre vos vœux aux volontés d'un père.
Je veux, je veux apprendre à vivre à votre mère; 1590
Et, pour la mieux braver, voilà, malgré ses dents,
Martine que j'amène et rétablis céans.

  HENRIETTE.

Vos résolutions sont dignes de louange.
Gardez que cette humeur, mon père, ne vous change;
Soyez ferme à vouloir ce que vous souhaitez,
Et ne vous laissez point séduire à vos bontés.
Ne vous relâchez pas, et faites bien en sorte
D'empêcher que sur vous ma mère ne l'emporte.

  CHRYSALE.

Comment! me prenez-vous ici pour un benêt? 1599
  HENRIETTE.
M'en préserve le ciel!
    CHRYSALE. Suis-je un fat, s'il vous plaît?
  HENRIETTE.
Je ne dis pas cela.
    CHRYSALE. Me croit-on incapable
Des fermes sentiments d'un homme raisonnable?

HENRIETTE.
Non, mon père.
CHRYSALE. Est-ce donc qu'à l'âge où je me voi,
Je n'aurais pas l'esprit d'être maître chez moi ?
HENRIETTE.
Si fait.
CHRYSALE. Et que j'aurais cette faiblesse d'âme
De me laisser mener par le nez à ma femme ?
HENRIETTE.
Hé ! non, mon père.
CHRYSALE. Ouais ! Qu'est-ce donc que ceci ?
Je vous trouve plaisante à me parler ainsi !
HENRIETTE.
Si je vous ai choqué, ce n'est pas mon envie.
CHRYSALE.
Ma volonté céans doit être en tout suivie. 1610
HENRIETTE.
Fort bien, mon père.
CHRYSALE. Aucun, hors moi, dans la maison,
N'a droit de commander.
HENRIETTE. Oui ; vous avez raison.
CHRYSALE.
C'est moi qui tiens le rang de chef de la famille.
HENRIETTE.
D'accord.
CHRYSALE. C'est moi qui dois disposer de ma fille.
HENRIETTE.
Hé ! oui.
CHRYSALE. Le ciel me donne un plein pouvoir sur
HENRIETTE. [vous.
Qui vous dit le contraire ?
CHRYSALE. Et, pour prendre un époux,
Je vous ferai bien voir que c'est à votre père
Qu'il vous faut obéir, non pas à votre mère.
HENRIETTE.
Hélas ! vous flattez là le plus doux de mes vœux ;

Veuillez être obéi : c'est tout ce que je veux.  1620
    CHRYSALE.
Nous verrons si ma femme à mes désirs rebelle...
    CLITANDRE.
La voici qui conduit le notaire avec elle.
    CHRYSALE.
Secondez-moi bien tous.
              MARTINE. Laissez-moi. J'aurai soin
De vous encourager, s'il en est de besoin.

## SCÈNE III.

PHILAMINTE, BÉLISE, ARMANDE, TRISSOTIN, UN NOTAIRE, CHRYSALE, CLITANDRE, HENRIETTE, MARTINE.

    PHILAMINTE, *au notaire.*
Vous ne sauriez changer votre style sauvage,
Et nous faire un contrat qui soit en beau langage ?
    LE NOTAIRE.
Notre style est très bon ; et je serais un sot,
Madame, de vouloir y changer un seul mot.
    BÉLISE.
Ah ! quelle barbarie au milieu de la France !
Mais au moins en faveur, monsieur, de la science,
Veuillez, au lieu d'écus, de livres et de francs,
Nous exprimer la dot en mines et talents,  1632
Et dater par les mots d'ides et de calendes.
    LE NOTAIRE.
Moi ? Si j'allais, madame, accorder vos demandes,
Je me ferais siffler de tous mes compagnons.
    PHILAMINTE.
De cette barbarie en vain nous nous plaignons.
Allons, monsieur, prenez la table pour écrire.
    (*Apercevant Martine.*)
Ah ! ah ! Cette impudente ose encor se produire ?

Pourquoi donc, s'il vous plaît, la ramener chez moi?
CHRYSALE.
Tantôt avec loisir on vous dira pourquoi. 1640
Nous avons maintenant autre chose à conclure.
LE NOTAIRE.
Procédons au contrat. Où donc est la future?
PHILAMINTE.
Celle que je marie est la cadette.
LE NOTAIRE. Bon.
CHRYSALE, *montrant Henriette.*
Oui, la voilà, monsieur : Henriette est son nom.
LE NOTAIRE.
Fort bien. Et le futur?
PHILAMINTE, *montrant Trissotin.*
L'époux que je lui donne
Est monsieur.
CHRYSALE, *montrant Clitandre.*
Et celui, moi, qu'en propre personne
Je prétends qu'elle épouse, est monsieur.
LE NOTAIRE. Deux époux!
C'est trop pour la coutume.
PHILAMINTE, *au notaire.* Où vous arrêtez-vous?
Mettez, mettez, monsieur, Trissotin pour mon [gendre.
CHRYSALE.
Pour mon gendre mettez, mettez, monsieur, Cli- [tandre.
LE NOTAIRE.
Mettez-vous donc d'accord, et, d'un jugement mûr,
Voyez à convenir entre vous du futur. 1653
PHILAMINTE.
Suivez, suivez, monsieur, le choix où je m'arrête.
CHRYSALE.
Faites, faites, monsieur, les choses à ma tête.
LE NOTAIRE.
Dites-moi donc à qui j'obéirai des deux.
PHILAMINTE, *à Chrysale.*
Quoi donc! vous combattrez les choses que je veux!

CHRYSALE.
Je ne saurais souffrir qu'on ne cherche ma fille
Que pour l'amour du bien qu'on voit dans ma famille.
PHILAMINTE.
Vraiment, à votre bien on songe bien ici!
Et c'est là, pour un sage, un fort digne souci! 1660
CHRYSALE.
Enfin, pour son époux, j'ai fait choix de Clitandre.
PHILAMINTE, *montrant Trissotin.*
Et moi, pour son époux voici qui je veux prendre.
Mon choix sera suivi; c'est un point résolu.
CHRYSALE.
Ouais! vous le prenez là d'un ton bien absolu.
MARTINE.
Ce n'est point à la femme à prescrire, et je sommes
Pour céder le dessus en toute chose aux hommes.
CHRYSALE.
C'est bien dit.
  MARTINE. Mon congé cent fois me fût-il hoc,
La poule ne doit point chanter devant le coq.
CHRYSALE.
Sans doute.         [gausse,
  MARTINE. Et nous voyons que d'un homme on se
Quand sa femme, chez lui, porte le haut-de-chausse.
CHRYSALE.
Il est vrai.
  MARTINE. Si j'avais un mari, je le dis, 1671
Je voudrais qu'il se fît le maître du logis :
Je ne l'aimerais point s'il faisait le Jocrisse;
Et, si je contestais contre lui par caprice,
Si je parlais trop haut, je trouverais fort bon
Qu'avec quelques soufflets il rabaissât mon ton.
CHRYSALE.
C'est parler comme il faut.
    MARTINE. Monsieur est raisonnable,
De vouloir pour sa fille un mari convenable.

CHRYSALE.
Oui.
MARTINE. Par quelle raison, jeune et bien fait qu'il est,
Lui refuser Clitandre? Et pourquoi, s'il vous plaît,
Lui bailler un savant qui sans cesse épilogue? 1681
Il lui faut un mari, non pas un pédagogue;
Et, ne voulant savoir le grais ni le latin,
Elle n'a pas besoin de monsieur Trissotin.

CHRYSALE.
Fort bien.
PHILAMINTE. Il faut souffrir qu'elle jase à son aise.

MARTINE.

Les savants ne sont bons que pour prêcher en chaise,
Et pour mon mari, moi, mille fois je l'ai dit,
Je ne voudrais jamais prendre un homme d'esprit.
L'esprit n'est point du tout ce qu'il faut en ménage.
Les livres cadrent mal avec le mariage; 1690
Et je veux, si jamais on engage ma foi,
Un mari qui n'ait point d'autre livre que moi,
Qui ne sache A ne B, n'en déplaise à madame,
Et ne soit, en un mot, docteur que pour sa femme.

PHILAMINTE, *à Chrysale.*
Est-ce fait? et sans trouble ai-je assez écouté
Votre digne interprète?
CHRYSALE. Elle a dit vérité.

PHILAMINTE.
Et moi, pour trancher court toute cette dispute,
Il faut qu'absolument mon désir s'exécute.
(*Montrant Trissotin.*)
Henriette et monsieur seront joints de ce pas:
Je l'ai dit, je le veux : ne me répliquez pas; 1700
Et si votre parole à Clitandre est donnée,
Offrez-lui le parti d'épouser son aînée.

CHRYSALE.
Voilà dans cette affaire un accommodement.

(*A Henriette et à Clitandre.*)
Voyez : y donnez-vous votre consentement ?
        HENRIETTE.
Hé ! mon père....
CLITANDRE, *à Chrysale.* Hé ! monsieur....
                      BÉLISE. On pourrait bien lui faire
Des propositions qui pourraient mieux lui plaire :
Mais nous établissons une espèce d'amour
Qui doit être épuré comme l'astre du jour :
La substance qui pense y peut être reçue ;
Mais nous en bannissons la substance étendue. 1700

## SCÈNE IV.

ARISTE, CHRYSALE, PHILAMINTE, BÉLISE, HENRIETTE, ARMANDE, TRISSOTIN, UN NOTAIRE, CLITANDRE, MARTINE.

    ARISTE.
J'ai regret de troubler un mystère joyeux
Par le chagrin qu'il faut que j'apporte en ces lieux.
Ces deux lettres me font porteur de deux nouvelles
Dont j'ai senti pour vous les atteintes cruelles. 1710
    (*A Philaminte.*)
L'une, pour vous, me vient de votre procureur ;
    (*A Chrysale.*)
L'autre, pour vous, me vient de Lyon.
                      PHILAMINTE. Quel malheur,
Digne de nous troubler, pourrait-on nous écrire ?
    ARISTE.
Cette lettre en contient un que vous pouvez lire.

    PHILAMINTE.

« Madame, j'ai prié monsieur votre frère de vous rendre
« cette lettre, qui vous dira ce que je n'ai osé vous aller dire.
« La grande négligence que vous avez pour vos affaires a été

« cause que le clerc de votre rapporteur ne m'a point averti,
« et vous avez perdu absolument votre procès, que vous deviez
« gagner. »

CHRYSALE, *à Philaminte.*
Votre procès perdu !
PHILAMINTE, *à Chrysale.* Vous vous troublez beaucoup !
Mon cœur n'est point du tout ébranlé de ce coup. 1720
Faites, faites paraître une âme moins commune
A braver, comme moi, les traits de la fortune.

« Le peu de soin que vous avez vous coûte quarante mille
« écus ; et c'est à payer cette somme, avec les dépens, que
« vous êtes condamnée par arrêt de la cour. »

Condamnée ? Ah ! ce mot est choquant, et n'est fait
Que pour les criminels.
            ARISTE. Il a tort, en effet ;
Et vous vous êtes là justement récriée.
Il devait avoir mis que vous êtes priée,
Par arrêt de la cour, de payer au plus tôt
Quarante mille écus, et les dépens qu'il faut.

PHILAMINTE.
Voyons l'autre.

CHRYSALE.

« Monsieur, l'amitié qui me lie à monsieur votre frère me
« fait prendre intérêt à tout ce qui vous touche. Je sais que
« vous avez mis votre bien entre les mains d'Argante et de
« Damon ; et je vous donne avis qu'en même jour ils ont fait
« tous deux banqueroute. »

O ciel ! tout à la fois perdre ainsi tout son bien ! 1729
        PHILAMINTE, *à Chrysale.*
Ah ! quel honteux transport ! Fi ! tout cela n'est rien.
Il n'est, pour le vrai sage, aucun revers funeste ;
Et, perdant toute chose, à soi-même il se reste.
Achevons notre affaire, et quittez votre ennui.
            (*Montrant Trissotin.*)
Son bien nous peut suffire et pour nous et pour lui.

TRISSOTIN.
Non, madame: cessez de presser cette affaire.
Je vois qu'à cet hymen tout le monde est contraire;
Et mon dessein n'est point de contraindre les gens.
PHILAMINTE.
Cette réflexion vous vient en peu de temps;
Elle suit de bien près, monsieur, notre disgrâce.
TRISSOTIN.
De tant de résistance à la fin je me lasse. 1740
J'aime mieux renoncer à tout cet embarras,
Et ne veux point d'un cœur qui ne se donne pas.
PHILAMINTE.
Je vois, je vois de vous, non pas pour votre gloire,
Ce que jusques ici j'ai refusé de croire.
TRISSOTIN.
Vous pouvez voir de moi tout ce que vous voudrez,
Et je regarde peu comment vous le prendrez:
Mais je ne suis pas homme à souffrir l'infamie
Des refus offensants qu'il faut qu'ici j'essuie.
Je vaux bien que de moi l'on fasse plus de cas;
Et je baise les mains à qui ne me veut pas. 1750

## SCÈNE V.

ARISTE, CHRYSALE, PHILAMINTE, BÉLISE, ARMANDE, HENRIETTE, CLITANDRE, UN NOTAIRE, MARTINE.

PHILAMINTE.
Qu'il a bien découvert son âme mercenaire!
Et que peu philosophe est ce qu'il vient de faire!
CLITANDRE.
Je ne me vante point de l'être; mais enfin
Je m'attache, madame, à tout votre destin;
Et j'ose vous offrir, avecque ma personne,
Ce qu'on sait que de bien la fortune me donne.

PHILAMINTE.

Vous me charmez, monsieur, par ce trait généreux,
Et je veux couronner vos désirs amoureux.
Oui, j'accorde Henriette à l'ardeur empressée...

HENRIETTE.

Non, ma mère, je change à présent de pensée.
Souffrez que je résiste à votre volonté. 1761

CLITANDRE.

Quoi! vous vous opposez à ma félicité?
Et lorsqu'à mon amour je vois chacun se rendre...

HENRIETTE.

Je sais le peu de bien que vous avez, Clitandre;
Et je vous ai toujours souhaité pour époux,
Lorsqu'en satisfaisant à mes vœux les plus doux
J'ai vu que mon hymen ajustait vos affaires.
Mais lorsque nous avons les destins si contraires,
Je vous chéris assez, dans cette extrémité,
Pour ne vous charger point de notre adversité. 1770

CLITANDRE.

Tout destin avec vous me peut être agréable;
Tout destin me serait sans vous insupportable.

HENRIETTE.

L'amour, dans son transport, parle toujours ainsi.
Des retours importuns évitons le souci.
Rien n'use tant l'ardeur de ce nœud qui nous lie
Que les fâcheux besoins des choses de la vie;
Et l'on en vient souvent à s'accuser tous deux
De tous les noirs chagrins qui suivent de tels feux.

ARISTE, *à Henriette*.

N'est-ce que le motif que nous venons d'entendre
Qui vous fait résister à l'hymen de Clitandre? 1780

HENRIETTE.

Sans cela, vous verriez tout mon cœur y courir;
Et je ne fuis sa main que pour le trop chérir.

ARISTE.

Laissez-vous donc lier par des chaînes si belles.

Je ne vous ai porté que de fausses nouvelles;
Et c'est un stratagème, un surprenant secours,
Que j'ai voulu tenter pour servir vos amours,
Pour détromper ma sœur, et lui faire connaître
Ce que son philosophe à l'essai pouvait être.

CHRYSALE.
Le ciel en soit loué!

PHILAMINTE. J'en ai la joie au cœur,
Par le chagrin qu'aura ce lâche déserteur.
Voilà le châtiment de sa basse avarice,
De voir qu'avec éclat cet hymen s'accomplisse.

CHRYSALE, *à Clitandre.*
Je le savais bien, moi, que vous l'épouseriez.

ARMANDE, *à Philaminte.*
Ainsi donc à leurs vœux vous me sacrifiez?

PHILAMINTE.
Ce ne sera point vous que je leur sacrifie;
Et vous avez l'appui de la philosophie,
Pour voir d'un œil content couronner leur ardeur.

BÉLISE.
Qu'il prenne garde au moins que je suis dans son cœur.
Par un prompt désespoir souvent on se marie,
Qu'on s'en repent après tout le temps de la vie.

CHRYSALE, *au notaire.*
Allons, monsieur, suivez l'ordre que j'ai prescrit,
Et faites le contrat ainsi que je l'ai dit.

FIN DES FEMMES SAVANTES.

## TABLE DU THÉATRE CHOISI.

Le Misanthrope, comédie en cinq actes et en vers. 1

L'Avare, comédie en cinq actes et en prose. 73

Le Bourgeois gentilhomme, comédie en cinq actes et en prose. 193

Le Malade imaginaire, comédie en trois actes et en prose. 309

Les Précieuses ridicules, comédie en un acte et en prose. 421

Les Femmes savantes, comédie en cinq actes et en vers. 461

FIN.

# COLLECTION DES AUTEURS FRANÇAIS

Éditions classiques sans annotations,
précédées de notices littéraires et historiques
par MM. L. et G. Feugère,
professeurs de rhétorique des lycées de Paris.

Format in-18.

Boileau. Œuvres poétiques; 1 vol. — 90 c.
Bossuet. Discours sur l'Histoire universelle; 1 vol. — 1 f. 75 c.
Bossuet. Oraisons funèbres; 1 vol. — 90 c.
Chateaubriand. Le Génie du Christianisme; 2 vol. — 2 f. 80 c.
Corneille. Théâtre choisi; 1 vol. — 1 f. 75 c.
Delille. L'Homme des Champs; les Géorgiques; les Jardins; 1 vol. — 1 f. 25 c.
Fénelon. Aventures de Télémaque; 1 vol. — 1 f. 10 c.
Fénelon. Dialogues des Morts; 1 vol. — 1 f. 10 c.
Fénelon. Dialogues sur l'Éloquence; 1 vol. — 60 c.
Fénelon. Lettre à l'Académie; 1 vol. — 60 c.
La Bruyère. Les Caractères; 1 vol. — 1 f. 40 c.
La Fontaine. Fables; 1 vol. — 1 f.
Massillon. Petit Carême; 1 vol. — 80 c.
Molière. Théâtre choisi; 1 vol. — 1 f. 75 c.
Montesquieu. Considérations sur la grandeur et la décadence des Romains; 1 vol. — 80 c.
Racine. Théâtre choisi; 1 vol. — 1 f. 75 c.
Rousseau (J. B.). Œuvres lyriques; 1 vol. — 80 c.
Théâtre classique, neuf pièces; 1 vol. — 2 f. 25 c.
Voltaire. Histoire de Charles XII; 1 vol. — 1 f. 20 c.
Voltaire. Siècle de Louis XIV; 1 vol. — 1 f. 75 c.
Voltaire. Théâtre choisi; 1 vol. — 1 f. 75 c.

www.ingramcontent.com/pod-product-compliance
Lightning Source LLC
Chambersburg PA
CBHW060509230426
43665CB00013B/1452